高等院校精品课程系列教材

西方经济学

(微观部分)

STUDENT WORKBOOK FOR ECONOMICS

|第5版|

赵英军 主编

图书在版编目（CIP）数据

西方经济学（微观部分）/ 赵英军等编著．—5 版．—北京：机械工业出版社，2019.9
（高等院校精品课程系列教材）

ISBN 978-7-111-63460-7

I. 西… II. 赵… III. ①西方经济学 - 高等学校 - 教材 ②微观经济学 - 高等学校 - 教材
IV. ① F0-08 ② F016

中国版本图书馆 CIP 数据核字（2019）第 167438 号

本书旨在帮助初学经济学的学生树立起经济学的思维方式。编者参考了大量相关的中外文献资料，本着让学生“易读、易懂、易掌握”的原则，对传统经济学教科书的体系结构做了改进，并在叙述语言上尽可能做到简练、直白，力求使学生从总体上把握经济学的理论框架，掌握经济学分析问题的基本原理和方法。本书在第 4 版的基础上，对数据进行了更新，并增加了经济决策理论、微观经济学前沿等一些内容。

本书适合作为高等院校经济管理类专业与相关专业的“微观经济学”课程的教学用书。

出版发行：机械工业出版社（北京市西城区百万庄大街 22 号 邮政编码：100037）
责任编辑：赵陈碑　　责任校对：殷　虹
印　　刷：北京文昌阁彩色印刷有限责任公司　　版　　次：2019 年 9 月第 5 版第 1 次印刷
开　　本：185mm × 260mm　1/16　　印　　张：17.5
书　　号：ISBN 978-7-111-63460-7　　定　　价：45.00 元

客服电话：（010）88361066　88379833　68326294　　投稿热线：（010）88379007
华章网站：www.hzbook.com　　读者信箱：hzjg@hzbook.com

前 言
PREFACE

本书自2006年出版后，承蒙同行支持，国内一些高校选用后给出了许多宝贵建议。在此我们深表谢意。这里呈现给读者的是本书第5版。

12年来，国内外多部优秀的“经济学原理”教科书（尤其是翻译版的教科书）陆续与读者见面，几乎国际上优秀的经济学教科书都有了中译本。国内此类教科书也有多部。经过多年的教学实践，以及和国内外教科书内容的对比，到第5版，我觉得需要对原有教材做一个较大的修订了，主要是想通过吸收和提炼，将我们一直创导的“易读、易学、易懂”和注重经济学思维培养的思路再进一步凝练和强化。同时，也想反映经济社会变化的实际和新的特征，尤其是想反映信息经济（数字经济）带来的新变化。

为此，我重新编写了全书的大部分章节。写作思路是以一个初学经济学的读者的视角来切入，尽可能写得简单明了，尽可能使用一些与人们日常生活密切相关的现实案例，减少数学解释的部分，或者将相关内容放在章末作为附录供有兴趣的读者学习。对一些有难度的内容标出*号，教师在教学中可以根据需要省略或选讲。

在教学实践中，我非常关注学生经济学思维的培养和经济学分析问题框架的建立，所以在修订本教材时，我特别按这样的要求对内容进行了调整。本教材分为两册：一册为《西方经济学（微观部分）》，一册为《西方经济学（宏观部分）》。在微观部分，在传统的供给－需求理论之后，又增加了新的一章——第4章“经济决策基础：成本－收益分析”，设想的是学生掌握了两大经济学“利器”之后，将其用于对消费者与企业的分析。在一般均衡分析中，为了让读者更容易理解一般均衡的思想，我们采用了简单的事例来介绍，而非用方程的方式解释。在宏观部分，我们对“总供给－总需求模型”的作用给予了特别重视，通过此模型，我们可以解释宏观经济的主要问题和现象。读者学习中，我们也建议培养自己的经济学思维和形成自己的经济理论基本框架。

本书微观部分章节，如第5章“对需求的深入分析：消费者行为理论”、第12章“微观经济学理论的新发展”是基于第4版内容改写的，其他各章基本由我重新编写。本书宏观部分，我重新编写了原来由其他同事写的章节。

感谢本书前4版参与编写和修订的作者与同事：陈利平、朱慧、徐为列、王永齐、赵连阁、姜波、周小梅、程艳等。

为适应在线教学需要，基于本教材教学的视频公开课已经可以在在线平台观看学习，具体如下。

微观经济学　浙江省高校在线开放课程共享平台，http://zjedu. moocollege. com/；课程名称：西方经济学（微观部分）。

（扫描二维码，
下载APP在线查看课程。）

宏观经济学　爱课程网，http://www. icourse163. org/category/all；课程名称：西方经济学（宏观部分）/宏观经济学原理。

不足和疏漏之处，敬请同行和读者批评指正。

赵英军
zhaoyj@ zjgsu. edu. cn
浙江工商大学

教学建议
SUGGESTION

本书是浙江省高校“十二五”优秀教材，也是浙江省精品课程《西方经济学》建设的成果之一。

教学目的

微观经济学是经济类、管理类本科专业的基础课程和核心课程。 通过本课程的学习，学生可为进一步学习经济学等其他课程打下坚实的基础。学习本课程后，要求学生掌握微观经济运行的基本理论，掌握经济学的基本分析方法，并能够运用微观经济学的基本原理分析、解释市场经济中常见的一些经济现象。

通过本课程的学习，要求学生掌握以下基本理论：供给与需求理论、经济决策理论、消费者行为理论、生产者行为理论、厂商理论、生产要素理论、一般均衡理论与福利经济学、市场边界与微观经济政策等。

前期需掌握的知识

微积分、经济学常识。

课时分布建议

经济理论		对应章节	学习内容	教学课时
基本理论	基本理论框架和经济学基本思想	第 1 章	经济学背景及相关概念	3 ~ 4
经济分析工具理论	供给与需求理论	第 2 章	纯市场环境下的供给需求与价格决定及弹性理论	6
		第 3 章	政府干预对市场机制的影响，供求价格理论的变异	3
	经济决策理论	第 4 章	成本 - 收益决策理论	3

（续）

经济理论		对应章节	学习内容	教学课时
微观主体行为理论	消费者行为理论	第 5 章	对需求做深入的解释和讨论	4
	生产者行为理论	第 6 章	生产与成本的相关理论	5
	厂商理论	第 7 ~ 8 章	厂商在不同市场结构中如何做出利润最大化决策	8
收入理论	生产要素理论	第 9 章	解释生产要素价格的决定，生产要素所有者收入	5
市场机制运行结果	一般均衡理论与福利经济学	第 10 章	一般均衡理论与社会福利理论	6
市场机制局限性	市场边界与微观经济政策	第 11 章	市场失灵及政府进行的干预	4
微观经济学新领域	微观经济学前沿	* 第 12 章	对微观经济理论中新的发展进行介绍	3

注：标 * 的内容为选修内容，可以根据课时安排进行取舍。

目 录
CONTENTS

第1章
CHAPTER1

引论　经济学：研究选择的科学

学习经济学，似乎不需要特别高的天资。从智力上来看，跟哲学或纯科学的一些学科比起来，学习经济学不是很容易吗？这门学科看起来容易，但是能学得出类拔萃的却很少！这一难以解释的现象似乎在于，作为一位杰出的经济学家，必须具有种种才能的结合，这是难能可贵的。他必须在某种程度上是个数学家，又是历史学家、政治家和哲学家。他必须精通的是把要说的话写下来。他必须善于运用思考力，从一般原则推断出个别现象，在思想奔放中，既要触及抽象的方面，又要触及具体的方面。他必须根据过去研究现在，推测未来。对人类性格及其风俗习惯的任何方面，他都不应当完全置身其外。他必须同时保持着既不是无所为而为之，又不是不偏不倚的态度，像个艺术家那样头脑冷静和孤芳自赏，然而有时又必须像个政治家那样地接近尘世环境。

——约翰 · 梅纳德 · 凯恩斯

在空闲时，我考察了几座城市中最贫穷人口的聚集区，穿梭于街道，观察这些贫穷人的面部表情。接下来我决定将政治经济学研究作为毕生的事业。

——乔治 · 马歇尔

§ 本章要点

本章是我们学习经济学原理的开始。本章将从总体上介绍经济学研究的基本问题、研究对象以及根据不同标准做的学科分类（如宏观经济学和微观经济学、实证经济学和规范经济学）。在本章，我们还将讨论学习经济学的目的和经济学研究问题采用的基本方法。

§ 学习目标

- 理解经济学的定义和经济学分析问题的思维方式；
- 掌握经济学研究的内容和方法；
- 掌握经济学的基本理念和原理；
- 理解经济体制的本质含义。

§ **基本概念**

经济学	理性人	稀缺	资源
机会成本	生产可能性曲线	产品－收入循环	资源配置
宏观经济学	微观经济学	实证经济学	规范经济学
经济体制			

经济活动是人类最为基本的活动。“经济”一词也已经成为现代社会使用频率最高的词汇之一。在各类媒体中，经济类资讯总是在最为重要的版面位置。媒体工作者也绞尽脑汁创造发明了各种与经济相关的新式名词，“××经济”等名词层出不穷，凡是能为一些部门和地区带来经济利益的行为，常常被冠以某某经济的名称，“美女经济”“门票经济”“眼球经济”“论坛经济”“奥运经济”“高考经济”……随着价值关系渗透进现代社会的各个层面，经济原则自然也成了人类社会中最为重要的规则之一。所以，人们有意无意地把“经济”一词用到各种场合，造成了滥用“经济”一词的现象。在高校招生中，经济类专业的热度居高不下，录取分数也要比其他专业高出许多。经济因为与金钱联系在一起，所以经济学也被误解成一种可以指导人们迅速发财致富的学问。学好经济学是否就把握了发财致富的秘诀呢？

经济学是研究发财致富的学问，此种说法既正确也错误。言其是，是指一些经济原则如果遵循行事，确实可以帮助一个经济体增加财富；言其非，是指经济学分析的内容要比如何发财致富深刻和丰富得多。其实，经济学要研究的问题与以发财致富为目的的经济行为之间有很大不同。**“经济”**和**“经济学”**并不是相同的概念。经济一词的意义非常广泛，日常生活中，在许多情况下经济指的是一种人们从事与生产、分配和消费有关的活动时表现出的形态、机制，总体上也指一种组织经济活动的体制，经济还常常指一种经济体。经济学则是研究经济活动的一门学科。那么经济学作为一门学科建立的基础是什么？经济学原理能帮助我们认识哪些问题？经济学可以为我们提供哪些思考问题的思路和教会我们哪些分析问题的方法呢？经济学是科学吗？可以证明或者证伪吗？学习经济学原理后，我们相信，读者对许多问题会有全新的认识，也会形成一种思考这些问题的新的思维方式。

继续学习前，请读者先试着回答如下问题：

（1）人类繁衍和进步所面临的最大问题是什么？

（2）你在日常生活中是如何做出决策的？

1.1 人类社会面临的恒久矛盾：稀缺

如果有一种活动，我们每天必须做，那就是选择。为什么必须做选择？孟子说：“鱼，我所欲也，熊掌，亦我所欲也，二者不可得兼……”这一矛盾如果一般化，也就引出了人类社会发展所面临的最重要的矛盾：人类所有愿望永远无法同时得到满足。这可能源于如下事实：人类从整体上的欲望是无边无际、无穷无尽的，而可以满足各种需要的手段和物质条件却相对有限。这种状态在经济学中称为稀缺（scarcity）。所谓稀缺，是指相对于人类的无限欲望来说资源是稀缺的。这里的关键是人们的需要。现实是人们的需要多种多样，每个人又各有不同，而资源是稀缺的。稀缺与人们财富的多寡没有关系：贫穷的人有贫穷人的稀缺；富有的人也面临着稀缺。可以说天下无人不面临稀缺的困扰。这是一种主观感觉和客观存在结合到一起导致的状态。

既然如此，人们就只能选择部分欲望来满足，但选择也意味着牺牲和放弃其他。所以，为了解释，也为了指导人们如何做出有效的选择，经济学也就应运而生，它研究在资源稀缺情况下人们如何做出理性选择。为了理解经济学的确切含义，我们需要清楚与稀缺相关的如下几个概念：

（1）**稀缺与短缺**。“稀缺”与“短缺”词义相近，所以易混淆。从经济学意义上来说，两个概念并不相同。短缺一般是指在某一价格水平上，某种产品或服务的供给数量小于需求数量时的情形。也就是说，当产品供不应求时就会出现短缺。短缺的情形会经常发生，一般情况下也容易得到解决。在价格水平不变的情况下，只要产品的供给数量增加，满足了需求，短缺也就会消失。所以短缺往往是一种暂时存在的现象。

如果说短缺主要是就供给和需求而言的，那么稀缺则是就资源满足人类作为个体和整体需要的相对能力而言的。稀缺是相对概念。由于人的欲望不会消失，所以稀缺现象也就不会得到彻底解决。资源的稀缺也就成了人类社会发展史上一个恒久存在的矛盾。物资供应量的丰富可以满足人类更多的需要，但并不会彻底解决稀缺问题。相反，如果经济发展、产品的丰富激发出了人们的需要潜能，稀缺程度反而可能会越来越严重。稀缺与人们是否努力工作、生产错配与否都无关。

（2）**选择与理性选择**。在稀缺资源约束下，人们必须做出选择。在经济学中，这种选择通常是指**理性选择**，也可以称为理性人的选择。理性人，通常也被称为经济人（economic man），是经济学分析中理想行为人的代表。经济人是指在确定行为目标后，实现目标中的行为是理性的，至于确定什么具体目标的原因一般不做讨论。简言之，经济学中的最优行为是在受到约束条件下以最优化的行为实现目标。

具体说来，对于所有可能选择的产品和服务，如果经济人清楚有关产品价格等所有信息，并且能对产品进行比较，那么他们总是会做出最优最正确的选择。消费者是在个人口味（偏好）、收入和产品价格给定时，选择产品组合，实现满足感最大；生产者则是在企业内外条件给定时，实现利润最大。经济人会随时根据周围环境变化做出调整，不会受到情绪变化的影响，行为始终保持一贯性，不会出尔反尔。

对经济人而言，还有一个重要的行为特征，他们是在自利动机推动下做出最优选择的。经济学中的“自利”是说人们的行为动机均是满足自身的利益，遇到能改善自己目前状况的机会时，总能把握，不管是什么样的人，政府官员、企业老总、工厂工人、个体小商贩、普通消费者，甚至慈善家，莫不如此。

经济学“自利”与我们日常所讲的“损人利己”“自私自利”不同。损人利己是指以损害他人利益来满足自身利益。自私自利是从人的本性而定义的，属于哲学范畴。经济学仅以“自利”作为一个假设前提来研究人类行为，而且，经济人假设并不涉及人品和道德问题。“损人利己”在经济学中也是予以批判的，尤其是有目的的损人利己，在损害他人利益的基础上为自己谋利，如偷窃、以权谋私等，经济学认为损人利己行为会损害整个社会的福利。因为社会为防止此类行为采取对策就必须支付过多的非生产费用，这就会减少满足人们其他需要产品的投入数量。如因为盗窃行为的存在，广大居民被迫安装防盗门窗，如果没有盗窃行为，这些费用就不会发生，社会也无须为雇用保安而支出钱财，为警察支出税费。

自利行为客观上可以增进社会福利。亚当·斯密在《国富论》中写道：“我们每天所需的食料和饮料，不是出自屠户、酿酒家或面包师的恩惠，而是出于他们自利的打算。”[⊖]“他

⊖　亚当·斯密．国民财富的性质和原因研究：上卷［M］．郭大力，王亚南，译．北京：商务印书馆，1997：14.

受着一只看不见的手的指导，去尽力达到一个并非他本意想要达到的目的……他追求自己的利益，往往使他能比在出于本意的情况下更有效地促进社会的利益。”㊀

（3）**资源**。稀缺与资源的多样性有关，经济学世界中的资源概括地说可以分为三种基本形态：①人力资源（劳动）。②资本（机器设备、厂房等生产工具）。③土地与自然资源。这些资源也被称为生产要素，是生产人们需要的各种物品和劳务的基本元素。随着企业家在社会经济中地位的提升，现在越来越多的研究者同意，还应该再加上第四种生产要素：企业家才能。现实世界中，生产者使用的具体生产要素有很多种，但从经济学意义上看，这些资源可以被抽象地概括为上述几种。

资源分类还有一种分类方法是分为**自由取用资源**（或者称为自由取用物品）（free good）与**经济资源**（或物品）（economic good）。当一种资源的可用数量超过了人们想要的数量时，就可以称为自由取用物品。自由取用资源在世界上的对应物非常稀少，最为典型的例子是空气，因为我们没有付出任何代价就可以呼吸。但是，在有些条件下，新鲜的没有污染的空气的获得也是有代价的，如空气污染严重的地区；对深海中的潜水员，呼吸空气也是有代价的。自由取用中“自由”与“免费”并非同样的意思。在经济学中，我们使用资源概念时，都是指经济资源，也就是使用这些资源是有代价的。面对丰富多样的产品和劳务，人们必须对如何有效地利用资源做出合理配置，必须决定运用资源先生产什么和后生产什么。

（4）**竞争**。在现实生活中竞争现象随处可见，商业竞争、工作职位竞争、学业竞争、国土竞争……为什么会有竞争？经济学家认为资源的稀缺性是竞争产生的基础。对单个个人来说，资源稀缺导致了不同用途之间的“竞争”；当适用于人与人之间时，为了多占用资源，也必须展开“竞争”，而且这种层面的竞争更符合竞争本意。竞争可以表现出多种多样的形式，具体如下。①暴力竞争。面临如何分配稀缺的资源时，如果没有社会规范和法律制约，依靠武力就可能成为社会资源最简单的分配机制，特别是在野蛮时代，暴力方式最为常用。即使在现代社会，暴力也常常被使用，特别是涉及所谓国家利益、全民利益时采用暴力似乎也成为合理的方式。②依靠政府力量进行分配，通过政府占用资源后，依据一定的规则分配给社会成员。参见后文对经济体制的分析。③交易竞争。通过交易（exchange），在充分体现参与人个人意愿的基础上，对物品的所有权进行让渡，这样的竞争是人类探索的替代暴力的另一种竞争形式。在平等自愿的基础上完成交易，比诉诸暴力更体现了人类文明的进步。这样的竞争，其实更多地体现了合作或者说竞合的意义。④其他方式。如排队方式、优先配置给某些成员（依据某些标准）等都是竞争的方式。

1.2 经济学概念的由来

1. 经济学概念

资源稀缺是人类面临的最大约束，所以人类在长期的生存实践中，尝试了多种办法来应对这一约束。在实际生产活动中，人类其实已经表现出多种合理的经济行为，所以在某种意义上经济学是一门在对人类实践进行总结和记录的基础上形成的学科。

具体说来，在资源稀缺的约束条件下，人类学会了理性地、合理地分配这些资源，学会

㊀ 亚当·斯密. 国民财富的性质和原因研究：上卷［M］. 郭大力，王亚南，译. 北京：商务印书馆，1997：27.

了在各种需要满足的欲望中如何做出取舍才能获得最佳得益的许多办法。所以，在这种意义上，我们可以将经济学定义为：一门研究人类如何将稀缺资源分配于多种欲望以取得最大福利的学科。

2. 经济学概念的由来

中文“经济”一词对应的英文名词是“economy”，该英文单词来自希腊文，原意是家务或家政管理，后来被引申为节俭的意思。在 17 世纪的法国，公共事业管理的范围扩大，出现了“政治经济学”一词。18 世纪 70 年代之后，政治经济学专指与国家资源相联系的财富的生产和分配。经过古典学派的发展完善，政治经济学成为一门关于财富的性质、再生产分配和使用的科学。

19 世纪中叶之后，对政治经济学的这一含义出现了两类批评意见，一类是马克思和恩格斯，批判政治经济学研究范围和方法。另一类意见是建议改变名称，麦克劳德（Macleod）提议改称为“经济学”，之后马歇尔也将其论著命名为《经济学原理》。到了 20 世纪 20 年代，英国经济学家罗宾斯（Robbins）概括出了现代意义上的经济学概念，即经济学是一门研究人类如何将稀缺资源分配于多种欲望以取得最大福利的学科。

在中国古汉语中，“经济”一词包括“经邦”和“济民”、“经国”和“济世”以及“经世济民”等含义，经济是这些词义的综合和简化，隐喻“治国平天下”的意思，这样该词含有的意思不仅包括一国政府如何理财、如何管理其他各种经济活动，而且包括政府如何处理政治、法律、教育、军事等方面的问题的意思。

现代汉语中使用的“经济”一词最早是从日本传入的。19 世纪，日本学者借用中国古汉语中“经济”一词来概述经济学学科，日本学者神田孝平最先把“economics”译为“经济学”，中国的严复则译为“生计学”，它的含义已不再是中国古代那种治理国家的广泛含义，而是与西方现代语言中的“经济”相一致了。20 世纪 80 年代以来，经济学已逐渐成为各门类经济学科的总称，具有经济科学的含义了。现代经济学已经全面借鉴了现代科学研究问题的方法，形成了自己独有的研究对象、概念、理论体系和理论规范。

1.3　学习经济学的目的

那么我们为什么要学习经济学呢？经济学常常被人们说成是致用之学，那么其“用”体现于何处呢？我们认为，学习经济学后，至少可以达到如下目的。

1. 更好地理解现实世界运行的机制和规则

大千世界充满了各种为人们所无法理解的谜团。明白世界如何运行是现代科学的主要功能之一。经济学作为一门运用自然科学方法研究人类行为的社会科学学科，自然也有这样的作用。通过学习经济学原理，可以帮助我们解释和理解现实生活中的许多现象。如：为什么石油价格在一年中会上升 30%？为什么人们的收入差距会这么大？为什么水对人的生存如此重要但价格很低，而钻石对生存几乎没有影响但其价格却非常高昂（即水与钻石之谜）？

有一则经济学笑话说的是，当一名普通工人与一名经济学教授一同站到申领失业救济金队伍中的时候，两者的差别仅在于：大学教授知道自己为什么站在这里，而工人并不完全知晓。虽有调侃之意，但也表明了学习经济学可以帮助我们明白许多道理。

当然，经济学也并非能对所有经济问题给出满意的答案。维基百科就列出了如下一些问题，认为还没有公认的答案：①为什么会发生第一次工业革命？②什么引起了大萧条的发生？是多因素还是单因素？③政府干预经济的范围应该定义为多大？什么领域应该干预？如何干预？④价格泡沫如何形成？⑤货币供应是内生的吗？等等。

2. 有助于我们把握未来经济活动发展变化的趋势

科学研究的任务简言之有两个：①解释现实世界，明白其中的运行机制和规律；②做出预测，在清楚上述原理的基础上，对世界未来的发展变化做出预测并提出应对策略。如果说经济学是一门科学的话，那么在解释了现实世界经济活动运行的机制和发现了经济世界的变化规律后，还负有对未来做出预测、提出政策建议的职责。经过历代经济学家的艰苦工作，经济学领域中已经总结出了现实经济运行的许多规律和运行机理。经济学原理就是对这些认识的系统总结。一方面，学习经济学可以使我们明白各种经济现象或问题的背后原因，如：为什么没有免费的午餐？为什么人们要进行贸易？为什么会发生通货膨胀？为什么文艺、体育明星的收入水平比普通人高出几倍、几十倍？等等。另一方面，学习经济学还有助于我们预测经济现象下一步可能的变化动向，会伴随什么现象出现，政府可能会采取的政策以及政策的影响（如发生通货膨胀时政府会紧缩银根）。我们知道预测未来是艰难的，但预测未来总有这样或那样的吸引力，通过学习经济学原理，把握基本的经济学基础知识，将对正确预测未来有很大帮助。

3. 有助于形成自己的思维方式

认识世界每个人都有自己的一套方式，这套方式对一个人的行动有重要影响。所以我们都应该努力形成自己看待问题的方式。一部经济学教科书，是过去先贤思想的集萃。通过学习巨匠们提出的理论和思维方式，我们无疑可以从中得到许多启示，并形成自己看问题的方式。如：经济学之父亚当·斯密提出的“看不见的手”理论，使我们理解了个人利益与社会利益如何统一起来；凯恩斯提出的通过政府干预宏观经济运行的独到见地，也使我们明白了在市场经济中政府有什么样的作用。经济学原理的学习，本身就是一种思维训练过程，我们掌握了原理也就掌握了一套认识世界的理论体系，灵活使用它，我们也就提高了自己对世界的认识和理解。

4. 有助于学习者找到推动社会走向完善的方法

对有志于推动社会走向完善的人来说，通过学习经济学，不仅可以帮助他们理解一些社会问题发生的根源，如：失业、饥饿、贫穷、两极分化、吸毒和暴力犯罪，而且还有助于帮我们找到解决这些问题的方式和方法；对如何长期保持人类的福利并获得改善和提高，经济学也能提供较为具体的方法和思路。

5. 为其他专业打下良好的专业基础

现代经济学和管理学体系中的许多学科都需要建立在对现代经济运行理解的基础之上，所以想学好其他相关学科，先要通过学习这门课程，掌握基本的经济学概念和原理，了解现代经济运行的机制。经济学原理的学习是读者进一步学习其他学科的基础。

1.4 经济学的分类和经济学家们的分歧

随着分析方法的进步，人类对经济活动的认识经历了一个从粗略到详细的过程，反映在经济学研究方面是学科的分类越来越细化。在 20 世纪 30 年代前，经济学并不像现在这样体系庞杂，现在经济学的多个学科原来都被包括在经济学原理之中。从基本经济学原理层面，经济学可以分成不同的种类：**微观经济学和宏观经济学；实证经济学和规范经济学**。

1.4.1 经济学分类方式一：微观经济学和宏观经济学

随着 1936 年凯恩斯的《就业、利息和货币通论》的发表，经济学理论在分析内容、范围和方法上正式分成了两个大类别：微观经济学和宏观经济学。㊀

1. 微观经济学

以家庭、企业（厂商）等个体经济单位为研究对象，研究他们的决策行为以及他们在基本经济活动中的相互关系。所以，在微观经济学中，商品价格和生产要素价格的决定及其变化是学习的核心内容。

在资源配置中，人们常说面临五个 W 基本问题：生产什么（What）、如何生产（How）、什么时间生产（When）、在什么地方生产（Where）和为谁生产（for Whom），这主要是针对微观经济学而言的。所以，在微观经济学部分，我们将讨论供求理论、消费者行为理论、厂商理论、市场结构理论、生产要素和收入分配理论、一般均衡理论等。除此之外，我们还要讨论在市场机制作用下，社会效率和福利会受到怎样的影响，市场机制在哪些领域将失去作用等有关公共选择的一些问题。

微观理论的核心是价格理论，这可以从两点来理解：①上述问题主要涉及的是资源如何配置的问题，在市场经济环境中，资源的流动要依靠价格作为指示，所以价格是资源配置的核心指示器。②在微观经济学中，各个行为主体的最优化要通过市场均衡来实现，均衡是指各种价格均衡。

2. 宏观经济学

宏观经济学以一个国家（或经济社会）整体为分析对象，研究该国（经济体）的整体经济运行和政府如何为实现经济目标而进行调节的问题。宏观经济学所关注的主要问题是：国民产出问题（短期国民产出水平如何决定、如何应对经济波动、长期经济如何实现稳定并持续增长）、就业问题、物价稳定问题、一国与他国进行经济交往而产生的国际收支问题和汇率问题。宏观经济学所关注的问题已经超出了单个个体自身所控制的范畴，进入了公共领域，所以需要政府在其中发挥作用。因此政府在经济运行中所扮演的角色与其在微观经济领域中有很大的不同。

为说明整体经济如何运行以及如何实现一些既定的目标，宏观经济学对政府部门和政府政策在宏观经济中所发挥的作用进行了大量的分析论述，因此经济政策分析是宏观经济学非常重要的内容，例如：政府为什么有时会采用刺激经济的扩张政策，有时又会采用紧缩政策。对经济政策的分析，不仅推动了经济理论自身的发展，也提高了经济学理论的致用程度。

㊀ 凯恩斯本人没有使用微观和宏观这两个概念。一般认为，弗里施（Frisch）最早在 1933 年使用了“微观动态”和“宏观动态”的概念是这一分类的开始，但首次在公开发表的著作中正式使用这一概念区分的经济学家是德·沃尔夫（De Wolff）。

分析的对象是一个国家（经济体）的整体经济运行，如何保持一个经济体平稳持续发展显然是最重要的，也就是说，宏观经济学的核心理论是国民收入决定理论。

3. 微观经济学和宏观经济学的区别

两者除了在研究范围上的差别外，还表现在分析方法上有很大的不同。微观经济学主要在于提出解释和通过严密的逻辑推理来刻画出一个理性行为人应该表现出的行为；宏观经济学主要依赖于观测各种经济变量之间的关系来揭示经济运行的内在机制。也就是说，微观经济学多依赖于推理法，而宏观经济学则多依赖于归纳法。

微观经济学和宏观经济学之间的关系可以用人的身体做一个类比。微观方法首先看到的是每个单个细胞，然后再逐渐累积成人的身体。宏观方法则是从一个完整的人体开始，然后分析其构成：手臂、腿、感觉系统等。微观是从部分到整体，而宏观是从整体到部分。微观经济学和宏观经济学又有着密切的联系。尽管在两个领域的决策主体有差别，但是在考虑总体时不可能忽略个体，反过来考察个体的行为时也不可避免地要考虑总体的影响。所以，宏观经济学应该以微观经济学为基础，而微观经济学应该以宏观经济学为背景。微观经济学和宏观经济学对具体经济问题分析的差异见表 1-1。

表 1-1 宏观经济学和微观经济学对一些问题分析的区别

	产出	价格	收入	就业
微观经济学	单个行业或者企业的产出水平，如要烤制多少面包，装配多少辆轿车	每种产品和服务的价格，如面包价格是多少，轿车价格是多少	收入和财富的分配，如汽车公司收入如何分配	单个行业或者企业的就业，如汽车制造厂雇用多少工人等
宏观经济学	一个经济体所有行业的产出如何，即国民产出水平和增长率	总价格水平，如 CPI 或者通货膨胀率等	国民收入，如总工资水平等	经济体总的就业水平或失业水平

除此之外，经济学还根据具体的应用领域，被分为许多分支（亚类）学科，如：比较经济学、计量经济学、发展经济学、经济史、金融学、产业经济学、环境经济学、劳动经济学、经济法学、区域经济学等。

1.4.2 经济学分类方式二：实证经济学和规范经济学

经济学还可以分为实证经济学和规范经济学。这是从经济学研究方法来分类的，所以也可以简称为经济学的实证分析和规范分析。

1. 实证分析

实证分析关注是“是什么”“怎么样”之类的问题，实证经济学是对发生的事实进行描述。比如：在供给不变的情况下，如果对某种商品的需求增加了，价格水平会如何变化？企业生产产品的生产要素价格水平提高后，在其他情况不变时，企业会提高产品价格吗？总需求增加后，一个国家的经济增长速度会提高吗？实证问题因为是对事实的分析描述，所以我们采用经济学的理论对其做出客观描述即可，对这种结果是好与坏、正确与错误不做出偏向判断。

2. 规范分析

规范经济学关注的是“应该是什么”或“应该如何”的问题，常常被用来对某种经济现象做出判断，并依据一定的价值标准做出好与坏、正确与错误的结论，还根据一定的理论提出如何改进的建议和方案。比如："根据目前出口下降总需求不足的局面，政府应该通过减税来刺激需求、促进经济增长"就是一个规范命题，因为这种建议是依据一定的价值判断和一定的理论分析做出的。规范分析通常是为了服务于某个社会目标。

对于实证分析，我们可以对得出的结论进行证明或证伪。例如：需求增加是否提高了价格水平，减税是否推动了经济增长等命题，可以通过对实际数据的分析来验证和证明对错。对于规范分析，因为既涉及事实又有价值判断，所以我们无法仅仅依靠事实数据来证明，还要依据人们所接受的观念来评判。

实证分析和规范分析密不可分。对于一件事情，我们如果想做出正确的判断，所提出的建议也符合社会规范（规范分析），我们必须对事情发生、发展的过程及其内在结构充分了解（实证分析）。这就是说，实证分析是规范分析的基础。同时，如果实证分析没有经过规范判断也就失去了其应有的价值。

从图 1-1 可以清晰地看出两种方法的区别和联系。

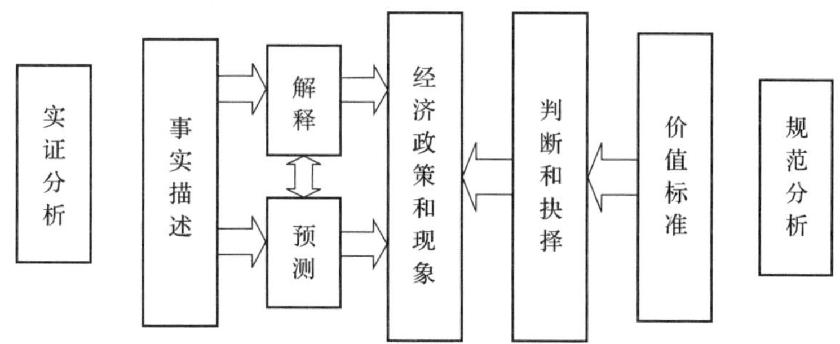

图 1-1　实证分析和规范分析的比较

1.4.3　经济学家之间的分歧

随着现代社会经济的日益发展，政府对经济运行的影响日益深化，经济学理论对各国政府的政策选择发挥的影响也越来越重要。凯恩斯曾经指出："经济学家和政治哲学家们的思想，不论他们是在对的时候还是在错的时候，都比一般所设想的要更有力量。的确，世界是由他们统治着。讲求实际的人自认为他们不受任何学理的影响，可是他们经常是某个已故经济学家的俘虏。在空中听取灵感的当权的狂人，他们的狂乱想法不过是从若干年前学术界拙劣作家的作品中提炼出来的。"

尽管如此，但经济学家们在对某项问题提出具体的政策建议时，意见并不相同，有时甚至会截然相反。如果你关注报纸、杂志会发现这种有趣的现象。所以关于经济学家有许多善意的调侃笑话，例如，美国前总统杜鲁门曾经说过：我希望找到一个只有一只手的经济学家。为什么呢？因为经济学家在提出经济建议时常说"一方面（on one hand，英文字面意义为'在一只手上'）……另一方面（on the other hand，英文字面意义为'在另一只手上'）"；萧伯纳曾经调侃说："如果把所有的经济学家手牵着手连接排在一起，他们也得不出一个结论。"所以，经济学中并不存在放之四海而皆准的理论和建议。

问题是：为什么经济学家们会有这么多不同的意见？其中的原因有很多，但上述关于实证经济学和规范经济学的说法可以回答这一问题。从经济学家们提出政策建议的性质来分析，不外乎两种来源：①命题来自对现实发生事件的研究；②依据他们自己的好恶来提出政策建议和观点。所以，当经济学家们对实证理论的正确性有不同的看法时，当他们持有不同的价值观时，他们的政策主张自然就会不同。

尽管不同的经济学家有不同的观点和看法，但是也不要过分夸大他们之间的分歧，对许多问题他们的看法还是相当一致的，也许 90% 以上的理论他们的认识是相同的，不同之处也就不到 10% 。在许多问题上，他们的看法是一致的，例如，如果对房租实行管制，可供住房的数量和质量都将下降；财政政策（如减税、增加政府支出）对未实现充分就业的经济有显著的刺激效应；巨额政府预算赤字对经济会产生不利的影响；最低工资法的实行导致了更多的年轻人和不熟练工人的失业等。

1.5 经济学的一些基本理念

学习经济学，要学习其中分析问题的基本理念、思路和方法。这些理念有些是长久以来对人类对经济行为进行观察而得出的一些总结，有些是通过严密的理论推演得出的结论。下面我们就列出一些有关经济学思维最基本的理念。这些基本理念可分为以下三大类：

（1）与个体选择相关的理念。

（2）经济行为人相互作用的理念。

（3）与总体经济活动有关的理念。

1.5.1 与个体选择相关的理念

理念 1：有所得必有所失

这一理念也可以表述为“天下没有免费的午餐”。这一理念将经济学概念涉及的选择、权衡和牺牲等意思都表现了出来。前面已经指出，经济学关注的最为基本的问题是：面对稀缺的资源，人们不得不在众多的需要中做出取舍和选择。选择就意味着牺牲，对个人如此，对企业如此，对一个经济社会也是如此。对于一个学生，你用 100 元去买娱乐消费品，也就意味着你无法再用这 100 元来购置学习用品或购买其他生活用品；对于一个社会，如果一块面积给定的土地被用于建造房屋，也就意味着它不能再被用来生产粮食或其他用途。所以，“天下没有免费的午餐”应该是我们学习经济学第一个必须接受的最基本的理念。既然是做出选择，也就意味着放弃和牺牲，这好似一种损失、一种成本性的支出。换成经济学术语，我们可以把这种牺牲概括为一个经济学的基本术语：机会成本。

所谓**机会成本**（opportunity cost），是指在做出一种选择（最佳选择）后必须放弃的其他选择的价值。但是具体如何计算呢？应该是其他选择中最佳者所带来的价值。你可能会认为，我选择了一种但放弃了许多东西。但对选择真正有意义的是最佳和次佳。所以，当你选择（应该如此）最佳者时，你放弃的就是次佳选择。如果用价值来衡量就是，选择一种事情的机会成本就是因此放弃的其他备选项中价值最大者。

如果我们用这一理念来分析发生在我们周围的事情，可以解释和判断许多现象，例如：对一个社会来说，必须在生产产品之间做出选择，是要大炮还是要黄油？是要物质财富丰盛但环境恶劣的经济发展，还是牺牲一些物质财富但有利于生态环境和人类和谐发展的社会进步？对个人来说，也会面临这种抉择，高中毕业后是上大学继续深造还是马上工作赚钱？是选择在国内读书还是到国外去上大学？大学毕业时是继续报考研究生还是走向社会寻找一份可以挣钱的职业？等等。经济学中涉及选择和牺牲的经典命题有：微观经济学中的效率与平等之间的权衡取舍；宏观经济中的失业和通货膨胀的相互替代。

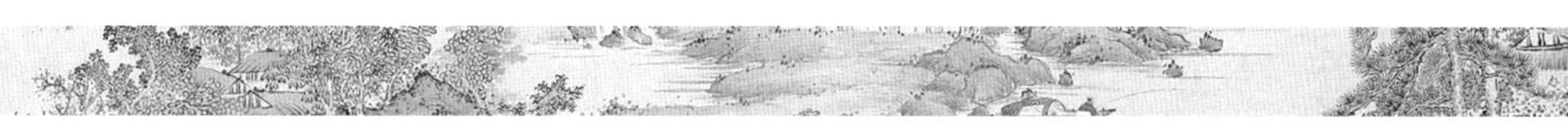

专栏1-1

如何计算机会成本

问题：假设你得到某歌星今晚演唱会的免费门票，实名给你，不能转售。可今晚还有一场电影首映，你也很想去看，电影票价为50元。当然，你也可以另择时间去观看电影，但你的心理承受价格是60元，也就是说，要是电影票价高过60元，你情愿放弃不看。假设此外不涉及其他成本支出。请问，你去看歌星演唱会的机会成本是多少？

（1）0元

（2）50元

（3）60元

（4）10元

解答：

如果去看歌星演唱会，就不能同时去看电影。这场电影对你来说，最多相当于60元，这也就是你错过后损失的价值。似乎机会成本应该是60元。别急！再想想。没有看电影，失去了看首映大片的机会，但同时你也省下了买电影票的50元钱！因此，你去看歌星演唱会的机会成本是60－50＝10元！如果你认为歌星演唱会对你来说至少值10元，那你就应该去看；要不然，就去看电影。

资料来源：Robert Frank. The Economics Naturalist：in Search of Explanations for Everyday Enigmas［M］. New York：Basic Books，2007。

理念2：有关多少的决策是在“边际上”做出的

在稀缺资源约束下，人们应该去争取最优结果，必须做出权衡取舍，必须进行选择，选择即意味着获得，也意味着放弃。这样引出的问题是，人们为什么会选择此而放弃彼？是根据什么做出选择决定的？这就要用到经济学最基本的分析工具——成本收益分析。在现实中，人们的决策有两种类型：非此即彼型与增加或减少“多少”型。

对**非此即彼型决策**，直接比较总成本和总收益（total benefit），收益减去成本得到最大值的方案即为最佳方案，这种方法其实比较的是总成本－总收益[⊖]。

但现实生活中，大多数决策都属于**增减“多少”型决策**，如：同一天有两门考试，经济学与历史学，前一天晚上6：30～10：30的复习时间如何安排？一家企业要决定来年的产量，比今年增加多少，或者减少多少？等等。这种方法也涉及成本－收益比较，不过比较的

⊖ 为了与日常人们用语的习惯对应，我们称之为成本－收益方法，其实这里的收益是得益（benefit）的意思，收益（revenue）在微观经济学原理中通常是指厂商的销售收入，见后面各章。

是边际成本与边际收益。这种增量引起的成本支出被称为**边际成本**（marginal cost），这种增量带来的收益被称为**边际收益**（marginal benefit）。边际方法是经济学中成本 - 收益方法的基本方法，也是解决最优化问题最有力的工具。它最大的特点是在进行增量比较时就能做出是否进行该活动的结论。例如，在生产一种产品的过程中，通过比较增加一单位产品带来的收益和为得到该单位产品增加的成本，我们马上就可以判断该单位产品是否应该生产。边际分析在分析消费者个人和企业行为中都有非常重要的作用。

边际分析与总体分析是统一的，因为边际成本之和构成总成本，边际收益之和构成总收益。边际方法比总体方法更能让决策者在动态中及时做出最优决策。

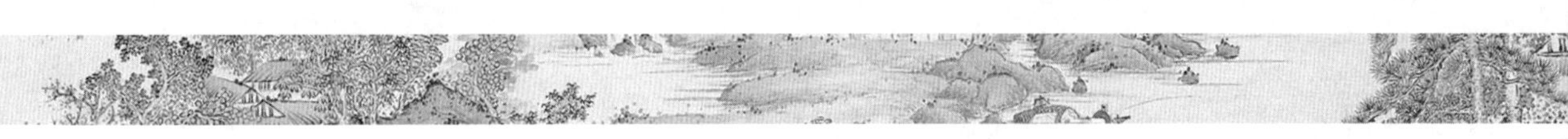

专栏1-2

为什么盛装牛奶的容器多为方盒，而其他饮品则为圆瓶

软饮料瓶，不管是玻璃制品还是易拉罐，几乎都呈圆柱形。可牛奶盒子却几乎都呈方形。方形容器能比圆柱形容器更经济地利用货架空间。那么，为什么软饮料生产商坚持使用圆柱形容器呢？原因之一可能是，软饮料大多是直接用容器喝，由于圆柱形容器更易把握，所以由此带来的好处抵消了由此造成的额外存储成本损失。牛奶就不同了，人们大多不会直接用盒喝牛奶。就算大多数人会直接用盒喝牛奶，但根据成本收益原理，牛奶也不大可能装在圆柱形容器中售卖。方形容器（不管容器里装什么东西）的确能节约货架空间，但对于牛奶节约的空间，显然比对于软饮料的空间来得更划算。超市里大多数软饮料都是放在开放式货架上的，这种架子造价便宜，平常也不存在多少运营成本。但牛奶则需专门存放在冰柜（或冷藏柜）里，冰柜不仅造价贵，而且运营成本也高。因此，冰柜里的存储空间更加宝贵，用方形容器盛装牛奶将提高空间利用效率。

资料来源：Robert Frank. The Economics Naturalist：in Search of Explanations for Everyday Enigmas［M］. New York：Basic Books，2007。

理念3：人们因为受到激励而行动

“天下熙熙，皆为利来；天下攘攘，皆为利往。”经济人或理性人的假设中其实已经包含了这种意思在内。人是利己的，所以，面对物质利益的激励，人们必然会做出反应。在现实经济中，行为人做出的任何行为都可以从激励来解释。人们为什么购买甲产品而放弃乙产品，为什么接受这种工作而不接受另一种工作，其实都是对所得和所失进行比较后做出的选择。所以，如果想改变人们的行为就要从改变对人们的激励开始。激励可以是正向的（利益），也可以是负向的（成本）。

因为受到激励而行动，所以人们总会利用一切可以利用的机会来改善自己的状况，增加自身的利益。在合乎法律规范的情况下，人们的这种追求是会得到保护的，但是如果违反法律规定就要受到惩罚了。

马克思在《资本论》中对于无约束情况下，金钱对人们形成的激励引用过托·约·登宁在《工联与罢工》中一段精彩的描述：“一旦有适当的利润，资本就胆大起来。如果有10%的利润，它就保证到处被使用；有20%的利润，它就活跃起来；有50%的利润，它就铤而走险；为了 100% 的利润，它就敢践踏一切人间法律；有 300% 的利润，它就敢犯任何罪行，甚至冒绞首的危险。如果动乱和纷争能带来利润，它就会鼓励动乱和纷争，走私和贩卖奴隶就是证明。”㊀

在形成激励方面，一个社会的制度会发挥非常重要的作用。经济学意义上的制度是指人们相互交往的社会规则。制度包括正式的规则，也包括非正式的规则。制度为人们之间的各种交往（政治上的、社会上的和经济上的）提供了一个行为框架。通过良好的制度，可以激发人们的创造力而提高生产率，这种激励的规则最终形成规制。

1.5.2　经济行为人相互作用的理念

理念 4：通过专业化分工和交换可以实现双赢

如果情况允许，我们每个人似乎都可以自给自足：自己种粮食，自己织布，自己生产其他生活用品。但是在现实生活中，几乎没有人这么做。相反，在现实中，我们观察到的情形如下：①从事专业化的经济活动。每个人并非完成所有自己能做的事情，而是只从事一种或几种活动（服务）。②产品交换。每个人提供自己的产品和服务与他人进行交换，互通有无。为什么？其中蕴含的经济学原理就是，通过专业化分工和交换可以实现双赢，使社会成员享受到更多的产品和服务，这被称为**贸易增益**（gains from trade）。

通过专业化分工和交换之所以能使交易双方获利，就是双方利用了经济学中的比较优势理论。这一理论由经济学家李嘉图提出，到目前仍然是经济学中最为重要、最具解释力的原理之一。比较优势是指：一个经济行为人，能以比交易对手更低的机会成本来供给产品或服务。比较优势也是从稀缺性衍生而来的。由于时间是稀缺的，一个人或一个社会在生产一种（组）物品的同时，不可能去生产另一种（组）物品。这样，每个人在既定的时间内就应该去生产自己最擅长的产品，进行专业化分工，然后，大家相互交换各自需要的产品，这样不仅每个人可选择的产品范围扩大了，而且生产也会因为专业化分工而大大提升了效率，社会整体得到的产品就会更多。

专业化分工带来的效率改进体现在：①一个人专注于一种活动，可以成为专家，并大大提高劳动生产率。②减少了多种活动之间转换的时间损失。③不同资源有各自适合的专业活动，应各尽所用。就以劳动为例，每个人的能力都有适合自己的专业领域，所以一个社会才会有不同职业的人群和不同类型的专家。

在经济学诞生之初，经济学家就对专业化给予了很高的评价。如亚当·斯密在《国富论》中就记载了他对别针的生产数量在专业化实施前后的情形所进行的比较。他持续观察了 10 个工人，他发现，在当时的生产条件下，生产一枚别针的重要工序可分为 18 步，如果一个工人单独工作，日产量为 200 枚；而进行分工后，工人们一天可以生产 48 000 枚别针！现代社会的分工工序比 250 多年前已经有了更大的变化，分工已经走向更高层次。从长远的发展来观察，我们可以看出，人类社会的进步与发展，专业化分工是最为重要的推动力之一，过去、现在和将来，分工的作用一直在保持。

分工与交换是相辅相成的。专业化分工必须辅之以交换，交换反过来推动了分工。现代

㊀ 马克思．资本论（第一卷）[M]．郭大力，王亚楠，译．北京：人民出版社，1975：829.

分工和专业化已经扩展到全球，大到飞机小到一杯饮料，近几年一些流行的电子产品，如美国苹果公司的iPod、iPhone和iPad都是国际分工的产品。由美国苹果公司做产品设计，采用日本、韩国制造的零部件，在中国装配，然后行销到全球，参见专栏1-3。

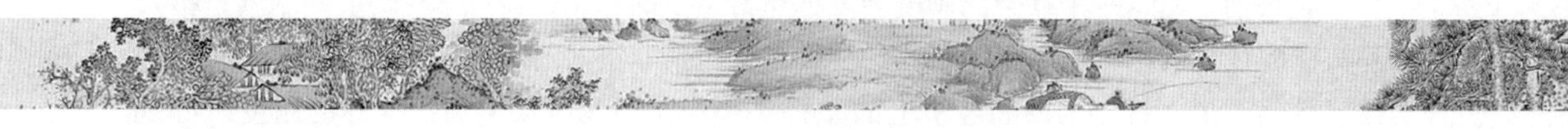

专栏1-3

一部iPhone是如何制造出来的

一部iPhone就是全球化背景下，分工与合作最好的范例。iPhone是哪个国家的产品？你可能会说是美国的产品。但是，如果从制造地来看，大部分产品零件又是在中国装配制造的！除中美两国外，生产的零部件来自多个国家，也可以说，iPhone是一部国际化的产品。iPhone的出现，首先归功于史蒂夫·乔布斯以及苹果公司的创新理念。但要将理念转化为卓越产品，离不开来自世界各地的精密零部件：英国ARM设计的芯片，韩国LG、三星出产的显示屏，日本村田制作所出产的传感器，德国英飞凌生产的数字基带、射频收发器和电源管理器件，中国台湾的TPK和胜华出品的触摸屏……乔布斯主导的绝佳创意设计，和这些精密零部件要在中国由富士康完成组装……

资料来源：曾航. 一只iPhone的全球之旅：苹果幕后全产业链运作完全解密［M］. 南京：凤凰出版社，2011。

理念5：市场总会调整到均衡

当我们观察人们的行为时，如何从经济现象的相互交织中找到分析问题的切入点呢？这就是均衡！

我们将会看到，通过价格的变化市场通常会实现均衡。如果经济活动还在调整或者人们还在寻求机会改善自己福利，价格就会一直处在变化中，我们也就无法找到分析问题的基础或者状态。但是市场会走向均衡的事实则为我们提供了这样的机会和可能。

市场能实现均衡，也为我们做预测打下了基础。事实上，现实生活中的许多事实都是因为人们相信市场会走向均衡才会发生，如我们可以相信市场能够为我们提供最基本的生活用品。生活在城市中的人们知道超市的货架上总是货物充足。为什么呢？因为如果某个从事食品经营的商人无法把货物及时运到，就为其他的商人提供了一个大好的获利机会。当没有人能通过做其他的事情变得更好时，就实现了经济的均衡状态。恢复到均衡的因素，从专栏1-4中也可以看出。

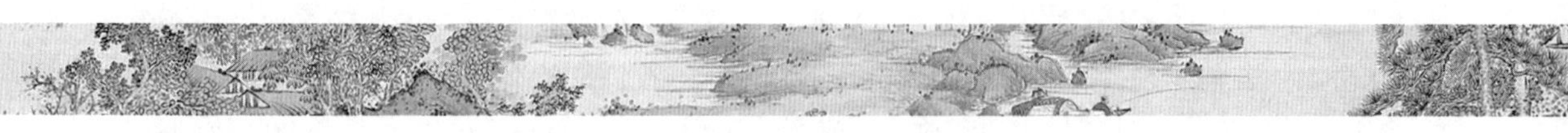

专栏1-4

高速公路交通恢复

1994年，洛杉矶地区发生了一次威力巨大的地震，一些高速公路上的桥梁坍塌，对于数十万计的驾车者来说，正常的交通被完全打乱了。之后出现的一系列事件为相互影响的决策提供了一个特别典型的事例，因为当时的情况是：上班的人要决定如何赶到工作单位。

地震后带来的迫切问题是交通问题，因为乘车的人将要涌向其他的道路或者借助城市道路绕过不能通车的地方。政府官员和新闻节目警告说，上班族的上班时间可能会大大延迟，并且告诉他们不要做无谓的绕行，重新安排他们上班前后的日程，或换乘公共交通。这些警告的有效性出人意料。事实上，许多人注意到，地震之后的几天中，对于那些一直按惯常路线通勤的人来说，上班花费的时间比以前还要少。

当然，这种情形持续了没多久。当消息传来，道路损害实际上没有那么严重，人们纷纷放弃了并不便利的交通方式，又回到原来的驾车上班，交通又回到一贯的糟糕状态。在地震之后的几个星期之内，出现了严重的交通堵塞。再过几个星期之后，情形稳定下来：比日常交通堵塞还要糟糕的现实足以吓怕驾车者，也防止了出现极端严重的全面交通瘫痪的噩梦成为现实。

洛杉矶交通在短时间内形成了一种新的均衡，每个通勤者在假定其他人做出选择时都做出自己能做的最好选择。

顺便说，故事到此尚未结束：由于害怕城市交通出现严重窒息，地方政府以创纪录的速度修复了道路。在地震之后仅仅18个月内，所有的高速公路都恢复了常态，为应对下一次冲击做好了准备。

资料来源：Paul Krugman，Robin Wells. Economics［M］. 5th ed. New York：Worth publishers，2015：17。

理念6：市场机制通常会达到资源配置有效，但非唯一机制

稀缺的资源如何实现最优配置，人类已经尝试过多种办法，如野蛮时代通过武力和战争来分配，到后来通过权力来分配，通过计划来分配，等等。总结人类到目前尝试的各种资源配置机制，从效果看，市场机制无疑是其中最有效的办法，所以以市场机制为基础的分配机制也就成了现代社会最主要的分配机制。亚当·斯密所说的“看不见的手”，就是市场机制的形象比喻。用现代经济学的语言就是：市场机制可以实现资源的最优配置，实现整个社会福利的最大化。

市场机制尽管作用巨大，但是市场机制也并非万能，在有些领域或某些情况下，市场机制也会无能为力，例如：在市场存在垄断力量时，即市场的价格受到了某个人或组织的影响，不能反映市场真实的供求情况之时；某个行为人的行为影响到了他人的福利之时（即所谓外部性）；一些公共产品的提供等。经济学家们将这些情况称为**市场失灵**（market failure）。

另外，市场机制在解决资源利用中的效率问题时，对于公平分配社会收入却没有形成有效的办法，也就是说，市场机制无法保证形成公平的社会收入分配格局。因为效率强调的是最大限度地利用资源得到更多的物品和服务，形象的比喻是把蛋糕做到最大；而公平强调的是社会成员之间的收入分配要尽可能公平。而且在追求效率时，公平常常会受损，两者之间也有权衡取舍。一个社会的政策导向如果主要强调效率，那么就必须对每个社会成员付出的努力水平给予足够的补偿，以激励他们各尽所能。虽然这样，但是社会成员之间还是会出现严重的贫富分化。在许多国家，为了防止出现这种局面，政府通过一系列的法规政策进行干预，例如建立最低工资制度、社会福利制度等。但随之出现的问题是：人们工作的积极性受到打击。如何处理这个问题，其实面临许多难题。

对于市场机制无法发挥作用的领域，就需要市场外的力量来介入，一方面弥补市场机制的不足，另一方面对市场进行调节。能担此重任的只有政府。政府干预所能选择的手段中，经济政策是最主要的手段。因此，对经济政策的研究是经济学研究中一项重要的内容，特别

是在宏观经济学内容中，政府政策更是占有特殊的地位。

当然，我们要指出的是，政府干预并非对市场进行扭曲，如果是这样，带来的结果比不干预还要糟糕。

1.5.3 与总体经济活动有关的理念

理念7：长期来看，经济增长是改善人们生活水平最根本的途径

人们生活水平的提高、福利状况的改善，会依赖于许多因素。无论人们怎样评价福利水平，从长期来看，福利改善主要表现为人们消费物品和服务数量的增多和质量的提高。从微观组织和宏观经济来看，要实现产品和服务数量的不断增加，提高国民福祉，最主要的手段是实现经济的长期持续增长。只有在经济增长中，人们的各种需要才会逐渐得到满足。

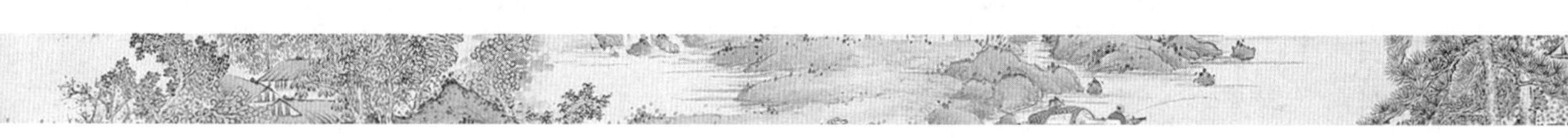

专栏1-5

超长历史时期的经济增长

在公元前100万年，我们的祖先靠打猎和采集维持生存，许多年后才有耕种，那时的产出也仅仅是有限的食物、衣服、遮风挡雨之处和简单工具。据加州大学伯克利分校的经济学家布拉德福德·德龙（Bradford DeLong）估计，在初期环境中，人均GDP按照2008年的美元值计算大约为每年140美元，仅达维持生存底线。德龙估计全世界人均实际GDP在公元1300年仍然是140美元。换言之，在公元前100万年到公元1300年都没有经济增长发生。1300年时的一个法国农民比他几千年前的祖先好不了多少。事实上，在人类存在的大部分时间里，人们仅有维持生存的最低食物、衣服和住所，很少有人能活过40岁，大部分人受到疾病的困扰。

直到1750年前后，英国发生工业革命，经济才有显著的增长。在工厂里使用蒸汽机驱动机器生产棉布标志着工业革命的开始；此前，所有产品都依靠人力或畜力完成。机器力量延伸到生产其他产品上，极大地提高了每个工人生产的产品数量。先是英国，而后是其他国家，如美国、法国和德国都经历了长时期的经济增长（long-term economic growth），人均实际GDP持续增长，今天这些国家的国民拥有的高生活水平就是这些增长的结果。图1-2所示为长期的人均实际GDP增长率。公元1300年之前，人均实际GDP几乎没有增长，在接下来的500～800年，出现缓慢增长；在19世纪工业革命之后，增长显著；进入20世纪后，增长加

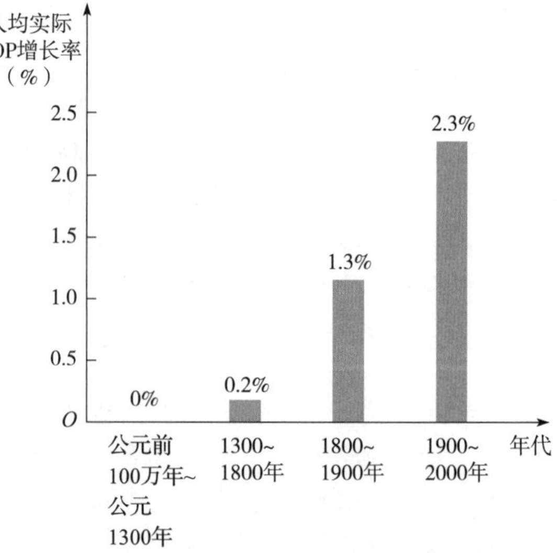

图1-2 公元前100万年到现在的经济增长

速，平均年增长率从 1.3% 增加到 2.3%。

资料来源：Glenn Hubbard，Anthony O'Brien. Macroeconomics [M]. 6th ed. London：Prentice Education Limited，2017：350-352。

理念 8：经济出现繁荣与衰退周期难以避免

没有一个国家会一直保持一个不变的速度增长下去，总会经历繁荣与衰退的起起落落。尽管衰退会带来不快，人们会因为失业而生活水平下降，但这一现象无法彻底避免。人类的经济活动总难以避免来自各方面的冲击，经济周期的存在也就会因多种原因引起。尽管对为什么会发生经济周期，不同学者有不同的看法，政府也进行过多方努力，但是这一现象似乎难以消除。这种周期有时候造成的破坏性非常惊人。例如 1929 ~ 1933 年的大萧条，对世界大多数国家都造成了很大的伤害，世界经济因此倒退了许多年。始于 2007 年的金融危机发展而成的经济危机，也造成许多国家的经济衰退，带来的损失难以估计。

虽无力避免，但随着现代国家政府对经济运行介入程度的加深，政府通过经济政策调节，如财政政策、货币政策、产业政策等，可以缓解这种波动的幅度。经济学的重要内容之一就是要解释经济周期的存在，并提出应对经济周期的政策建议。

理念 9：总支出与经济体的生产能力并非总是一致

从一个经济体的整体来看，由于各部门、各行业间相互联系相互影响，一组人群的活动或者一个行业的变化往往会波及其他人群、行业，甚至整个经济，如建筑业等一些重要行业的兴衰可能会导致整个经济出现起落。因为一个人的支出会形成另一个人的收入，所以支出变化的连锁反应会波及整个经济，如企业投资的下降导致人们收入减少，收入减少还会进一步导致企业产出减少，循环强化。

从一个国家的总支出来看，即消费者和企业对商品和服务的需求量，有时与经济能够生产的商品和服务数量并不匹配。如果支出不足，可能会导致整个经济产出水平下降；而如果支出过多，则有可能发生通货膨胀，整个经济的价格水平上涨，因为总的供给水平小于总的支出水平。支出并非通货膨胀与经济衰退发生的唯一原因，但却是最重要的原因。

理念 10：政府政策可以改变支出

总支出与经济体的生产能力并非总是一致，有时将造成经济运行不平稳。所以，需要外在力量进行干预，这就是政府经济政策作用的基础。政府政策会对总支出产生重要影响。一种渠道是政府直接影响总支出水平，政府直接购买教育、国防等公共产品，形成支出；另一种渠道，政府通过税收政策影响个人与企业收入，通过控制货币数量来有目的地间接引导来影响总支出，调节总支出与产出水平之间的差异。当然，政府政策并非总是能成功，衰退、通胀还是会发生。但从第二次世界大战后的实践看，经济运行虽有波动，但波动幅度大幅降低。

经济学家具体采用什么样的方法来对经济现象进行分析呢？简言之，就是运用自然科学的研究方法来分析人们的经济行为。所以，利用模型来解释经济问题已成为现代经济学最基本的方法。

1.6　经济学的基本方法

1.6.1　模型方法

从具体的研究方法来看，经济学与物理、生物化学等自然科学学科没有什么本质区别。

但因为观察的行为主体是人而非物，所以对试验环境无法进行控制，这又直接造成研究过程和结论的不同。

一般人都会想当然地认为应该用科学的方式和方法来思考问题，但其实许多人并不习惯于运用科学的方法来观察和分析世界。那么科学的方法究竟是什么呢？科学的方法是：通过观察、试验等手段来搜集数据资料，进行科学分析，提出理论假想，然后把这种（些）假想运用于社会实践来证明或证伪；根据验证结论进一步改进和完善理论，以更好地指导实践。在这一过程中，建立模型是最普遍的做法。

经济学虽然不能像自然科学那样构建出严格的模型变量和其适用的环境，但经济学采用了与自然科学相同的建模和验证过程，即：做出假定—建立模型—进行检验和预测—改进模型。也就是说，通过对现实经济活动进行观测，建立理论模型进行解释，然后再将理论模型运用于经济实践来检验和修正已经建立的模型，正是在这种设定和验证的过程中，加深了我们对人类经济活动的认识，经济学的内容也得到了丰富。我们看到，现代经济学中大量的经济模型就是用这样的手段来建立并进行证明的。经济学模型是对现实世界经济活动中主要经济关系的简化和抽象。在多年的研究实践中，经济学人已经找到了表现经济学模型的多种方式和方法：文字、几何图形、数学公式、图表等。用模型来表现思想和对问题进行解释是学习经济学必须掌握的基本技巧。

在自然科学中，当我们想证明一种理论假说时，可以造出一个试验环境来验证，如检验从高处自由落体的物体是否同时以相同的速度坠落，为了排除空气阻力对结论的干扰，我们可以设计一个没有空气的真空环境。像其他学科一样，经济学在分析问题时也会“创造”一个适合分析问题的“试验环境”，也就是使用假设来限定分析问题的环境。如：为了描述经济行为人如何真正按市场规则做出决策，我们经常会对什么是完全竞争的市场做出设定，符合一定条件才能被认为是真正的纯市场；在国际贸易中，我们也经常使用 $2\times2\times2$ 模型，即用两个国家、两种商品和两种生产要素来解释国际贸易中的许多规律和现象。这些假设之所以合理，是因为我们通过假设，把对研究问题影响不大的外在因素设定为不变，就可以更清晰地把握各种现象中存在的最为本质的关系，从而更深入地认识现象背后的作用机制。

但是，经济学的研究对象是具有社会性特征的人的行为，这一点又决定了经济学属于社会科学的性质。人的经济活动会受到多方的影响，所以对人的行为进行观测就不可能像自然科学那样在可控制状态中进行，这也就决定了其结果并不能像自然科学试验结果那样可靠。为了寻找试验室的替代，经济学常常会使用人类社会经济发展过程中已经出现过或正在发生的事件来检验现存理论，如石油危机、金融危机等事件的爆发都是对经济理论检验的绝好素材。下面我们用两个基本的经济学模型来了解经济学如何运用模型来分析经济活动，并从中体会模型所发挥的作用。

1.6.2 两个经济模型

模型1：产品－收入循环图

对现实世界中的经济活动从总体上做出描述并非易事。现代经济日益错综复杂，行业分工越来越细，产品越来越丰富，经济活动之间的联系也越来越密切。对经济活动进行简化并表现出经济活动的本质联系，模型的设计显非易事。如何选取能反映现代经济运行最本质的要素，需要我们对现实经济运行的本质有深入的理解和认识。

尽管人类经济活动越来越复杂，涉及的因素和方面也越来越多，但人类经济活动从稀缺性的本质衍生出来的最基本的活动不外乎两种：生产活动和消费活动，与此对应自然也有两个行为主体：生产的主体（生产者）和消费的主体（居民）。这样构建一个基本的经济模型（两部门模型）的因素就具备了。

产品 - 收入循环图（circular flow of goods and incomes）对现实经济运行中的基本经济行为进行了简单而富有意义的简化，把一些对最本质经济活动影响不大的部分省略掉后，我们可以更直观地观察发生在两个经济行为主体之间的经济联系和基本经济活动（生产和消费）之间的联系，如图 1-3 所示也就是反映经济运行最重要的经济模型之一。

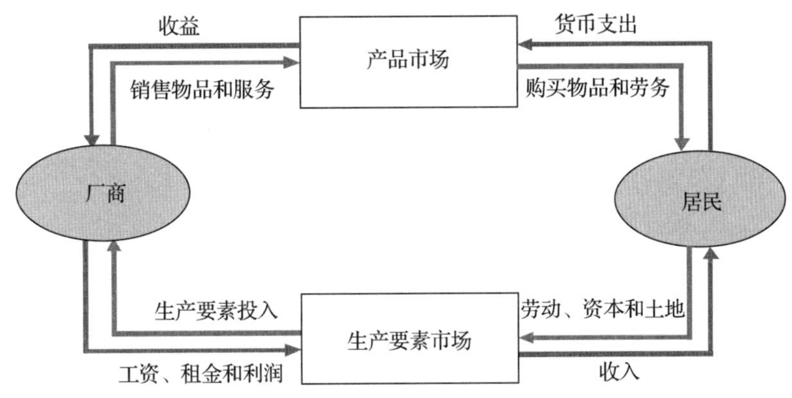

图 1-3 产品 - 收入循环图

从微观经济分析的角度看，图 1-3 表现了生产者和消费者如何通过产品市场和生产要素市场建立联系的事实。

图 1-3 的上半部分，我们看到两者的交换是消费者支出货币而生产者销售物品和服务。这其实讨论的就是产品市场中发生的事情，也是我们在日常生活中看到的发生在我们身边的现象。可以这样说，凡是我们每日看到的、符合上述交换特征的地方、场所（包括虚拟的网上交易）都可被抽象成上述的产品市场。

图 1-3 的下半部分表现的是两种行为人在另一个市场中完成的交易：通过要素市场，生产者得到了他（们）生产产品需要的生产要素，而居民在提供了生产要素后，则获得了他们购买产品和服务所需要的货币收入，即劳动者获得了工资，土地所有者获得了租金，资本所有者获得了利润。正是两种行为人的角色互换，使市场活动得以顺利进行，也最终完成了经济活动的循环。

从宏观经济分析的角度看，该图表现了经济总体运行的方向和过程，也反映出了一国经济运行最基本的等式：国民产出等于国民收入。如果需要分析现实经济中其他行为人的行为，我们还可以对该图进行扩展，把政府、金融机构甚至国外组织包括到其中，形成三部门、四部门等多部门模型。

模型 2：生产可能性曲线

如何构建一个反映一国或一个经济社会中资源利用情形的模型，对我们具体理解资源利用的意义显然会有很大的帮助。

我们假设一国在某一给定的时间段内资源总量只用于生产两种产品：食物和衣物。产品组合可能的情形是：①资源全部被用于生产食物或衣物；②资源被同时用于生产两种产品。很显然，在资源既定的情况下，当增加一种产品的产量时，另一种产品的产量将随之下降，两者之间存在着一种替换关系。

图 1-4 表现的就是这样的情形。当资源全部被用于生产食物或衣物时，在最有效配置的情况下，产量是 800 万单位食物或 700 万单位衣物；当资源被同时用于生产两种产品时，就有了不同的数量组合，我们把资源配置最有效情况下两种产品的组合点连接起来而得到的曲线称为生产可能性曲线（production possibility curve）。以此类推，在该曲线外部的产品组合点（如点 *W*）代表的产品组合是现有生产能力无法达到的、不可能实现的组合；而曲线内的点（如点 *R*）则表示在现有生产能力下，资源没有被有效利用而得到的生产组合。

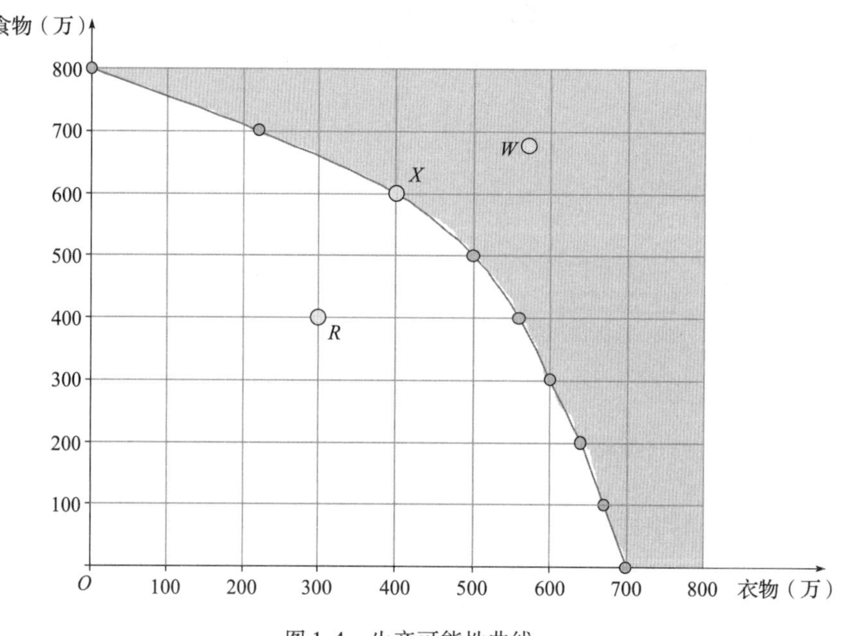

图 1-4　生产可能性曲线

这条看似简单的曲线也是经济分析中最重要的曲线之一，它不仅可以用来解释微观经济和宏观经济中所涉及的一些重要概念，而且也是最重要的理论分析工具。下面我们要用这个模型来解释机会成本、资源配置有效性、经济增长这些非常重要的经济学概念。

（1）**机会成本**。

通过沿着生产可能性曲线的上下移动，我们可以看出，在面临资源约束的条件下，生产食物和生产衣物之间的选择、放弃和替代之间的关系，也就可以比较直观地明白机会成本的概念。如图 1-5 所示，当衣物从 400 万单位增加到 500 万单位时，必须将食物从 600 万单位减少到 500 万单位，也就是说，得到 1 单位衣物的机会成本是 1 单位食物。

从图 1-4 中，我们还可以看出，当衣物增加的数量越来越多时，每多增加 1 单位衣物需要放弃的食物的数量越来越多，这就是经济学中一个非常重要的规律：**机会成本递增规律**。其中的原因我们将在生产理论中详细解释，但这里我们可以从资源的适用性来理解。某些资源适用于生产食物，而另外一些资源适用于生产衣物，当衣物数量越来越多，适宜于衣物生产的资源就会越来越少。如果想多得到衣物，该社会就不得不将那些适用于食物的资源用来生产衣物，这样做的结果必然是得到同样 1 单位的衣物需要投入的要素会越来越多，对食物生产造成的影响是需要放弃的食物越来越多。

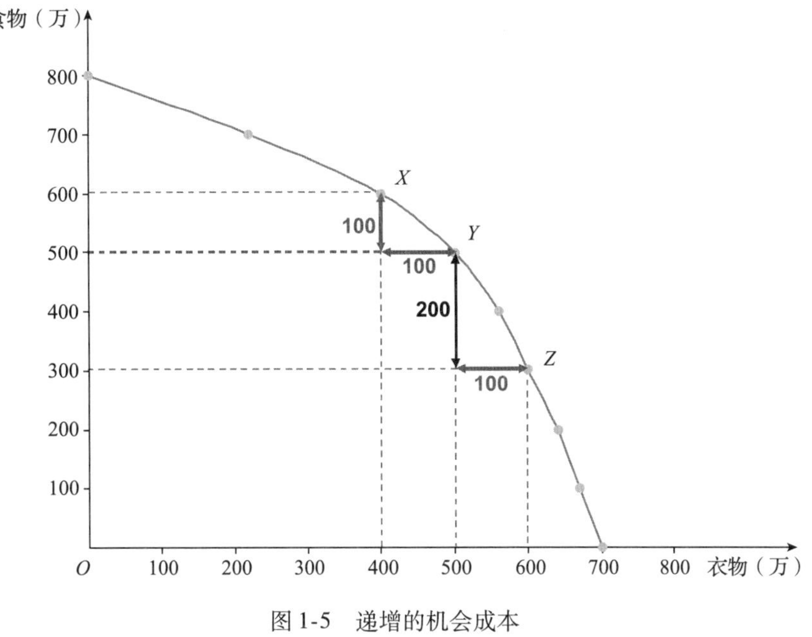

图 1-5　递增的机会成本

（2）**资源配置有效性。**

生产可能性曲线还可以用来解释资源配置是否有效的概念。

根据定义，我们知道，生产可能性曲线是一定时期资源配置最为有效时得到的两种产品组合点的轨迹，因此，我们就以图 1-5 为例来说明资源配置情况。

从点 *X* 到点 *Y* 再到点 *Z*，表示的是在资源有效配置条件下实现的产品组合点；而在曲线内的任意一点，是资源配置没有达到最有效配置时的产量组合点（如图 1-4 中的点 *R*）；曲线外的组合点则表示目前生产技术水平上无法实现的点（如图 1-4 中的点 *W*）。很显然，资源利用越不充分，两种产品组合点在曲线内部离生产可能性曲线前沿的距离越远。所以，当两种产品组合的点从内部任意一点向曲线的前沿移动时，就可以表现出经济学意义上的产出效率或者说资源配置效率改善，如图 1-6 所示，从点 *R* 向点 *X* 或者点 *Y* 的移动。

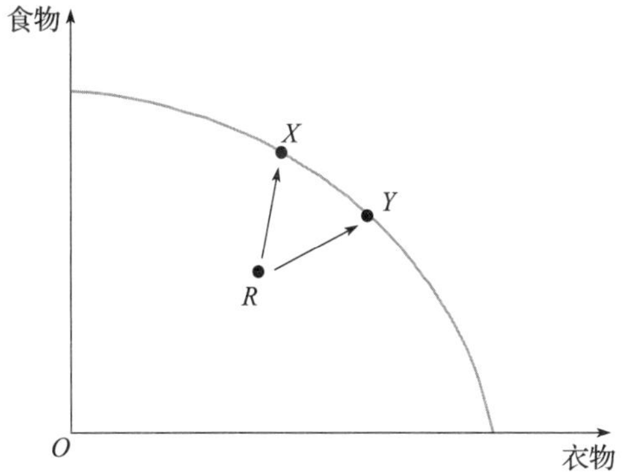

食物　X　Y　R　O　衣物

图 1-6　资源配置效率的提高

（3）**经济增长。**

该曲线还可以用来表述一个社会总产出水平的扩张（经济增长）这一概念。当一个社会使用的资源数量增加或产出技术提高时，其产品数量自然会随之增加。如果我们用生产可能性曲线来表现这一过程，就是曲线向外移动。如果我们假设两种产品的产出比例仍然保持不变，那么这种增长就表现为生产可能性曲线的平行外移，如图 1-7 所示，被称为经济平衡增长。如果产出比例发生变动，比如说，食物的产出相对于衣物增加了，曲线表现为偏向移动，也称为经济偏向增长，如图 1-8 所示。

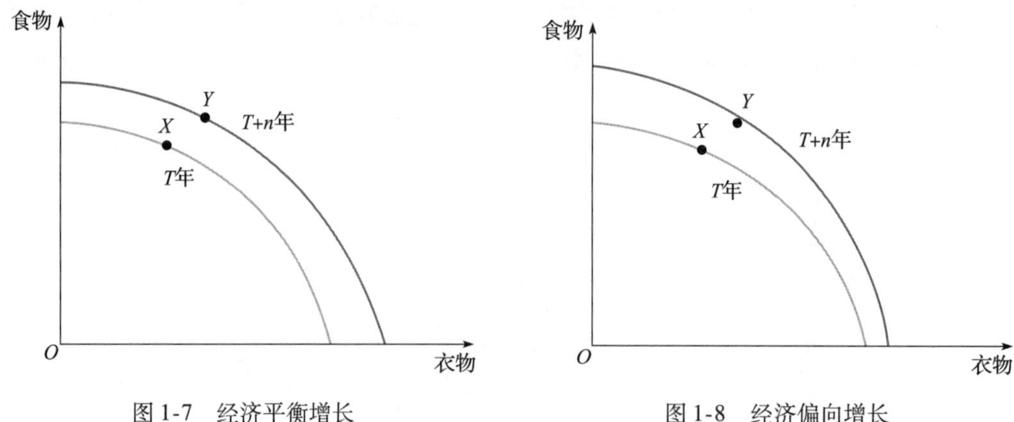

图 1-7　经济平衡增长　　图 1-8　经济偏向增长

以上我们通过两个模型简单说明了经济模型如何用来解释现实经济现象的情形。在后续的学习中，除了要接触到几何模型外，我们还会用到方程、函数等手段来表现经济变量间的关系。经济模型大大简化了经济现实的复杂性，也大大开拓了人们的思维能力。

1.6.3　优化和均衡方法

在经济分析中，经济学家用得最多的技术手段有两个，一个是优化分析，另一个是均衡分析。这与经济学分析的两个问题有关，因为从行为决策的角度看，经济学主要讨论的问题有两个：理性行为人如何做出最优决策和这些行为人之间的关系形成一种什么样的状态。

优化分析，描述了不同的行为人（如个人、厂商和政府）在面临约束的条件下，如何做出最优决策，如消费者在一定的收入约束下如何获得最大满足（最大效用），生产者如何实现最大利润，政府如何实现经济的平稳持续增长等。

均衡分析，讨论经济行为人为实现最优结果而相互作用时得到的一种结果，是进行分析需要的一种状态。经济分析从多个层面上运用了均衡分析：有局部均衡、一般均衡、宏观均衡，还有博弈论中多种策略行为的均衡，如纳什均衡等。

1.6.4　进行经济分析时应该注意的几个问题

在进行经济学研究中，为了描述经济变量之间最本质的关系，需要做出一些假定，但有时可能对观察到的经济现象的本质认识不清而出现构建错误。因此，读者在运用经济模型对经济现象进行分析时，请注意如下几点。

1. 做出假定是一门艺术

为了把握最关键的问题，在进行经济学分析时，我们常常会建立许多的假定，目的是使模型可以进行简单化处理。因为在现实社会中，我们经常观察到的结果通常是由许多因素共同作用而造成的，所以想单独分离出一种变量的影响必须做出一些假设。“假定其他情况保持不变”（ceteris paribus）就是其中最为常用的假设，也就是说，我们只考虑两个变量之间的关系，比如：在我们讨论需求和价格关系时，一般就假定其他影响需求的因素都保持不变。当然，许多人对此也提出了许多批评，尤其是当这些假定太脱离实际时。但是，如果我们考虑到经济学毕竟不是自然科学，解释世界仍是其第一要务时，这些假设也就可以接受了。但如何做出假定是科学思考中的一门艺术，假定什么变量变化、什么不变是需要经过训练和磨炼后才能很好把握的。经济学原理的学习可以帮助读者学习这种技术。

2. 变量之间存在相互关系并不一定意味着有因果关系

现实世界中的经济现象非常复杂，许多原因促成了某些事件的发生。所以，我们在分析经济现象时，不能把两个相关的事件简单看成因果关系。如在宏观经济领域，失业率和通货膨胀之间存在此高彼低的关系，我们不能说，失业率升高是因为通货膨胀率降低造成的。尤其是对两个前后发生的事情，我们更要注意从发生次序看出因果联系，避免犯“在前为因、在后为果”（post hoc，ergo propter hoc）的时序性因果错误。如当股价上涨几个月后经济增长速度加快，我们不能得出由于股票价格上涨引起了经济增长加快的结论。

3. 要防止运用合成谬误（fallacy of composition）的思维模式

在进行经济分析时，要防止将部分正确扩大到整体正确，也要防止整体为真就一定意味着部分也为真的一些思维定式的错误。在经济学中，在微观经济学中正确的，在宏观经济中看并不一定也是对的。当然，在宏观上正确的，在微观上也可能是错误的。

1.7　经济体制、资源配置方式和效率比较

分析经济效率是经济学最主要的一项内容，其中涉及的影响因素有很多。但是经济体制是最“大”的一种因素，所以我们下面将分析不同的经济体制如何影响资源配置方式和经济效率。

所谓**经济体制**是指一个社会和国家在处理资源稀缺问题时所形成的一种有关经济决策的制度及其运行方式。划分经济体制可以有多种标准，但最常用的也最重要的是依据政府对资源配置的控制程度来进行的划分。按此大致可以分为三种体制：一是政府完全控制，形成所谓的**完全计划经济体制**；二是没有任何政府控制，形成所谓**完全自由的市场经济体**制；三是将两者结合在一起形成所谓的**混合经济体制**。

1. 计划经济体制

计划经济体制最主要的特点是社会资源配置的一切决策，即生产什么（What）、如何生产（How）、什么时间生产（When）、在什么地方生产（Where）和为谁生产（For Whom），完全由政府做出。计划经济非常明显的优势是：由于政府可以调用一切资源，所以一些社会目标如经济的快速稳定增长、保持低水平的失业（率）和社会收入的公平分配等目标都可以比较顺利地实现。但是，其缺点也很突出：从分配资源需要明确的信息指向来看，计划经济收集信息和处理信息将面临许多难题，计划者很难完全了解人们的需求消息，也无法充分知晓生产组织者、劳动者努力的信息，所以在决定资源到底流向哪些部门、如何对管理者劳动者实施激励方面就无法做到高效和合理，更不用说由此引出的庞大管理机构所造成的无谓开支成本。

2. 自由市场经济体制

自由市场经济体制中所有决策都由个人和企业独立做出。在强调个体利益的背景下，各个行为人所做的选择都是为了满足自己的利益，社会无法形成一个统一的机构来处理

和发布产品供给和需求的信息，所以价格机制就发挥了信号指向的作用，所有的行为人也都依赖于市场价格作为信号来调整自己的行为。当没有外力干扰时，每个人表达的供给和需求的意向都将充分反映在价格水平的变化中，价格也就能及时将资源引导到应该流向的部门。所以，在自由市场经济体制中，通过价格机制的引导可以实现资源的最优配置。

但是，因为并非一切活动都能获得明确的价格，如公共产品的提供、生产消费活动所产生的一些外部性等，所以无法通过市场体制彻底解决一切问题，而且市场机制自身也会导致一些不利于自由分配或产生违反社会道德要求的后果，如分配不公，所以自由的市场机制也就不能替代所有其他经济体制的存在。

3. 混合经济体制

这是把上述两者有机结合起来的一种体制。现实社会中，一切国家的现行体制其实都属混合经济体制。由于在计划经济和自由市场经济体制之间还有一个非常广阔的空间区域，所以尽管每个国家都属混合经济体制，但在政府干预的程度上，国与国之间还是有很大的不同。有的国家政府控制的程度要大一些，有的国家则相对小一些，而且各国干预的形式和领域又各有侧重，所以在现实中，各国之间在体制上还存在着很大的差别。

从 1995 年起，美国传统基金会（The Heritage Foundation）和《华尔街日报》每年都会对世界各国或地区的市场化程度发表经济自由化指数（Index of Economic Freedom），2018 年全球的经济自由化指数平均为 61. 1，中国香港地区为 90. 2 排名最高，其他前 9 位的国家和地区是：新加坡 88. 8，新西兰 84. 2，瑞士 81. 7，澳大利亚 80. 9，爱尔兰 80. 4，爱沙尼亚 78. 8，英国 78. 0，加拿大 77. 7，阿联酋 77. 6。[⊖]

除了这样的体制划分外，现实经济社会中还有许多其他的涉及资源分配的非正式决策方式，并非一定按照市场或政府决策方式那样进行，如家庭内的决策，也涉及投入和产出、选择和牺牲等问题，类似的组织和机构还有许多，如俱乐部、社团等。

随着人类认识世界水平的提高，经济学将在这一过程中获得发展和完善，在近 20 年内，已经涌现了许多新的研究理论和方法，例如引入试验手段的试验经济学、考虑人们心理变化的行为经济学等已经成为经济学研究中引人注目的新领域。希望读者能从基本的经济学原理学习中建立起经济学思维的初始框架，并逐渐学会用经济学思维来观测现实生活，这样坚持下去你将对经济运行的现实有越来越深刻的认识。

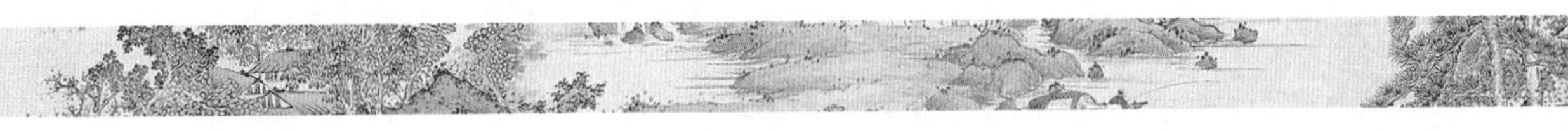

专栏 1-6

学习经济学的好处

对于为什么要学习经济学可以罗列出很多理由。也许你是少数热衷于理解经济学的幸运人中的一员。或者，也许你毕业需要一门经济学课程成绩。无论哪种原因，读者将在本课程中学习一套分析工具，帮助你更好地做出各种决策，而不仅仅是经济决策。甚至也有证据表明，如果你的专业是经济学，它还会让你更富有。

⊖ 资料来源：https://www. heritage. org/index/ranking。

经济学家丹·布莱克、塞思·桑德斯和洛厄尔·泰勒分析了人们的收入与他们选择的专业之间的关系。他们以典型的经济方式回答了这个问题，即通过分析大量的数据集并进行定量统计。通过全国大学毕业生调查并结合美国人口普查信息，他们发现，经济学专业的毕业生比任何其他获得社会科学学位的毕业生多赚20%。（会计学、金融学和市场营销学生的收入与经济学专业学生大致相同。）音乐专业学生的工资水平并不高：他们的收入比经济学专业学生的收入大约低40%。

在这一分析中，你可能会怀疑的一件事是：学习经济学真的会获得更高的工资。抑或可能是那些主修经济学的学生不同于其他社会科学类专业的学生，因此无论他们学习什么专业，他们都会赚更多的钱。为了至少部分地回应这一批评，布莱克、桑德斯和泰勒缩小了学生职业生涯发展考察的专业范围，再观察这些学生所获收入情况。例如，他们仅关注进入法学院继续深造的学生。他们确信，那些在本科阶段学习经济学的人与学习其他专业的学生相比，前者获得的收入高于后者（比学习其他社会科学专业的学生最高高出35%）。获得经济学学位对那些最终攻读MBA学位的人同样大有裨益。

我们希望，你会喜欢经济学，并将其作为专业方向。但如果你只是为了赚钱，你可能不会做好。

资料来源：Austan Goolsbee，Steven Levitt，Chad Syverson. Microeconomics［M］. 2nd ed. New York：Worth Publishers，2016：9。

本章小结

1. 稀缺是人类面临的一个恒久矛盾，源于人的无限需要和物的有限供给。

2. 理性人，通常也被称为经济人（economic man），是经济学分析中理想的行为人的代表，是指那些在做出任何一项经济决策时都会进行成本和收益核算、做出最佳决策的人。

3. 经济学世界中的资源概括地说可以分为三种基本形态：人（劳动）；资本（机器设备、厂房等生产工具）；土地与自然资源。

4. 经济学定义为：研究人类如何将稀缺资源分配于多种欲望以取得最大福利的一门学科。

5. 经济学可分为微观经济学和宏观经济学。微观经济学以家庭、企业（厂商）等个体经济单位为研究对象，研究它们的决策行为以及它们在基本经济活动中的相互关系。宏观经济学以一个国家（或经济社会）整体为分析对象，研究该国（经济体）的整体经济运行和政府如何为实现经济目标而进行调节的问题。

6. 经济学还可分为实证经济学和规范经济学。实证分析关注的是“是什么”和“怎么样”的问题；规范经济学关注的是“应该是什么”或“应该如何”的问题。

7. 经济学的一些基本理念：有所得必有所失；通过专业化分工和交换可以实现双赢；市场机制是资源配置非常重要的机制，但非唯一；人们对激励会做出反应；市场会调整到均衡；长期来看，经济增长是改善人们生活水平最重要的途径；经济繁荣与衰退的经济周期难以避免；政府如果发行了过多的货币将引起通货膨胀；短期通货膨胀和失业之间存在替代关系；公平和效率之间存在替代关系。

8. 经济学研究最为基本的两大工具是：供求分析和成本收益分析。

9. 经济体制是指一个社会和国家在处理资源稀缺问题时所形成的一种有关经济决策的制度及其运行方式。理论上，人类社会可采取三种经济体制：计划经济体制、自由市场经济体制和混合经济体制。

思考与练习

一、名词解释

稀缺	经济人
资源	经济学
微观经济学	宏观经济学
实证经济学	规范经济学
贸易增益	生产可能性曲线
产品－收入循环图	机会成本
经济体制	自由市场经济体制
混合经济体制	

二、简答题

1. “稀缺现象对世界首富比尔·盖茨并不起作用，他似乎没有买不起的东西。”这种说法正确吗？

2. 经济学的基本理念有哪些？

3. 你如何理解天下没有免费午餐的经济学含义？

4. 请判断哪些是微观经济学研究的问题，哪些是宏观经济学研究的问题，为什么？

（1）整个个人计算机行业的价格下跌。

（2）居民的消费水平提高，储蓄水平下降。

（3）对美贸易赤字大幅降低。

（4）利率水平提高。

（5）个人所得税率将降低。

（6）教育收费增加。

（7）企业雇用工人所支付的工资增加。

5. 请用生产可能性曲线解释从2010～2018年我国经济增长既表现为效率的改进也表现为产能的扩张。

6. 请判断下列主题哪个是规范命题，哪个是实证命题：

（1）当需求提高后，在供给不变的情况下，价格水平将提高。

（2）经济体制改革后民营经济获得快速发展。

（3）好的经济政策应该有助于缓解经济波动。

（4）在通货膨胀时政府应该提高利率水平。

（5）混合经济体制是最好的体制。

三、论述题

1. 自由市场经济体制和计划经济体制的区别和各自的优缺点有哪些？

2. 试举出1～2个事例，将你观察到的经济现象及其主要相关因素用经济模型表现出来。

第 2 章
CHAPTER2

供给与需求理论

成为一名经济学家很容易，连鹦鹉都可以，只要他（它）会说供给与需求。

——佚名

何为精明人士？是指那些知道世间万物价格而对其价值一无所知的人。

——奥斯卡·王尔德

§ 本章要点

本章主要介绍作为经济分析的基本理论工具之一的供求分析理论。通过本章的学习，要掌握供给和需求的概念及决定因素、均衡价格的决定、弹性理论以及考虑其他因素情况下供求机制会发生什么变化。本章对供求理论的分析分三个层次进行：第一层次，从一般理论层面分析供给需求及决定因素；第二层次，将供求的决定因素进一步从量化的角度进行分析，即弹性理论；第三层次，加入其他干扰因素（如政府、时间等）后讨论供求与均衡价格的变化。

§ 学习目标

- 掌握供求理论的基本内容；
- 学会运用供求理论分析现实经济现象；
- 掌握并学会运用弹性理论；
- 理解其他因素加入后怎样影响供求模型。

§ 基本概念

需求法则	收入效应	替代效应	需求（供给）的变化
需求（供给）量的变化	均衡价格	价格弹性	收入弹性
交叉价格弹性	蛛网模型	收敛型蛛网	发散型蛛网

第 1 章我们简略介绍了经济学的重要理念之一：市场机制是配置资源的主要手段。在资

源配置过程中，一定会涉及人们需要什么产品（或服务）和企业生产什么产品（或服务）的问题。大千世界，芸芸众生，众口难调，人们的收入各异，而所需要的产品和服务数不胜数，去过大型超市、上过网上商城的人都会对琳琅满目的商品印象深刻，当然提供这些商品的企业也是数以千万计，既有本地本国企业，也有外地外国企业。消费者怎样来决定需要什么产品？付出的价格几何？生产者要提供多少数量的产品？以什么价格来提供？产品和服务价格到底是由谁来决定的？

这些问题看似无从下手。但是，如果遵循“简化问题，抓住本质”的思路，我们就可以从现实世界发生的交易中找出一种最基本的关系或者机制，这就是可以解释绝大多数交易及其价格形成的理论模型——供给与需求模型，即价格是由供给和需求来决定的。我们将讨论供给与需求如何决定价格，供给与需求本身又是怎样变化的，即哪些因素会影响供给与需求的变化。

那么，**什么是市场**？

我们讨论供给、需求和价格之间的关系是在一定的市场环境中进行的。何为市场？市场是买方和卖方进行交易的场所。一般市场又会涉及时空方位、有形无形等方面。在市场中，买方代表了需求方的力量，卖方代表了供给方的力量。市场价格的高低变化反映了双方力量的对比。为了从最本质意义上认识需求、供给和价格之间的关系，我们对本章将讨论的模型做出一些重要的假定：

（1）我们只关注单一产品（或服务）市场中的供给与需求。
（2）该市场中所买卖的产品完全相同。
（3）市场中销售的所有产品价格完全相同，每个买者和卖者对所销售的产品掌握的相关信息完全相同。
（4）市场中有大量的买者和卖者。

做出这些严格的假定，目的是简化分析。其实，即使偏离了这些严格的假定，对于供给与需求模型所得出的结论在大多数情况下也仍然成立。

符合这些条件的市场，在经济学中也被称为**完全竞争市场**（我们在后面将详细分析完全竞争市场）。在这些条件下，市场中每个个体消费者（需求者）和生产者（供应者）都只是价格接受者（price-taker），无力影响价格变动，所有的同类产品没有差异，也不存在双方对产品信息掌握上的不一致等问题。其实做出这些假定，也使我们看待现实世界中的供求变化和价格变化有了可资参照的标准。

2.1　需求及其决定因素

在经济学中，需求一词含义多多。影响人们对某种商品或服务需求的因素有很多，最主要的因素有：商品和服务本身的价格，相关商品的价格，人们的收入水平、偏好、预期以及购买者人数等。为了对这些因素进行区分，尤其是为了突出价格因素，我们简单地将这些因素概括为：商品本身的价格因素和非价格因素。所以，多数情况下，**需求**指的是价格与需求量之间的关系，即任何可能的价格或每种价格下，人们愿意并且能够购买的某种商品或服务的数量。需求反映了买者的意愿和购买力。

2.1.1　价格与需求量

需求量是在一定时间内，假定其他因素不变的情况下，在给定价格水平上，买者对某种商品或服务的需求数量。

1. 需求法则

经济学家常常用**需求法则**（law of demand）来描述需求量和价格之间的关系。所谓需求法则是指，在其他因素不变的情况下，价格与需求量之间呈相反方向变化的关系。即当商品价格上升时，买者对商品的需求将下降；而当价格下降时，买者对商品的需求将上升。

这一法则描述的现象，人们已经非常熟悉。但是，如何对人们的这种行为做出理论上的解释呢？经济学家用两种效应对此做了回答：价格与需求量之间呈相反方向变化的关系可被认为由替代效应（substitution effect）和收入效应（income effect）引起。

替代效应是指，当一种产品（目标商品）价格水平发生变化后（如价格上升），与之有替代关系的商品的价格没有变化，人们自然会将原用于购买目标商品的资金转向购买其他价格未变的替代商品，所以对目标商品的需求就减少了。

收入效应是指，当一种产品（目标商品）价格水平发生变化后（如价格上升），因为我们假定购买者的名义收入水平不变，人们支出的实际购买力相对下降了，这等同于减少了人们的实际收入水平。如：原来苹果的价格为每千克 5 元，人们用于苹果的支出为 100 元，可购买 20 千克苹果；现在苹果价格上涨到 5.5 元，100 元支出只能购买 18.18 千克。这种效应对生活中绝大部分商品是成立的，但也有例外，对低档物品则不成立，见后面分析。

很显然，价格变化后，需求量变化幅度的大小要依赖于上述两种效应影响规模的大小。

需求量和价格的关系，除了可以用文字描述外（如上面对需求法则的解释），经济学家还用其他多种方式来描述。

2. 需求表

将一种商品的价格与单个购买者或整个市场对目标商品的最优需求量通过列表形式罗列出来，就得到了需求表，如表 2-1 所示。

表 2-1 列出了张三、李四及整个市场对商品苹果在一段时间内的需求量，从中可以看出价格与商品需求量之间相反变化的关系。

表 2-1　对苹果的需求（月）

	价格 P（元/千克）	张三的需求（千克）	李四的需求（千克）	市场总需求 Q_D（万吨）
A	20	28	16	700
B	40	15	11	500
C	60	5	9	350
D	80	1	7	200
E	100	0	6	100

3. 需求曲线

将需求量变化与影响之的价格变化通过几何图形描述出来，就得到需求曲线。我们以表 2-1为基础，将市场需求曲线画在一个坐标系中，得到需求曲线。该坐标系中，价格标在纵轴，需求量标在横轴，需求曲线直观形象地描述了价格和需求量之间的关系。图2-1所示为苹果市场总的需求曲线。

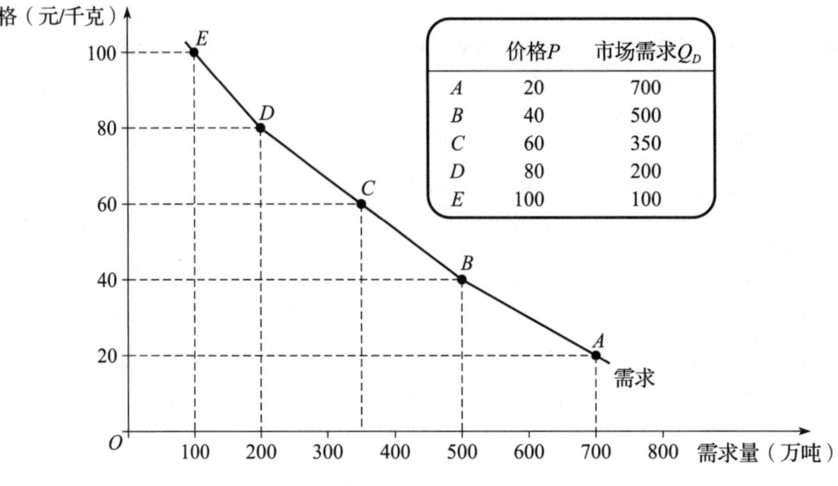

	价格P	市场需求Q_D
A	20	700
B	40	500
C	60	350
D	80	200
E	100	100

图2-1 市场对苹果的需求曲线

消费者个人的需求曲线也可用同样的方法得出，形状相似。

在知道个人需求曲线的情况下，如何画出市场的需求曲线呢？这也不难。我们用一个由两名消费者张三和李四组成的市场为例来说明。这里假定需求曲线的形状是直线形状。我们先分别画出张三的需求曲线（见图2-2a）和李四的需求曲线（见图2-2b）。然后按如下步骤来画出目标产品总的市场曲线。

第1步，先设定一个价格水平，如P_1，找到两名消费者各自的需求数量，在图2-2a横轴上，张三的需求量为a，在图2-2b横轴上，李四的需求量为b。

第2步，在图2-2c上，将价格P_1与$a+b$的数量对应，作为第1点，表示的是价格为P_1时，市场的总需求量为$a+b$。

第3步，再设定另一个价格水平，如P_2，继续重复第1步、第2步得到市场总需求的第2点，连接两点将得到一条简单的市场需求曲线。

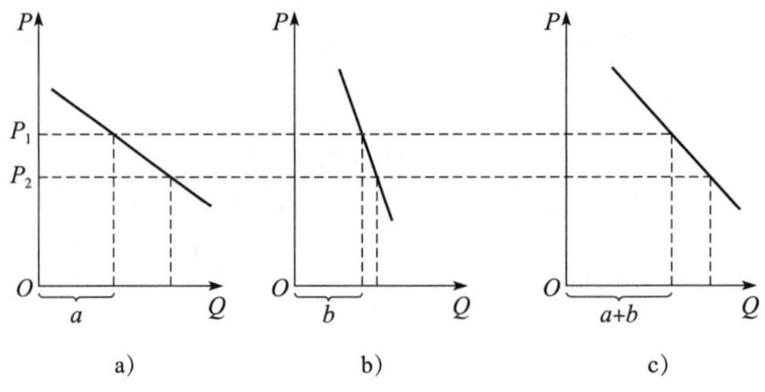

图2-2 需求曲线加总图

对于需求曲线，一定要注意其所表达的含义，需求曲线上每一点表示的是：**对于每一给定价格水平，购买人（群）愿意购买的最大数量；对于每一给定的需求数量，购买人（群）愿意付出的最高价格水平**。

4. **需求函数**

在描述价格变化与需求量变化关系的方法中，需求函数是相对更为正式的方法。最简单意义上的需求函数，是将价格（P）作为自变量，而把需求量（Q）作为因变量，如式（2-1）所示。

$$Q_D = a - bP \tag{2-1}$$

式中第二项 bP 前面的负号，表现了需求量与价格呈反方向变化的意思。

例如，某商品的需求函数为 $Q_D = 1\,300 - 20P$，那么价格与需求量变化之间的关系如表2-2所示。

表2-2　某种商品的价格与对应的需求量

价格（P）（元）	需求量（Q_D）
65	0
60	100
50	300
40	500
30	700
20	900
10	1 100

注意，根据需求函数画出需求曲线时，自变量 P 通常标在纵轴上，而 Q_D 标在横轴上，这是一种经济学表述中的惯例。所以，画出的图形其实是反需求函数图形，即：

$$P = 65 - \frac{1}{20}Q_D$$

根据反需求函数，我们知道，没有购买者会愿意购买价格高于65元的目标商品，即当需求量 Q_D 等于0时，纵轴上的截距等于65元/单位，这个价格也被称为需求抑制价格（demand choke price）。

2.1.2　其他因素与需求

除了价格变化会影响到人们的需求外，还有许多非价格因素也会引起对商品的需求变化。当分析其他因素的影响时，为了分析方便，我们假定价格不变。以苹果为例来对此做一说明，除了苹果的价格外，影响人们对苹果需求的因素还有以下几种。

（1）**人们的收入水平**。收入对人们需求的影响不言而喻。当人们的收入变化时，在商品价格和其他因素不变的情况下，对商品的需求自然也会发生变动。对于生活中的大部分物品而言，人们的收入水平提高后，对其需求也会随之增加。但并非所有物品都会如此，也有部分物品，当人们的收入提高后，对其需求反而会减少。经济学理论中，用**正常物品**（normal goods）和**低档物品**（inferior goods）术语把这两类物品分开。正常物品是人们收入提高时对其需求也随之提高的物品。随收入提高，人们对其需求反而下降的物品，被称为**低档物品或劣质品**。注意，低档物品或劣质品与我们日常生活中的假冒伪劣商品不完全等同，假冒伪劣商品是低档物品，但相反的命题不成立。

（2）**相关物品的价格**。一般情况下，能满足人们某一方面需求的不会仅仅是一种物品，有些是同类物品，如苹果和橘子之类，它们之间是**替代关系**，有些物品却必须组合在一起才能消费，如汽车和汽油、计算机的硬件和软件，它们之间是**互补关系**。所以，当我们讨论一种物品的需求变化时，它的相关物品的价格变化也会发挥作用。一般的变化规律是：

当某种物品（如苹果）的**替代品**（如橘子）的价格提高时，人们对该种物品的需求就会增加；当某种物品的替代品的价格下跌时，人们对该种物品的需求就会减少。

当某种物品（如计算机）的**互补品**（如软件）的价格提高时，人们对该种物品（计算机）的需求就会降低；当某种物品的互补品价格下跌时，人们对该种物品的需求就会增加。

（3）**品位或偏好**。这是指人们对某种物品的喜好程度。众口难调的意思是人们的品位各有千秋。当人们喜欢一种物品时，自然就会多消费这种商品。至于说，人们的需求和品位为什么不同，就不是经济学能做出解释的事情了，我们只是接受这一现实。人们的偏好，也并非固定不变，而是会受到社会、经济环境等变化的影响。

（4）**预期**。人们心理预期的变化也会对需求产生影响。如果人们预期他们需要的某种商品的价格在未来几天将要上升，人们自然的反应是尽快多购入这种商品。而如果预期价格将下跌，人们则会减少需求。

（5）**其他因素**。除了上述几种因素外，还有许多其他因素也会对人们的需求产生影响，如市场中消费者的数量及分布区域、收入分配、政府政策等。

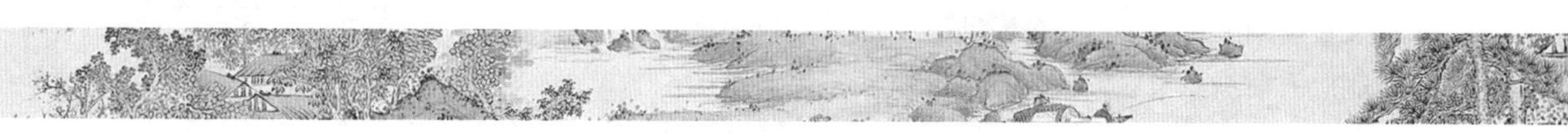

专栏 2-1

方便面的“衰落”

方便面在我国经历了多年的快速增长后，从 2012 年开始，连续几年销售额大幅下降。

有人认为，方便面是“20 世纪最伟大的发明之一”。自 1958 年上市以来，方便面销售遍布世界，功能也从最初的“果腹”不断扩大，在美国甚至还做过监狱中犯人之间交换商品的“货币”。在我国，方便面销量在 2007 年曾经达到 498 亿包，2009 年为 409 亿包，2012 年又上升到 440 亿包，约占当年全世界方便面销量的一半。但自 2012 年开始，我国方便面销量持续下跌，2016 年减少至 372 亿包。

方便面销售的衰落，与下列因素有关：

（1）消费观念的改变。随着人们生活水平的提高与生活节奏加快，方便面快捷方便、卫生、价廉物美、易长期保存的优势非常明显，所以市场对方便面的需求不断扩大。然而，随着人们观念变化，人们渐渐地不只是满足“吃饱”，而是更多地关注“吃得营养、吃得健康、吃得安全”，人们的消费逐步转向纯天然、无人工味素、非基因改造等食品。

（2）替代品越来越多。网络订餐平台兴起后，口味多样的外卖对方便面形成了替代；以米饭、面条为主的中式快餐能为消费者购买便捷的、可替代的快速食品提供了更多的选择，这几年也风生水起。

（3）人口流动主体及其出行方式正在发生变化。始于 20 世纪 80 年代的“民工潮”，形成了数以亿计的农民工流动人口，这部分人群成了方便面最大的消费人群。2011 年后，农民工流动人口总量增速开始回落。从国人的出行方式看，绿皮火车是高铁之前主要的工具，由于火车速度慢，运行时间长，方便面就成了人们解决旅途吃饭最方便的食品。随着人们生活水平的提高，国人出行的方式逐渐转向航空、自驾等方式，高铁时代的到来，乘车时间也大大缩短，加上高铁上不销售方便面，而是出售多样化的替代餐食，自然对方便面就形成了替代。

前面列出的需求函数中，自变量中只有价格，把上述其他价格因素考虑进来后，我们就可以写出一个多变量的需求函数了，也就是把上述因素作为影响需求的变量包括进函数中。一般的需求函数如式（2-2）所示。

$$Q_D = F(P, M, P_R, E, J, T) \tag{2-2}$$

式中，P 为商品本身的价格；M 为收入水平；P_R为相关物品的价格，又可进一步分为 P_S 替代品的价格和 P_C 互补品的价格；E 为预期；J 为消费者偏好；T 为其他因素，如需求者人数等。一般我们可以将影响需求的因素用函数形式表示出来，即

$$Q_D = a + bP + cM + dP_R + eE + fJ + gT$$

式中，b，c，d，e，f，g 是各参数的系数，用于衡量在其他参数不变时某一因素对 Q_D 的影响程度，参数符号表现的是各相关变量与 Q_D 的关系，正号表示是正向关系，负号表示是反向关系（见表 2-3）。

表 2-3　影响产品需求的各种因素

变量	关系	参数符号
P	反相关	$b=\Delta Q_D/\Delta P$ 为负
M	对于正常商品正相关 对于低档商品反相关	$c=\Delta Q_D/\Delta M$ 为正 $c=\Delta Q_D/\Delta M$ 为负
P_R	对于替代商品正相关 对于互补商品反相关	$d=\Delta Q_D/\Delta P_R$ 为正 $d=\Delta Q_D/\Delta P_R$ 为负
E	正相关	$e=\Delta Q_D/\Delta E$ 为正
J	反相关	$f=\Delta Q_D/\Delta J$ 为负
N①	正相关	$g=\Delta Q_D/\Delta N$ 为正

①这里我们用人口 N 作为其他因素的代表。

考虑到其他因素后，需求函数 $Q_D=500-200P$ 可以写成如下形式：

$$Q_D = 500 - 200P + 6M - 50P_R$$

2.1.3　需求量变动和需求变动

在其他因素不变的情况下，与商品和服务自身价格变化相关的是需求量（quantity demanded）变动；在价格不变的情况下，与其他非价格因素相关的是需求（demand）变动。

需求量变动是在假设其他因素不变的情况下，只讨论价格变化对需求量的影响。其他因素不变，就是说需求曲线的具体位置和倾斜程度由其他因素给定。当价格变化时，可通过沿着给定的需求曲线移动来表现出需求量的变动，如图 2-1 所示。

需求变动是在假定价格不变的情况下，其他因素中某一种因素变化如何影响消费者需求变动的情形。这种影响表现为曲线本身位置的变化。具体来说，当发生引起需求增加的事件时，需求曲线会向外移动；当发生引起需求减少的事件时，需求曲线会向内移动。如图 2-3 所示，从 D_0到 D_1，是需求增加，而从 D_0到 D_2，是需求减少。也就是在价格保持为 P 时，其他因素中的某种因素变化导致需求曲线发生移动。

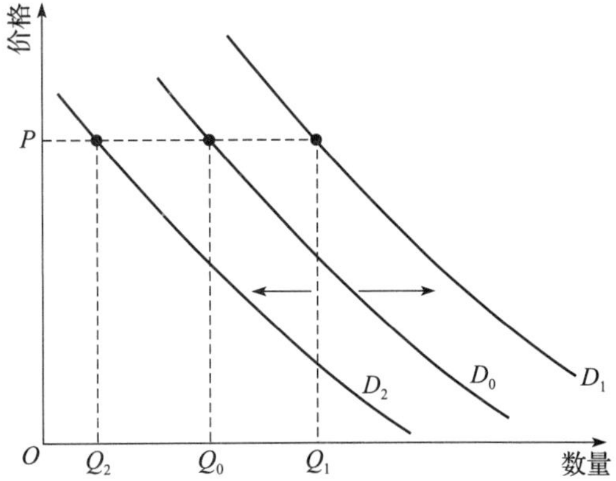

图 2-3　需求的增加与减少，表现为需求曲线本身的移动

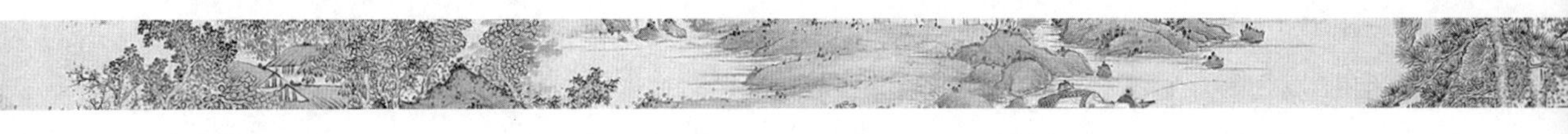

专栏2-2

“打败”交通拥堵

所有的大城市都存在交通拥堵问题，许多地方政府都试图限制人们在拥堵的市中心开车。如果我们把开车到市中心看成是人们对一种产品的消费行为，我们就可以用需求经济学来分析应对交通拥堵问题的对策。

地方政府通常采取的一种办法是降低替代品的价格。许多大城市对公共汽车和有轨交通给予补贴以期鼓励人们放弃开车出行。另一种措施是提高互补品的价格：美国的几个城市对收费车库征收重税，限制停车咪表的时间，这样既能提高政府收入，又能减少开车进城的人数。

新加坡、伦敦、奥斯陆、斯德哥尔摩和米兰等几个主要城市，一直愿意采取直接的（但在政治上有争议的）做法，通过提高驾驶的价格减少交通堵塞。在征收“拥堵费”制度下（在英国为“拥挤收费”），在工作日上班时段进入市中心将被收费。驾车人通行需购买通行证，当他们驾驶到监测站附近时会由电子设备扣除通行证余额，装有自动拍摄器的监控会对车牌是否符合数据记录进行合规性对比。

莫斯科被认为是交通拥堵最糟糕的大城市，2012 年，莫斯科通过在某些区域的停车场适度收费来减少拥堵。莫斯科的官员估计，平均每辆收取了 1.60 美元费用后，莫斯科交通流量减少了 4%。

目前在伦敦开车每日费用为 9～12 英镑（约合 14～19 美元）。司机拒交费将被罚款 120 英镑（约 192 美元）。

毫不奇怪，研究表明，征收拥堵费后，交通堵塞确实缓解了。在 20 世纪 90 年代，伦敦的交通在欧洲是最糟糕的。在 2003 年推出征收拥堵费后，伦敦城市中心的交通流量减少了约 15%，2002～2006 年间，总体流量下降了 21%。如公共交通、自行车、摩托车和拼车等替代品增加了。2001～2011 年，伦敦的自行车出行增加了 79%，而公交车的使用增加了 30%。

在美国，美国交通运输部已实施试点方案研究征收交通拥堵费。例如，在 2012 年，洛杉矶县对洛杉矶市中心 11 英里[⊖]长的公路征收拥堵费。驾车人需支付高达每英里 1.40 美元的费用，支付金额由交通拥堵情况来定，通过收费机制保证开车的平均时速永远不会降低到每小时 45 英里。对于收费，一些驾车人莫名恼火，但其他人则理性得多。一名驾车人认为，收费站合理收费后就避免了经常需要爬行 45 分钟的车程，他说：“这值得！如果你要匆忙赶回家，你就得付出代价。如果不想付出，就在路上堵着吧。”

资料来源：Paul Krugman，Robin Wells. Economics［M］. 4th ed. New York Worth Publishers，2015：78。

2.2 供给及其决定因素

如果说需求是针对购买者而言的，那么供给就是针对生产者而言的了。

与需求一样，影响某种商品或服务供给的因素也有很多，最主要的因素有：商品或服务本身的价格、生产产品投入要素的价格（P_I）、技术水平（T）、相关商品的价格或者获利水

⊖ 1 英里约 1.6 千米。

平、对未来产品价格变化的预期、生产同种产品的企业数量等。与需求类似，为了对这些因素进行区分，尤其是为了突出价格因素，我们简单将这些因素概括为：商品自身的**价格因素**和**非价格因素**。所以，多数情况下，**供给**指的是价格与供给量之间的关系，即任何可能的价格或每种价格下，生产者（供给者）愿意提供的某种商品或服务的数量。供给反映了提供者的意愿和生产能力。

2.2.1　价格与供给量

供给量是在一定时间内，假定其他因素不变的情况下，在给定价格水平上，供应者对某种商品或服务提供的数量。

1. 供给法则

在其他因素不变的情况下，价格与供给量之间呈同方向变化的关系。也就是说，价格提高，供给量增加；价格下跌，供给量减少。其中的原因有以下几点：

（1）递增的边际成本（increasing marginal opportunity cost）。从第 1 章介绍机会成本时可以看出，当生产规模超过一定的关键点后，提供一单位产品所需的投入会加速增加；所以只有价格也随之提高，供应者才愿意提供产品。

（2）价格提高的利益推动。价格提高，在其他不变的情况下，意味着供应者得到的利润提高了，所以他们也就愿意多提供产品。

供给量和价格的关系，除了可以用文字描述外（如上面对供给法则的解释），经济学家还用其他多种方式来描述。

2. 供给表

将一种商品的价格与单个供给者或整个市场对目标商品的最愿意的供给量通过列表形式罗列出来，就得到了**供给表**，如表 2-4 所示。

表 2-4　王五的苹果供给量和市场总供给量（月）

坐标点	价格 P（元/千克）	王五的供给量（吨）	市场总供给 Q_S（万吨）
a	20	50	100
b	40	70	200
c	60	100	350
d	80	120	530
e	100	130	700

表中列出了王五个人和整个市场对苹果在一段时间内的供给量，从中可以看出，价格与个人产品供给和市场产品供给之间呈同向变化。

3. 供给曲线

将供给量变化与价格变化通过几何图形描述出来，就得到了供给曲线。我们以表 2-4 为基础，将市场供给曲线画在一个坐标系中，得到供给曲线。该坐标系中，价格标在纵轴，供给量标在横轴，供给曲线直观形象地描述了价格和供给量之间的关系。图 2-4 所示为苹果市场总的供给曲线。

同需求曲线一样，供给曲线上每一点表示的是：**对于每一给定价格水平，供给人（群）愿意提供的最大数量；对于每一给定的供给数量，供给人（群）愿意接受的最低价格水平。**

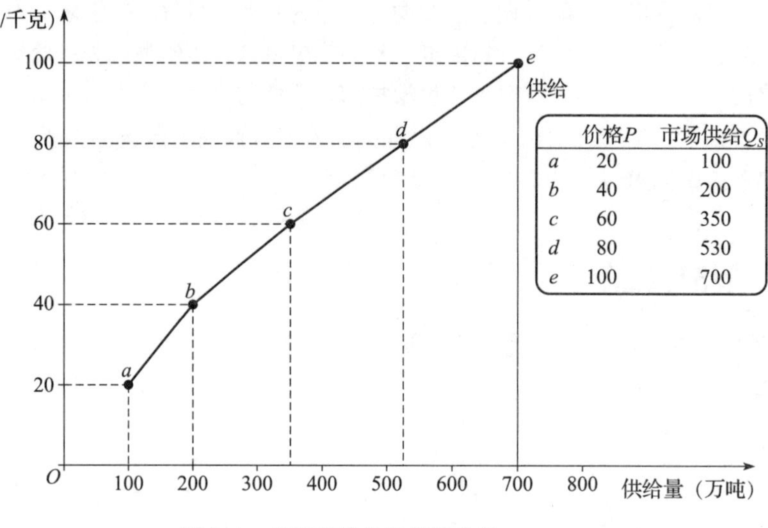

图 2-4 市场对苹果的供给曲线

4. 供给函数

供给函数是描述价格变化与供给量变化相对更为正式的方法。最简单意义上供给函数，是将价格（P）作为自变量，而把供给量（Q_S）作为因变量，如式（2-3）所示。

$$Q_S = c + dP \tag{2-3}$$

式中第二项 dP 前面为正号，表现了供给量与价格呈同方向变化的意思。

例如，某商品的供给函数为 $Q_S = 200P - 200$。与需求曲线相同，画供给曲线也是按照反供给函数来画的。

2.2.2 其他因素与供给

与需求类似，除了价格变化外，还有许多非价格因素也会影响商品供给。同样，分析其他因素的影响时，为了分析方便，我们也是假定价格不变。我们还以苹果为例来说明，除了苹果价格外，影响苹果供给的因素还有以下几种。

1. 生产要素（生产投入品）的价格（P_I）

要生产出供给市场的产品，必须投入生产要素。如苹果必须有种植果树的土地，还有种植、采摘等工具；面包必须使用面粉、烤箱。产品生产还要雇用工人，并支付工资和各种福利津贴。随着生产要素价格提高，生产者供给产品的成本也将提高，在产品价格不变的情况下，生产者愿意提供的供给量就会相应减少。

2. 技术水平（T）

生产要素的价格虽然对生产成本有很大的影响，但生产要素的使用数量和结构也是影响生产成本的重要因素。要素使用量由技术水平决定。所谓**技术**是指人们将投入品变成有用产品的所有方法。技术水平对供给有很大的影响。如果通过技术进步尽快降低生产成本，在产品价格不变的情况下，产品的供给也就会相应提高。

3. 相关商品的价格或者获利水平（P_R）

从供给角度看，相关商品主要是指替代供给品和共生供给品。

替代供给品（substitute in supply）是指与我们所分析的产品（如面包）使用同样生产要素而生产的产品，如用同样的土地可以种植苹果树，也可以种植其他果树。制作面包的面粉，也可以制作蛋糕、饼干等。很显然，如果替代供给品能获得更多的盈利，生产要素就会流向这些替代品的生产企业，从而造成目标产品的产量下降。

共生供给品（goods in joint supply）是指在生产某种产品时，会共同生产出的其他产品。最典型的例子是原油在加工过程中，不仅会蒸馏出汽油，还会有煤油、柴油等共生品。如果汽油的获利好，煤油、柴油的供给自然也会提高。

4. 对未来产品价格变化的预期（*E*）

正如预期会影响需求曲线一样，对未来的预期也影响着生产者的生产决策。如果预期未来价格将上升或生产成本要下降，生产者目前就会少提供产品，反之则会增加产量。

5. 生产同种产品的企业数量（*F*）

一个企业生产的产品数量毕竟有限。如果某一行业有多个企业供给同类产品，那么市场中生产的产品数量自然就会增加；如果有生产者从行业中退出，产品供给就会减少。

考虑到价格之外的这些因素后，我们就可以写出一个多变量的供给函数了，也就是把上述因素作为影响供给的变量包括进函数中。一般的供给函数如式（2-4）所示。

$$Q_S = F(P, P_I, T, P_R, E, F) \tag{2-4}$$

式中，P 为商品本身的价格；P_I为生产要素的价格；T 为技术水平；P_R 为相关品的价格；E 为对未来的预期；F 为生产同种产品的企业数量。

$$Q_S = h + kP + lP_I, + mP_R + nT + rE + sF$$

式中，k，l，m，n，r，s 是各参数的系数，用于衡量在其他参数不变时，某一参数对 Q_S 的影响程度；参数符号表现的是变量与 Q_S 的关系：正号表示是正向关系，负号表示是反向关系（见表2-5）。

表2-5　供给的影响因素

变量	关系	参数符号
P	正相关	$k=\Delta Q_S/\Delta P$ 为正
P_I	反相关	$l=\Delta Q_S/\Delta P_I$ 为负
P_R	替代品反相关 共生品正相关	$m=\Delta Q_S/\Delta P_R$ 为负 $m=\Delta Q_S/\Delta P_R$ 为正
T	正相关	$n=\Delta Q_S/\Delta T$ 为正
E	反相关	$r=\Delta Q_S/\Delta E$ 为负
F	正相关	$s=\Delta Q_S/\Delta F$ 为正

考虑到其他因素后，供给函数 $Q_S=200P-200$ 可以写成如下形式

$$Q_S = 200P - 200 + 8P_I + 5F$$

2.2.3　供给量变动和供给变动

在其他因素不变的情况下，与商品和服务自身价格变化相关的是供给量（quantity supplied）变动；在价格不变的情况下，与其他非价格因素相关的是供给（supply）变动。

供给量变动是在假设其他因素不变的情况下，只讨论价格变化对供给量的影响。其他因

素不变，就是说供给曲线的具体位置和倾斜程度由其他因素给定。当价格变化时，可通过沿着给定的供给曲线移动来表现出供给量的变动，如图2-4所示。

供给变动是在假定价格不变的情况下，其他因素中某一种因素变化如何影响生产者供给变动的情形。这种影响表现为曲线本身位置的变化。具体来说，当发生引起供给增加的事件时，供给曲线会向外移动；当发生引起供给减少的事件时，供给曲线会向内移动。如图2-5所示，从 S_0 到 S_1，是供给增加，而从 S_0 到 S_2，是供给减少。也就是在价格保持为 P 时，其他因素中的某种因素变化导致供给曲线发生移动。

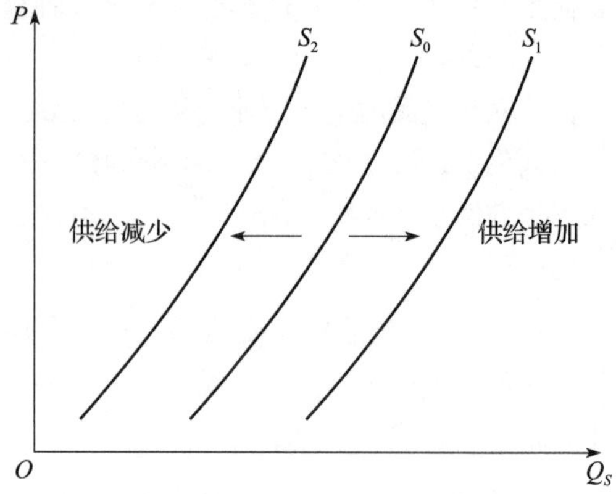

图2-5　供给的增加与减少，表现为供给曲线本身的移动

2.3　价格的决定和供求均衡变动

分析了市场供给和市场需求后，我们下面讨论均衡市场价格和市场均衡数量是如何决定的。

2.3.1　均衡的实现：表格法

找到市场均衡最简单直观的办法是把需求表（表2-1）中的市场需求和供给表（表2-4）中的市场供给放在一起，来看市场价格如何决定，放在一起后如表2-6所示。

表2-6　市场的供给量和需求量（月）

价格 （元/千克）	市场需求量（Q_D） （1万吨）	市场供给量（Q_S） （1万吨）	供需差额（万吨） （+表示过剩，-表示短缺）
20	700（*A*）	100（*a*）	-600
40	500（*B*）	200（*b*）	-300
60	350（*C*）	350（*c*）	0
80	200（*D*）	530（*d*）	+330
100	100（*E*）	700（*e*）	+600

先从价格小于60元/千克开始，从表2-6可以看出，由于价格过低，市场中的需求数量大于供给数量，也就是有短缺存在。价格为20元/千克时，需求大于供给的差额为600万吨；价格为40元/千克时，供需差额为300万吨。这也就意味着，当市场价格低于60元/千克时，一定有部分消费者的需求不能获得全部满足或大家的需求都只是部分获得满足。这种情形下，将有一种内在的力量推动价格上升，有人愿意出更高的价格购买商品。

当价格水平高于60元/千克时，我们又看到相反的情形：供给大于需求。价格为80元/千克时，供给超过需求的数量为330万吨；价格为100元/千克时，供给大于需求为600万吨。也就是说，市场中存在着产品过剩，市场中有内在动力推动价格下跌，因为有人愿意降价来出售产品。

当价格为60元/千克时，供给量和需求量正好相等，消费者愿意购买的最大数量（350万吨）和生产者愿意提供的最大数量（350万吨）完全吻合。如果没有其他情况变化，市场的价格水平将会维持在目前的水平上，这时我们就称市场实现了均衡（equilibrium）或者说市场出清（clear），意思是说没有短缺，也没有剩余。市场中，供给数量与需求数量相同时的价格被称为**均衡价格**，这种状态下的数量被称为**均衡数量**。

市场变化的**内在动力**是：当市场中存在短缺时，需求者的最大愿望没有得到满足，必然有人愿意出比目前价格更高的价格，所以市场价格将会被推高；而当价格过高而出现过剩时，生产者中必然会有人愿意通过降价来销售他们所生产的产品，所以价格也就有了下跌的动力。双方的相互调整只有在均衡实现时才能稳定下来。

上述调整其实也体现了市场机制协调供求双方利益的过程：

- 当价格过低时，有利于消费者但不利于生产者，所以后者就少提供产品，导致消费者间为得到产品进行竞争，推动价格提高；随着价格水平提高，生产者将会逐渐增加产品供应，而消费者也会减少产品需求，矛盾得以逐步缓解，直到均衡实现。
- 当价格过高时，有利于生产者而不利于消费者，所以竞争在生产者间展开，价格将会逐渐滑落，生产者将会逐渐减少产品供应，而消费者也会增加产品需求，矛盾得以逐步缓解，直到均衡实现。

2.3.2　均衡的实现：图形法

通过图形可以更清晰地表现均衡得以实现的过程。基于表2-6的数据，我们将供给曲线和需求曲线放在同一个坐标系中，这样可以直观地看出市场短缺、过剩和均衡时的情形，以及市场进行调整的过程，如图2-6所示。

从图2-6中我们可以看出，当价格高于均衡价格时，市场中必然会存在过剩，所以价格有向下调整的压力。而当价格低于均衡价格时，需求的压力会迫使价格上涨。只有在供给曲线和需求曲线的交点上，市场才是均衡的，没有内在动力偏离这个价格。

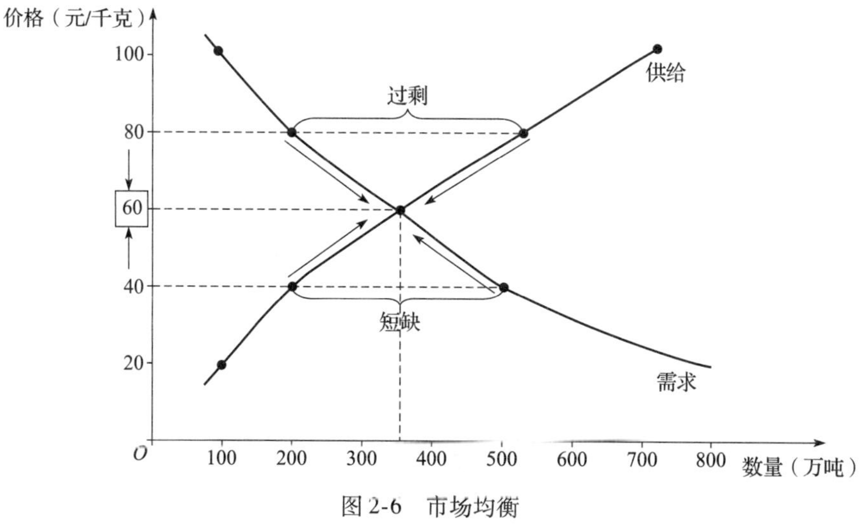

图2-6　市场均衡

2.3.3 均衡的实现：函数法

除了上述方法外，我们还可以利用供给函数和需求函数来得到均衡价格和均衡数量。

如假设需求函数为：$Q_D = a - bP$，供给函数为：$Q_S = c + dP$。均衡时市场供给数量等于需求数量，也就是 $Q_D = Q_S$。可以通过解下面这个方程组来得到均衡价格（用 P_e来表示）与均衡数量（用 Q_e来表示）：

$$Q_D = a - bP$$

$$Q_S = c + dP$$

$$Q_D = Q_S$$

解得

$$P = P_e = \frac{a - c}{b + d} \quad (2\text{-}5)$$

$$Q = Q_e = \frac{ad + bc}{b + d} \quad (2\text{-}6)$$

以前文的供给函数和需求函数为例，有

$$Q_S = 200P - 200$$

$$Q_D = 500 - 200P$$

均衡时 $Q_S = Q_D$，所以有

$$200P - 200 = 500 - 200P$$

$$400P = 700$$

均衡价格：$P_e = 1.75$

均衡数量：$Q_e = 150$

2.3.4 均衡的变动

价格是由供给和需求双方力量的变化来决定的，所以任何能引起供给和需求变化的因素都会导致均衡发生变动。下面来看可能发生的情形。

1. 供给保持不变，需求变动

当非价格类因素发生变化时，将会引起需求曲线整体发生移动。如媒体发表一则关于苹果的研究成果，多吃苹果可预防某种类型的疾病发生。尽管其他因素没有变化，但人们的需求将会随之提高。同样，如果发布的是相反效果的消息，需求则会减少。这些因素的变化导致的都是需求曲线发生移动。也就是说，当有利于增加需求的事件发生时，如人们的收入水平提高、人们更加偏好消费某种商品、预期价格要提高、购买者人数增加等，都会引起需求曲线向右发生移动，因为供给不变，这些因素变化将推动均衡价格提高；而当导致需求下降的事件发生时，将引起需求曲线向左移动，均衡价格将降低。

如图 2-7 所示的是需求增加时的情形，初始均衡为 g 点，当需求增加后，均衡点变化到 i 点，均衡价格提高，由 P_{e1}变化为 P_{e2}，均衡数量从 Q_{e1} 变为 Q_{e2}。

以前文的供给函数与需求函数为例，假设供给函数 $Q_S = 200P - 200$ 不变，但需求函数变为 $Q_D = 1\,000 - 200P$（需求增加）。供求均衡时，$200P - 200 = 1\,000 - 200P$，均衡价格

$P_{e2}=3$，均衡数量 $Q_{e2}=400$。

2. 供给变动，需求保持不变

当影响供给的非价格因素发生变化后，供给曲线整体将发生移动。如苹果树遭遇一种不明病毒的侵袭，苹果大幅减产；或者苹果树采用一种特殊种植技术后产量大增。这些因素导致的是苹果产量的变化，具体表现为：当有利于增加供给的事件发生时，如生产要素价格降低、技术进步等，提高了产出水平，会引起供给曲线向右发生移动，在需求不变的情况下，均衡价格将会降低；而当导致产量减少的事件发生时，将导致供给曲线向右移动，均衡价格将因供给减少而提高。如图 2-8 所示的是供给减少的情形，初始均衡为 g 点，当供给减少后，均衡点变化到 k 点，价格提高，由 P_{e1} 变化为 P_{e3}，而且均衡数量也减少，从 Q_{e1} 变为 Q_{e3}。

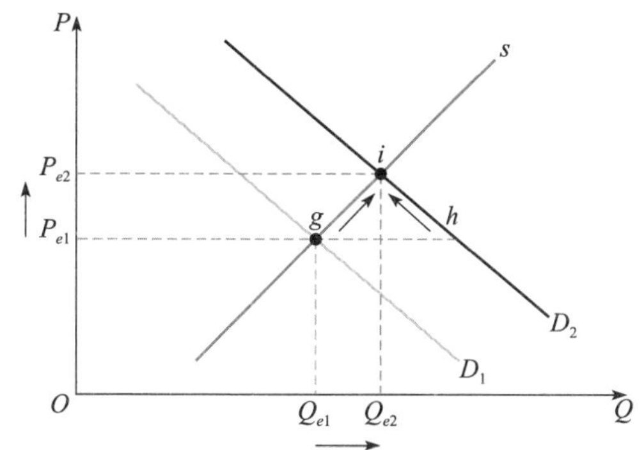

图 2-7　需求曲线的移动和均衡价格的变化

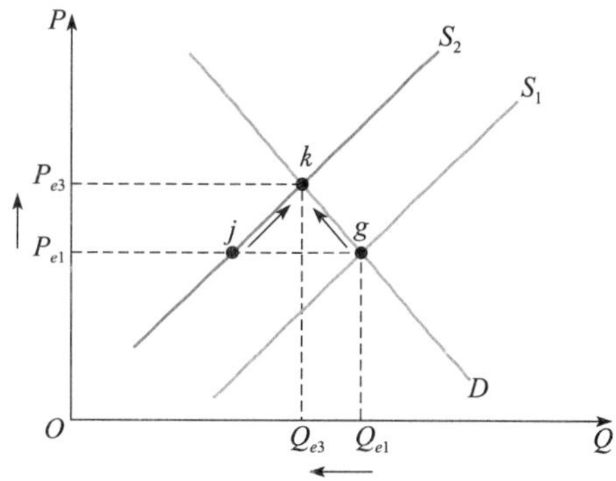

图 2-8　供给曲线的移动和均衡价格的变化

仍以前面的供给函数与需求函数为例，需求函数保持为 $Q_D=500-200P_3$，供给函数变为 $Q_S=200P_3+100$（供给增加）。供求均衡时，$200P_3+100=500-200P_3$，均衡价格 $P_{e3}=1$，均衡数量 $Q_{e3}=300$。

3. 供给与需求同时变化

当供给与需求同时发生变化时，并不会像前两种情形那样对数量变化和价格变化都有一个确定性的结论。供求同时变化后，预测均衡价格和均衡数量变化方向时，只有一个是可以确定的，另一个则无法确定，除非知道供给与需求变化的数量为多少。

- 当需求和供给同时增加时，均衡数量可以确定增加，但价格的变化方向不确定；
- 当需求增加、供给减少时，均衡价格可以确定升高，但均衡数量的变化方向不确定；
- 当需求减少、供给增加时，均衡价格可以确定下降，但均衡数量的变化方向不确定；
- 当需求和供给同时减少时，均衡数量可以确定减少，但均衡价格的变化方向不确定。

具体如表 2-7 所示。

表 2-7　供给曲线与需求曲线变化对均衡价格和均衡数量的影响

	供给不变	供给增加	供给减少
需求不变	P 不变，Q 不变	P 下降，Q 增加	P 升高，Q 减少
需求增加	P 升高，Q 增加	P 不确定，Q 增加	P 升高，Q 不确定
需求减少	P 下降，Q 减少	P 下降，Q 不确定	P 不确定，Q 减少

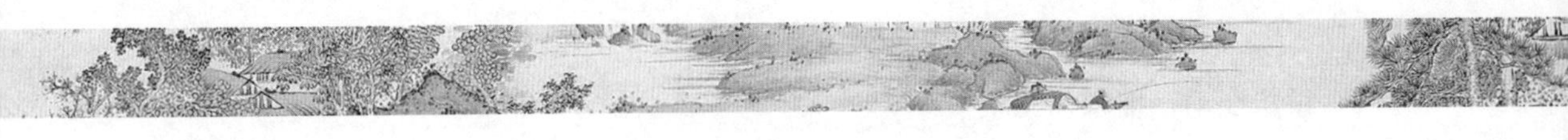

┆专栏2-3┆

如何解释个人计算机价格的变化

1975年，比尔·盖茨和保罗·艾伦创办了微软公司，大胆宣称：该公司的使命是“每个办公桌上和每个家庭都有一台电脑”。当时只有少量的个人电脑模型机卖给个人爱好者。而且，这些电脑功能少得可怜。当然，到现在，微软设定的目标已经在全球发达经济体中基本实现。主要原因是电脑、外设和软件的价格大幅下滑。图2-9显示了1988～2008年这20年间计算机成本下降的情况。

图中的数据是用价格指数表示的，显示的是类似功能计算机的平均价格随时间变化的情况。该指数以1988年年底数据为100。该指数的数值以当月计算机价格与1988年数据的比值表示。例如，假定计算机的价格在1988年12月为5 000美元，1990年年底时的指数值大约是90，那么一台相当的计算机当月的购买费用就大约为4 500美元（占5 000美元的90%）。价格的估计值是由美国劳工统计局（BLS）计算的。

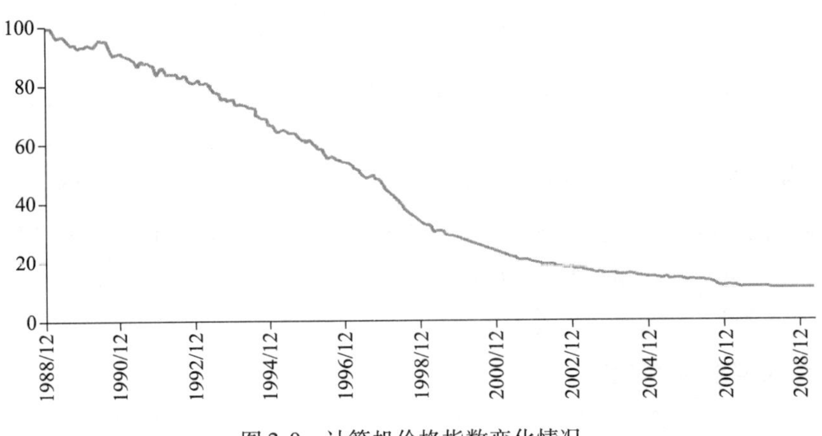

图2-9　计算机价格指数变化情况

近几十年来，计算机部件的质量和价格发生了翻天覆地的变化，因此美国劳工统计局使用特殊的方法来估计计算机的价格变化。简言之，劳工统计局每六个月都会调整计算样本，依据功能和新组件对计算机价格进行估算。

如图2-9所示，计算机价格随时间推移出现了惊人下降。到20世纪90年代中期，购买电脑的花费大约相当于20年前具有类似功能计算机价格的1/10！如果考虑到质量调整后的价格数据，我们会看到类似的趋势。同时，电脑销量也增长了很多倍。

怎样解释这种价格和数量的变化模式呢？图2-10描绘了这种变化。个人电脑出现在20世纪70年代，电脑的需求曲线向右移动。一系列因素推动了这种转变。随着计算机功能变得越来越强大，公司开始开发大量的软件和外设来与之匹配。对于消费者来说，这些新的配套产品增加了拥有电脑的价值。与此类似，随着时间的推移，计算机的许多新用途也被引入。此外，消费者对如何使用电脑也懂得越来越多，这就大大提高了使用电脑的生产力。

我们知道，供给曲线保持固定，如果需求增加，均衡价格将上涨。电脑价格下跌表明，除了需求曲线之外，一定有其他东西也在改变。如图2-10所示，价格和数量的变化模式与需求曲线和供给曲线的同时右移是一致的。

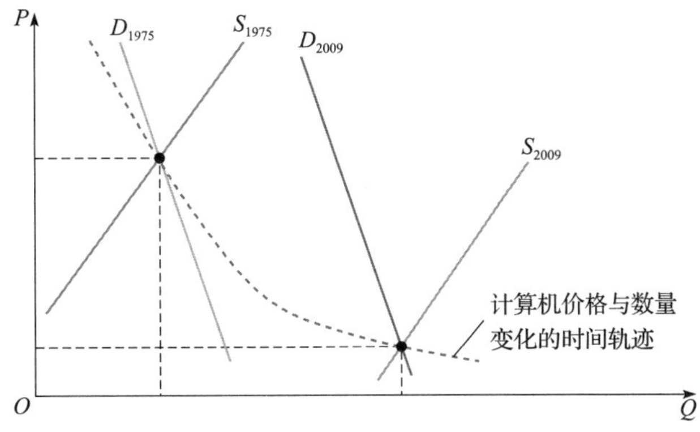

图2-10 用供求模型来解释计算机价格和数量的长期变化趋势

资料来源：David Besanko，Ronald Braeutigam. Microeconomics ［M］. 5th ed. New Jersey：Wiley，2010：41－43。

是什么导致电脑供给量的增加？最重要的影响是“摩尔定律”（以英特尔联合创始人戈登·摩尔（Gordon Moore）的名字命名）。摩尔定律指出，适合集成电路的晶体管数量每隔18～24个月翻一番。几十年来，大致如此。这种指数级的增长导致了更快、更便宜的电脑芯片出现。计算机的其他许多组件的质量也在同一时期迅速提高，而价格在下降。凭借这些技术进步，计算机制造商可以更便宜地生产给定功能的计算机。当公司的要素成本下降时，供给曲线将向右移动。

当然，还有许多新的电脑公司进入市场，也推动供给曲线向右移动。技术进步和新进入企业的综合作用，推动电脑供给曲线向右移动，等于或超过需求右移幅度。结果是用虚线表示的价格和数量的长期变化路径，如图2-10所示。

2.3.5 供求均衡的意义：再讨论

供求均衡实现时，除了前文谈到的意义外，还有几点值得注意。

（1）供求均衡是买卖双方意志达成一致时的状态。也就是说，在目前的价格水平上，卖者愿意卖出产品的数量与买者愿意买进产品的数量正好达成一致。

（2）供求均衡并不等于人们对这一结果也感到满意。

（3）供求均衡是效率最高的状态，因为没有产品过剩，也不存在人们想买买不到的产品。

（4）供求均衡状况是市场变动的趋向，但并非说市场总是处在均衡状态。

（5）如下问题并没有标准答案：市场从不均衡到均衡需要花费多长时间？市场通常离均衡状态还有多少距离？市场价格是否以及何时超过均衡点？是否需要回调？等等。

（6）供求模型与实际生活不一致的问题。该模型是对人们行为的一种解释，并非等于说实际生活中人人都在这样思考问题。人们可能并没有像模型所描述的那样行事，但实际上人们的行为是符合模型所描述的情形的。

2.4 对供给与需求决定因素的进一步讨论：弹性理论

前面解释了供给和需求如何决定市场均衡（均衡价格与均衡数量）的问题，也介绍了价格、收入、成本等因素如何影响到供给与需求的问题。但是，经济学分析的任务不仅仅只是在理论上解释这种经济变量间的定性关系，还需要做更加具体的定量分析。对于供给和需求而言，我们还需要弄清楚需求和供给如何对影响它们的变量变化做出反应，这就是**弹性理论**的主要内容。由于并非所有的变量都能数量化，所以，这里只对能数量化的影响因素进行了分析，这就是产品本身的**价格弹性**、**收入弹性**和**交叉价格弹性**。

2.4.1 弹性概念

在经济学意义上，弹性表示的是当某一经济变量改变后，另一变量对其做出反应的程度。用公式表示就是：

$$弹性 = \frac{因变量变化的比例(\%)}{自变量变化的比例(\%)}$$

式中，引起变化的变量放在分母，而被影响变量放在分子。

弹性系数是通过比例数得出的，这就避免了不同单位、不同数量造成的可比性问题。同时，通过比例变化来衡量变量的变化也是最确切的办法。

2.4.2 价格弹性

所谓**价格弹性**是指当价格改变一定比例后，在其他因素不变的情况下，需求和供给对此做出反应的程度。具体说来，可以用式（2-7）来表示。

$$e_P = \frac{Q_2 - Q_1}{Q_1} \div \frac{P_2 - P_1}{P_1} \tag{2-7}$$

式中，e_P为价格弹性系数；Q_1、P_1为价格变化前的数量和价格水平；Q_2、P_2为价格变化后的数量和价格水平。

价格弹性可分为**需求价格弹性**和**供给价格弹性**。

2.4.3 需求价格弹性

1. 需求价格弹性的概念

按照上述对弹性的定义，**需求价格弹性**就是指当某种物品的价格提高或降低一定的比例后，市场对该种物品的需求量会降低或提高多少。表示在弹性系数公式中，就是指分子的改变量，具体是指需求的改变比例。

$$e_P^D = \frac{-\dfrac{Q_2 - Q_1}{Q_1}}{\dfrac{P_2 - P_1}{P_1}} = \frac{\dfrac{\Delta Q}{Q_1}}{\dfrac{\Delta P}{P_1}} \tag{2-8}$$

式中，e_P^D为需求价格弹性；$\Delta Q = Q_2 - Q_1$；$\Delta P = P_2 - P_1$。

2. 需求价格弹性的符号

需求价格弹性的符号，本身意义上是负值，因为价格变化与需求量的变化方向是相反的。当$P_2 > P_1$时，$Q_2 < Q_1$，所以需求弹性系数值为负值，但为了符合人们一般的表达习惯，常将其写成正值。也就是说，在弹性公式前加一个负号，这样就能保证所得到的系数为正

值，如式（2-8）所示。

3. 需求弹性系数值的大小

弹性系数值的变化范围，就其绝对值的大小来说，可以为（0，+∞），为了分析问题的需要，一般以弹性系数值=1为参照点来定义商品的不同弹性值。弹性系数大于1时，说明分子商品需求量的变化幅度（$\Delta Q/Q_1$）大于分母价格的变化幅度（$\Delta P/P_1$）；如果弹性系数小于1，意义正好相反，具体如表2-8所示。

表2-8　需求价格弹性系数的意义

弹性系数值	量价反应程度比较	弹性类型
$e_P^D>1$	$\Delta Q/Q_1>\Delta P/P_1$	富有弹性
$e_P^D<1$	$\Delta Q/Q_1<\Delta P/P_1$	缺乏弹性
$e_P^D=1$	$\Delta Q/Q_1=\Delta P/P_1$	单位弹性
$e_P^D=0$	$\Delta Q/Q_1=0$	完全缺乏弹性
$e_P^D=+\infty$	$\Delta P/P_1=0$	完全弹性

注：弹性系数值以绝对值表示。

4. 弹性与需求曲线斜率

值得注意的是，弹性与斜率不同。对线性需求函数，斜率是用需求数量的变化量与价格的变化量的比率来表示，弹性则是用**变化率**来计算。最简单的情形如图2-11所示，需求曲线D与D'相比，价格从两条线交点a的P_1上涨到P_2，当沿着需求曲线D变化时，与P_2对应的点为c，需求量从OQ_1变化为OQ_2，变化量为$OQ_1-OQ_2=Q_1Q_2$；当沿着需求曲线D'变化时，与P_2对应的点为b，需求量从OQ_1变化为OQ_3，变化量为$OQ_1-OQ_3=Q_1Q_3$。显然，需求曲线D'比需求曲线D更富有弹性！

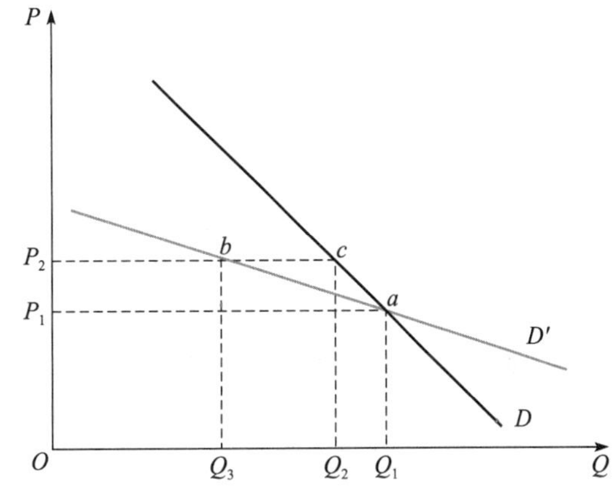

图2-11　不同斜率的需求曲线

注：在相同价格变化区间，斜率大者相对缺乏弹性，斜率小者相对富有弹性。

但要注意，不能简单说斜率大（曲线陡峭）的曲线弹性小，而斜率小（曲线平缓）的曲线弹性大。变化区间不同，弹性大小也会不同。所以，只有给定前提条件是价格变化的区间相同时，上面的说法才成立。

对于完全弹性与完全缺乏弹性，对应的需求曲线就成为平行于横轴（数量轴）的直线与垂直于横轴（数量轴）的直线。

5. 弹性系数值大小的决定因素

不同的商品有不同的弹性值，这可由弹性值大小的决定因素来解释。一种产品的需求价格弹性的大小一般与如下因素有关。

（1）相似的可替代品数量的多少。

消费者如何对一种产品价格变化做出反应，要受到其他可选择的替代产品的影响。一般说来，相似的可替代品的数量越多（少），弹性越大（小）；替代性程度越高（低），弹性越大（小）。例如，对于某些药品，如果替代品少，这种药品的需求将非常缺乏弹性；再如汽油对于汽车驾驶人来说，也是缺乏替代物的。但是，对于一些食品，如方便面，则有较多的替代品，所以需求价格弹性也就较大。

（2）商品支出占预算支出比重的大小。

人们对某种商品价格变化的反应与对该种商品支出在人们预算支出中的所占比重有很大关系。一般说来，所占比重大，弹性值大；所占比重小，弹性值小。如一瓶矿泉水和一架高级照相机的价格都上涨30%后，两种商品的需求变化就有很大的差别，前者相对后者弹性就小得多，而后者相对前者就是富有弹性的商品。

（3）是生活必需品还是奢侈品。

与生活必需品相比，奢侈品通常更富弹性。例如，日常人们食用的面包、米饭等是需求缺乏弹性产品，因为面包等是必需品，价格变化后人们的购买数量变化不大。但像音乐会门票、古玩等则是奢侈品，对音乐会门票的需求弹性比对面包的需求弹性大得多。

（4）考察时间的长短。

从短期看，价格变化后消费者来不及调整需求模式，所以需求价格弹性小。但随着考察时间的延长，人们会因为价格变化做出调整，需求量的变化也就会变大，从而弹性系数增大。如石油，尽管石油价格在1973年12月～1974年6月上升了近4倍，但在随后的几个月，各地都表现出需求只是稍微下降的现象，因为人们在短期内无法改变对石油的依赖。但随着时间的推移，人们就找到了许多办法来减少对石油的需求，如换成了节油型车、使用其他燃料、改变出行的交通方式等。

（5）产品的定义范围。

产品的定义范围对我们考察需求价格弹性也有很大的影响，如考察饮料的需求价格弹性与考察苹果汁的价格弹性就会不同，饮料的需求弹性小，相对来说苹果汁的需求弹性就大多了，如果是某种具体品牌的苹果汁弹性就更大一些。

一些商品需求价格弹性的估计值如表2-9所示。

表2-9　一些商品需求价格弹性的估计值

产品	估计的弹性系数	产品	估计的弹性系数
书籍（从巴诺书店购买）	-4.00	居民用水	-0.38
书籍（从亚马逊网站购买）	-0.60	鸡肉	-0.37
DVD（从亚马逊网站购买）	-3.10	可卡因	-0.28
宝氏提子麦片	-2.50	香烟	-0.25
汽车	-1.95	啤酒	-0.29
汰渍（洗衣液）	-3.92	入教会学校	-0.19
可口可乐	-1.22	民用天然气	-0.09
葡萄	-1.18	汽油	-0.06
餐馆用餐	-0.67	牛奶	-0.04
医疗保险（低收入家庭）	-0.65	食糖	-0.04
面包	-0.40		

资料来源：格伦·哈伯德，安东尼·奥布赖恩．经济学（微观）（原书第5版）[M]．赵英军，译．北京：机械工业出版社，2016：141。

6. 需求弹性的具体计算

从前面对弹性的定义中，我们可以计算弹性的具体数值。但价格提高和价格降低时计算价格变化率和数量变化率的分母不同，会造成弹性系数值在同样区间前后的不对称（如价格从3元提高到4元的变化率为33%，而从4元降到3元时的变化率为25%），所以经济学家们提出了更为准确的计算方法：中心点法（也称弧弹性法）和点弹性法。

（1）**中心点法**。所谓中心点法是指用价格变化区间的中心点（平均值）值和需求量变化的中心点值作为计算价格和数量变化率的分母来计算具体的弹性数值的方法。这样计算出来的数值其实是该价格变化区间的平均值，弹性系数是这个区间的平均弹性，该弹性也被称为**需求价格弧弹性**或**区间弹性**。

我们用 $e_D^{弧}$ 来代表弧弹性，那么弧弹性的具体计算公式为

$$e_D^{弧} = -\frac{Q_2 - Q_1}{(Q_1 + Q_2) \div 2} \div \frac{P_2 - P_1}{(P_1 + P_2) \div 2} \tag{2-9}$$

（2）**点弹性法**。如果说弧弹性计算的是价格变化区间的平均弹性，那么点弹性则计算的是围绕某一价格水平价格出现微小变化时，需求对价格变动的反应程度，也就是考察在一个具体的价格水平微小变动时的需求弹性，所以也被称为点弹性。

如果用 $e_D^{点}$ 来代表点弹性，那么点弹性的具体计算公式为

$$e_D^{点} = \frac{\Delta Q}{Q} \div \frac{\Delta P}{P} = \frac{\Delta Q}{\Delta P} \times \frac{P}{Q} \tag{2-10}$$

或

$$e_D^{点} = \frac{\mathrm{d}Q}{Q} \div \frac{\mathrm{d}P}{P} = \frac{\mathrm{d}Q}{\mathrm{d}P} \times \frac{P}{Q} \tag{2-11}$$

式（2-10）用于微小的离散变量变化的情形，式（2-11）用于微小的连续变量变化的情形。但不论是 $\Delta Q/\Delta P$，还是 $\mathrm{d}Q/\mathrm{d}P$，都是需求曲线（或该点切线）斜率的倒数！

7. 线性需求曲线上的点弹性

直线型需求曲线上各点的弹性值不变吗？

在弹性系数为零（$e_D^{点}=0$）和弹性系数无穷大（$e_D^{点}=+\infty$）这两种极端情形时，这种说法是正确的。但除此之外，该种说法就不正确了。

直线型需求曲线，各点的斜率不变（$\mathrm{d}P/\mathrm{d}Q$），但每一点对应的 P/Q 的比率并不相同，所以，$(\mathrm{d}Q/\mathrm{d}P)\times(P/Q)$ 的乘积也就自然不同。

其实，直线型需求曲线的弹性值的变化范围是在（0，$+\infty$）这一区间，如图 2-12 所示。具体来说，线上的点 M 沿着该需求曲线向右下方移动时，弹性值从 B 点的 $+\infty$ 变化到 A 点的 0。其中在该线段中心点之上的部分为富有弹性区，即 $e_D^{点}>1$；中心点处为单位弹性点，即 $e_D^{点}=1$；中心点之下的部分为缺乏弹性区，即 $e_D^{点}<1$。

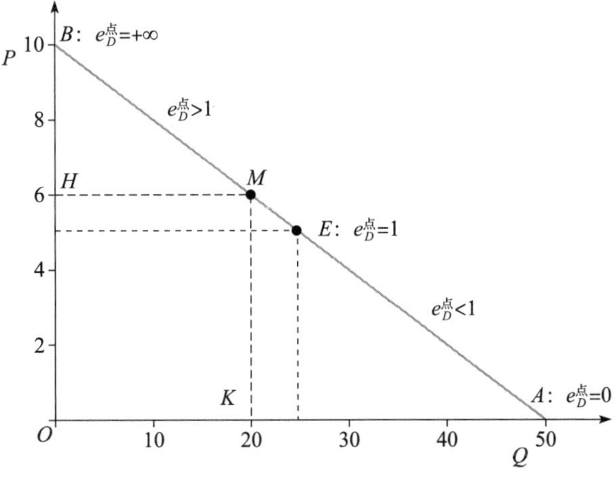

图 2-12　直线型需求曲线的点弹性变化

为什么以中心点为参照点呢？这可以用几何方法证明，依据图 2-12 和需求价格弹性的定义，有

$$
\begin{aligned}
e_D^{点} &= \frac{dQ}{dP} \times \frac{P}{Q} = \frac{1}{\frac{dP}{dQ}} \times \frac{P}{Q} = \frac{1}{\frac{BH}{MH}} \times \frac{MK}{OK} \\
&= \frac{MH}{BH} \times \frac{OH}{MH} = \frac{OH}{BH} = \frac{AM}{MB}
\end{aligned}
\tag{2-12}
$$

所以，在需求曲线 AB 上，E 为 A 中点，在 BE 之间点，$AM > MB$，$e_D^{点} > 1$，是富有弹性区域；在 AE 之间点，$AM < MB$，$e_D^{点} < 1$，是缺乏弹性区域。E 点，$AM = MB$，正好是单位弹性，$e_D^{点} = 1$。

8. 需求价格弹性与收益

（1）总收益图示。

知道了产品的需求价格弹性，对供给企业就可以计算出价格变化怎样影响总收益（销售收入），或者可以计算出想要增加（或减少）一定的总收益需要价格水平改变多少。或者最基本的问题，制定价格策略时，需要充分考虑所销售产品的需求价格弹性。

如果用 TR 表示销售该种产品的总收益（也就是消费者在该种商品上的总支出），P 表示销售价格，Q 表示销售数量，那么 $TR = P \times Q$。用图形表示就是需求曲线下面灰色区域的面积，如图 2-13 所示。

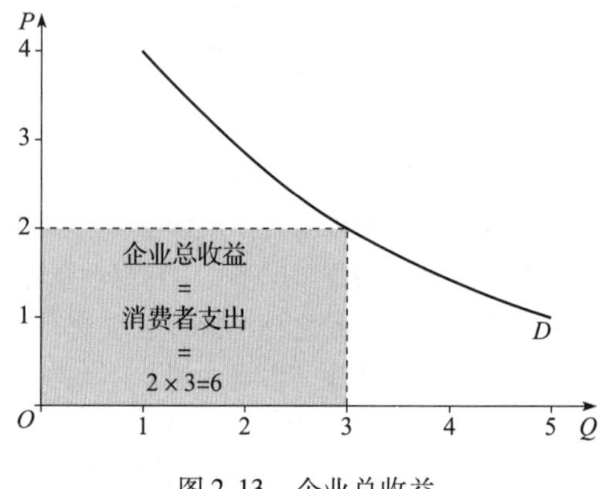

图 2-13　企业总收益

（2）需求价格弹性与企业收益。

很显然，图 2-13 中总收益区域的大小与需求曲线的斜率有很大的关系，也就是说，与商品的弹性有很大的关系。具体来看，当价格变化后，需求价格弹性与企业总收益（消费者总支出）的关系如表 2-10 所示。

表 2-10　需求价格弹性与企业总收益的关系

弹性类型	价格上涨	价格下降
富有弹性 $e_P^D > 1$	TR 下降	TR 上升
缺乏弹性 $e_P^D < 1$	TR 上升	TR 下降
单位弹性 $e_P^D = 1$	TR 不变	TR 不变

- **当需求富有价格弹性时**　价格上涨，意味着价格变化的比率（上涨）要大于商品需求量变化的比率（下跌），那么涨价前两者的乘积要大于涨价后的值，也就是总收益减少。当价格下跌时，情形正好相反，即价格与商品需求量的乘积在降价后要大于降价前。
- **当需求缺乏价格弹性时**　价格上涨，意味着价格变化的比率（上涨）要小于商品需求量变化的比率（下跌），那么涨价前两者的乘积要小于涨价后的值，也就是总支出（总收益）增加。当价格下跌时，情形正好相反，即价格与商品需求量的乘积在降价后要小于降价前。
- **当需求弹性为 1 时**　无论价格是上涨还是下跌，由于价格上升的比例和商品需求量下降的比例相同，所以它们的乘积也就不会改变，这样总收益也就不会受到任何影响。

对两种特殊情形，即完全缺乏弹性（需求价格弹性为0）和完全富有弹性（需求价格弹性为无穷大），总收益的变化是：

- 完全缺乏弹性时，总收益将随价格水平的提高而提高，随价格水平的下降而下降。
- 完全富有弹性时，总收益将随需求数量水平的变化而变化，两者同向变化。

价格变化对于不同弹性需求产品供给者总收益的影响也可以用图2-14来说明，我们可以看出，价格变化前后，产品供给者收益变化对于不同需求价格弹性有不同的结果。

对需求富有价格弹性的情形（见图2-14a），价格从7元降低到6元，总收益从7×10＝70单位变化到6×20＝120单位，净增加120－70＝50单位；其中，价格降低带来的“收益减少”为：(6－7)×10＝－10，而数量增加带来的“收益增加”为：(20－10)×6＝60，所以净值为：－10＋60＝50。

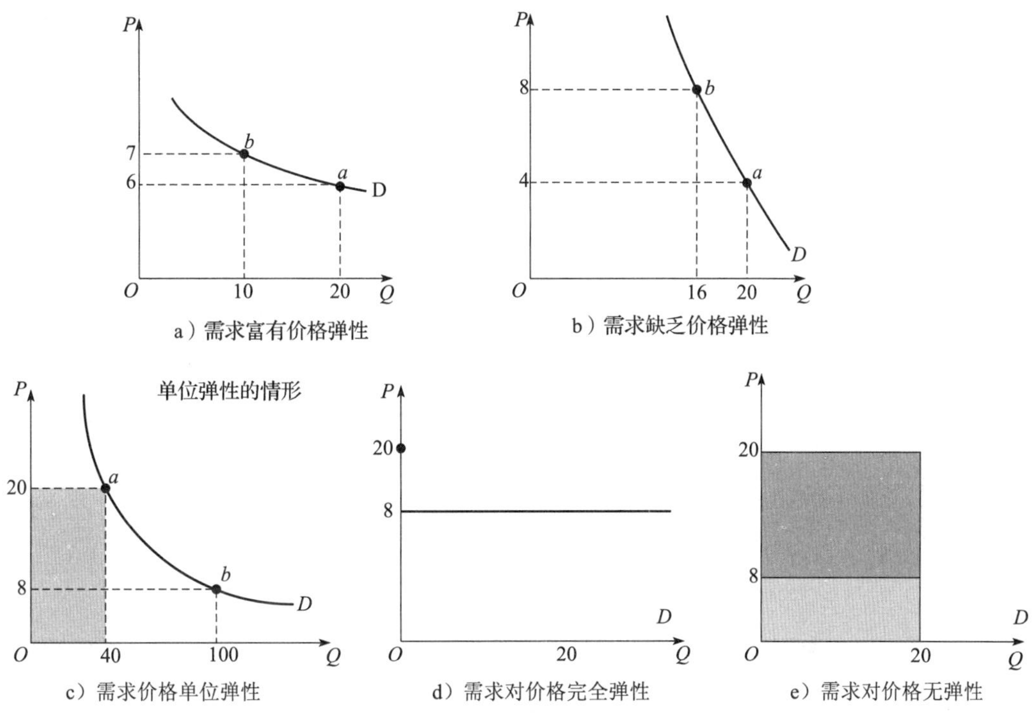

图2-14 价格弹性与由价格引起的总收益的变化

对需求缺乏价格弹性的情形（见图2-14b），价格从4元上涨到8元，总收益从4×20＝80单位增加到8×16＝128单位，净增加128－80＝48单位。其中，价格上涨带来“收益增加”为：(8－4)×16＝64单位，而数量减少带来的“收益减少”为：(16－20)×4＝－16单位，净值为：64－16＝48单位。

对于需求单位价格弹性，价格变化带来的收益变化值与数量引起的收益变化值正好抵消。

对于需求对价格完全弹性，价格任何提高都会导致需求量减少为0。在一个给定价格水平上，需求量为无穷大。

对于需求完全无价格弹性，价格从8元提高到20元，数量仍是20单位，所以总收益增加为：（20－8）×20＝240单位。

*（3）**价格变化影响总收益的数学证明。**

通过导数计算可以大大简化对这一结论的解释，见式（2-13）。

需求函数的一般形式是：$Q=f(P)$，那么，总收益为 $TR=PQ=P\times f(P)$，对 TR 求 P 的导数为：

$$\frac{\mathrm{d}TR}{\mathrm{d}P}=Q+P\cdot\frac{\mathrm{d}Q}{\mathrm{d}P}=Q\left(1+\frac{P}{Q}\cdot\frac{\mathrm{d}Q}{\mathrm{d}P}\right)=Q(1-|e_P^D|) \tag{2-13}$$

如果需求缺乏价格弹性 $e_p^D<1$，式（2-13）的值大于0；$e_p^D>1$，式（2-13）的值小于0；$e_p=1$，式（2-13）的值等于0。

图2-15是以表2-11为基础画出的，将线性需求曲线与总收益联系在一起。我们可以看出：在富有弹性区域，随着价格水平下降，总收益是递增的；而在缺乏弹性区域，随着价格水平下降，总收益是递减的；总收益最高水平出现在单位弹性的产量水平上。

表2-11　价格与总收益

价格（元）	需求数量（个）	总收益（元）
8	0	0
7	2	14
6	4	24
5	6	30
4	8	32
3	10	30
2	12	24
1	14	14
0	16	0

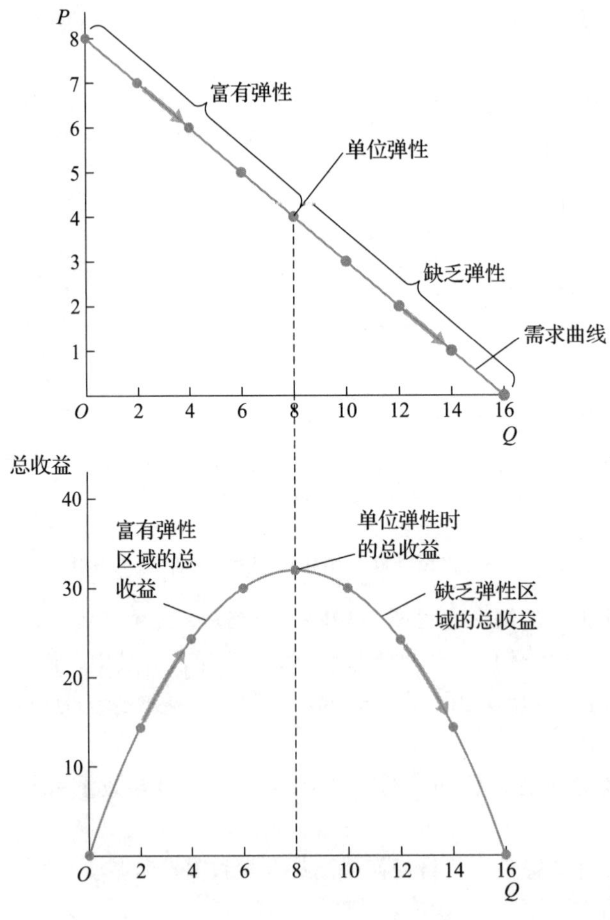

图2-15　沿着需求曲线的需求价格弹性变化

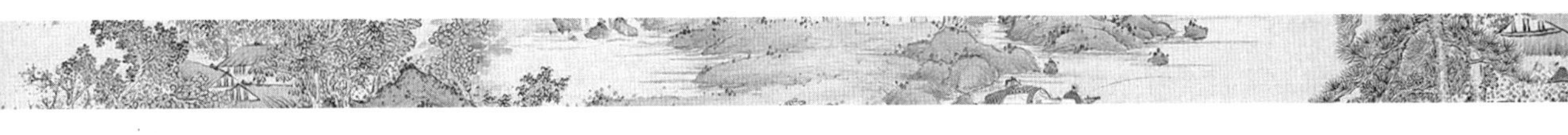

专栏 2-4

为什么亚马逊公司关心价格弹性

2014 年，亚马逊公司与一家名叫阿歇特（Hachette）的大型图书出版商发生争执，这家出版商的作者包括詹姆斯·帕特森、J. K. 罗琳和 J. 塞林格。阿歇特公司出版的电子图书价格在 14.99 美元到 19.99 美元之间，但亚马逊希望发行商将价格降低到 9.99 美元。亚马逊的策略包括：降低阿歇特公司精装书的折扣，出版商不预订书籍，一些书籍出版推迟两到三周。

为什么亚马逊希望阿歇特降低电子书的价格？亚马逊在其网站上发布的一篇文章中称："我们已经通过多个标题对重复测量的电子书的价格弹性进行了量化。"

亚马逊公司估计，电子书的需求价格弹性是 -1.74。表 2-12 所示为运用亚马逊公司的估计值计算的电子书价格下降而发生的变化。亚马逊总结说："将价格定在 9.99 美元，即使顾客付的钱少了，但总的销售量增加了，亚马逊公司、阿歇特公司和书籍作者的所得也更多了。"

表 2-12

价格（美元）	销售数量	总收益（美元）
14.99	100 000	1 499 000
9.99	174 000	1 738 260

如果亚马逊公司的分析正确，为什么阿歇特公司不愿意降低电子书的价格呢？阿歇特公司认为，虽然像詹姆斯·帕特森和 J. K. 罗琳的书可能是富有价格弹性，但对其他不太知名的作家的书，或者一些冷僻主题的电子书的需求则是缺乏价格弹性的。对于后面这类书来说，降价会降低阿歇特公司的收入。此外，阿歇特公司还认为，电子书价格的下降可能会影响精装版本书的销售，而出版商要靠这类书来赚取更多的利润。最终，亚马逊公司和阿歇特公司达成了一项协议，阿歇特公司可以自主确定其电子书在亚马逊网站上的出售价格。

随着相对新颖的产品（如电子书）出现，企业往往不得不尝试用不同的价格来确定需求价格弹性。知道价格弹性，对于企业决定最大化利润的价格非常重要。

资料来源：Glenn Hubbard, Anthony O'Brien. Microeconomics [M]. 6th ed. London: Prentice Education Limited. 2017: 197 - 198。

2.4.4 供给价格弹性

1. 供给价格弹性概念

供给价格弹性与需求价格弹性非常相似。供给弹性就是指当价格提高或降低一定的比例后，市场的供给数量会增加或减少多少。弹性系数公式中的分子的改变量是供给量的改变量。

$$e_P^S = \frac{Q_2 - Q_1}{Q_1} \div \frac{P_2 - P_1}{P_1} = \frac{\Delta Q}{Q_1} \div \frac{\Delta P}{P_1} \tag{2-14}$$

式中，e_P^S为供给价格弹性；Q 为商品供给量；P 为商品供给价格。

2. 供给价格弹性的符号、弹性系数值

与需求价格弹性符号为负值不同，供给价格弹性为正值，因为价格变化与供给量的变化

方向相同，当 $P_2>P_1$ 时，$Q_2>Q_1$。

供给价格弹性系数值的变化范围，也在（0，+∞）之间。为了分析问题的需要，一般以弹性系数值 =1 为参照点来定义商品的不同弹性值。弹性系数大于 1 时，说明分子上商品供给量的变化幅度（$\Delta Q/Q_1$）大于分母价格的变化幅度（$\Delta P/P_1$）。具体意义如表 2-13 所示，只是这里是供给弹性 e_P^S。

表 2-13 供给价格弹性系数的意义

弹性系数值	量价反应程度比较	弹性类型
$e_P^S>1$	$\Delta Q/Q_1>\Delta P/P_1$	富有弹性
$e_P^S<1$	$\Delta Q/Q_1<\Delta P/P_1$	缺乏弹性
$e_P^S=1$	$\Delta Q/Q_1=\Delta P/P_1$	单位弹性
$e_P^S=0$	$\Delta Q/Q_1=0$	完全缺乏弹性
${e_P}^S=+\infty$	$\Delta P/P_1=0$	完全弹性

3. 供给价格弹性与供给曲线斜率

对线性供给函数，斜率用供给数量的变化量与价格的变化量的比率来表示，弹性则是用变化率来计算。最简单的情形如图 2-16 所示，曲线 S 与 S' 相比，当价格从两条线交点 A 的 10 元上涨到 20 元，当沿着供给曲线 S 变化时，与 20 元对应的点为 B，供给量从 100 单位增加到 250 单位，变化量为 250 − 100 = 150 单位；当沿着供给曲线 S' 变化时，与 20 元对应的点为 C，供给量从 100 变化为 120，变化量为 120 − 100 = 20 单位。显然，供给曲线 S 比曲线 S' 更富有弹性！

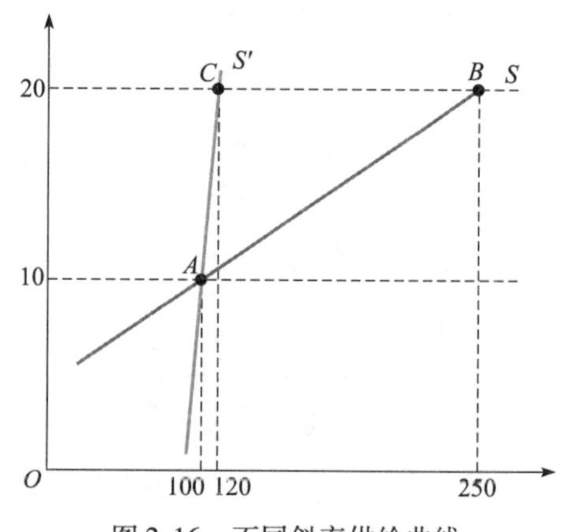

图 2-16 不同斜率供给曲线代表不同供给弹性

4. 供给弹性系数值的决定因素

（1）**产量变化引起的成本变化的程度**。当某种产品的价格提高后，其生产成本的上升幅度对产品的供给影响很大，如果成本上涨得比价格上涨快，其供给弹性就小，反之其弹性就大。

（2）**物品的特性**。这是指商品能否被提供的问题。对于一些特定的物品（如古董）、一些特定区域的土地（如杭州围绕西湖一定区域内的土地等）其供给是无法增加的。但许多工业制成品，如电器、汽车等，其弹性就大得多。

（3）**考察时间的长短**。时间越长，回旋余地越大，产品被提供出来（或减产）的可能性越大，供给越富有弹性；如果时间紧迫，产品在短期内被提供出来的难度就大大增加了，甚至不可能提供出来，如当一些区域发生特定事故后的某种急需药品等。

5. 供给价格弹性的计算

与需求价格弹性一样，计算供给价格弹性也可以计算弧弹性和点弹性，所用公式形式也是同样的形式，只不过需要将数量变化换为供给量。

弧弹性：

$$e_S^{\text{弧}}=-\frac{Q_2-Q_1}{(Q_1+Q_2)\div 2}\div\frac{P_2-P_1}{(P_1+P_2)\div 2} \tag{2-15}$$

点弹性为

$$e_S^{点} = \frac{\Delta Q}{Q} \div \frac{\Delta P}{P} = \frac{\Delta Q}{\Delta P} \times \frac{P}{Q}$$

或

$$e_S^{点} = \frac{\mathrm{d}Q}{Q} \div \frac{\mathrm{d}P}{P} = \frac{\mathrm{d}Q}{\mathrm{d}P} \times \frac{P}{Q} \tag{2-16}$$

6. 供给曲线上的点弹性

对于供给曲线的点弹性也可以通过几何方法来证明，如图 2-17 所示。供给曲线上任意一点（如 E 点）的点弹性，可过该点作切线，如图 2-17a 中的 L_1，图 2-17b 中 L_2，得出斜率，然后按照弹性的定义，切点处的供给价格点弹性的值 $e_S^{点}$（以图 2-17a 为例）为

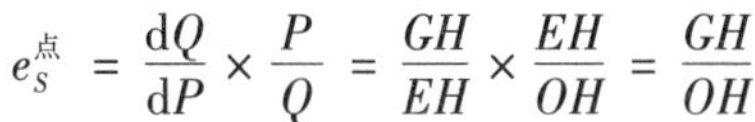

$$e_S^{点} = \frac{\mathrm{d}Q}{\mathrm{d}P} \times \frac{P}{Q} = \frac{GH}{EH} \times \frac{EH}{OH} = \frac{GH}{OH}$$

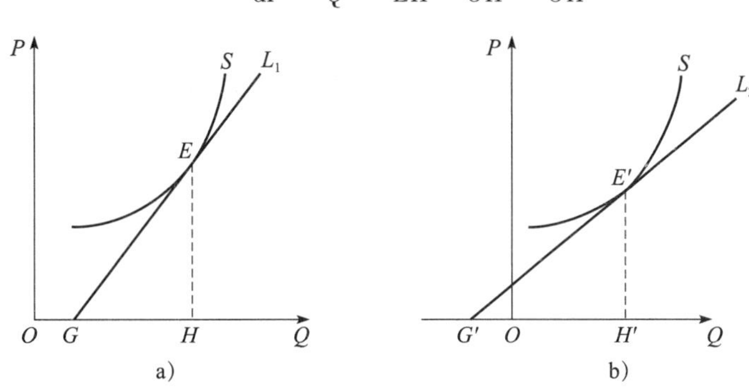

图 2-17　供给价格点弹性的几何求法

几何方法得出的供给弹性也为我们判断点供给曲线弹性的大小提供了方法。如果所做切线与横轴的交点在原点的右面（如图 2-17a 所示），那么弹性系数值将小于 1；同样道理，如果交点在原点的左边（如图 2-17b 所示）弹性系数将大于 1；如果通过原点，弹性值为 1。直线型的供给曲线情况相同。即：从原点通过的线性供给曲线上任意一点的供给点弹性都为 1。或者换一种说法，从横轴上（非原点）出发的线性供给曲线上任意一点的供给价格点弹性都小于 1；从纵轴上（非原点）出发的线性供给曲线上任意一点的供给价格点弹性都大于 1。

2.4.5　需求收入弹性

收入弹性是指当收入改变一定比例后，在其他因素不变的情况下，市场需求对收入变化做出反应的程度。具体可以用式（2-17）来表示：

$$e_M^D = \frac{Q_2 - Q_1}{Q_1} \div \frac{M_2 - M_1}{M_1} \tag{2-17}$$

式中，e_M^D为需求收入弹性系数，Q_1、M_1为收入变化前的需求数量和收入水平；Q_2、M_2为收入改变后的需求数量和收入水平。

对于需求收入弹性系数来说，不同的符号代表了不同的意义（见表 2-14）。我们前面已经指出，随着收入水平提高，需求量也随之提高的产品，被称为**正常物品**，因此需求收入弹性系数的符号为正；同理，对于**低档物品**或**劣质品**，符号应该为负。在正常物品中，奢侈品的弹性系数值应该大于 1，而一般的必需品则小于 1。

表 2-14 需求收入弹性系数的意义

弹性系数值	物品类型	事例
$e_M^D>1$	正常物品之奢侈品	高档海鲜产品
$0<e_M^D<1$	正常物品之必需品	面包
$e_M^D<0$	低档物品	肥肉

生活中大部分物品是正常物品，因此在经济扩张时期，随着人们收入水平的提高，大部分企业会增加产出，因为企业预计人们的需求会增加；而在经济衰退时期，情况会相反。

专栏 2-5

为什么美国的家庭农场数量大幅减少

1950 年，美国有 500 万家家庭农场，2 300 万人生活在农场，每种植一英亩（1 英亩约 4 047平方米）小麦的产量为 17 蒲式耳（1 蒲式耳约 35 升）。到了 2015 年，随着小麦优良菌株的开发和农业技术进步，美国的农业生产率增长迅速（生产率是指在给定一定数量的经济投入（比如工人、机器和土地）时，企业生产产品和服务的生产能力），美国小麦种植农场每英亩的平均产量达到 44 蒲式耳。虽然种植小麦的耕地总量从 6 200 万英亩减少至 4 800 万英亩，但小麦产量则从 10 亿蒲式耳增加到 21 亿蒲式耳。

这对农场主并非什么好事，小麦产量增加，引起了小麦价格大幅下滑。其中的两个关键要素是：①小麦的需求缺乏价格弹性；②小麦的需求收入弹性也很小。尽管从 1950 年之后，美国人口大幅增加，但对小麦的需求增长相对缓慢。为了将增产的小麦销售出去，只有降价。又因为对小麦的需求缺乏价格弹性，所以降价幅度很大，图 2-18 说明了这一点。

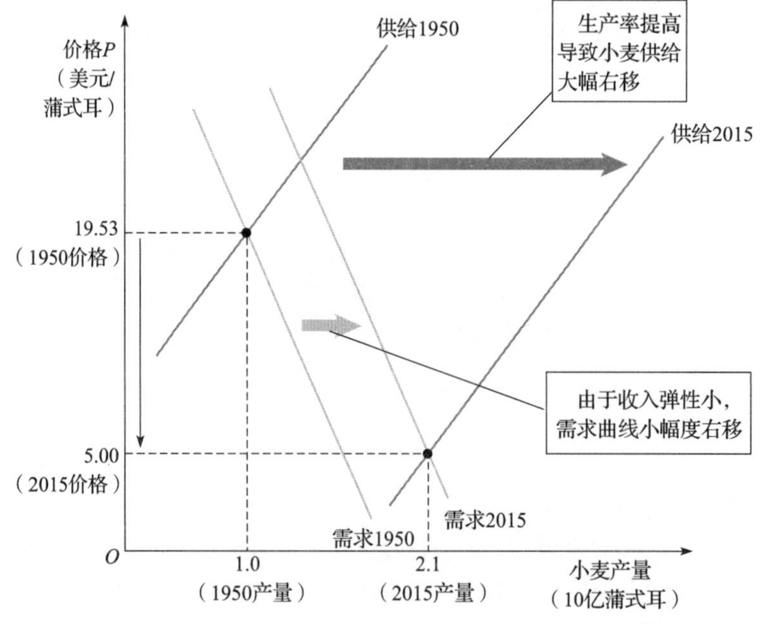

图 2-18 小麦需求缺乏价格弹性与需求的低收入弹性，导致小麦价格大幅下降

小麦供给曲线向右移动距离大，但小麦需求曲线移动距离要小得多，再加上需求缺乏价格弹性，小麦价格从1950年的每蒲式耳19.53美元，下降到2015年的5.00美元。随着价格水平的降低，只有那些经营效率最高的农场才有利可图，大量小型家庭农场经营越来越困难，所以，农场也就越来越少。

资料来源：Glenn Hubbard，Anthony O'Brien. Microeconomics [M]. 6th ed. London：Prentice Education，Limited，2017：200－201。

2.4.6 需求交叉价格弹性

需求交叉价格弹性是指当其他相关商品的价格改变一定比例后，在其他因素不变的情况下，目标商品需求对此做出反应的程度。具体可以用式（2-18）来表示：

$$e_{xy} = \frac{Qx_2 - Qx_1}{Qx_1} \div \frac{Py_2 - Py_1}{Py_1} \tag{2-18}$$

式中，e_{xy}为需求交叉价格弹性系数；Qx_1、Qx_2为物品x在物品y价格变化前后的数量；Py_1、Py_2为物品y的价格改变前后的水平。

对于交叉价格弹性系数来说，不同的符号代表了不同的意义（见表2-15）。当符号为正时，意味着x商品和y商品之间是相互替代（substitute）的关系；如果符号为负时，两者之间是互补（complementary）的关系；当系数为零时，两种物品之间没有直接关系。

表2-15　一些商品的需求弹性系数

需求价格弹性		收入弹性	
鸡肉	-0.30	牛排	1.87
猪肉	-0.77	鸡肉	0.42
蛋	-0.26	猪肉	0.34
牛肉	-1.15	土豆	-0.81
牛排	-3.02	啤酒	0.76
啤酒	-0.20	葡萄酒	1.72
葡萄酒	-0.67	**交叉价格弹性**	
电力（短期）	-0.28	牛排与鸡肉	0.24
电力（长期）	-0.90	人造黄油与天然黄油	1.53
汽油（短期）	-0.43	啤酒鱼葡萄酒	0.56
汽油（长期）	-1.50		

资料来源：克里斯托弗·托马斯，查尔斯·莫瑞斯. 管理经济学（原书第11版）[M]. 陈章武，等译. 北京：机械工业出版社，2014：167。

*2.5 蛛网理论

在我国，改革开放以来，随着农产品市场价格主要由市场供求来决定，农产品价格出现了较大幅度的波动。由于人们对市场价格感到无奈，所以编了许多调侃的网络用语，如“蒜你狠”“豆你玩”“姜你军”“苹什么”等，如何认识并解释这些农产品的价格波动呢？蛛网理论为我们提供了一种思路。

蛛网理论研究人们的预期如何影响价格形成，以及供给和需求可以由不同时期价格决定的现象。

这一理论适用的市场条件如下

（1）产品生产需要的时间较长，做出生产决策和产品实际提供到市场之间存在时间差。

（2）生产者的生产计划决策时依据的是前期的价格，但需求的变化没有时滞。

（3）当期需求和实际供给量决定了当前价格，市场必须在当期出清。

即

$$Q_D = a - b_t（需求方程）$$
$$Q_S = c + dP_{t-1}（供给方程）$$
$$Q_S = Q_D$$

考虑到时间因素的蛛网理论是如何解释市场价格波动和供给与需求的调整的呢？

假设现在由于影响需求的因素变化使某种商品（如小麦）的价格背离了均衡点，假定小麦市场符合上述假定，那么市场将进入一个连续的调整过程。值得注意的是这种调整最终的结果却不一定会回到均衡状态，因为该种商品的供给价格弹性和需求价格弹性的大小会决定这种调整的方向和态势。下面分三种情况进行分析：

（1）**需求价格弹性大于供给价格弹性**，也就是需求曲线斜率小于供给曲线斜率（以绝对值做比较），这种情形调整的过程如图2-19a所示。第1期，生产者根据上期的市场价格P_0做出决策后，该期能提供到市场上的产量为Q_1，由于产品必须在当期出清，这将会迫使价格下跌到P_1的水平；生产者将会根据P_1做出下一期的生产决策，最终提供到市场中的产量为Q_2，市场当期供求应该出清，使得价格上涨到P_2，这又会成为下一年生产者决策的依据……调整的结果是价格最终收敛于一点，所以这种调整也被称为是**收敛型**（convergent）**蛛网**。

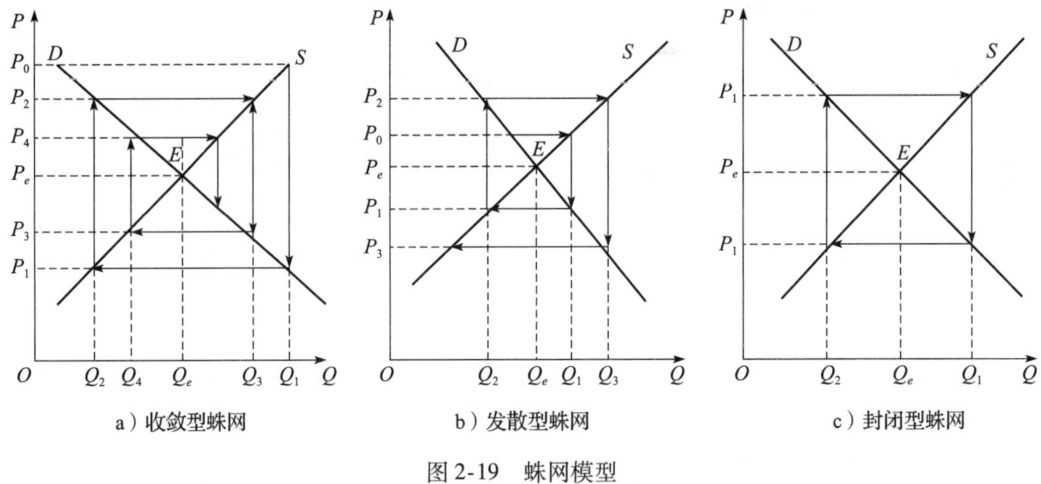

图2-19　蛛网模型

（2）**需求弹性小于供给弹性**，也就是需求曲线斜率大于供给曲线斜率（以绝对值做比较），这种情形调整的过程如图2-19b所示，结果是摆动幅度越来越大，这也被称为是**发散型**（explosive）**蛛网**。

（3）**需求弹性等于供给弹性**，即需求曲线斜率等于供给曲线斜率。这种情形调整的过程如图2-19c所示，摆动保持一个不变幅度，既不会收敛也不会发散，所以也被称为**循环型**（perpetual）**蛛网**。

蛛网模型在解释农产品价格波动、劳动力市场工资水平的波动等现象时具有一定的价值，但是随着**理性预期**（rational expectation）理论逐渐被接受，近年来研究者们对这一模型理论的兴趣在逐渐减弱。但从我国近些年农产品价格波动来看，这一现象仍然存在，所以“蒜你狠”等词也就时常会出现。

本章小结

本章我们学习了经济学最基本的分析工具——供求分析的基础理论。基本要点如下：

1. 供给和需求可以表现为个体供给和需求及市场供给和需求。

2. 供给和需求的影响因素有两类：一类是价格因素，另一类是非价格因素。由价格引起的需求变化被称为需求量的变化，供给量的变化被称为供给量的变化，非价格因素引起的变化分别被称为需求的变化和供给的变化。

3. 当给定时期内的供给量与需求量相等时，市场实现均衡，对应的价格为均衡价格，对应的数量为均衡数量。

4. 弹性理论是对需求和供给影响因素分析的进一步深化，即从数量化的角度进一步分析价格、收入和相关物品价格对需求与供给的影响程度。

5. 考虑到时间维度后，供给和需求的变化和价格水平都会出现一些新的特征，如蛛网理论的分析都是在考虑到时间因素后所得到的一些模型。

思考与练习

一、名词解释

需求法则　　收入效应
替代效应　　需求（供给）的变化
需求（供给）量的变化
均衡价格价格弹性
收入弹性　　交叉价格弹性
蛛网模型　　收敛型蛛网
发散型蛛网

二、简答题

1. 举例说明现实中观察到的符合需求法则的现象并解释需求法则成立的理由。

2. 用图形法解释需求（供给）的变化与需求（供给）量的变化的不同。

3. 请以汽车需求为例说明什么因素影响对汽车的需求，以及什么因素影响汽车的供给。

4. 请说明均衡价格的决定和变动。

5. 需求函数和供给函数为：

$$Q_s = 2 + 3P$$

$$Q_d = 50 - 5P$$

试求均衡价格。并画出均衡价格和数量图形。

6. 请从需求价格弹性和需求影响因素来解释广告的作用。

7. 当需求函数为 $Q_d = 20 - 2P$ 时，请估计 $P = 0$ 到 $P = 2$，$P = 4$ 到 $P = 6$，$P = 7$ 到 $P = 9$ 的弧弹性值。

8. 需求函数为 $Q_d = 50 - 20P + 2P_2$，试求 $P = 3$，$P = 5$ 时的点弹性系数值。

9. 用几何方法证明需求点弹性和供给点弹性。

10. 用图形法表示出直线型供给曲线的供给价格弹性大于1、等于1和小于1的情形。

11. 举例说明什么是替代品，什么是互补品，两者之间的交叉价格弹性有什么特征。

12. 在某种意义上薄利多销是指通过降价来获得更多的市场销售收入和利润的代名词，请用需求价格弹性理论对这种经营之道做出评价。

13. 请用蛛网模型解释农产品的价格变化。

第3章
CHAPTER3

经济效率与政府干预

计划与竞争只有在为竞争计划而不是运用计划反对竞争的时候，才能够结合起来。

——弗里德里希·冯·哈耶克

§ 本章要点

第2章我们学习了无政府干预情况下市场运行的基本原理，本章我们进一步分析政府干预下市场运行会受到怎样的影响。市场供给和需求如何在受到影响时达到均衡。我们将讨论政府干预市场的几种主要形式，政府价格管制、政府补贴和税收；最后我们进一步讨论，政府干预之下，市场效率和社会福利会受到怎样的影响。

§ 学习目标

- 理解市场效率和经济福利；
- 掌握政府干预市场怎样引起供给需求变化的基本原理；
- 能够应用剩余理论来分析经济福利的变化。

§ 基本概念

价格管制　数量管制　税收　补贴

第2章所讨论的供求分析是在完全竞争市场中，竞争最终会达至市场均衡。均衡是买卖双方意志达成一致时的状态，是有效率的状态，但并非人人感到满意的状态！买方认为自己买贵了，而卖方则认为卖便宜了。因此，不满意者会通过各种方式来影响政府，对价格进行干预。所以，我们在现实中总会看到，政府对市场供给与需求经常进行干预。政府干预的重要原因是认为市场不符合政府想要的目标，如某些产品的市场均衡价格过高、某些产品市场价格又过低。政府经常采用的干预手段包括：价格管制、数量管制、税收、补贴等。管制手段直接限制供给与需求，而税收、补贴等则是间接作用于供给者和需求者。既然市场均衡时是有效率的，那么政府干预会怎样影响市场效率呢？本章将对这些问题进行分析。

3.1　消费者剩余与生产者剩余

消费者作为买者从市场中买进产品和服务后，到底得到了什么好处？同样的问题也适用于生产者。经济学用消费者剩余与生产者剩余来描述这种好处。消费者剩余（consumer surplus）是消费者购买某种产品或服务所得到的增益；生产者剩余（producer surplus）是生产者销售某种产品或服务市场中所得到的增益；两者之和被称为经济剩余。

3.1.1　消费者剩余

消费者剩余是消费者对某种产品或服务愿意支付的最高价格（用需求曲线的高度来表示）与消费者实际支付价格之间的差额。

我们用一个例子来说明。例如，假设你外出购物，看到一种新的名为“劲爆”的功能饮料，标签的价格是6元/瓶，假设这是你愿意为品尝这种饮料付出的最高价。但是到了收银台付款时，收银员告诉你商场正好进行促销活动，劲爆饮料打折销售，你现在只需要付3.5元就可以消费这种饮料。那么，6元－3.5元＝2.5元就是消费者剩余。

我们以劲爆功能饮料的整个市场需求来说明市场的消费者总剩余。我们知道，需求曲线是消费者在不同价格水平上愿意购买的（最大）产品数量。按照理性决策的要求，消费者购买产品付出的价格不会高于消费者从产品消费时能获得的“好处”对应的价值。我们仍然以劲爆功能饮料为例。假设这种饮料市场消费者有4组人群，每组的代表人物分别是A先生、B先生、C先生和D先生。假设四个人的出价代表了所在组其他人的出价。由于不同的人群对这种饮料的感受不同，每组人对这种饮料愿意付出的最高价格也不一样。当价格高于6元时，无人购买，这个价格也被称为**需求止步价格**（demand choke price），也就是消费者愿意支付的最高价格。假设价格为5元时，A、B购买；4元时，A、B、C购买；3元时，A、B、C、D都购买。

现在假定市场价格为3.5元。这样，四个人的消费者剩余就出现差异，消费者A愿意付出的最高价格为6元，现在实际支付3.5元，因此A的个人消费者剩余为：6元－3.5元＝2.5元。B的个人消费者剩余为：5元－3.5元＝1.5元，C为：4元－3.5元＝0.5元。D没有消费者剩余，因为他愿意购买的价格为3元。情况如图3-1所示。市场消费者剩余（总消费者剩余）等于2.5元＋1.5元＋0.5元＋0＝4.5元，即图3-1中$A+B+C$的面积。

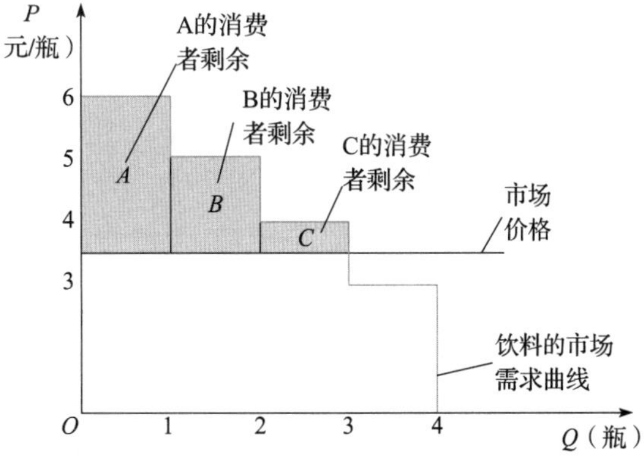

图3-1　市场价格为3.5元时的消费者剩余

我们可以看出，如果市场价格变化，消费者剩余也会变化。价格提高，市场消费者剩余减少；价格下降，市场消费者剩余增加。

这里的市场需求曲线为阶梯状，是因为只有 4 名消费者，每人只购买 1 瓶饮料。如果我们扩大消费者人数，饮料的市场需求曲线将变成平滑的直线。

在图 3-2 中，我们假设市场价格为 2 元/瓶，市场总需求为 50 000 瓶。市场消费者剩余是由所有购买者的个人剩余加总而成。以直线型需求曲线为例，**市场消费者剩余**等于需求曲线之下、市场价格水平线以上的区域面积，即图 3-2 中阴影区域。

从以上分析可以看出，消费者剩余是消费者从消费产品或服务中获取的净所得，而非总所得，因为还必须减去消费者为得到这些产品或服务付出的费用。

对于消费者剩余，还可以通过具体函数计算来理解，请看下面的例子。

假设某种商品的月度需求函数为：$Q_D = 40 - 4P$，求：

（1）价格 P 为每单位 3 元时，月度消费者剩余为多少？

（2）价格 P 降低到每单位 2 元时，月度消费者剩余为多少？

解：

画出需求曲线的图形如图 3-3 所示。

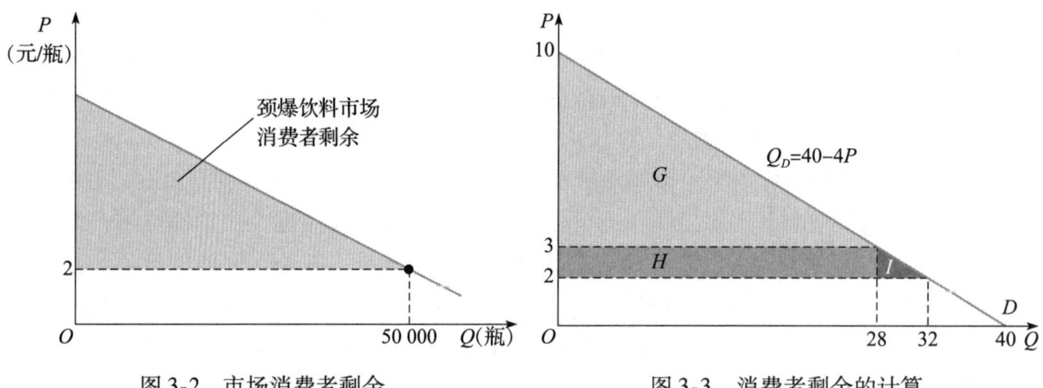

图 3-2 市场消费者剩余　　图 3-3 消费者剩余的计算

（1）当价格为 3 元时，根据需求函数，需求量 $Q_D = 40 - 3 \times 4 = 28$。从图 3-3 可以看出，消费者剩余就是求三角形 G 的面积，即 $0.5 \times (10 - 3) \times 28 = 98$ 元。

（2）当价格降低到 2 元时，根据需求函数可知需求量为 32。消费者剩余变为 $0.5 \times (10 - 2) \times 32 = 128$ 元。价格下降带来的消费者剩余增加为：$128 - 98 = 30$ 元，相当于区域 $H + I$ 的面积，现在的消费者剩余变为：$G + H + I$ 的面积。

3.1.2 生产者剩余

正如消费者从参与市场交易获得消费者剩余一样，生产者也从中获得剩余，被称为生产者剩余。**生产者剩余**是生产者获得的产品或服务价格与生产者愿意接受的价格（产品的生产成本）之间的差额。可以用分析消费者行为同样的原理来分析生产者的行为。生产者愿意提供产品的最低价格是其生产成本，即多供给 1 单位产品或服务的成本（即边际成本）必须通过价格来弥补，如果价格低于这一水平，生产者不愿意提供。

我们以劲爆饮料生产者为例。在一定时间内，生产饮料将使用许多配料，还要支付工人工资，所以随着产量增加，多生产 1 单位饮料的成本会逐渐增加（我们在第 5 章具体分析），这也是供给曲线向右上倾斜的原因。

根据这一规律，我们假设劲爆饮料公司的生产成本变化分为 4 个阶段：阶段 1，生产 1 瓶饮料的成本为 1.50 元，第 2 阶段生产 1 瓶饮料的成本为 1.75 元，第 3 阶段为 1.95 元，第 4 阶段为 2.0 元。请注意，价格如果低于 1.50 元/瓶，企业不愿意提供产品，市场供给数量为零，这个价格也被称为**供给止步价格**（supply choke price），也就是生产者愿意接受的最低价格。

假定市场价格为 2 元/瓶。如果劲爆饮料市场需求足够大，企业将不断扩大生产，但是每个阶段生产的饮料的生产者剩余并不相同。第 1 阶段为：2 元 - 1.50 元 = 0.50 元，第 2 阶段为 0.25 元，第 3 阶段 0.05 元，第 4 阶段为 0 元，如图 3-4a 所示。

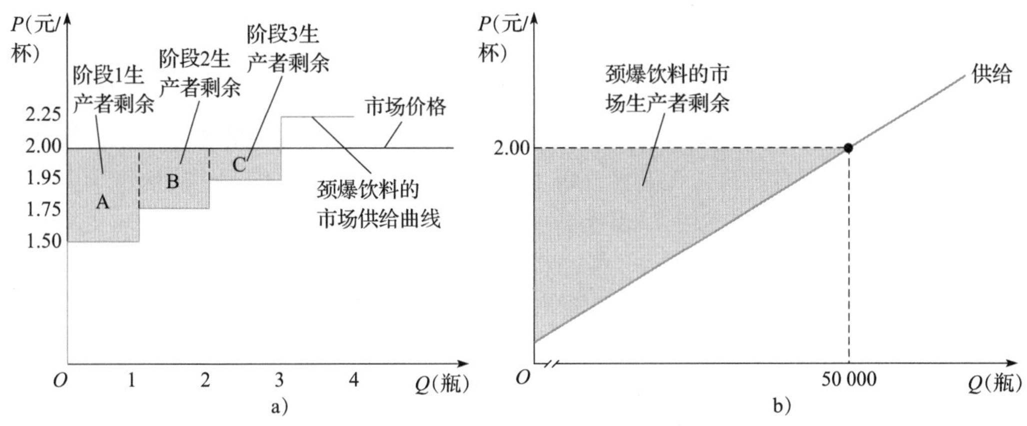

图 3-4　劲爆饮料的生产者剩余

图 3-4a 的阶梯状供给曲线，我们是以生产数量较少情况为前提的，并假设成本分布正好像前面我们所说的那样在每个阶段形成。随着生产劲爆饮料企业的数量增加，产量扩张，供给曲线也会变成如图 3-4b 一样平滑的供给曲线。当市场价格为 2 元时，市场的总供给数量为 50 000 瓶。这时市场（总）生产者剩余为：0.50 元 + 0.25 元 + 0.05 元 + 0 元 = 0.80 元。市场的生产者剩余是由所有生产者的个人剩余加总而成。也可以一般性概括为：**市场生产者剩余**等于市场供给曲线之上、市场价格水平线以下的区域面积，如图 3-4b 中的阴影区域的面积。

与消费者剩余是消费者从产品或服务交易中获取的净所得相同，生产者剩余是生产者从交易中所获取的净所得，而非总所得，因为还需减去生产者为生产产品或服务支付的生产成本。

与消费者剩余相似，生产者剩余也可以进行计算得出具体数值，请见下面的例子。

如某商品的供给函数为：$Q_S = 60P$，求：

（1）价格 P 为 2.5 元时，该产品市场的生产者剩余为多少?

（2）当价格 P 从 2.50 元上涨到 4.00 元时，生产者剩余又为多少?

解：

画出供给曲线的图形，如图 3-5 所示。

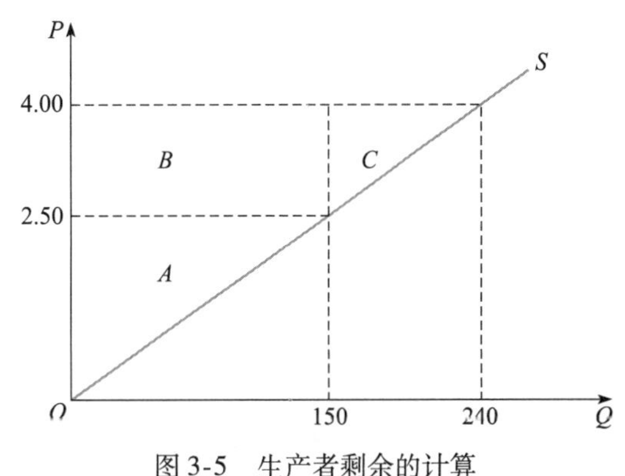

图 3-5　生产者剩余的计算

（1）价格为2.5元时，市场供给量为150单位，这样生产者剩余为：0.5×(150－0)×2.5元＝187.5元，即区域A的面积。

（2）价格上涨到4.0元后，供给量增加到240单位，消费者剩余变为：0.5×(240－0)×2.5元＝300元。与价格为2.5元相比，生产者剩余增加了300－187.5＝112.5元，即在原有区域A的面积之上新增加了区域$B+C$的面积。

3.2 交易与经济效率

第1章介绍的十大经济学理念之一是：市场机制通常会达到资源配置有效。消费者剩余与生产者剩余概念可以加深我们对“经济效率”或称为“经济有效”的理解。

从第2章供求模型可知，如果竞争性市场实现均衡，我们说市场出清，也就是说在均衡价格水平上，生产者愿意卖出的产品数量正好与消费者愿意购买的数量一致。均衡实现后，消费者与生产者的总体状况都改善了，交易增进了社会福利（并非说每个人都改善了，而是从总体上看双方福利都改善了）。福利获取的情形可用消费者剩余与生产者剩余来说明。

我们仍然以劲爆饮料市场为例（见图3-6）。假设市场在每瓶价格为2元时达至均衡，均衡数量为50 000瓶。这时的消费者剩余是2元价格线以上、需求曲线以下区域的面积，生产者剩余是2元价格线以下、供给曲线以上区域的面积。两者之和构成经济剩余。

我们说，市场均衡实现时经济剩余最大，这也是经济效率（或称为经济有效）（economic efficiency）达到时的表现形式之一（另一种形式是边际成本等于边际得益）。注意，这里的经济效率与日常用语中的效率意义不同，**经济效率**（或称为经济有效）是资源配置达到最优时的一种状态。

市场机制是实现经济效率最重要的机制之一，也是通过商品交易决定谁卖出商品、谁买进商品的一种方法。但市场供求并非唯一决定资源配置的机制。比如，存在某种外在的力量对供求进行控制，导致价格偏离均衡水平，交易数量也发生改变。如：某个组织规定劲爆饮料只能按2.2元销售，这一价格水平时市场的交易数量为30 000瓶。或者做出的是相反的规定，饮料的销售价格不能超过1.8元。情况如图3-7所示。我们把代表经济剩余的区域分为5个小区域，分别标为A、B、C、D、E。

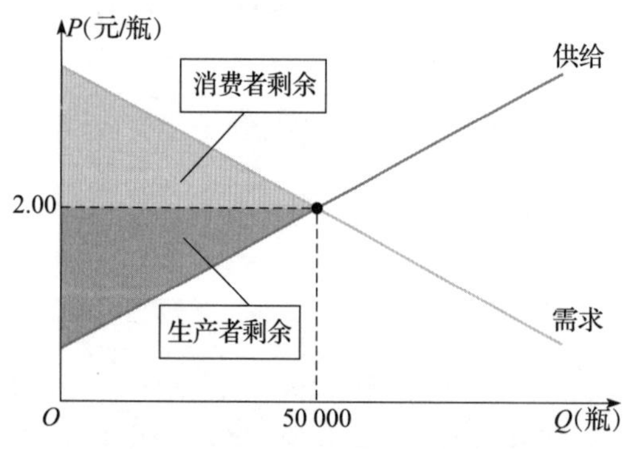

图3-6　市场均衡时的消费者剩余与生产者剩余

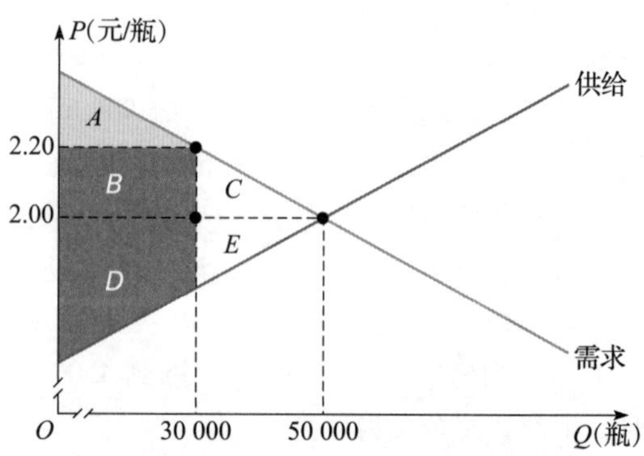

图3-7　偏离均衡状态影响经济剩余的情形

我们以规定须按2.2元销售而不是市场均衡的2.0元销售为例来看，这会引起什么。结果在2.2元，交易数量将减少到30 000瓶。这样引起的消费者剩余变化为：区域B、区域C将失去，只剩下区域A；生产者剩余为区域B和区域D，失去了区域E。经济剩余现在为$A+B+D$。与均衡2.0元时相比，减少了区域C+区域E。其中区域B从消费者剩余变为生产者剩余。失去的区域C+区域E，经济学上被称为**无谓损失**（deadweight loss）。之所以称为无谓损失是因为这些利益，买卖双方都没有得到，白白耗散掉了。

如果规定价格低于均衡价格销售也会发生类似的情况，经济剩余也会出现无谓损失。（读者自己尝试证明一下！）

如果没有外在干扰，市场运行实现均衡，买卖双方自愿进行的交易都完成了，这些无谓损失就不会出现。所以我们说，自由竞争的市场可实现资源的有效配置。

3.3　政府管制价格

既然市场均衡并非人人都满意的状态，所以一定有人呼吁政府对市场进行干预，其中直接控制价格是经常采用的一种手段。政府控制价格有两种情形：最高限价和最低限价。

3.3.1　最高限价

站在买方的立场，希望产品价格越低越好。如果政府考虑买者的利益，认为某种产品的市场价格过高，就可以设立**最高限价**。如政府认为某种常用药品价格过高，政府就可能设置药品价格的最高上限。

如图3-8所示，如果政府对某种商品设置了最高价，如市场均衡价格为3.00元，但政府认为价格偏高了，所以规定价格不能高于2.00元。从第2章我们知道，如果低于均衡价格水平，将出现需求大于供给的现象，市场表现为短缺。所以，政府最高限价导致的后果之一就是市场存在短缺现象。（当然，如果政府规定的价格上限高于市场均衡水平，这种管制就没有多少意义了）。

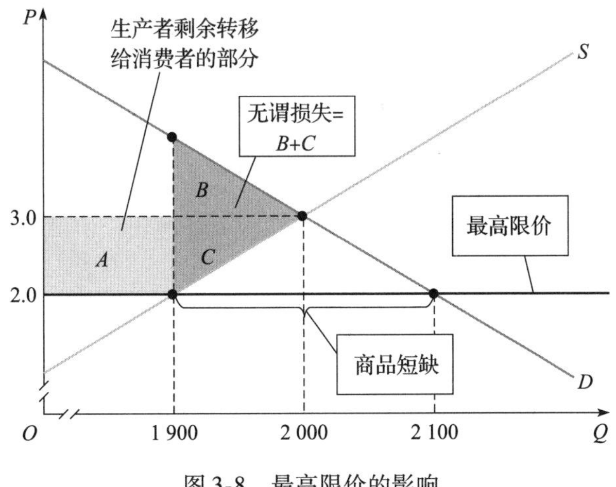

图3-8　最高限价的影响

价格上限管制导致偏离市场均衡状态，所以一定会导致非有效现象发生。这种非有效配置至少有4种表现。

（1）**数量不足造成经济剩余的无谓损失**。从图3-8可以看出，因为价格管制，商品供给数量从2 000减少到1 900，但需求数量为2 100，所以造成短缺现象发生。如果没有管制价格，市场均衡时，区域B、区域C分别是消费者剩余和生产者剩余，但是管制价格造成可供交易产品数量减少，$B+C$代表的经济剩余也耗散无踪，造成福利净损失。

（2）**消费者之间的非有效配置**。价格上限不仅会导致商品数量减少，还会导致结构问题，最需要商品的人可能无法得到，而商品被需求不那么强烈的人占用或消费。有效的配置应该是最需要的人支付高价，而需求相对较小的人支付低价，所以出价高的人先得。价格设置最高限制后，这种机制将失灵。最需要的人出价高也无法得到，而占用或消费商品的人非愿意出高价的人。如果商品可以在这些需求者之间进行转卖，双方都会得利，但价格管制往往也会同时限制这种转卖行为，转卖是不合法的。

（3）**资源浪费**。价格上限管制还会引起资源浪费。人们不得不花费时间和金钱来应对价格上限造成的短缺，如排队、找熟人等。本来这些时间可以用于其他工作或者闲暇，从社会或个人来看，这样的时间浪费就是资源浪费。

（4）**非有效的低质量产品**。由于价格受限，供给小于需求，企业在低价格下只愿意提供低成本的低质量产品，因为不愁卖，改进产品的动力并不足，尽管消费者愿意付出高价来购买高质量的产品，但市场中难觅这种产品的踪影。

此外，最高限价还导致了黑市、配给现象出现。因为商品供不应求，一定会有人违反规定去高价出售商品给那些急需得到的人，自然也就会出现黑市。政府为缓解供求矛盾，还可能对商品进行配给，来限制人们的需求。

当然，不是说价格上限带来的都是坏处，也有人因为最高限价而获益，也就是那些幸运地能以相对低的“最高限价”买到商品的人。

3.3.2 最低限价

政府有时干预市场是为了推动价格上升！这就是设定**最低限价**。尽管人们感觉最高限价会常见一些，但最低限价也在现实中会见到，如：许多国家都对农产品设定最低限价，也可以称为农产品保护价，还有对工资设定的最低工资，等等。最低限价的目的就是保护产品生产者的利益。

最低限价如图3-9所示。市场均衡价格为6.50元，但政府设定的最低限价为8.00元。由于管制价格高于市场均衡价格，所以供给数量为2.2万吨，而需求数量为1.8万吨，商品出现过剩0.4万吨。当然并非所有最低限价都会造成商品过剩。如果政府最低限价低于市场均衡价格，也不会造成过剩，但这种限价不具有典型意义。

价格下限管制导致偏离市场均衡状态，所以也一定会导致非有效现象发生。这种非有效配置至少有4种表现。

（1）**数量不过剩造成经济剩余的无谓损失**。从图3-9可以看出，因为价格管制，商品供给数量从2.0万吨增加到2.2万吨，但需求数量为1.8万吨，所以造成产品过剩现象发生。如果没有管制价格，市场均衡时，区域B、区域C分别是消费者剩余和生产者剩余，但是管制价格造成可交易产品数量减少，$B+C$代表的经济剩余也消失了，造成福利净损失。请注意，这种情形与最高限价造成的后果是相同的，并非与最高限价相反！

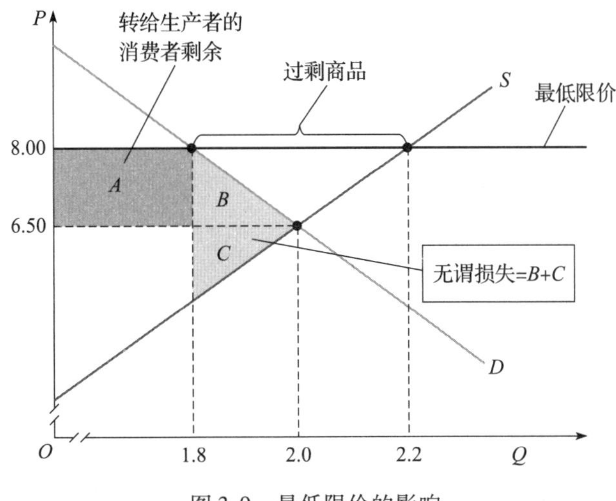

图3-9 最低限价的影响

（2）**卖者之间的非有效配置**。最低限价也会导致结构问题。对于部分卖者来说，可能并不想收取这么高的价格，而想以比最低限价相对低一些的价格多销售产品。但最低限价限制了他们这样做。最低工资的情形较为典型，对部分失业工人来说，他们愿意接受支付相对低一些工资的工作，但企业这样做将违法。

（3）**资源浪费**。最低限价还会引起资源浪费。因为最低限价高于市场均衡价格，生产者生产出了过多的产品，市场上商品过剩。如果无法卖掉，只能废弃。或者像许多国家生产农产品那样，如果没有其他“出路”，存放久了，只能处理掉。对于最低工资的情况，可能会导致失业等待的时间延长。

（4）**非有效的高质量产品**。由于价格水平高，供给大于需求，企业可能会提供高质量的产品。这也会造成非有效，因为高质量产品一般成本也高。但对消费者来说，他们可能只需要质量一般、价格也平实的产品，并不需要质量高、价格也高的产品。

3.4 数量管制

除了管制价格外，政府也会对**数量进行管制**，或称**配额**（quota），即限制某种产品买卖的数量或总的交易额。比如说，政府通过发放许可证或执照来限制某个市场的商品交易数量。理论上讲，数量限制既有数量上限也有数量下限，但一般是指数量上限。在现实生活中，如一个城市发放的出租车运营牌照数量往往是一定的，这其实就是标准的数量管制；近些年，为了保护某些海洋物种，对于捕捞船只的数量政府也进行限制；一些国家对居民购买外汇也会进行一定额度的限制，如我国目前规定，每位居民每年购买外汇的额度是5万美元。

对数量管制的分析，如图3-10所示。我们假定，政府规定企业对某种商品或服务提供的数量为一定数量，如政府规定的数量为8万单位。从图3-10中可以看出，如果政府不限制市场交易数量，市场均衡数量为10万单位，均衡价格为5单位。但因为政府对供给数量进行管制，只能供给8万单位，所以，市场交易数量也为8万单位（因为供不应求）。管制情况下，需求方愿意付出的价格为6元，而供给方要求的最低价格为4元。其中的2元价差就是因为管制造成的，这一价差也被称为**配额租金**（quota rent），其实质是数量限制（配额）存在情况下，有权向市场提供产品的供应商每单位产品获得的额外收入。

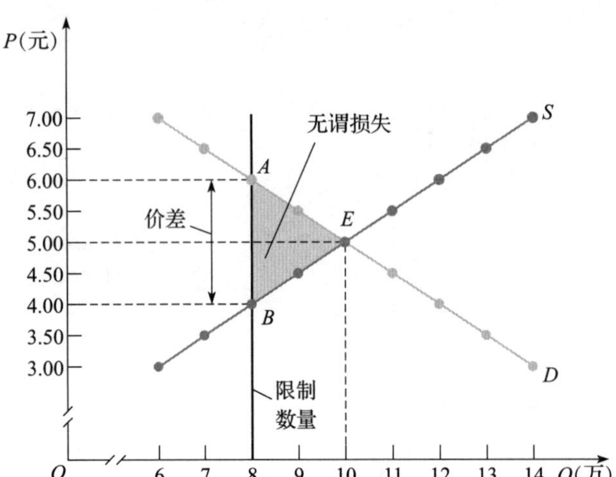

图 3-10　数量限制（配额）与由此造成的无谓损失

数量管制因为造成对市场均衡的偏离，所以，也会造成效率和福利损失。由数量管制造成的损失有以下内容。

（1）**交易不足造成无谓损失**。相对于无数量管制的情形，数量管制一般会造成供不应求。这就意味着，至少有部分愿意按市场均衡价格购买产品的人无法如愿，而愿意多提供产品的人也无法如愿。至少，从 8 万到 10 万单位的交易，如果让市场自我运行，交易还是可以实现的，但在政府管制之下，这样交易“消失”了。

（2）**逃避管制，助长“违法”**。由于数量管制下，商品供不应求，所以总有人利用这种机会来“违规”交易。

3.5　无谓损失的简单计算

无论是价格管制还是数量管制都造成了无谓损失，对于无谓损失的规模，我们也可以进行计算。

前面我们计算过消费者剩余与生产者剩余的大小，在此我们使用同样的方法，即计算无谓损失三角形的面积。以图 3-10 为例，数量管制下的无谓损失三角形为 $\triangle ABE$，以 AB 为底边，等于 $6-4=2$，以 E 点到 AB 边的距离为高，等于 $10-8=2$，所以，三角形面积 $=0.5\times$ 底边 $\times$ 高 $=0.5\times2\times2=2$，这就是无谓损失的规模。

对于直线型供给与需求曲线，无谓损失的规模的一般形式为：

无谓损失 $=0.5\times$（无管制时的市场均衡交易数量 − 管制条件下均衡交易数量）$\times$（管制条件下消费者支付的价格 − 管制条件下生产者实际得到的价格或要求的最低价格）

3.6　政府价格管制与数量管制小结

政府对价格与数量进行管制，既然有效率损失，为什么政府还在使用？

政府管制本身一定会有得益者与受损者。前者是那些能以低价获得商品或服务的人，或者在数量限制下能提供产品的供应商；而受损者则是那些想获得产品但无法如愿的人，或者是想进入某个市场但无法获得提供产品许可的生产者。

显然，受益者也是管制政策的支持者，如果这部分人对政策的影响力足够大，政府自然也会推出这些政策或维持这些政策。另外，受益者的得益明显，人群也较为具体集中，但受损者在人群中不一定很集中或者界定很清晰。从整个社会来看，如果得益者所获利益弥补并超过了受损者的损失，社会总体还是得益的，也改进了资源配置效率；但是如果相反，管制似乎应该取消，因为这造成了社会效率损失。但做出这种比较的关键在于：这种得失只是判断问题，而非严格的经济问题，属于规范分析而非实证分析，不同的人可能会有不同的判断结果，所以，以此来改变政策并不总是那么让人非常信服。

3.7　政府征税的经济影响

现代社会似乎都离不开税收。有人说，“税收是我们对文明社会应尽的义务”。税收是政府获得收入的主要来源。当政府对市场交易的产品征税时，与征税前相比，原有的供求均衡将会发生改变，当然也造成了经济效率的减损。我们就以最简单的从量税（即按照每单位产品征税而与产品价值大小无关）为例来说明政府征税对经济效率的影响。

3.7.1　税收对市场交易的影响

假设政府为了限制人们吸烟，对每包香烟征收 4 元消费税。为了简化，我们假定只有一种香烟。对香烟征税产生的影响如何呢？我们通过比较征税前后导致的市场变化来说明。

1. 政府向生产者征税

我们先看政府税收由生产者支付的情形。政府征税前，假设市场均衡数量为 1 000 万包香烟，均衡价格为 8 元/包，如图 3-11 所示。当政府征收 4 元税收后，因为是按每包香烟征收 4 元，征税后的影响是供给曲线向上移动 4 元的距离，由 S_1 向上移动 4 元后变为 S_2，根据新的供给曲线与不变的需求曲线，形成新的市场均衡价格比如说为 10 元，均衡数量为 500 万包，如图 3-12 所示。

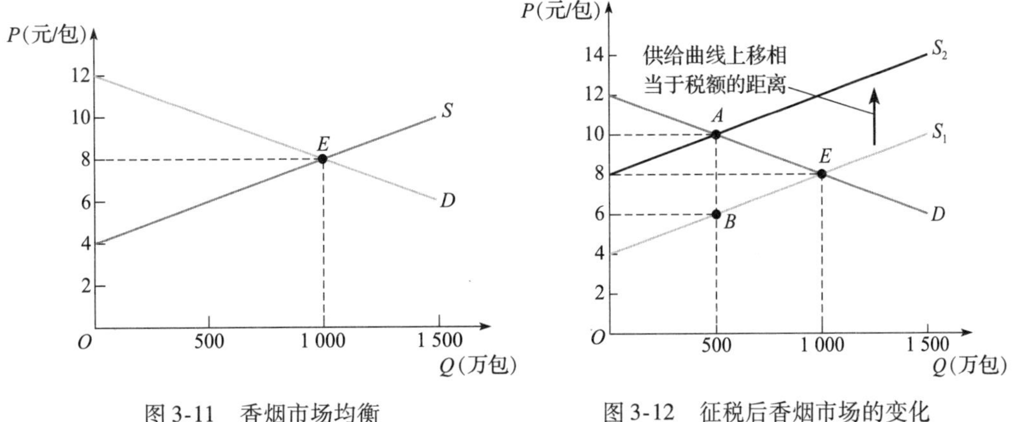

图 3-11　香烟市场均衡

图 3-12　征税后香烟市场的变化

从图 3-12 中我们可以观察到对生产者征税的影响。以没有征税前的市场均衡作为参照，市场均衡价格现在变为10元/包，市场均衡数量变为500万包。消费者支付的价格为10元/包，减去4元税收后，生产者仅仅得到6元/包。消费者比征税前每包多付出2元，生产者比征税前少获得2元。也可以说，消费者与生产者各负担了一半的税收。

2. 政府向消费者征税

如果向消费者征税，情况又如何呢？现在假定政府直接向购买香烟的消费者征税，也是每包4元。因为是向需求方征税，所以征税后，影响的是需求曲线。每包香烟征收4元税收后，表现为需求曲线向下移动4元的距离，如图3-13所示。意思是，在每个需求量水平，消费者必须支付4元为税收时，如需求量500万包时，消费者愿意支付的含税价格为10元。需求曲线移动后，新的市场均衡在B点，均衡价格为6元/包（不含税价格），均衡数量为500万包。

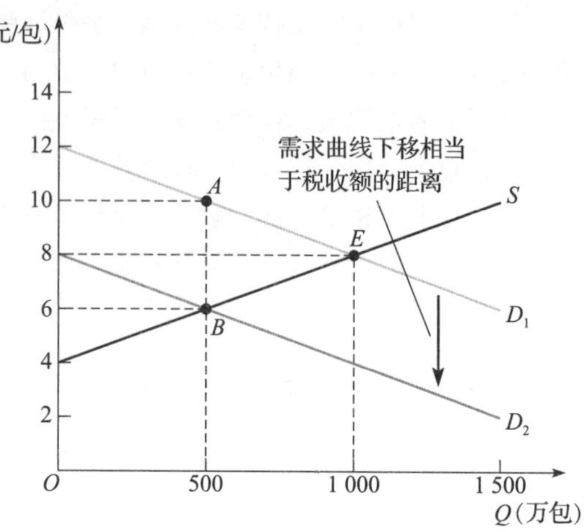

图3-13　对消费者征税后导致需求曲线下移

比较图3-12与图3-13可以发现，最终的效果是相同的，消费者实际支付10元，生产者实际得到为6元，均衡数量也一样。4元税收分别由消费者承担2元，生产者承担2元。所以，税收无论是买方承担还是卖方承担，从结果来看没什么区别。在现实中，从征收成本和方便操作来考虑，由生产者支付更容易操作，所以一般都是由生产者向政府税务部门缴纳，通过加价的方式转移给消费者。

从上面的分析可以看出，税收由谁直接向政府支付并不重要，从征税的影响看，结果是相同的。

3. 税收对市场均衡影响：函数计算分析

政府征税对市场交易的影响，也可以通过简单的计算来理解。看下面的例子：

假设市场需求函数为：$Q_D=20-2P_D$，供给函数 $Q_S=-20+3P_S$，问题：

（1）政府不征收税收情况下，市场均衡实现时的均衡数量与均衡价格为多少？

均衡实现时，$P_D=P_S=P^*$；市场出清，$Q_D=Q_S=Q^*$

$$20-2P_D=-20+3P_S$$

解得均衡价格为 $P^*=8$（元），均衡数量为 $Q^*=4$（万）

（2）政府对每单位商品征收0.5元消费税（t），市场均衡有什么变化？政府获得的税收为多少？

征税后，商品买方与卖方各自面临的价格不一样了。假设政府直接向供给方征税，后者可将其直接以每单位产品加价的方式转嫁给消费者，所以，$P_S+t=P_D$。征税虽然移动了需求曲线或供给曲线，但市场仍然会形成新的均衡，所以 $Q_D=Q_S$ 仍然成立，即

$$Q_D=Q_S=Q^{*\prime}$$

$20-2P_D=-20+3P_S$ 变为 $20-2(P_S+0.5)=-20+3P_S$

解得　$P_S=7.8$（元）

$P_D=7.8+0.5=8.3$（元）

新的均衡数量 $Q^{*\prime}=3.4$（万）

政府获得的税收为：$Q^{*\prime}\times t=3.4\times0.5=1.7$（万元）

3.7.2　税收收入与税率

图3-12、图3-13中，我们假设政府征税4元，消费者分担了2元，生产者（供应商）分担了2元。实际情况如何呢？真实情况是税收并非平均分担！要么生产者，要么消费者会分担多一些？那么这种分担的比例跟什么因素有关呢？

政府征税的多少与哪些因素有关呢？我们先看政府在一定税率水平上获得的税收收入最简单的情形（以从量税为例），税收收入 = 税率 × 商品成交量。具体表现为图3-14中的带阴影区域的长方形面积，A点到B点的距离为税率，而市场均衡数量500万包，即4元/包 × 500万包 = 2 000万元。

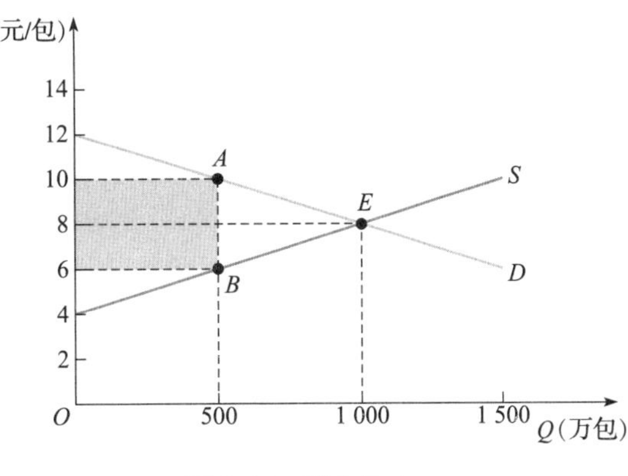

图3-14　税收收入

显然税收收入的多少既与税率有关也与交易数量的多少有关。税率的高低也会影响到交易数量的多少，所以不能简单认为税率越高，税收收入也越多！税率提高后，一般会造成交易数量减少，如果税率提高带来的收入增加不足以抵消数量减少造成的收入减少，二者整合后的税收收入可能会出现下降。关于税率与税收收入存在着一条有名的经济学曲线——拉弗曲线，参见“专栏3-1：拉弗曲线与法国高税率”。

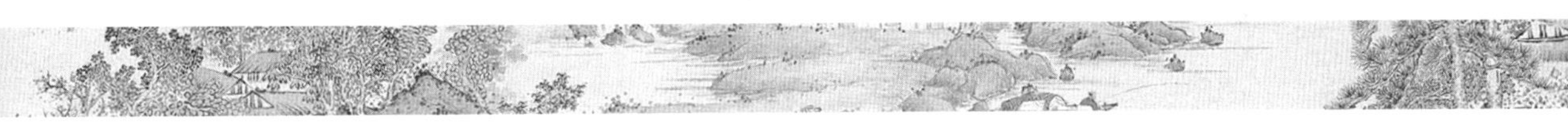

专栏3-1

拉弗曲线与法国高税率

1974年的一个下午，美国经济学家阿瑟·拉弗（Arthur Laffer）在餐巾纸上画出了一张后来被称为“拉弗曲线”的图。根据该图，提高税率起初阶段将增加税收，但税率超过一定水平后，人们将减少经济活动，这时高税率会导致税收收入下降。相应地，降低税率，将激励越来越多的人愿意进行经济交易，反而推动了经济活动的增加。

拉弗曲线图并非什么新的理论，但却正好抓住了当时美国的政治争论的关键问题。1981年，当时的新当选总统罗纳德·里根颁布了减税政策，认为减税政策将自我增益，即减税将推动经济活动增加，联邦政府的收入不会减少。到目前，很少有经济学家认为，里根的减税政策真的增加了政府收入。因为从总体上看，美国的税率还不足以对经济活动产生比较大的打击作用。

高税率水平时，拉弗曲线的存在只是一个理论上的例子。而法国加税案例似乎可以作为一个真实世界的例证。法国1997年税法修正案大幅提高了富有法国公民的纳税额。而且，与美国不同的是，法国人可相对容易地移民到邻国比利时、瑞士这样对富人适用较低税收的国家。因此，据估计，到2013年，为逃离高税率，法国人已经将2 000亿~2 500亿欧元的资产（大约相当于2 750亿~3 500亿美元）移出法国。法国当时的总统弗朗索瓦·奥朗德（Francois Hollande）与法国最著名演员杰拉德·德帕迪约（Gerard Depardieu）之间爆发过公开争论，当时奥朗德政府宣布对高收入的法国人征收75%的税率，以弥补巨额政府赤字。当德帕迪约越过法国边界进入比利时几英里后，奥朗德最终被迫退缩。

资料来源：Paul Krugman，Robin Wells. Economics［M］. 4th ed. New York：Worth Publishers，2015：197。

3.7.3 税收成本与无谓损失

政府征收税收是要付出代价的。税收成本包括两层意思：一是政府征收税收造成的社会资源付出；二是征税对经济运行造成的福利影响与效率损失。从经济分析来看，后者更为重要。

税收作为政府干预市场活动的一种形式，也会造成经济运行的福利与效率损失。为什么征税会带来福利与效率损失呢？**因为征税造成一些买卖双方互惠交易无法进行！**如图3-14中，没有税收时，市场均衡时的交易数量为1 000万包，征税后市场均衡交易量减少至500万包，其中500万的差额其实是互惠交易，没有成交是因为政府征税阻碍了这些交易的发生，这就是无谓损失的来源。当然，如果税收设计不当会造成更大的损失。

对设计不当造成的损失可以用分析政府价格管制相同的方法进行。以图3-15为例，征税后，实现新的均衡，价格水平从P_0上涨到P_b，消费者剩余减少了区域A与区域B的面积；由于生产者实际得到的价格为P_b-t，与征税前相比实际所得价格下降了，由此造成的生产者剩余的损失为区域C与区域D的面积。

对于消费者与生产者的“剩余损失”，其中相当于区域A+区域C部分被以税收形式转移给了政府，但是区域B+区域D的部分烟消云散了，也就是造成无谓损失，也经常被称为**无谓损失三角**。这种损失与前面分析政府管制造成的无谓损失是同一性质。

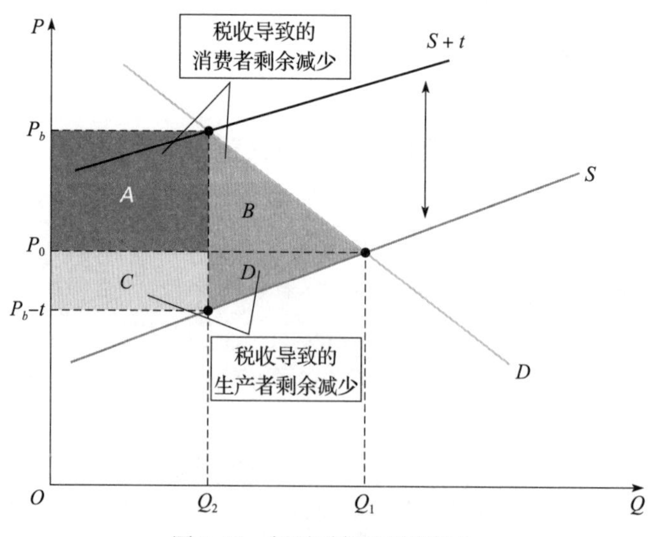

图3-15　征税引起的无谓损失

当然，税收成本除了造成无谓损失外，还有与征税相关的资源耗损造成的直接成本支出，如政府税务机构与人员的支出、纳税人申报税务的支出、为合法或非法避税而投入的资源等等。

无谓损失也可以进行计算。仍然以市场需求函数 $Q_D = 20 - 2P_D$，供给函数 $Q_S = -20 + 3P_S$，政府对交易的每单位产品征收 0.5 元为例。

无谓损失三角形的底边其实就是因为税收形成的价差，也就是单位产品的税收额 t；无谓三角形的高其实是征税前的均衡数量与征税后新的均衡数量的差，即 $Q_1 - Q_2$。所以，

$$无谓损失 = 0.5 \times (Q_1 - Q_2) \times t = 0.5 \times (4 - 3.4) \times 0.5 = 0.15(万元)$$

3.7.4　无谓损失与价格弹性

税收因为导致一些互惠交易无法进行，所以造成了无谓损失，被影响的交易规模大小决定着无谓损失的多少，如果用图 3-15 来说明，也就是区域 $B + D$ 面积的大小。

通过图形观察，我们发现，供给曲线与需求曲线越陡峭，$B + D$ 的面积越小；供给曲线与需求曲线越平缓，$B + D$ 的面积越大。所以，无谓损失的多少与供给价格弹性与需求价格弹性有关。

一般的规律是，**当需求（供给）相对缺乏价格弹性时，无谓损失较小；当需求（供给）相对富有价格弹性时，无谓损失较大。**

这种现象就可以解释为什么政府喜欢对需求（供给）相对缺乏价格弹性的产品征税（如烟、酒、化妆品等），因为这样做一方面可以获得更多的税收收入，另一方面也对社会造成较小的无谓损失。但是，无谓损失小很重要，但并非征税的唯一目标。收入分配的考量也会影响征税的对象选择。如生活必需品一般也都是需求缺乏弹性的商品，政府如果对这类商品征税，显然会加重普通大众的负担。

并非所有税收都会造成无谓损失。除了供给完全无价格弹性、需求完全无价格弹性外没有无谓损失的特定情形外，某些情形下征税还可能带来剩余增加、福利改善。如对环境污染者征税，就可带来剩余增加，福利改善。如果污染制造者不承担消除污染的成本，他们就可能会制造过度的污染。征税后增加了污染制造者的成本，可以激励他们减少污染制造数量。对香烟和酒征税，被认为也有好处，甚至被称为“罪恶税”。因为征税，可以让人们少消费这些成瘾对健康不利的产品，同时也减少这些人对社会（加重医药费开支）、对他人（如二手烟）的伤害。

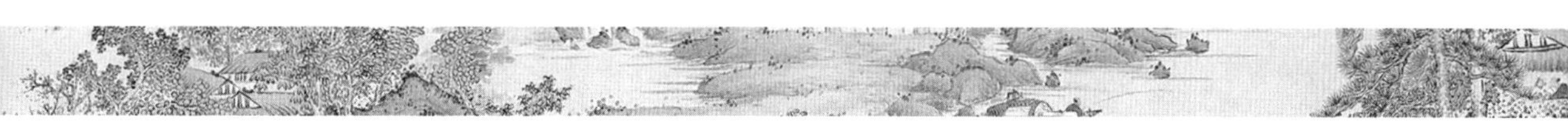

专栏 3-2

税收手段能否控制烟草消费

世界卫生组织（WHO）建议对烟草课以重税，烟草税应该提高到零售价格的 75% 以上，认为这是最有效和最具成本优势的控烟措施。到目前只有少数国家和地区（大约 33 个）已经将烟草税提高到了这一最佳水平。

我国分别于 1994 年、1998 年、2001 年、2009 年、2015 年对烟草消费税进行过五次调整。其中 2009 年、2015 年的烟草税大幅提高，卷烟价格也随之上涨。2006 年《烟草控制框架公约》在我国生效，到 2013 年，我国每条卷烟税费由 21.9 元增加到 65.3 元，年均提高 16.9%；

每条卷烟零售价格由50.8元提高到109.7元，年均提高11.6%。提高烟草税收尽管导致烟草价格上升，但是由于烟草缺乏价格弹性，再加上人们收入水平提高后支付能力的增加，所以，烟草销售数量在2015年之前，烟草销售收入在2016年之前一直在上升，如表3-1所示。

表 3-1

年份	2011	2012	2013	2014	2015	2016
销售量	4 821	4 936	4 994	5 099	4 979	4 699
销售收入	10 072	11 492	12 473	13 590	14 223	13 705

我国是世界上最大的烟草消费国，消费了世界烟草的1/3以上，总量超过了第2位到第28位国家的总和，也是吸烟人口最多的国家（3.16亿人）、男性吸烟率高达52%，也是人均吸烟量最多的国家之一。吸烟给烟民带来巨大伤害，有数据显示：2015年，全球640万例死亡与吸烟有关，占总死亡人数的11.5%。全球一半以上因吸烟致死的死亡人数集中在中国（180万）、印度（74万）、美国和俄罗斯，因吸烟引起相关疾病而死亡的人数每年约有138.4万，远超每年非正常死亡人数。烟草带来的经济损失亦颇为惊人。世界卫生组织公布的报告《中国无法承受的代价》显示：2014年，治疗烟草相关疾病给中国造成的直接损失约为530亿元，间接损失约为2 970亿元，两者相加累计占中国当年卫生支出的10.59%。

目前，我国烟草税收占其销售价格的比例为59%。这仍然低于世界卫生组织（WHO）建议的烟草税应该提高到零售价格的75%的水平。为了控烟，应该对烟草课以重税，提高烟草税收和烟卷价格。

资料来源：中国烟草专卖局网站（http://www.tobacco.gov.cn/）。

3.7.5 税收归宿

法律规定的税收支付人与税收实际承担人并非相同。从上一节内容可以看出，政府无论直接向生产者征税，还是向消费者征税，产生的经济影响是相同的。直接纳税人可能并非最终纳税人。那么，消费者最终承担了多少税收？生产者又承担了多少税收呢？消费者与生产者之间的实际税收分担被称为**税收归宿**（tax incidence）。两者分担比例的多少与供给曲线与需求曲线的斜率有关，或者说与两条曲线的价格弹性有关，参见图3-16。

在图3-16a中，我们假定政府对生产者征收从量税后，导致供给曲线从S位置上移到$S+t$的位置，t为从量税税率。从图中我们可以看出，消费者支付价格P_b，但生产者得到P_b-t。与征税前市场均衡价格P_0相比，消费者对交易成功的每单位产品多支付P_b-P_0的部分，征税后新的均衡数量为Q_2，消费者支付的税收额为（P_b-P_1）$\times Q_2$。与征税前市场均衡价格P_0相比，生产者实际得到的为P_b-t，生产者承担的税收额为$[P_0-(P_b-t)]\times Q_2$。我们可以看出，相对于生产者，消费者负担了较大份额。这是因为，需求曲线的斜率大，或者说需求缺乏价格弹性。

如果是需求富有弹性，情况正好相反。同理，如果是供给缺乏弹性，如图3-16b所示，生产者承担的份额就相对较大。

对于需求相对富有价格弹性与供给相对富有价格弹性的情形，征税后消费者与生产者的分担份额如图3-16c、图3-16d所示。

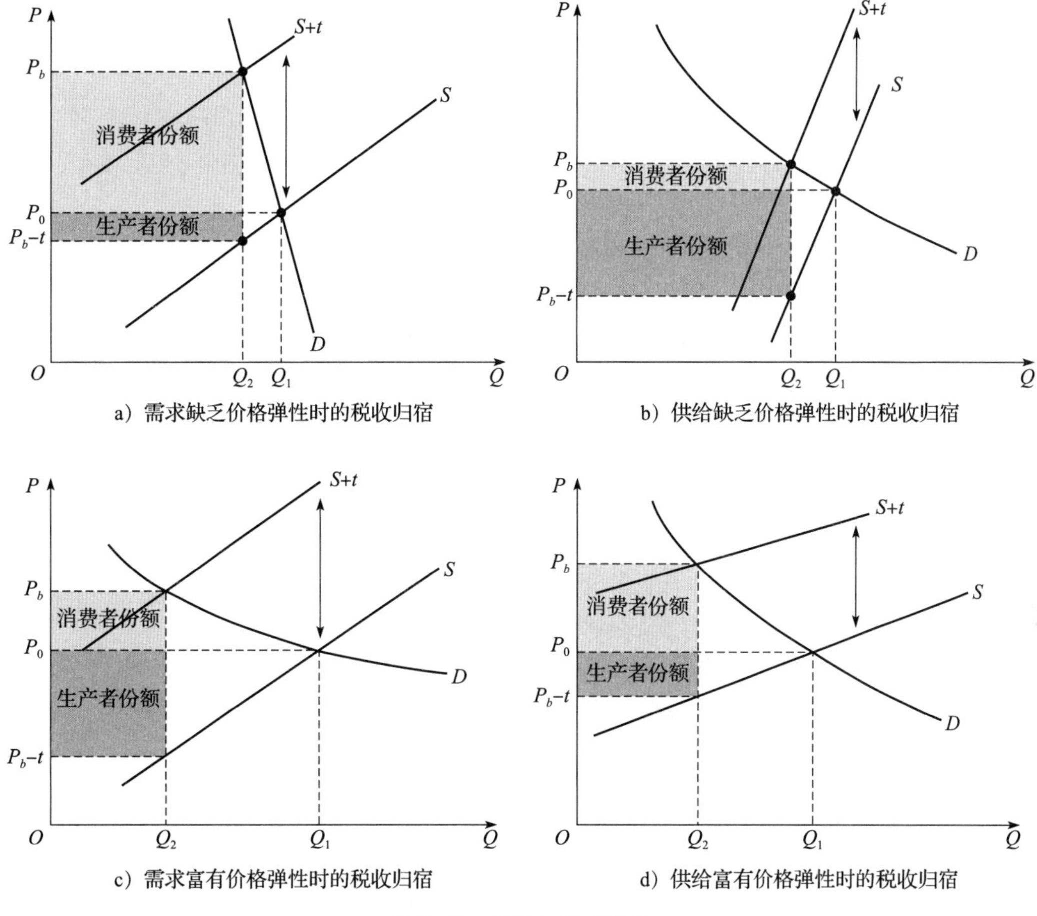

图 3-16　税收与需求弹性

从图 3-16 中，我们可以总结出，税收分担与相对的价格弹性密切相关，基本规律如下。

（1）对于供给与需求都缺乏弹性的产品，征税后产品交易数量下降较少，政府获得的税收收入则较大，如图 3-16a、图 3-16b 所示。

（2）对于需求缺乏弹性与供给富有弹性的产品，征税后价格上升幅度较大，消费者分担的税收份额相对较大，如图 3-16a、图 3-16d 所示。

（3）对于需求富有弹性与供给缺乏弹性的产品，征税后价格上升幅度不大，生产者分担的税收份额相对较大，如图 3-16b、图 3-16c 所示。

思考：政府征税后，在什么情况下，税收完全由消费者承担？在什么情况下，税收完全由生产者（供应者）承担？

对于税收归宿（指从量税）与供给价格弹性、需求价格弹性的关系，在税收额较小的背景下，我们可以用公式来表示：

$$\text{消费者承担的份额} = \frac{\text{供给价格弹性}(e_P^S)}{[\text{供给价格弹性}(e_P^S) + \text{需求价格弹性}(e_P^D)\ \text{绝对值}]}$$

$$\text{生产者承担的份额} = \frac{\text{需求价格弹性}(e_P^D)\ \text{绝对值}}{[\text{供给价格弹性}(e_P^S) + \text{需求价格弹性}(e_P^D)\ \text{绝对值}]}$$

当供给价格弹性为无穷大时，消费者承担份额为1，即承担全部税收；当需求价格弹性为$+\infty$时，消费者承担的份额为0，即生产者（供应商）承担全部税收。（具体证明见本章附录。）

3.8 政府补贴的经济影响

除了管制、征税外，政府也会对商品供给者或需求者提供补贴。所谓补贴是政府对一种产品或服务的购买者或者供应者支付一定数额的资金。通过补贴，购买者购买商品可以少付出，生产者可以降低成本。补贴可以采取从量补贴形式，也可以采取从价补贴形式。

政府补贴也是对市场的一种“干预”，是为了支持某种产品的生产和消费而采取的激励措施。其对经济活动的影响可以看作为负的“税收”。如为控制空气污染，鼓励人们多使用清洁能源，政府对太阳能发电、对于购买电动汽车等都采取补贴的形式。

税收引起无谓损失，补贴既为负税收，是否认为可带来更多增益呢？并非如此！**补贴仍然带来的是无谓损失**！为什么？我们以政府对消费者购买电动汽车为例来说明。

为了鼓励消费者购买电动汽车，政府对购买每辆电动汽车补贴T元。图3-17表现的是补贴的影响。补贴政策推出前，电动汽车的供给曲线S，需求曲线为D，假设初始均衡时的价格为P_0，数量为Q_0。政府对每辆车补贴T元，补贴后电动汽车的供给曲线为$S-T$。补贴后，交易数量扩大至Q_1，因为买方支付的价格P_b低于无补贴时的水平P_0，但卖方得到的价格则高于P_0，卖方价格$P_s=P_b+T$。

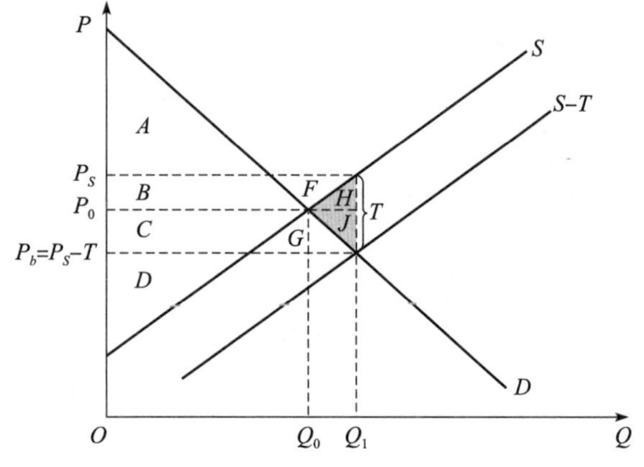

图3-17 电动汽车每辆补贴造成的无谓损失

理解补贴引起无谓损失的关键是从补贴带来的消费者剩余变化、生产者剩余变化与政府支付补贴支出来入手。无补贴时，消费者剩余、生产者剩余的情形同前面分析。消费者是区域$A+B$，生产者为区域$C+D$。

补贴后，消费者按P_b水平支付电动汽车价格，所以，消费者剩余增加了，变为$A+B+C+G$。生产者实际得到的价格为P_S，生产者剩余变为$C+D+B+F$。两者的剩余在区域B、区域C是重叠的。所以，剩余增加一定有其他来源。这就是政府的补贴。

政府对电动汽车的补贴等于市场交易数量Q_1乘以每辆车的补贴额，即$Q_1\times T$，即等于区域$B+C+F+G+H+J$拼成的矩形面积。

补贴增加了消费者与生产者各自的剩余，但却造成了社会剩余的无谓损失。这种损失的来源就来自于政府补贴数额要大于消费者与生产者得到的剩余规模。通过图3-17我们可以看出，政府支出为区域$B+C+F+G+H+J$合在一起的矩形面积，而消费者和生产者增加的剩余为：$(C+G)+(B+F)$，补贴中的$H+J$耗散掉了，就是补贴导致的无谓损失。

补贴造成的无谓损失大小也与供给价格弹性与需求弹性有关，原因与前面分析税收的情形类似。

附录3A

消费者承担份额的证明

政府对每单位产品征收 t 元的从量税。假设税收额较小，征税引起的价格上涨率（$\Delta P_b/P_0$）导致的需求量减少可以用需求价格弹性公式计算，假设 P_b 为消费者支付价格，P_0 为初始的均衡价格，价格变化的比率 $=(P_b-P_0)/P_0=\Delta P_b/P_0$。

$$\text{需求量变动的百分比}=\frac{e_P^D\times\Delta P_b}{P_0}$$

同理，供给量的变动：

$$\text{供给量变动的百分比}=\frac{e_P^S\times\Delta P_s}{P_0}$$

由于 $P_s=P_b-t$，所以，$\Delta P_s=P_s-P_0=(P_b-t)-P_0=\Delta P_b-t$。

$$\text{供给量变动的百分比}=\frac{e_P^S\times\Delta P_s}{P_0}=e_P^S\times\frac{\Delta P_b-t}{P_0}$$

征税后市场达至新的均衡，所以供给数量变动的比率等于需求量变动比率（从初始均衡时的相同数量到新均衡时的相同数量），即

$$\frac{e_P^D\times\Delta P_b}{P_0}=e_P^S\times\frac{\Delta P_b-t}{P_0}$$

整理后得

$$\frac{\Delta P_b}{t}=\frac{e_P^S}{e_P^S-e_P^D}$$

注意，这里的需求价格弹性 e_P^D 本身为负值，所以，分母实际上为：e_P^S 与 e_P^D 的绝对值的和。

该式表明，在单位产品税额中，消费者价格变化所占的份额是由供给价格弹性与需求价格弹性所决定的。

同理可以得出生产者的承担份额。

本章小结

1. 政府对市场供给与需求经常进行干预。政府干预的重要原因是认为市场不符合政府想要的目标，如某些产品的市场均衡价格过高、某些产品市场价格又过低。政府经常采用的干预手段包括：价格管制、数量管制、税收、补贴等。

2. 消费者剩余与生产者剩余可以用来分析经济福利和效率。

3. 市场机制是配置资源的有效机制。均衡实现时经济剩余（即消费者剩余与生产者剩余之和）最大，经济达至效率或“经济有效”状态。经济效率（或称为经济有效）的另一种表现形式是在边际成本等于边际收益之时。

4. 如果市场之外的力量导致价格低于均衡价格，经济剩余会出现无谓损失，政府干预是扰动市场最重要的因素。

5. 政府干预有价格管制、数量管制、税收、补贴等形式。管制价格有两种情形：最高限价和最低限价。

6. 最高限价。如政府认为某种商品价格过高，政府就可能设置商品价格上限。

7. 最低限价。如政府认为某种商品价格过低，不利于产品供给，政府就可能设置商品价格下限。

8. 政府也会对数量进行管制，或称配额（quota），即限制某种产品买卖的数量或总的交易额，由此导致的非有效表现有：①交易不足造成无谓损失。②逃避管制，助长“违法”。

9. 政府对价格与数量进行管制，有得益者，也有受损者。从整个社会来看，如果得益者所获利益弥补并超过了受损者的损失，社会总体还是得益的，也改进了资源配置效率；反之则反是。

10. 当政府对市场交易产品征税时，原有的供求均衡将会发生改变，也造成了经济效率的减损。

11. 消费者与生产者最终承担税收比例与供给曲线与需求曲线的斜率有关，或者说与两条曲线的价格弹性有关。

12. 税收成本包括两层意思：一是政府征收税收造成的社会资源付出；二是征税对经济运行造成的福利影响与效率损失一般的规律是，当需求（供给）相对缺乏价格弹性时，无谓损失较小；当需求（供给）相对富有价格弹性时，无谓损失较大。

13. 政府补贴也是对市场的一种“干预”，为了支持某种产品的生产和消费而采取的激励措施。补贴仍然带来的是无谓损失！

思考与练习

一、名词解释

消费者剩余　　生产者剩余

经济剩余　　需求止步价格

供给止步价格

经济效率（或称为经济有效）

无谓损失　　最高限价

最低限价　　配额

拉弗曲线　　税收归宿

税收成本　　政府补贴

二、单选题

1. 消费者剩余是指（　　）。

A. 消费过剩的商品

B. 消费者得到的满足感

C. 消费者愿意支付的价格与实际支付的价格之间的差额

D. 支出的货币总额

2. 政府将产品最高价格限制在低于市场均衡价的水平，可能导致（　　）。

A. 黑市交易

B. 产品过剩

C. 均衡价格上升

D. 均衡价格下降

3. 如果政府利用配给的方法来控制价格，这意味着（　　）。

A. 供给和需求的变化已不能影响价格

B. 政府通过移动供给曲线来抑制价格

C. 政府通过移动需求曲线来抑制价格

D. 政府通过移动供给和需求曲线来抑制价格

4. 为了扶持农业发展，政府对农产品实行支持价格政策，政府规定价格高于均衡价格。政府为了维持支持价格水平，政府应该采取的配套措施是（　　）。

A. 增加对农产品的税收

B. 实行农产品配给制

C. 收购过剩的农产品

D. 对农产品加工企业进行补贴

5. 政府对出售的某种商品每单位征税5美元，假定该种商品的需求价格弹性为零，可以预料价格将上升（　　）。

A. 小于5美元

B. 等于5美元

C. 大于5美元

D. 不能确定

6. 如果政府对产品征税，什么情况下消费者负担的税收相对较重？（　　）

A. 需求价格弹性较小，供给弹性为单位弹性

B. 需求价格弹性较小，供给价格弹性较大

C. 需求价格弹性较大，供给价格弹性也较大

D. 需求价格弹性较大，供给价格弹性较小

7. 在竞争性市场中，市场达至均衡状态时，（ ）。

A. 消费者剩余实现最大化

B. 生产者剩余实现最大化

C. 经济福利实现最大化

D. 以上都正确

8. 政府无论实行最高限价还是最低限价，其结果（ ）。

A. 都会使消费者受益

B. 都会使生产者受益

C. 都会使供求双方受益

D. 都会造成无谓损失

9. 政府为了增加财政收入，决定对销售的产品征收从量税。假如政府希望税收负担全部由买者承担，并尽可能不影响交易量，那么该产品的（ ）。

A. 需求价格弹性绝对值和供给价格弹性都要大于零

B. 需求价格弹性大于零，供给价格弹性等于零

C. 需求价格弹性等于零，供给价格弹性大于零

D. 需求价格弹性为无穷大，供给的价格弹性等于零

10. 如果政府对某种商品每单位征收 t 单位的税收，导致均衡价格从 P_1 上升到 P_2，均衡数量从 Q_1 减少到 Q_2，消费者承担的税额为（ ）。

A. $P_2 \times Q_2$

B. $t \times (Q_1 - Q_2)$

C. $(P_2 - P_1) \times Q_2$

D. $[t - (P_2 - P_1)] \times Q_2$

11. 根据上一题的信息，生产者承担的税额为（ ）。

A. $P_2 \times Q_2$

B. $t \times (Q_1 - Q_2)$

C. $(P_2 - P_1) \times Q_2$

D. $[t - (P_2 - P_1)] \times Q_2$

12. 线性需求曲线 $Q = 4 - 2P$，则市场价格 $P = 1$ 时，消费者剩余等于（ ）。

A. 2　　B. 1

C. 0.5　　D. 0.25

13. 政府实行配额政策后，导致商品市场交易（ ）。

A. 数量增加

B. 价格上升

C. 生产者获得比配额政策推行前更多的好处

D. 以上都正确

14. 政府对某种商品的市场交易实行补贴政策后，导致（ ）。

A. 生产者剩余增加

B. 消费者剩余也增加

C. 买卖双方的剩余都增加，但带来了无谓损失

D. 以上都正确

三、计算题

1. 假设一个市场的需求函数为 $Q_D = 45 - 2P$，供给函数为 $Q_S = -15 + P$。这一市场的消费者剩余为多少？生产者剩余为多少？

*2. 某商品市场需求曲线为 $Q_D = 15 - 10P$，供给曲线为 $Q_S = 40P - 50$。Q 单位为万件/年，P 单位为元/件，假设问题：

（1）均衡价格与均衡数量是多少？

（2）计算均衡实现时的需求价格弹性和供给价格弹性（提示：先计算出均衡价格与均衡数量，然后通过弹性系数点弹性公式计算出弹性）。

（3）现政府决定对该商品按照 0.15 元/件征收税，新的均衡价格和均衡数量是多少？买卖双方如何分担税负？

四、图形分析题

1. 图3-19是某产品的市场供求图形。初始均衡价格为每单位0.5元，均衡数量为40单位。试求：

（1）假设政府想推行支持价格政策，

图中给出的几种价格水平中，哪种可能是政府会实施最低限价？为什么？

（2）政府支持价格政策对消费者支出会产生什么影响？

（3）在最低限价水平上，政府为维持这一价格水平需购买多少单位的过剩产品？

（4）在最低限价水平上，产品生产者可获得多少收益或销售收入？

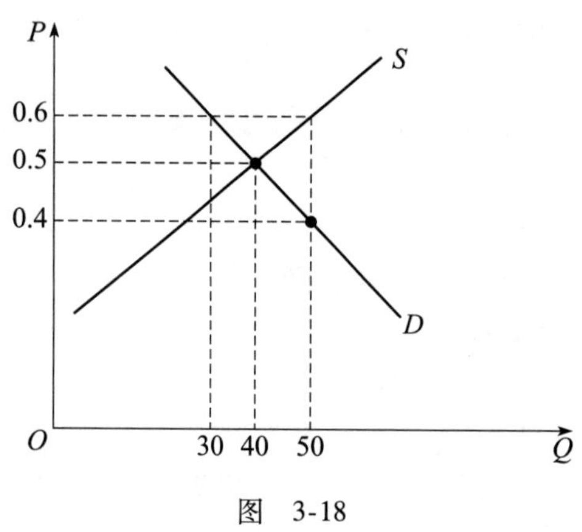

图 3-18

2. 图3-19是对某种产品征税后市场供给曲线从 S_1 移动到 S_2 后的情形，根据该图回答下述问题：

（1）求税收的无谓损失。

（2）求政府获得的税收。

（3）对产品征税对效率产生了怎样的影响？

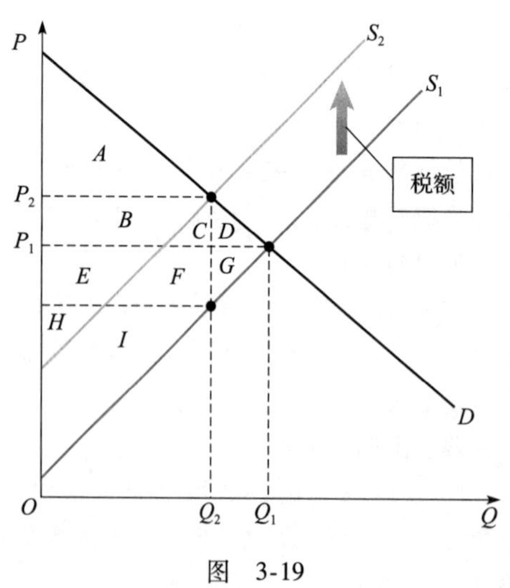

图 3-19

五、简答题

1. 在一个给定的产品市场中，需求曲线的移动如何影响消费者剩余与生产者剩余？（请分向内移动与向外移动两种情形。）

2. 在一个给定的产品市场中，供给曲线的移动如何影响消费者剩余与生产者剩余？（请分向内移动与向外移动两种情形。）

3. 政府实施最高限价后，为什么会造成需求过度？

4. 政府实施最低限价后，为什么会造成供给过度？

5. 政府价格控制和数量控制是怎样导致福利损失的？

6. 为什么征税会导致福利损失，哪些因素决定了福利损失的大小？以从量税为例加以说明。

7. 什么是税后归宿？什么因素决定着税收最终归宿的多少？

8. 政府补贴怎样影响生产者剩余与消费者剩余？为什么政府补贴也会造成无谓损失？

9. 请用如图3-20所示的供求分析图，分别说明：

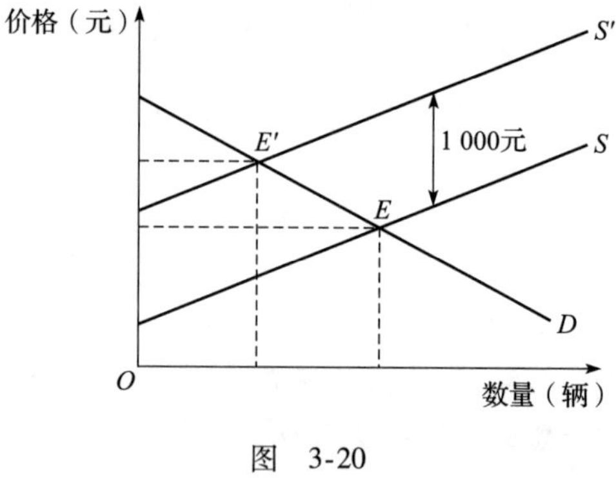

图 3-20

（1）政府对汽车购买者征收每辆1 000元人民币的税，是如何影响汽车销售量和汽车价格的？

（2）政府改为对汽车销售商征收每辆1 000元人民币的税，又是如何影响汽车销售量和汽车价格的？

第 4 章
CHAPTER4

经济决策基础：成本 - 收益分析

科学的全部不过就是日常思考的提炼。

——阿尔伯特·爱因斯坦

§ 本章要点

本章将介绍经济分析的第二种主要工具：成本 - 收益分析。其中有总成本 - 总收益的分析，也有边际成本 - 边际收益的分析，特别是后者是经济最优化分析的主要工具。

§ 学习目标

- 理解总成本 - 总收益分析方法；
- 掌握边际成本 - 边际收益方法；
- 理解沉没成本为什么对最优决策没有影响；
- 理解受约束条件下最优结果实现的条件。

§ 基本概念

目标函数　决策的两种类型　总成本　总得益　边际得益
边际成本　沉没成本

经济学是研究选择的学问。经济学的基本假定是：经济行为人根据掌握的信息，通常努力选择最佳的可行方案，即争取最优结果。经济行为人，无论家户、企业和政府都是这样做决策的。即使是一些看似与经济无关的决策，也是这样做出的，如人们吃自助餐时的食物选择顺序、学生考试前的时间安排、一些产品形状的设计等也都适用于这一决策要求。无论人们面临什么选择，经济学家都认为他们将努力做出最优选择。

经济学家也并不完全相信人们总是能够成功地进行最优选择，但经济学家认为，人们通常会利用他们掌握的任何信息，努力做出最优化决策。也可以认为，经济学家认为人们的行为是尽可能接近最优。但是，作为理论分析，我们认为，理性的行为人都是要以实现最优作为行为目标的。为了实现最优，人们一定要做成本－收益分析。本章将介绍经济学分析的另一个基本工具：成本－收益分析。本章将讨论如下四个主题。

（1）总量层面的成本－收益比较。

（2）增量层面的成本－收益比较。

（3）沉没成本与决策。

（4）受约束的最优化。

4.1 最优化的基本思想与成本－收益分析

4.1.1 最优化的思想

最优化是一种寻求最好结果的行为。最优结果可以是最大（好的结果或者得益），也可以是最小（损失或者成本）。不同的行为人有不同的目标选择。企业管理者的目标通常是利润，寻求最大值；消费者的目标是从商品消费中获得最大满足感；对于提供充分执法服务的政府部门，目标可能是成本最小化。经济学中将行为人追求的目标与能够把握的为实现目标的手段之间的关系用**目标函数**（objective function）表现出来。求最大目标函数值和最小函数值可以被认为是对最优化进行的模拟。

行为人可以控制的行为和手段，就是函数中的自变量或者可选择变量，如生产者可以控制的产量、消费者可以控制的消费商品或服务数量。在研究中，这些数值可以有不同的选择，如可以是连续变量，也可以是离散变量。

对最优化过程而言，还有求最优化所面临的条件，可以是无约束，如行为变量可以任意取值；也可以是受到约束，只能选择某些变量。

综上，最优化过程就是经济行为人在一定约束条件下，通过控制自己可控制的某些行为，实现最优目标结果的过程。

4.1.2 两种决策与成本－收益分析

在现实生活中，人们的决策大概可以分为两种类型：非此即彼型与增减“多少”型（见表4-1）。

表4-1 经济行为人的决策

“非此即彼”型决策	增减“多少”型决策
买华为手机还是 iPhone	每月购买多少钱的手机流量包
买车与否	你的车加一次油跑多少公里
定一份拉面还是一份米饭	买几两米饭
自己做生意还是替人打工	你的公司应该雇用多少工人
给病人开 A 药还是 B 药	病人应该服用多少会产生副作用的药物
考国内研究生还是国外研究生	多少时间用于学习

非此即彼型决策：直接比较成本和收益，收益－成本最大者即为选择方案，这种方法其实比较的是总成本－总收益方法，也被称为**水平决策**。从某一活动的整体成本和整体收益来分析，也就是如果总收益大于或等于总成本，那么这一活动就是有意义的。至于选哪种方

案，可根据总收益 - 总成本 = 净收益，净收益最大者就是合理的方案。

增减“多少”型决策：但现实生活中，大多数决策都属于增减“多少”型决策，也被称为**程度决策**。该种决策强调增量思维，即对增加数量的成本与收益进行比较，最典型的是：对一家企业来讲，因为市场需求增加，是否增加来年产量，增加多少？这种方法涉及边际成本与边际收益的比较。

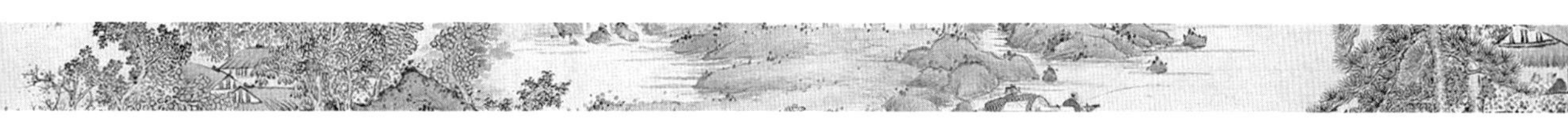

专栏 4-1

成本 - 收益分析真的有用吗

在商业以及日常生活决策中，我们赞美的边际分析在最优决策中的有用性，通常指的就是成本 - 收益分析。这种方法涉及权衡活动的边际收益和边际成本，但同时忽略所有先前已发生的沉没成本。主要法则为：如果边际收益超过边际成本，增加活动数量；如果边际成本超过边际收益，则减少活动规模。然而，这个简单的规则违背了许多被赞赏的行为准则，如“永不放弃”和“凡是值得做的事，就值得做好”等。所以，你可能怀疑成本 - 收益分析是否正如我们说的那样有用。

“成本 - 收益分析”方法确实有用，至少在《华尔街日报》曾刊登过的一篇文章《经济视角带来了稳定收益》中认为是这样。在这篇文章中，密歇根大学的一个研究小组得出结论：“成本 - 收益分析在日常生活中也能获得回报。”这个小组针对该大学的毕业生和教职员工做了一系列测验，询问他们如何回答如下一类问题，例如，他们有多少次会在观看一部糟糕电影时中途离场？有多少次终止读完一本糟糕的小说？有多少次重写一篇不满意的学期论文？有多少次放弃一个看起来不再有希望的研究项目？他们认为，以这种方式减少损失的人是严格遵循了经济法则：计算替代行为的净收益，忽略无法收回的成本，权衡利用未来的时间和精力可以获利的其他机会。

他们得出的结论是：在教职员工中，在这些场合，那些使用“成本 - 收益”进行思维推理的人相对于他们的同龄人或同部门的人，薪水会更高一些。经济学家比人文学科或生物学教授更有可能应用这种方法。在学生中，经常使用“成本 - 收益分析方法”的学生，他们的 SAT 成绩往往比他们预测的分数要好得多。学生们学习的经济学课程越多，他们就越有可能在课堂之外运用成本 - 收益分析。密歇根大学研究小组的主任承认，对于许多美国人来说，成本 - 收益分析原则似乎经常与我们之前提到的传统原则相冲突。尽管存在这些可能的冲突，但该研究提供的证据表明，决策者确实可以通过遵循边际分析和成本 - 收益分析的逻辑获利更多。

资料来源：“Economic Perspective Produces Steady Yield,” *The Wall Street Journal*, March 31, 1992; Christopher Thomas, Charles Maurice. Managerial Economics [M]. 12th ed, New York: McGraw-Hill Education, 2016: 93。

4.2　求最优结果的总量方法

总量方法是直接比较总成本与总收益（总得益）来做出决策的方法。为了分析方便，我用下面的例子来说明决策中的成本 - 收益比较。

假设某个经济行为人，要去进行一项经济活动，可能是消费活动，也可能是生产经营活动，或者其他都可以。这些活动将带来好处（得益），也将付出成本，具体信息如表 4-2 所示。

表 4-2 经济活动的总收益（总得益）与总成本

活动数量	活动带来的总得益（元）	为活动付出的总成本（元）
0	0	0
1	615	150
2	1 150	380
3	1 600	690
4	1 975	1 080
5	2 270	1 550
6	2 485	2 100

请注意，这里的总成本是根据第 1 章所定义的机会成本来统计的，其中包括使用的所有资源的机会成本在内（特别请注意，包括使用自有资源也要计算成本支出，如自己的资金、自己投入的劳动等）。

从总量来看，最佳活动数量应该是在净得益（net benefit）最大的时点，也就是总收益减去总成本后的最大值的水平上（见表 4-3）。

表 4-3 经济活动的净得益

活动数量	活动带来的总得益（元）	为活动付出的总成本（元）	净得益（元）
0	0	0	0
1	615	150	465
2	1 150	380	770
3	1 600	690	910
4	1 975	1 080	895
5	2 270	1 550	720
6	2 485	2 100	385

从表 4-3 我们可以看出，当活动水平为 3 单位时，总收益 - 总成本的差值最大，即 910 元，也就是这时是活动最优水平。依据上述数据，我们还可画出图 4-1。

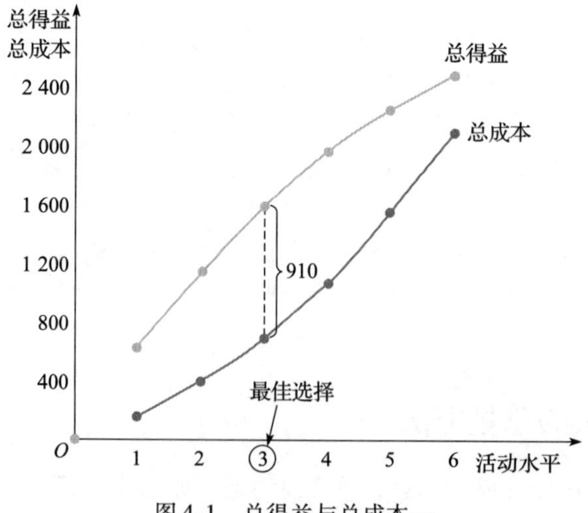

图 4-1 总得益与总成本一

上述数据因为没有细分，所以图形并不流畅和平滑，我们如果将数据进一步细分，可以画出平滑图形，如图 4-2 所示。也就是说，现在细分后，最优的活动水平为 3.4，总得益为 1 761.20元，净得益为 924.80 元。如果我们想表现活动水平与净得益的关系，还可以用图 4-3来表示。

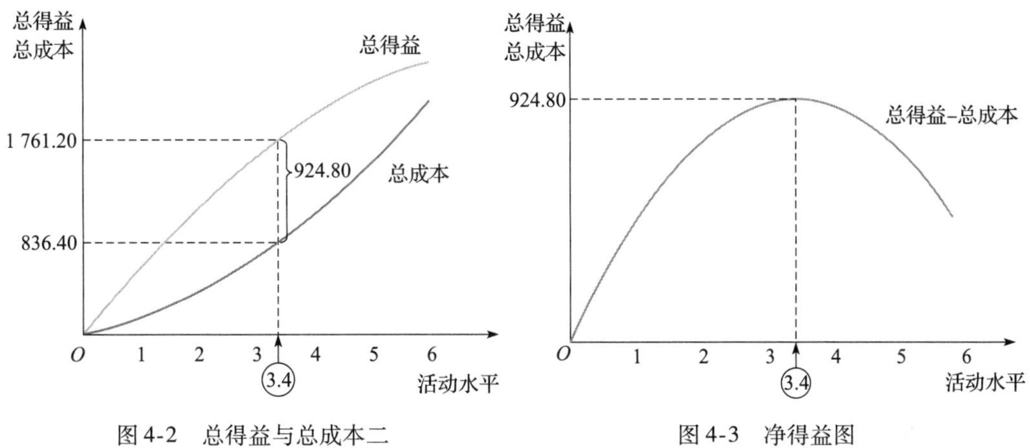

图 4-2　总得益与总成本二　　　　图 4-3　净得益图

尽管我们这个例子表面看是增加活动“多少”的决策，但实质上也可以把前述的 5 种数量看作是 5 种方案可能更合适，也就是对每种数量的总得益与总成本进行比较，然后以净值最大者作为最佳选择方案。因为，我们并没有比较增加 1 单位活动数量是否合理，而这要用边际方法来解决。这里的经济活动数量不多，我们进行总量分析还感觉方便，但是如果可选方案数量很大时，每个都进行总成本 - 总收益分析将非常烦琐，要求获得的数据数量也非常大。所以，如果只是通过对增量进行成本 - 收益比较则要方便得多。

4.3　边际方法

边际方法是一种通过对增量（增加或减少）进行成本 - 收益比较做出最优决策的方法。这也是最优决策中最重要的方法。“边际”是指总量（总得益、总成本）发生的微小变化，**边际得益**是 1 单位经济活动变化引起的总得益（总收益）的改变量；**边际成本**是 1 单位经济活动变化引起的总成本的改变量。为了表示方便，我们将活动改变按 1 单位计，1 单位活动改变引起的成本和得益变化表示的就是边际变化。

4.3.1　边际成本

边际成本（MC）表示的是最新增加 1 单位活动导致的额外成本增加额，即

$$\text{边际成本} = \frac{\text{总成本的变化量}}{\text{行动变化量}}$$

$$MC = \frac{\Delta TC}{\Delta A}$$

式中，ΔTC 为总成本变化量；ΔA 为行动变化量。

下面我们以前文中的数字例子来说明边际成本怎样计算。在表 4-4 中，我们列出了活动数量变化引起的总成本变化及边际成本变化的情形。第 1 列、第 2 列与表 4-2 中总成本的数

值相同，我们看从第 1 单位行动增加到第 2 单位后引起的变化，行动改变量为：$\Delta A=2-1=1$，总成本从 150 元增加到 380 元，总成本改变量为：$\Delta TC=380-150=230$ 元。因此，第 3 列在第 1 到第 2 活动单位之间给出了边际成本的值 230 元。其他边际成本的值都是这样得出的。

4.3.2 边际得益

边际得益[⊖]（MB）表示的是最新增加 1 单位活动导致的额外得益的增加额。即：

$$\text{边际得益}=\frac{\text{总得益的变化量}}{\text{行动变化量}}$$

$$MB=\frac{\Delta TB}{\Delta A}$$

式中，ΔTB 为总得益变化量；ΔA 为行动变化量。

与边际成本相似，我们也可以前述的数字例子来说明边际得益怎样计算。在表 4-5 中，我们列出了活动数量变化引起的总得益变化及边际得益变化的情形。计算原理与边际成本相同。

表 4-4　总成本与边际成本

活动数量	为活动付出的总成本（元）	边际成本（MC）
0	0	
		150
1	150	
		230
2	380	
		310
3	690	
		390
4	1 080	
		470
5	1 550	
		550
6	2 100	

表 4-5　总得益与边际得益

活动数量	由活动得到的总得益（元）	边际得益（MB）
0	0	
		615
1	615	
		535
2	1 150	
		450
3	1 600	
		375
4	1 975	
		295
5	2 270	
		215
6	2 485	

4.3.3 最优选择与边际分析

有了边际成本与边际得益，我们可以通过比较来确定增加行动还是减少行动了。我们将边际成本与边际得益放在一个表格中，如表 4-6 所示。我们可以看出，第 1 单位活动的边际得益为 615 元，边际成本为 150 元，该单位活动带来的净得益为 $615-150=465$ 元，应该增加活动；第 2 单位以此类推。我们看第 4 单位活动带来的边际得益为 375 元，边际成本为 390 元，显然，增加该单位活动造成的损失为：$390-375=15$ 元，所以应该减少活动。综合来看，第 3 单位活动是这一系列中最优的选择。

⊖ 边际得益（marginal benefit），也被译为边际收益。而边际收益的原文为“marginal return”。为了区分，本书将 marginal benefit 称为边际得益，指一般意义上的所得，对消费者、生产者而言，得益具体化为效用和收益。所以，对生产者而言，得益就具体化为得益，marginal return 称为边际收益，具体是指生产者改变 1 单位产品生产或销售带来的所得变化。类似的区分还有：total benefit 称为总得益，total return 称为总收益。

表 4-6　边际收益与边际成本

活动数量	边际得益（元）	边际成本（元）	行为选择
0	—	—	—
1	615	150	增加
2	535	230	增加
3	450	310	最优
4	375	390	减少
5	295	470	减少
6	515	550	减少

4.3.4　总得益与边际得益、总成本与边际成本之间的关系

下面我们来看，如果行动可以细分情况下，如何从总得益和总成本得出边际得益和边际成本。

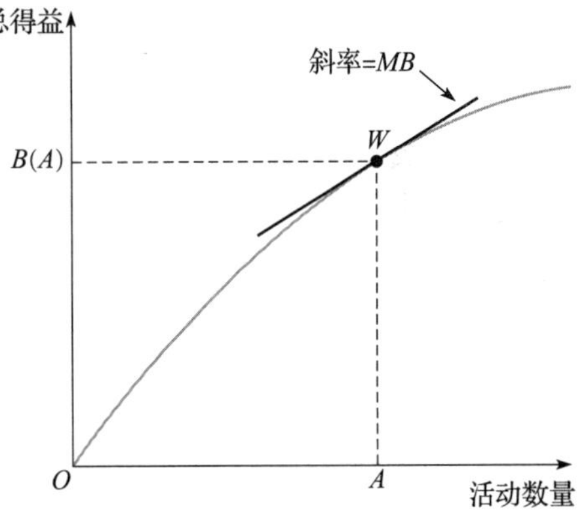

图 4-4　从总得益曲线推导边际得益

我们先将图 4-2 中的总得益曲线画出，如图 4-4 所示，从其上任取一点 W，对应的活动数量为 A，那么 A 点对应的边际得益就是总得益曲线上过该点所作切线的斜率。根据定义，斜率 = $\Delta TB/\Delta A$，也就是从 A 点开始微小变化引起的总得益的变化，这也是边际得益的定义。通过对总得益曲线上的点作切线求斜率，我们可以得到多个边际得益的点，把这些点连起来就形成了边际得益曲线，如图 4-5 所示。

我们可以从图 4-5 中看出，随着经济活动从 A_1 增加到 A_3、A_5，对应在总得益 TB 上的切线逐渐变得平缓，斜率逐渐变小，即 $MB_5 < MB_3 < MB_1$，所以随着经济活动的增加，边际得益 MB 呈逐渐递减形状。

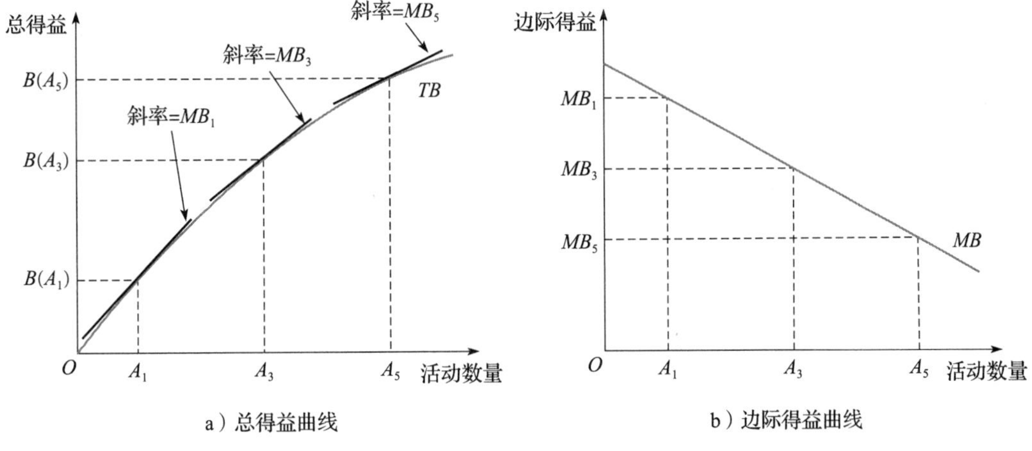

图 4-5　从总得益推导边际得益

对于从总成本线推导出边际成本也可以进行类似的操作。边际成本就是总成本曲线上

过相应点所做切线的斜率。根据定义，斜率 = $\Delta TC/\Delta A$，也就是从 A 点开始微小变化引起的总得益的变化。通过对总成本曲线上的点求斜率，我们可以得到多个边际成本的点，把这些点连起来就形成了边际成本曲线，如图 4-6 所示。

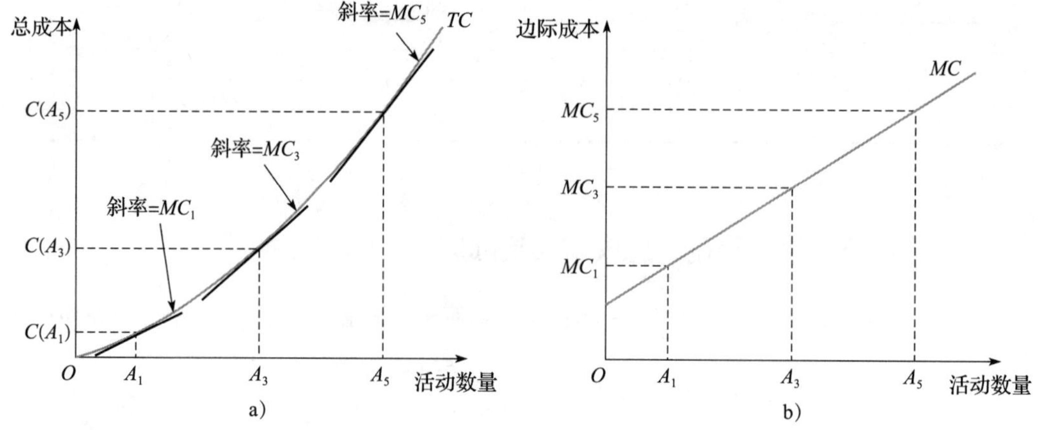

图 4-6　从总成本曲线推导边际成本曲线

从图 4-6a 中，我们可以看出，随着活动数量增加，总成本曲线上相应各点的切线越来越陡峭，斜率越来越大，所以图 4-6b 的边际成本曲线向上倾斜呈递增趋势。

从数学角度讲，边际得益与边际成本分别是总得益与总成本曲线求导数的结果。

4.3.5　边际分析得出最优结果

边际分析简单说就是通过比较边际成本与边际得益（收益）来确定经济活动是否实现最优。如果边际得益大于边际成本，$MB>MC$，那么，经济活动就没有实现最优，经济活动的微小增加，可以增加净收益；同理，如果边际收益小于边际成本，$MB<MC$，同样没有实现最优，那么经济活动的微小减少，也可以使净收益增加。因此，只有等边际收益等于边际成本的时候，$MB=MC$，不存在继续改进现状可能时，经济活动就实现了最优。

用图来说明，如图 4-7 所示，在图 4-7a 和图 4-7b 中，在 A^* 的左边，边际得益大于边际成本，所以宜增加经济活动数量；在 A^* 的右边，边际得益小于边际成本，所以宜减少经济活动数量。

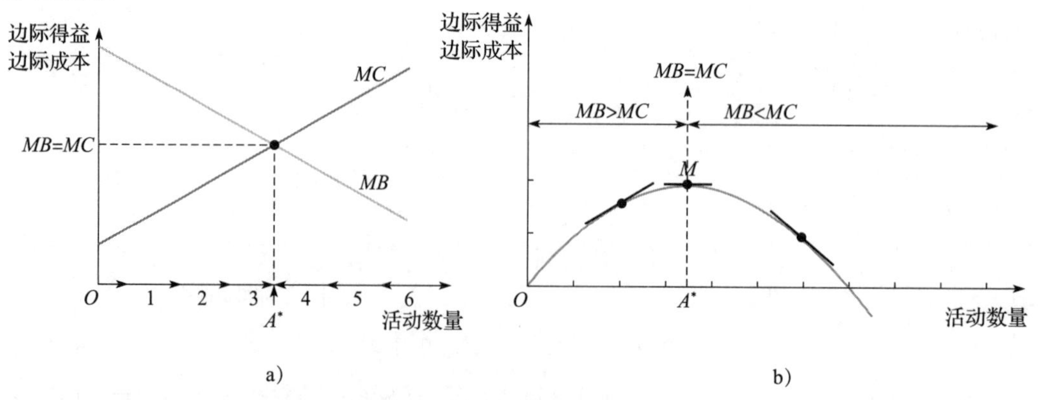

图 4-7　边际分析找到的最优点

$MB = MC$ 的点，也就是图 4-2 中总得益减去总成本差额最大的点，正好也是总得益曲线上的切线与总成本曲线上的切线平行时的活动水平点，如图 4-8 所示。

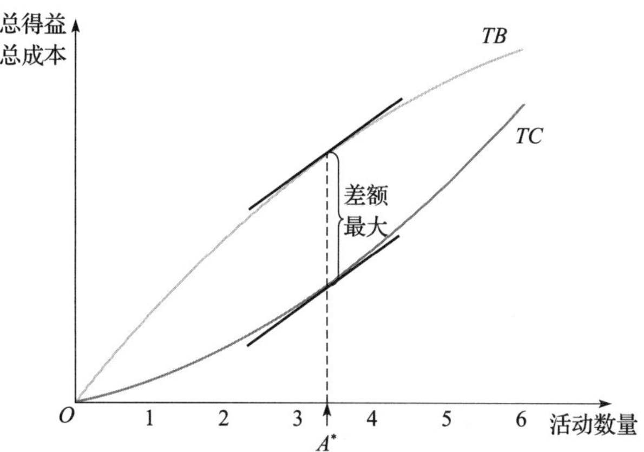

图 4-8　总得益曲线与总成本曲线在最优产量水平上的切线

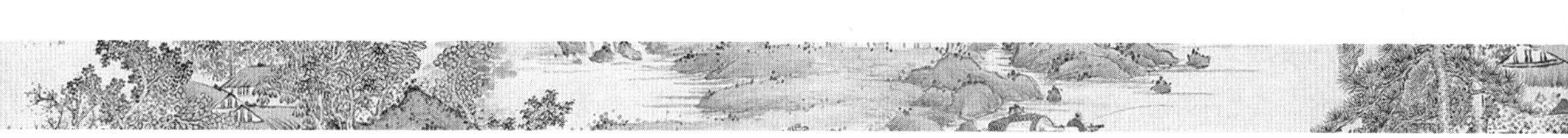

案例 4-1

气囊杀手

1969 年美国尼克松政府提出以安全气囊来保护汽车驾驶人的设想，直到 1989 年才有选择地在一些型号的汽车开始装设安全气囊，汽车制造商当时预计到 1998 年所有小汽车都会安装安全气囊，安装气囊的成本为每辆车 400 美元左右。据估计，1989～1997 年，安全气囊已经拯救超过 2 600 条人命。不过却有 80 多人在低速汽车碰撞下，因为安全气囊弹出而致死（大部分是儿童）。民众因为此强烈抗议。1997 年 11 月，美国交通管理局允许消费者可以申请装有防止安全气囊弹出的按钮，而车商开始研发智能安全气囊（感测车速及碰撞强烈程度再决定是否展开），当然费用也提高了。

与安全气囊议题有关的一些经济原理有：

（1）人们面临权衡取舍——以金钱换取安全之抉择。

（2）天下无免费午餐：安装安全气囊的机会成本包含安全气囊的装设及维修成本，加上儿童坐前座伤亡的危险性。

（3）边际决策的考虑：安装气囊增加安全也涉及相关边际成本和边际得益。从前排儿童安全考虑，不应该安装，但大多数人并不这么认为，气囊已经拯救超过 2 600 条生命，致死只是 80 多人。

（4）人们对激励做出反应：安装气囊后，成本上升明显（汽车制造成本＋儿童致死），消费者对气囊需求减弱，呼吁改变规章制度。提高开放气囊替代品的酬金，激励车商去研发智能安全气囊。

（5）政策永远有非预期的结果，导致净得益几乎总是低于预期。例如安装安全气囊救人命却增加前座幼童的危险性。

然而，最后的结果是，据美国国家公路交通安全管理局（NHTSA）研究，使用安全气囊可使驾驶死亡率降低14%，配备SRS辅助气囊后，进一步使得前座乘客死亡率降低11%。1987～2003年的16年间，前座安全气囊就拯救了13 967人的性命。除了前座安全气囊外，近几年侧边气帘也逐渐受到重视；美国公路安全保险协会（IIHS、2006）发现，安装“侧边气帘”的车辆，车祸致死率减少37%，尤其是车身较高的SUV车款，致死率更因此减少52%。欧美先进国家从2008年起，将6颗安全气囊列为规定之标准配备。

资料来源：罗杰·米勒，丹尼尔·本杰明，道格拉斯·诺思，公共问题经济学［M］. 楼尊，译，上海：上海财经大学出版社，2002。

4.4　与决策无关的成本：以沉没成本为例

在最优决策中，我们说成本－收益比较，而且主要是边际成本与边际收益。理论上，其实还有许多计算成本的方法，为什么其他成本不提及？其实在决策中，还有几种成本，现实生活中，人们经常使用，但从理论上，这些成本与最优决策关系不大，如：沉没成本、固定成本、平均成本等。这里我们仅仅以沉没成本为例来说明，其他见后续各章（如第6章）。

沉没成本（sunk cost）是指在行为人决策前已经发生或承诺支付，无论怎样做都无法收回的成本。人们常说的覆水难收其实就是这个道理。例如，一个软件开发者，花费一个月编写一个程序，但最后发现程序无法运行，这一个月投入的时间、为此的花费等就是沉没成本。对企业来说，已经付出的研发成本如果无法得到有益的结果，那么所有的付出都是沉没成本。

沉没成本是行为人的付出，但是这种付出对最优决策没有影响，因为你无论怎样这种付出已经无法收回，所谓世上没有卖后悔药的，既然无力改变，所以决策时不应该考虑之。

但现实中，人们在多种场合的决策其实总是受到沉没成本的影响，决策也背离理性，新兴起的行为经济学对此有分析，参见第12章。

4.5　受约束的最优化

在大部分情况下，现实经济中行为人做出决策是在一定约束条件下进行的。受约束条件下的最优决策，同样也适用边际分析来做出。如消费者购买多种商品支出的总量是一定的，如何选择商品，就面临着权衡取舍，增加一种商品或服务的支出，就必须减少对其他商品或服务的购买。比如，每年一个人获得的收入总量是一定的，今年如果买了一部新手机，那么也就没有钱来购买更多的衣服或出外旅游。对企业也是如此，企业用于购买生产要素的支出也是给定的，当增加一种生产要素的支出，意味着必须减少另外其他要素的购买数量。

比如，一名经济行为人计划购买一台机器来扩大生产规模，他有三种机器正在考虑，价格与机器新增加的生产能力如表4-7所示。

表4-7　可选机器类型

机器种类	购买价格（元）	产出数量
A	2 500	500 000
B	2 600	580 000
C	4 000	600 000

请问如何选择？

通过比较单位货币的得益，可以帮助我们尽快获得答案。即比较每种情形下，投入的单位货币所能得到的产出数量，这也就是人们日常生活中所说的性价比。

$$\frac{MB_A}{P_A}=\frac{500\ 000}{2\ 500}=200(\text{单位/元})$$

$$\frac{MB_B}{P_B}=\frac{580\ 000}{2\ 600}=223(\text{单位/元})$$

$$\frac{MB_C}{P_C}=\frac{600\ 000}{4\ 000}=150(\text{单位/元})$$

显然，购买机器 B 最合算，次之为机器 A，机器 C 最差。

如果一名经济行为人，可以选择两种或两种以上的行动时，如何实现得益最大？同时选择两种及以上受到了投入总量的限制。比如如下事例：

某公司为扩大产品的销售，计划通过扩大广告投入来促销。假设其面临的广告有两种选择，一种是通过电视台，另外一种是通过网络平台，但两种媒体的广告收费不一样，产品销售的效果也不相同。要回答的问题是：如何进行广告投入才能使销售数量达到最大？具体数据如下：电视台，一则广告的收费是 300 元，网络平台是 400 元，在两种媒体进行广告促销后的结果如表 4-8 所示，假设总的广告投入是 2 000 元。

表 4-8　广告数量和产品销售数量

广告序号	引致销量	
	网络平台	电视台
1	400	360
2	300	270
3	280	240
4	260	225
5	240	150
6	200	120

这个问题的分析，显然无法用只是单一在网络平台或者电视台做广告的方法来解决。要使用两种媒体，但如何使用则要用到边际分析了。欲使总量最大，就要把每一单位的货币花得最值。通过比较每一单位货币投入实现的销售数量，我们发现，第 1 则广告的投入和销售量比：电视台为 360/300 = 1.2 单位/元，网络平台为 400/400 = 1.0 单位/元，显然电视台更有利；照此计算，第 2 则广告应该在网络平台来做，以此类推，广告投入的计划如表 4-9 所示。

表 4-9　广告计划安排

广告媒体选择	单位货币实现的销售数量	广告投入顺序	广告累计支出
电视台	360/300 = 1.2	1	300
网络平台	400/400 = 1.0	2	700
电视台	270/300 = 0.9	3	1 000
电视台	240/300 = 0.8	4	1 300
网络平台（或电视台）	300/400 = 0.75	5	1 700
电视台（网络平台）	225/300 = 0.75	5	2 000

上述事例中，其实表明了受约束条件下，最优结果实现的基本条件：单位货币获得的边际得益相等！即满足下式：

$$\frac{\text{网络平台增加的销售数量}}{\text{网络广告价格}} = \frac{\text{电视台增加的销售数量}}{\text{电视广告价格}}$$

或者，一般假设为A、B两种产品，写成如下等式：

$$MB_A/P_A = MB_B/P_B$$

为什么相等时就实现了最优？我们可以用反证法来证明。如果：

$MB_A/P_A > MB_B/P_B$，比如说：$MB_A/P_A = 5$；$MB_B/P_B = 3$。这就意味着，如果把同样1单位货币，从购买B商品转向购买A商品，都是1单位货币，但买到的得益增加了2单位，状态可以得到改进，这意味着没有实现最优。只要这样的不等式存在，人们的调整就应该一直进行下去，直到$MB_A/P_A = MB_B/P_B$实现。

如果是$MB_A/P_A < MB_B/P_B$，过程正好相反，但最终也是在$MB_A/P_A = MB_B/P_B$稳定下来。

$MB_A/P_A = MB_B/P_B$意味着，已经不能通过调整来进一步改进状况，最优实现。

两种选择如此，如果是多种选择也应如此，如有从A，B，…，到Z多种产品或行动，即每种选择的单位货币获取的边际得益相等之时，也就是最优结果实现。

$$\frac{MB_A}{P_A} = \frac{MB_B}{P_B} = \cdots = \frac{MB_Z}{P_Z}$$

本章小结

1. 最优化是一种寻求最好结果的行为。最优结果可以是最大（好的结果或者得益），也可以是最小（损失或者成本）。

2. 行为人追求的目标与能够把握的为实现目标的手段之间的关系用目标函数（objective function）表示。

3. 人们的决策有两种类型：非此即彼型与增减“多少”型。

4. 最优结果的总量方法是直接比较总成本与总得益来做出决策的方法。

5. 边际方法是一种通过对增量（增加或减少）进行成本－收益比较做出最优决策的方法。

6. 最优决策与沉没成本无关。

7. 受约束的最优化的条件是，多项选择中，单位货币获得的边际得益相等。

思考与练习

一、简答题

1. 请比较两种决策类型的特征。

2. 举例说明总量决策如何实现最优结果。

3. 为什么说决策是在边际上做出的？

4. 为什么说沉没成本对最优决策没有影响？

5. 受约束条件下的最优结果实现要满足什么条件？

二、论述题

1. 完成表4-10中的内容，然后据此回答问题。

表 4-10

经济活动	总得益	总成本	净得益	边际得益	边际成本
0	0	—	0		
1	—	—	27	35	—
2	65	—	—	—	10
3	85	30	—	—	—
4	—	—	51	—	14
5	—	60	—	8	—
6	—	—	—	5	20

（1）表中活动最优水平是多少？

（2）最优水平时的净得益为多少？转到其他活动水平净得益会增加吗？为什么？

（3）使用上述数据评论如下说法“最优活动水平发生在边际得益尽可能接近边际成本之时”。

2. 决策者正在选择A和B两个活动的水平，以便在给定预算下最大化总得益。A和B活动最后1单位的价格和边际得益分别表示为P_A，P_B，MB_A和MB_B。

（1）如果$P_A=20$元，$P_B=15$元，$MB_A=400$和$MB_B=600$，决策者应该怎么选择？

（2）如果$P_A=20$元，$P_B=30$元，$MB_A=200$和$MB_B=300$，决策者应该怎么选择？

（3）如果$P_A=20$元，$P_B=40$元，$MB_A=300$和$MB_B=400$，如果B减少1个单位，可以增加A多少单位？如果进行这种转换，总得益会增加多少？

（4）如果第（3）问中的替代继续进行，直至均衡，这时MB_A减少到250，那么MB_B应是多少？

3. 假设一家公司正在考虑两种不同的活动，即X和Y，它们产生的总得益如表4-11所示，X活动的价格是每单位2美元，Y活动的价格是每单位10美元。

表　4-11

活动水平	活动X的总得益（TB_X）	活动Y的总得益（TB_Y）
0	0	0
1	30	100
2	54	190
3	72	270
4	84	340
5	92	400
6	98	450

（1）该公司对活动X和Y的支出设定了26美元的预算约束。根据预算约束，X和Y水平各为多少时，总得益实现最大？

（2）在第（1）问中，与X和Y的最优水平相关的总收益是多少？

（3）现在预算约束增加到58美元，X和Y最优水平又各为多少？当预算约束为58美元时，总得益为多少？

第 5 章
CHAPTER5

对需求的深入分析：消费者行为理论

没有什么东西比水更有用，然而水很少能交换到任何东西……相反，钻石几乎没有任何使用价值，但是通过交换可以得到大量的其他物品。

——亚当·斯密

一切需要的最终调节者是消费者的需要。

——阿尔弗雷德·马歇尔

§ 本章要点

消费者是微观经济学中最重要的经济单位之一。消费行为是消费者为了满足欲望而使用商品的一种经济行为，又是人类经济活动的起点和归宿，因而成为经济学研究的首要问题。研究消费者的行为理论有助于我们更好地理解前面章节所论述的需求曲线以及需求法则，从更深的层次分析需求背后的理论依据。本章从边际效用学派的基数效用理论和帕累托的序数效用理论分别研究消费者行为，并分析如何实现消费者均衡。

§ 学习目标

- 理解消费者的消费行为；
- 掌握基数效用理论和序数效用理论的消费者均衡如何实现；
- 了解价格、收入变化对消费者均衡的影响。

§ 基本概念

总效用	边际效用	消费者均衡	无差异曲线
预算线	边际效用递减规律	边际替代率	收入效应
替代效应	价格效应	恩格尔曲线	吉芬商品

在第 2 章我们分析了无干扰的市场中，需求和供给是如何达到均衡和实现市场出清状态

的。但是并没有具体分析需求曲线或需求法则形成的深层次原因。微观经济学主要是从效用分析的角度来说明消费者行为，进而推导出需求曲线的。关于对这个问题的分析，西方经济学家先后提出了基数效用理论和序数效用理论，形成了两大分析方法——边际效用分析方法和无差异曲线分析方法。

5.1　基数效用理论

本节在基数效用理论的基础上，分析消费者行为，说明消费者的消费选择行为。基数效用理论主要是运用边际效用和总效用等概念得出消费者均衡，并推导出消费者个人的需求曲线。

5.1.1　效用的含义

作为经济行为人，消费者也面临最优化问题，消费者的最优目标是消费各种商品和服务时获得的满意度最大。经济学用“效用”来度量消费者的满意度。所谓效用是消费者在消费商品或劳务时所感受到的满足程度。效用并不等同于商品本身所具有的满足人们某种欲望的客观物质属性（如消费食物可以充饥，消费饮料可以解渴），它是消费者对商品所具有的客观物质属性的一种主观感受或评价。正所谓，穿衣戴帽，各有所好；萝卜青菜，各有所爱。

根据假设的不同，西方经济学家对效用的理解也各不相同，因此先后出现了基数效用理论和序数效用理论。较早出现的是基数效用理论，其代表人物是边际效用学派的三位创始人杰文斯、门格尔和瓦尔拉斯。19 世纪 70 年代的绝大多数经济学家都支持该学派的观点。他们认为，效用可以用基数（1，2，3，…）来衡量，计算效用大小的单位被称为效用单位。并且消费者能够清楚地说出每种商品对自己的效用，如消费一单位苹果的效用为 3 个效用单位，而看一本书的效用能够达到 5 个效用单位。

到了 20 世纪初，意大利经济学家帕累托在其著作《政治经济学教程》（1906）中提出了序数效用理论的思想。他指出效用虽然不能用具体数字来表示其大小，但可以通过比较不同商品的效用（或大或小或无差异）来排序，并从消费者对商品的偏好程度反映出来。某种商品对某个具体消费者的效用是无法用基数进行衡量的，但可以按照消费者的偏好进行排序，以序数（第一，第二，第三，……）的方式表现出来。该理论经过希克斯等人的进一步发展，得到了 20 世纪绝大多数经济学家的认同。

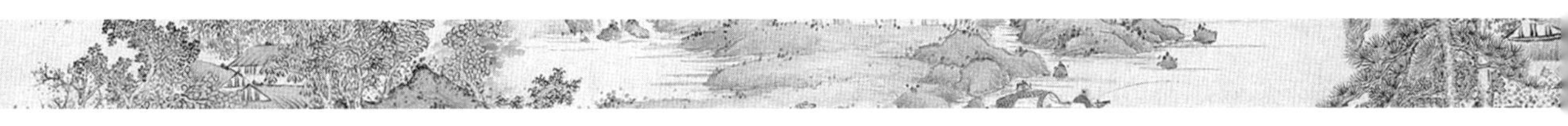

专栏 5-1

牡蛎与鸡肉

特定食物是一种特殊的享受，你有在特殊场合消费的东西吗？或者只是一种普通的要么喜欢要么不喜欢的饭菜？答案取决于人们通常消费多少食物，这就决定了他们在增加一点消费时在边际上有多少效用获得。

以鸡肉为例。现代美国人吃很多鸡肉，以至于他们认为这没什么特别之处。然而，并非总是如此。传统意义上鸡是一道有些奢侈的菜，因为养鸡的成本很高。两个世纪前餐馆的菜单显示，鸡肉菜肴是最昂贵的菜品。就在最近的1928年，赫伯特·胡佛竞选总统的口号是“每家锅里有一只鸡”，向选民承诺，如果他当选将会有大繁荣。

改变鸡肉地位的是新的、技术更先进饲养方法和养殖工艺的出现。凭借这些新方法，鸡肉大量增加，价格也更便宜，而且由于边际效用递减原理，鸡肉也就不是什么稀罕的东西了。

牡蛎则正好相反。不是每个人都喜欢牡蛎，或者曾经尝过它们——它们绝对不是普通的食物。但一些人视之为一道美味佳肴；提供牡蛎的餐馆，一道牡蛎开胃菜价格往往比主菜要高。

然而，牡蛎曾经非常便宜，量产丰富，被视为贫穷人群的食物。狄更斯写的《匹克威克外传》发表于19世纪30年代，他评论说：“贫困和牡蛎似乎总是形影不离。”

什么改变了？污染摧毁了许多牡蛎养殖场，也大大降低了牡蛎供应量，而人口增长大大增加了对牡蛎的需求。其结果是，由于边际效用递减原理，牡蛎不再是一种普通食品，尽管平淡无奇，但被当作一种评价很高的奢侈品。

资料来源：Paul Krugman，Robin Wells. Economics［M］. 4th ed. New York：Worth Publishers，2015：284-285。

5.1.2 总效用与边际效用

基数效用理论将效用分成总效用和边际效用。总效用（total utility，TU）是指消费者在一个特定时间内消费一定数量的某种商品所获得的满足程度的总和。一般而言，总效用的大小取决于消费商品的数量的多少。总效用可用函数形式来表示，称为效用函数（utility function），形式如下

$$U = f(X_1, X_2, \cdots, X_n)$$

式中，X_i 为消费的商品数量。

边际效用（marginal utility，MU）是指消费者在某一时间内增加一单位商品的消费时所增加的额外满足程度，也就是增加一单位商品的消费所带来的总效用的增量。一般而言，边际效用的大小是随着消费商品数量的增加而减少的。边际效用的函数形式为

$$MU_X = \frac{\Delta TU}{\Delta X}$$

式中，ΔTU 为总效用的增量；ΔX 为消费商品数量的增量；MU_X 表示边际效用。

如果假定消费的商品数量可以无限分割，且总效用函数是连续函数，则边际效用也可以表示为总效用的导数形式，即

$$MU_X = \frac{\mathrm{d}TU}{\mathrm{d}X}$$

关于总效用与边际效用的关系，可以从表5-1与图5-1中得到。

表5-1 总效用与边际效用表

商品数量	总效用	边际效用	商品数量	总效用	边际效用
0	0	0	4	14	1
1	7	7	5	14	0
2	11	4	6	13	-1
3	13	2			

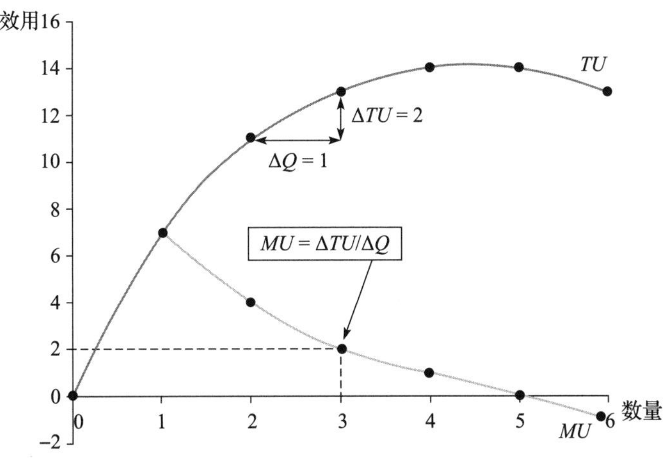

图 5-1　总效用曲线与边际效用曲线

从表 5-1 中可以看出，边际效用随着商品数量的增加而减少，一般为正值，但在下降到零以后会出现负值。总效用一般随着商品数量的增加而增加。当边际效用等于零时，总效用不变，达到最大值。当边际效用为负值时，总效用就开始下降。

5.1.3　边际效用递减规律

不难发现边际效用是商品消费量的递减函数，这主要是源于边际效用递减（diminishing marginal utility）规律的作用。

该规律又被称为戈森第一法则，具体可以表述为：在其他条件不变的情况下，对一个消费者来说，一种商品的边际效用随着消费的商品数量的增加而递减。对消费者来说，初始消费某种商品的欲望较强，消费者对于商品的主观评价较高，因而商品初始消费带给消费者的边际效用较大。但随着消费者的消费数量的增加，消费者对商品的主观评价下降，进而引起边际效用的减少。当你消费更多数量的同一物品时，你的（心理上的）效用总量是增加的。当物品的单位继续增加时，你的效用量会以愈来愈缓慢的速度增长。换言之：当某一物品的消费量增加时，该物品的边际效用（或它的最后一个单位所增加的效用）递减。

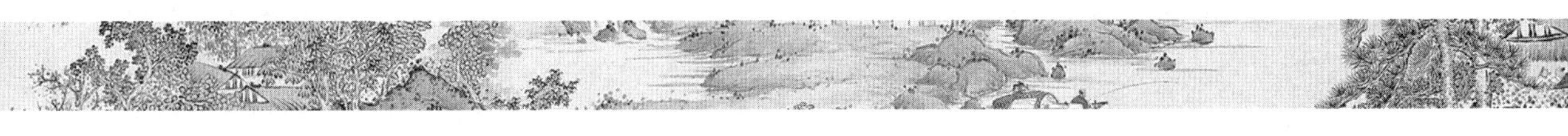

专栏 5-2

边际效用递减规律的解释与应用

在对消费者行为的理解中，边际效用递减规律是通过对现实中的经验归纳得到的，而不是通过逻辑推理加以证明的，因此只能作为大多数人所愿意接受的理论前提加以设定。但是，这并不表明无法对它做出任何的解释，以下是对于边际效用递减规律的几种解释。

解释一：假设初始状态是商品较稀缺，从而边际效用大于零。假定消费者的消费不受任何因素的制约，例如可能他的货币收入无限大。在理性消费的推动下，对该种商品的消费量一直提高到总效用最大时为止。根据微积分原理，这时的边际效用为零，可见在此消费活动中边际效用由大于零下降至零，因此是递减的。

解释二：从生理学的角度看，人对重复刺激做出的反应是趋于下降的。消费活动提供的是一种刺激，对此的反应就是满足程度的增加。因此，重复刺激的反应递减，解释和说明了随着消费量的不断提高边际效用递减规律发生的原因。

解释三：假定一种商品有重要性不同的多种用途，也即对消费者而言增加1单位的消费量给消费者带来的效用的增加量是不同的。消费者在消费时以商品用途的不同重要性为序，把商品分配在不同的用途上。例如，消费1单位的水，用于饮用、洗刷和浇灌这三种用途，可分别获得5、3、2单位效用。若有1单位水，首先满足饮用的需要，因此边际效用为5单位；此后再有1单位水，用于满足洗刷的需要，边际效用减少为3单位；最后消费第三单位水的时候，用于满足浇灌的需要，边际效用降到2单位，出现了边际效用递减的情况。

关于边际效用递减规律的一个案例应用：有种蛋糕必须用四个鸡蛋才能烤成，对于消费者来说，做这个蛋糕的第一个、第二个、第三个鸡蛋的边际效用远没有第四个鸡蛋来得大，因为没有第四个鸡蛋的加入这个蛋糕就不是消费者所要求的“四个鸡蛋的蛋糕”。很显然，如果以鸡蛋为单位，至少在前四个鸡蛋的消费中所得到边际效用是越来越大的（越来越接近顾客想要的“四个鸡蛋的蛋糕”）。那么此种情况是否违背了边际效用递减规律？但如果是以蛋糕为单位，那么需求曲线就又可能是向下倾斜的了。这个问题是默里·罗斯博德（Murray Rothbard，1970）提出的。

上述的案例忽视了一个事实，也即“商品”不一定是有形的物品，而是消费者认为效用相同并可相互替代的产品。有四个鸡蛋的蛋糕和分别有一个鸡蛋、两个鸡蛋、三个鸡蛋的蛋糕效用不同，且不具有相互替代性，因此边际效用递减规律在该案例中不成立。在这种情况下，使边际效用递减规律成立的唯一方法就是将每组四个鸡蛋当作一同质单位。

资料来源：马克·斯考森，肯那·泰勒．经济学的困惑与悖论［M］．北京：华夏出版社，2001：32。

5.1.4 消费者均衡

为了使得消费者花费一定量的货币收入所获得的总效用水平最大化，消费者应该如何合理地将货币分配在各种商品的消费和购买上？即应该购买哪些商品，各种商品的购买数量组合应为多大？

在第4章中，我们提出了经济行为人如何实现最优的基本原理。消费者作为一种经济行为人，面临的问题具体说就是在货币收入和商品价格既定的条件下，购买商品组合获得最大的总效用。这个问题也被称为求所谓消费者均衡（consumer's equilibrium），核心是研究单个消费者在既定收入下实现效用最大化的均衡条件。当消费者实现效用最大化时，既不会增加也不会减少任何商品的购买数量，这样就达到了一种相对静止的均衡状态，因而被称为消费者均衡。

最优决策原理适用于消费者后，消费者均衡的条件可以表述为：消费者花费每一单位货币，所购买的各种商品的边际效用都相等，这被称为边际效用均等规则，又称戈森第二法则。如果消费者既定的收入为M，用以购买n种商品；P_1，P_2，…，P_n分别为n种商品既定的价格；X_1，X_2，…，X_n分别为n种商品的消费数量；MU_1，MU_2，…，MU_n分别为n种商品的边际效用；λ表示为货币的边际效用。则求解消费者均衡的问题可以转换为一定的收入约束条件下求效用函数的最大值。

$$\text{收入条件}:P_1X_1+P_2X_2+\cdots+P_nX_n=M$$

$$\text{效用函数}:TU=U(X_1,X_2,\cdots,X_n)$$

消费者均衡条件表述如下（具体数学推导和证明请见本章附录）。

$$MU_1P_1 = MU_2P_2 = \cdots = MU_nP_n = \lambda$$

下面以两种商品为例来说明消费者均衡条件。

当 $MU_1P_1 > MU_2P_2$ 时，说明对于该消费者，同样的一元收入购买商品 1 得到的边际效用大于购买商品 2 所得到的边际效用。因此理性的消费者会增加对商品 1 的购买，减少对商品 2 的购买，由于边际效用递减规律的作用，最终达到 $MU_1P_1 = MU_2P_2$。

当 $MU_1P_1 < MU_2P_2$ 时，说明对于该消费者，同样的一元收入购买商品 2 得到的边际效用大于购买商品 1 所得到的边际效用。因此理性的消费者会增加对商品 2 的购买，减少对商品 1 的购买，由于边际效用递减规律的作用，最终达到 $MU_1P_1 = MU_2P_2$。

此外，如果消费者仅消费一种商品时，则均衡条件又可转换成 $MUP = \lambda$。表示消费者对任何一种商品的最优购买量是使最后一元货币购买该商品所带来的边际效用和所付出的这一元货币的边际效用相等。

5.1.5　边际效用递减与需求曲线

对于一种商品来说，随着需求量的不断增加，边际效用 MU 是递减的，在货币的边际效用不变的前提下，商品的需求价格 P 必然随着 MU 的递减而递减。因此基数效用理论运用边际效用递减规律和消费者均衡条件，推导出了单个消费者的需求曲线。同时也解释了需求曲线向右下方倾斜的原因是在于边际效用递减规律，并且得出需求曲线上的每一点都是满足消费者均衡条件的价格和需求量的组合点。边际效用曲线对需求曲线的影响可以从图 5-2 得出。

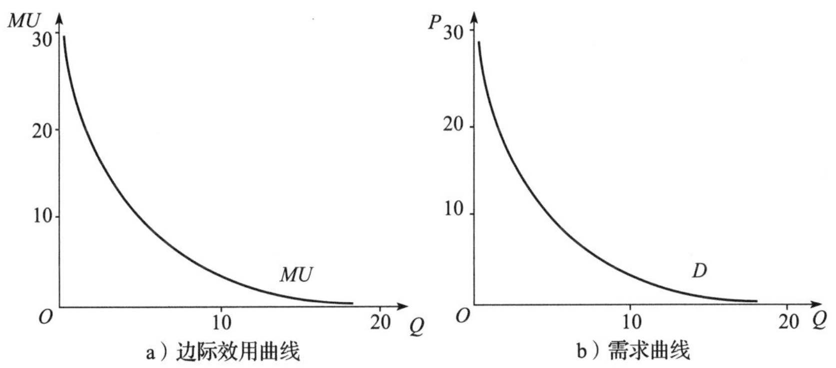

a）边际效用曲线　　b）需求曲线

图 5-2　边际效用曲线与需求曲线

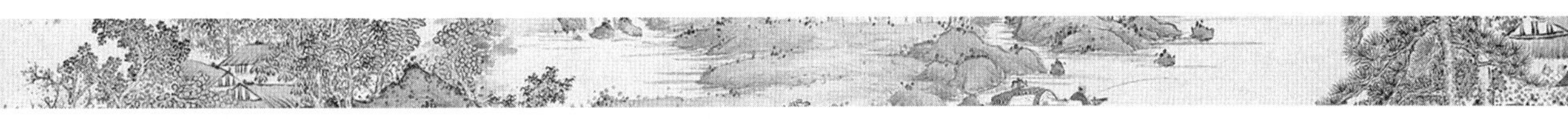

专栏 5-3

货币的边际效用

货币是一种特殊商品，但是跟普通商品一样也有效用和边际效用，货币的总效用等于消费者把一定数量的货币花费出去以后所得到的总满足程度，货币的边际效用是指消费者从新增一单位货币的花费中得到的满足增加量。因此货币的边际效用照理也应该符合边际效用递减规律的。然而，需要特别注意的是，在对消费者行为的研究中，一般假定货币的边际效用不变。这主要是源于以下原因。

①商品的边际效用与该商品的稀缺程度相关联，稀缺程度高则边际效用高，反之稀缺程度低则边际效用低。因此，货币收入高的消费者支出单位货币感觉牺牲较少，货币收入低的消费者支出单位货币感到牺牲较大。也即，富裕家庭的货币边际效用较小，贫穷家庭的货币边际效用较大。但是研究某一个消费者或是家庭的消费行为时，货币的边际效用的差异就可以不予考虑。

②假定消费者在一次购买中的货币支出占其总货币收入的较小部分。在一次实际购买中，货币支出是一次完成的。理性的消费者力求使每一元货币的使用效率都达到最大，因此在决策时货币的支出仍然是有先后顺序的。也就是说，在一次购买中，仍然存在着观念上的货币边际效用递减。但是，由于货币支出占消费者货币收入中的较小部分，一次购买中观念上的货币先后支付对消费者全部货币收入的稀缺性程度的影响是微乎其微的，所以货币的边际效用递减规律也可以忽略不计。

假定“货币边际效用不变”和“货币边际效用递减”是基于短期和长期观察问题的差异分别设定的。短期分析可假定货币边际效用不变，长期则可允许货币边际效用变化。在短期，人们收入相对稳定，对商品需求也相对稳定，所以商品边际效用曲线可用来代替需求曲线；如在长期，收入会发生变化，所以用货币边际效用来分析需求曲线更为合理。

5.2 序数效用理论

序数效用理论认为一种产品对消费者的效用，没有一个客观的衡量标准，而且受到同时消费的有关产品的影响，因此效用是难以衡量并无法计算的，不能像基数效用理论那样用基数来表示效用的大小。然而同时他们也认为一个消费者虽然说不出各种产品的效用具体为多少，但能够明确排出自己对这些产品偏好的次序。因此序数效用理论通过对消费者偏好的性质做出以下三点基本假定，进而提出无差异曲线来研究有关产品的相互关系，形成独立的消费者选择理论体系。基本假定包括以下几个方面的内容。

（1）**偏好的完全性**：消费者面临着具有不同商品消费组合（如商品甲与商品乙）时，他能够自己决定偏好这一组合还是那一组合，或者对两者有同样偏好。尽管很多时候消费者并不能明确地评估出各种消费组合的价值，但是这个假定在分析消费者对熟悉商品束的选择过程时确实是一个方便的假定。它真正的意图是要排除类似以下的这类情况：一头饥饿的毛驴面对着两堆草，却由于不能确定应该选择吃哪一堆，结果被活活饿死。

（2）**偏好的可传递性**：消费者的偏好是可以传递比较的，例如：消费者偏好甲商品甚于乙商品，偏好乙商品甚于丙商品，那么消费者对甲商品的偏好一定超过丙商品。否则，消费者的偏好是矛盾的或不一致的。可传递性是一种简单的相容性质，它既适用于“同等偏好”关系，也适用于“不等偏好”关系。例如，若某个消费者对 A 和 B 同等偏好，并且对 B 和 C 也是同等偏好，那么自然他对 A 和 C 也是同等偏好的。此外，如果他偏好 A 甚于 B，偏好 B 甚于 C，那么自然他偏好 A 甚于 C。

（3）**偏好的非饱和性**：对于消费不同组合的同种商品，消费者偏好数量较多的一组产品；数量相同，消费者对其同样偏好。这也可以说是消费偏好排序的多多益善性质，在其他商品的数量相等的情况下，某种商品越多越好。当然，在现实生活中也存在不少的东西是越多越坏的，例如对一个已经吃得很饱的人来说，更多过量的食物就不是多多益善了。

5.2.1　无差异曲线及其特点

无差异曲线（indifference curve）是指能够给消费者带来同等程度的满足水平或效用水平的两种商品的各种不同组合的轨迹，又被称为等效用线（isoutility curve）。表 5-2 为无差异表，它表明不同的商品组合给单个消费者带来的效用是同等的，也即无差异的。根据无差异表，可以得出图 5-3 中该消费者的无差异曲线 I。

表 5-2　无差异表

商品组合	商品 X 的数量	商品 Y 的数量
A	10	60
B	20	40
C	40	20
D	50	15

图 5-3 的横轴为 X 商品的数量，纵轴为 Y 商品的数量。在一条无差异曲线上，任何一点所表示的商品组合（如 A，B，C，D）所给定的效用水平都是相等的。同时一个消费者绝不会只有一条无差异曲线，而是有一组无差异曲线，不同的无差异曲线构成了“无差异曲线图”（indifference map），如图 5-4 所示。

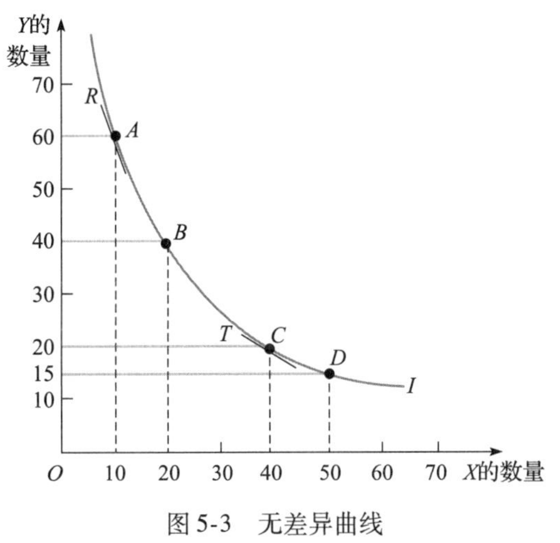

图 5-3　无差异曲线

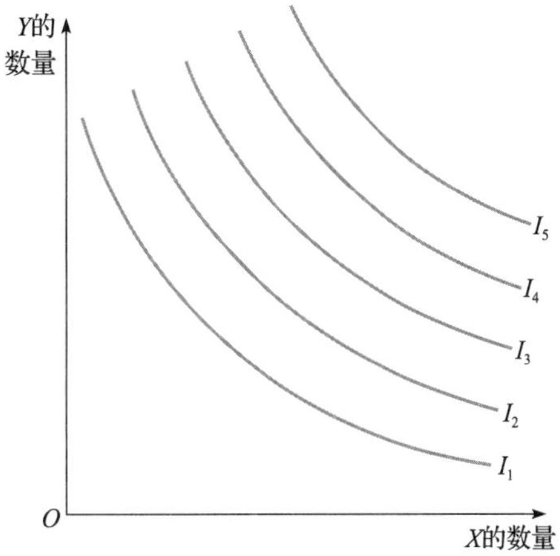

图 5-4　无差异曲线图

根据图 5-3 和图 5-4 可以看出无差异曲线具有以下特征。

（1）同一坐标平面内存在着无数条无差异曲线，离原点较远的无差异曲线代表较高的效用水平，较近则效用水平较低。如图 5-4 所示，按照效用水平从高到低的顺序可以排为：$I_5>I_4>I_3>I_2>I_1$。

（2）对于同一个消费者而言，任何两条无差异曲线都不会相交。如果相交则会违反偏好的假定。运用反证法和偏好的假定，可以推导出两条无差异曲线相交的不可能性。如图 5-5 所示，e 点

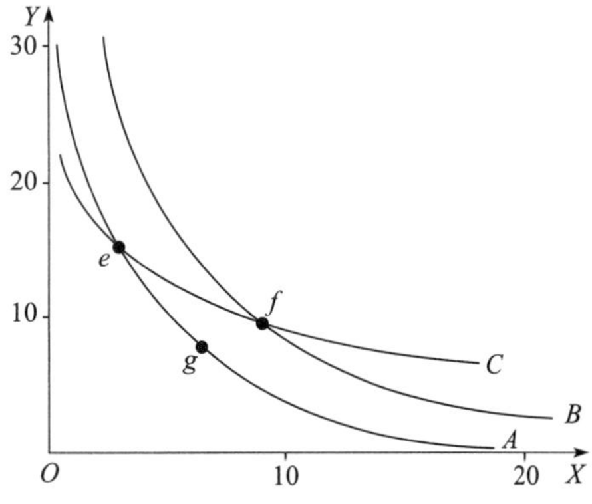

图 5-5　无差异曲线相交的不可能性证明图

与f点在同一条无差异曲线C上，因此e与f具有相同的效用水平。同时，g点与e点在同一条无差异曲线A上，因此g与e具有相同的效用水平。根据偏好的可传递性假设，g与f也应在同一条无差异曲线上，而图中的g点和f点代表不同的效用水平，因此两条无差异曲线相交的假设被否定。

（3）无差异曲线从左上方向右下方倾斜，也即曲线斜率为负。这表明，消费者为了保持效用水平相等，必须使所放弃的商品Y的消费能够从增加商品X的消费中得到弥补。

（4）无差异曲线凸向原点。这说明，无差异曲线的斜率的绝对值是递减的。无差异曲线的斜率被称为商品的边际替代率。

专栏5-4

其他形状的无差异曲线

无差异曲线除了前面所示的标准形态外，还有一些其他形状的无差异曲线。

完全替代品的无差异曲线：X和Y是两种完全其他产品，如1支蓝颜色的铅笔与1支红颜色的铅笔（如果消费者对蓝色与红色选择没有差异）、一盒500毫升的牛奶与2盒同品牌的250毫升牛奶等等，如图5-6a所示。

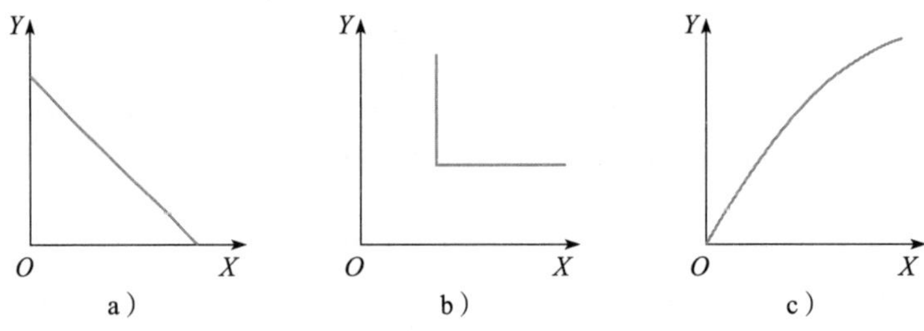

图5-6　几种特殊的无差异曲线形式

完全互补品的无差异曲线：X和Y是两种完全互补品，如1只左脚鞋与1只右脚鞋是完全互补的产品。1只左脚鞋与2只右脚鞋并不会因为增加1只鞋而增加消费者的满足感，如图5-6b所示。

一种好产品与一种厌恶品组合的无差异曲线：如学习获得高分与学习时间之间，大部分人喜欢获得好的分数，但不喜欢长时间学习，如图5-6c所示。

5.2.2　边际替代率

两种商品之间的边际替代率（marginal rate of substitution，MRS）是指消费者在保持同等程度的满足时，即在同一效用水平下，增加一单位某商品的消费时必须放弃的另一种商品的消费数量。表示每增加一单位X商品的消费而必须放弃商品Y数量的是X对Y的边际替代率，具体可以用公式表示为

$$MRS_{XY} = \frac{-\Delta Y}{\Delta X}$$

此外，边际替代率还可以用两种商品的边际效用来表示，它等于两种商品的边际效用之比，

即 $MRS_{XY}=MU_X/MU_Y$，证明如下所示。

a 点与 b 点在同一条无差异曲线上，意味着两点的总效用水平相同：$TU_a=TU_b$。从 a 点到 b 点的过程中，消费者增加了 X 商品的消费，增加的单位为 ΔX，而减少了 Y 商品的消费，减少的数量为 ΔY 单位，但两者总效用水平仍然相同，说明多消费 ΔX 单位增加的总效用正好等于少消费 ΔY 单位引起的总效用减少，即

$$\Delta TU_X=-\Delta TU_Y$$

$$\Delta X\times MU_X=-\Delta Y\times MU_Y$$

$$\frac{-\Delta Y}{\Delta X}=\frac{MU_X}{MU_Y}$$

所以，X 对 Y 的边际替代率也就是其边际效用之比：

$$MRS_{XY}=\frac{MU_X}{MU_Y}$$

凸向原点的无差异曲线，其边际替代率一定是递减的。边际替代率是递减的，这意味着在保持总效用水平不变的前提下，为增加1单位商品 X 的消费量，而必须放弃的另一种商品 Y 的消费量是减少的。从图5-3也可以看出，当消费者从 A 点组合变为 B 点组合后，增加了 $20-10=10$ 单位 X 商品消费，保持效用不变时减少的 Y 消费数为 $60-40=20$；而随着 X 消费的增加，从 C 点组合移动到 D 点组合，X 消费同样增加 $50-40=10$ 单位，Y 的减少数量变为 $20-15=5$ 单位！据此，我们得到边际替代率递减规律，消费者为得到更多数量的某一商品而愿意放弃的另一商品的数量是递减的，或者商品的边际替代率是递减的。这是因为，随着某种商品消费量的增加，其边际效用递减，而另一商品的边际效用又随其消费量的减少而递增。可见，边际替代率递减规律来自边际效用递减规律。

从数学角度来分析，如果消费的商品可以无限细分，商品间可以进行微小数量替代，边际替代率其实是无差异曲线对应点所做切线的斜率，如图5-3中过 A 点、C 点所作切线的斜率就是对应点的边际替代率。

5.2.3　预算线

无差异曲线上的点代表的是消费者主观意愿购买的商品组合，但在客观上消费者的消费活动仍然必须受到货币收入因素的制约，因此有必要考虑另外一条曲线，即预算线（budget line）。假定某消费者的收入为30元，他将这笔收入花费在生活必需的食品和衣着的购买上，市场上食品的价格每单位为2元，服装的价格每单位为3元，那么，消费者如将30元收入全部花在食品上可以购买15单位的食品，如果将30元收入全部用于服装的购买那么可以消费10单位的服装。另外，该消费者同时消费食品和服装时，将会产生无数种组合，如3单位的食品和8单位的服装；6单位的食品和6单位的服装……根据上述数据可以得出图5-7的预算线 B。

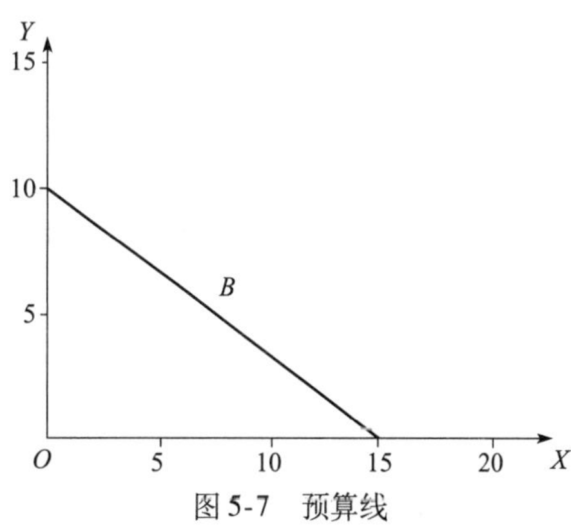

图5-7　预算线

可见，预算线是在收入和商品价格既定的条件下，消费者能够购买到的两种商品最大数量组合的

连线。预算线与横轴、纵轴所构成的三角形区域被称为预算空间，在此空间中任何一点代表的消费商品的组合都是消费者能够购买的。而在预算空间以外的任何一点所代表的消费商品组合是消费者在现有收入水平下无法实现和达到的。预算线的方程可以用下式来表示：

$$XP_X + YP_Y = M$$

式中，X 和 Y 为两种商品的消费数量；P_X 和 P_Y 为两种商品的价格；M 为消费者的货币收入。

因此可以知道图 5-7 中预算线的斜率可以表示为：P_X/P_Y。

如果消费者的收入水平和（或）商品的价格发生改变，都会引起预算线的改变。图 5-8 表明商品价格不变的前提下收入变动对预算线的影响：收入提高，消费者增加购买，预算线向右上方平移，从 A_2B_2 移到 A_1B_1；收入减少，消费者减少购买，预算线向左下方平移，从 A_2B_2 移到 A_3B_3。平移的幅度取决于收入变动的大小。图 5-9 表明的是收入水平和某一种商品（商品 Y）价格不变的前提下，另一种商品（商品 X）价格变动对预算线的影响，主要引起预算线的旋转。当 X 商品价格增加时，预算线以 A 点为轴心向左下方发生旋转，从 AB_2 移动到 AB_3；当 X 商品价格减少时，预算线以 A 点为轴心向右上方发生旋转，从 AB_2 移动到 AB_1。

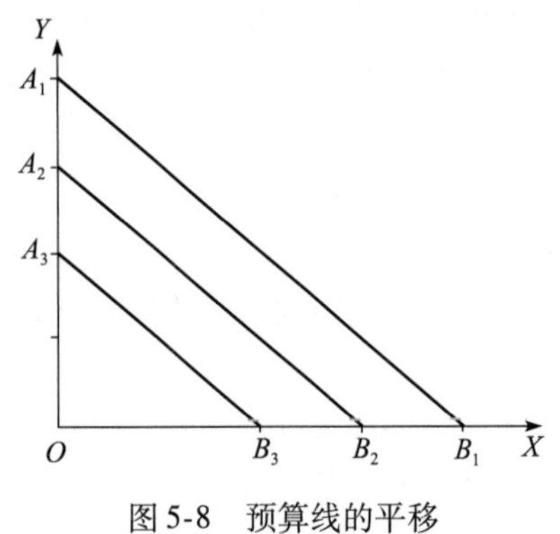

图 5-8　预算线的平移

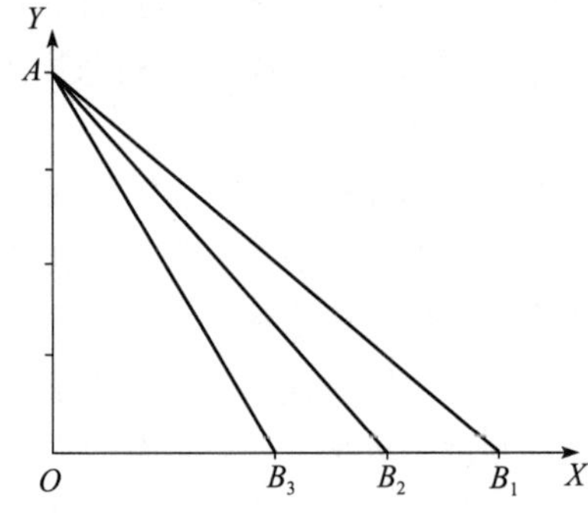

图 5-9　预算线的旋转

上述分析说明，收入水平变化与商品价格变化对预算线的影响是不同的；收入水平的变化影响到预算线位置的高低，而某种商品价格的变化则导致预算线斜率的变动。此外当两种商品的价格按照同方向且同比例变化时，才会对预算线产生如同收入水平变化时的相同影响。

5.2.4　消费者均衡

序数效用理论认为，无差异曲线反映的是消费者的消费意愿和消费偏好，而预算线表明的是消费者的消费能力，因此要在无差异曲线和预算线的基础上，来分析消费者均衡问题。根据前面章节对消费者均衡的定义，要求消费者在既定收入下实现效用最大化的均衡条件，只需找到既定的预算线与尽可能高的无差异曲线的切点即可。

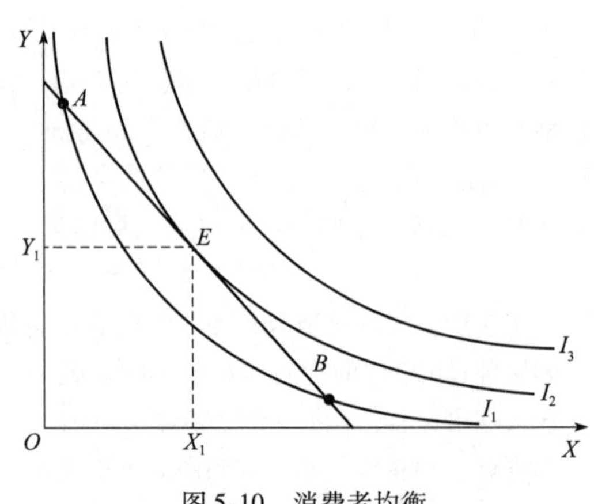

图 5-10　消费者均衡

如图 5-10 所示，最高的一条无差异曲线 I_3 上的点代表着图中最大的效用满足程度，但是这条曲线所代表的商品组合的数量，在既定价格水平下，超出了消费者的收入水平，消费者对该无差异曲线所代表的商品数量没有支付能力。从图中可直观地看出，无差异曲线 I_3 高于预算线 B。

而无差异曲线 I_2，它与预算线 B 有一个切点 E，在该点上消费者恰好支出自己的全部收入并且得到 I_2 曲线所代表的效用满足程度，两种商品的消费组合（X_1，Y_1）为最优的消费组合。那么，既然消费者只能在预算空间内（包括边缘）进行选择，为什么不选择 I_1 与预算线的交点进行消费呢？原因在于，此情况下消费者付出了全部收入而只得到无差异曲线 I_1，明显低于无差异曲线 I_2 所代表的效用水平。因此消费者要使自己在既定的收入水平条件下获得最大满足，更倾向于 E 点。E 点是预算线与无差异曲线的切点，该切点切线的斜率等于预算线斜率 P_X/P_Y，也即两种商品价格的比率；而无差异曲线的斜率即边际替代率为 $-\Delta Y/\Delta X$，因此，消费者的均衡条件可以写为

$$MRS_{XY} = \frac{-\Delta Y}{\Delta X} = \frac{P_X}{P_Y}$$

假如消费者选择 E 点以外的某一点进行消费时，无差异曲线的斜率可能大于预算线的斜率，即 $MRS_{XY} > P_X/P_Y$。根据边际替代率递减法则，消费者将增加 X 的购买，减少 Y 的购买，以便得到更大的满足。同时，无差异曲线的斜率也可能小于预算线的斜率，即 $MRS_{XY} < P_X/P_Y$；同理，消费者将减少 X 的购买，增加 Y 的购买，以便得到更大的满足。只有在点 E，$MRS_{XY} = P_X/P_Y$，消费者才能达到均衡的购买量，得到最大的满足。

另外，在前面章节已经证明，X 对 Y 的边际替代率也就是其边际效用之比：

$$MRS_{XY} = \frac{MU_X}{MU_Y}$$

那么也就意味着

$$MRS_{XY} = \frac{MU_X}{MU_Y} = \frac{P_X}{P_Y}$$

上式也可以进一步转化为 $MU_X/P_X = MU_Y/P_Y$，刚好等同于基数效用理论的消费者均衡条件。可见，序数效用理论与基数效用理论两者在消费者均衡条件方面是一致的。

到目前为止，所提到的无差异曲线和预算线的分析中，适用于消费者仅消费两种商品。在商品数量多于两种的情形下，可以把消费者的选择看成是在一种单独的商品 X 和所有商品的一个混合 Y（可称之为合成品）之间做出。购买合成品用的是消费者买过 X 之后剩下的收入。于是，即使有多种商品，我们也可以在 XOY 坐标平面上表示消费者偏好的无差异图。此时，无差异曲线反应的就不是用一种特定商品去交换另一种商品 X 的等效用比率，而是用合成品交换 X 的比率。就如同在两种商品的情形下，当消费者在预算约束下达到最高的那条无差异曲线时，消费者的均衡就产生了。

例如，某消费者去逛商场，想买一件上衣和一条裤子。先看上一套名牌服装，虽然喜欢，但价格超出了 2 000 元（该消费者最大支出为 2 000 元），效用虽大，但超出了支付能力；售货员推荐一套标价为 2 000 元的服装，消费者并不喜欢。货比三家后终于选到了喜欢的服装，价格为 1 999 元，成交！消费者在对一种商品考虑买与不买之时，就是在将效用与价格进行比较。当对自己购买的服装最满意的时候，也就是花钱最值之时。

从上述消费者均衡的条件可以看出，这是第 4 章边际分析方法求出最优结果的具体体现，即单位货币购买到的得益（对消费者就是效用）相等之时。

5.2.5 消费者均衡的变动

商品价格和消费者收入的变化会分别影响预算线的位置和斜率。因此当商品的价格和消费者的收入发生变化时，预算线会发生移动，新的预算线与其他的无差异曲线相切，从而形成新的消费者均衡点，使得消费者均衡发生变动。

1. 收入消费线与恩格尔曲线

当两种商品价格不变，而消费者的收入发生变动时，预算线的斜率不变，但其位置将平行移动，因此预算线与其他的无差异曲线相切，使得消费者的均衡点也将随之移动。由上述消费者均衡点所形成的连线轨迹，反映了消费者在不同的收入情况下两种商品消费量所产生的变化，被称为**收入消费线**（income consumption curve，ICC）。如图 5-11 所示，当消费者的收入从 M_1 增加到 M_2 时，预算线从 A_1B_1 移至 A_2B_2，均衡点自 E_1 移至 E_2，对 X 的需求量自 X_1 增至 X_2；当消费者的货币收入进一步增加到 M_3 时，预算线又从 A_2B_2 移至 A_3B_3，均衡点自 E_2 移至 E_3，对 X 的需求量也从 X_2 增至 X_3。E_1、E_2、E_3 等类似点的连线即为收入消费线。

从收入消费线我们可以推导出恩格尔曲线。**恩格尔曲线**（Engel curve）是由德国统计学家恩格尔提出的，表明消费者的收入与某种商品的需求量之间关系的曲线。如图 5-12 所示，

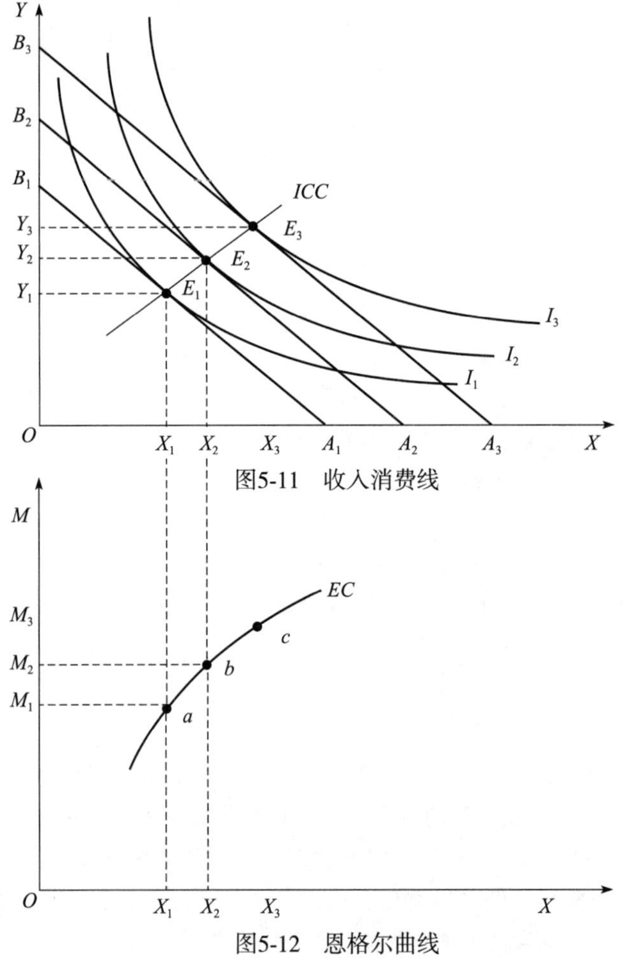

图5-11 收入消费线

图5-12 恩格尔曲线

纵轴表示的是消费者收入水平，横轴表示的是某种商品 X 的消费量，可以从图 5-11 的收入消费线推导而来。

2. 价格消费线与需求曲线

同样，当某种商品的价格发生变动时，预算线的斜率必然变动，从而引起预算线的移动和消费者均衡点的移动。由上述消费者均衡点所形成的连线轨迹，反映了消费者在不同的价格下商品消费量的变化，被称为**价格消费线**（price-consumption curve，PCC）。如图 5-13 所示，当商品 X 的价格下降时，预算线从 A_1B 旋转至 A_2B，均衡点从 E_1 移至 E_2，需求量从 X_1 增至 X_2；当 X 的价格进一步下降时，预算又从 A_2B 旋转至 A_3B，均衡又从 E_2 移至 E_3，需求量也从 X_2 进一步增到 X_3。E_1、E_2、E_3 等类似点所形成的轨迹即为价格消费曲线。从价格消费线可以推导出某商品的需求曲线，如图 5-14 所示。

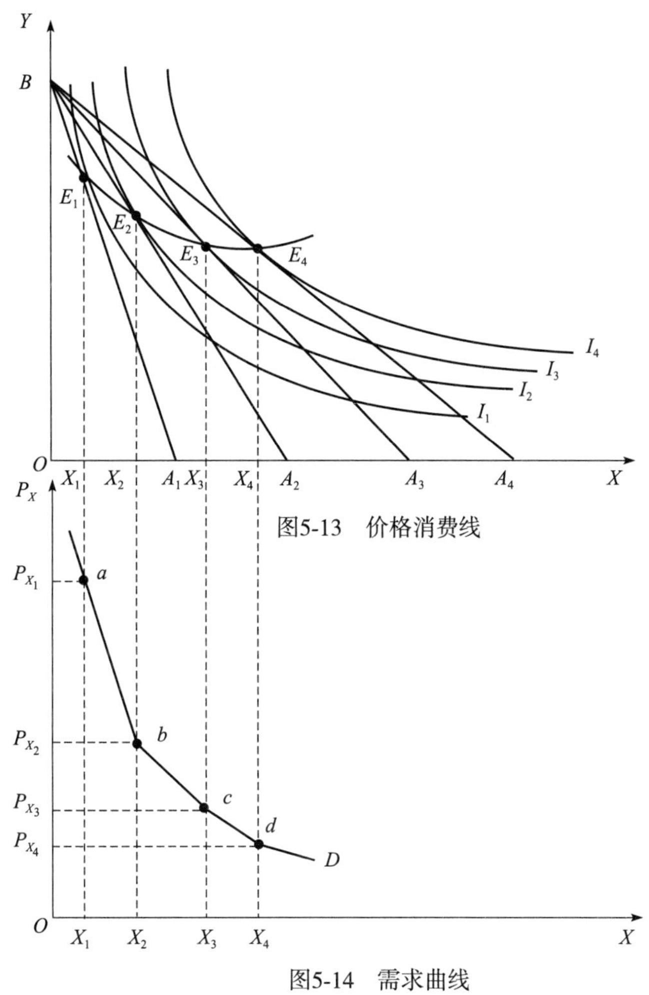

图5-13　价格消费线

图5-14　需求曲线

3. 收入效应与替代效应

需求定律表明在其他条件不变的前提下，价格与需求量呈反方向运动。而某种商品价格变动对需求量的影响被称为价格效应，同时价格效应又可以分解为收入效应和替代效应。**收入效应**（income effect）是指当商品的价格变动时，引起消费者实际收入的相对效果变动，进而导致对该商品需求量的增加（价格下降）和减少（价格上升），这种效应称为收入效应。对于不同性质的商品，其收入效应也不相同。一般而言，正常商品的收入效应为正，即随着收入的增加消费量增加；低档商品和吉芬商品的收入效应为负，即随着收入的增加消费量反而减少。**替代效应**（substitution effect）是指当商品的价格变动时，在消费者的实际收入没有影响的前提下，引起消费者转向替代商品（商品价格上升）或从替代商品转向该商品（商品价格下降），从而对需求量产生的影响。这种价格变化所带来的需求量的变动效应，称为替代效应。

在替代效应和收入效应的分析中，假定消费者货币收入水平不变，原有的效用水平不变，消费者保持原有的无差异曲线。当商品价格发生变动后，虽然消费者的货币收入不变，实际收入的购买力却发生了变动，如图 5-15 所示。

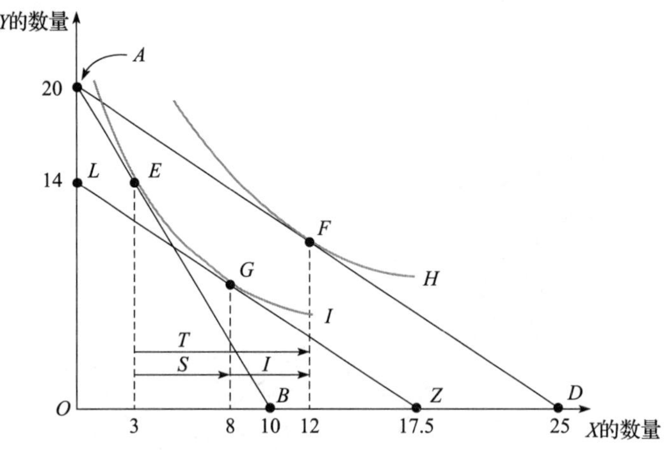

图 5-15　正常物品价格变化引起的替代效应与收入效应

注：T 为价格变化总效用；S 为替代效应；I 为收入效应。

图 5-15 中，当商品 X 的价格下降后，预算线从 AB 向外旋转为 AD（因为假定商品 Y 的价格不变），消费均衡点从 E 点变为 F 点，对 X 的需求量从 3 单位增加为 12 单位，增加了 9 单位。这种由于价格变动导致的需求量总变化即为价格效应，它是替代效应和收入效应共同作用的结果：

价格效应 = 替代效应 + 收入效应

替代效应：假定收入不变情况下（假设价格变化后有补偿机制，多退少补，保持收入购买力不变），人们做选择。既然商品 X 变得相对便宜，人们自然会多购买 X，少购买 Y。这种调整以保持收入不变（从而也是效用水平不变）。这种调整在图 5-15 中，表现为保持相切沿着同一条无差异曲线 I 转动，从 E 点移动到 G 点，即对 X 的购买量从 3 单位增加至 8 单位，即替代效应 S 引起需求增加 5 单位。过 G 的预算线为 LZ。从 AB 转向 LZ，只是斜率变化（相对价格变化引起），但实际收入水平（效用水平）不变。

收入效应：价格下降其实也意味着人们名义收入购买力上涨（或者说实际收入增加）[⊖]，这样引起的是预算线从 LZ 向外平行移动到 AD，回到 A 点是因为商品 Y 的价格不变。均衡点从 G 点变动到 F 点，根据新的均衡，商品 X 的需求继续增加 4 单位，即收入效应 I 引起需求增加 4 单位。

⊖ 前面只是假设存在多退少补的补偿机制，其实补偿机制并不存在。

X价格下降的总效应为需求从3单位增加到12单位，增加了9单位，即：

$$X\text{价格下降的总效应 }T = \text{替代效应 }S + \text{收入效应 }I$$

$$9 = 5 + 4$$

如果X是**低档物品**，情况又会怎样呢？

对于低档物品，主要是指当收入变化时，需求会表现出与正常商品相反的走势，即收入提高引起需求下降，而收入降低则引起需求增加。如果低档物品X的价格下降，两种效应表现如下。

替代效应：同正常物品相同，价格便宜的产品人们仍然喜欢。所以，替代效应变化的过程与前面正常商品相同，结果表现为X的需求增加了5个单位（见图5-16）。

收入效应：X价格下降，实际收入提高，将导致对商品X的需求减少，在图5-16中，均衡点从G点变动到F点，根据新的均衡，商品X的需求减少2单位，即收入效应I引起需求减少2单位。

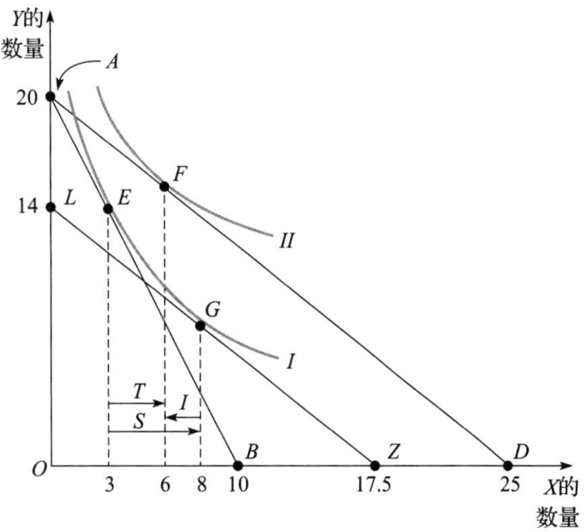

图5-16 低档商品的收入与替代效应

X价格下降的总效应为需求从3单位增加到6单位，增加了3单位，即：

$$X\text{价格下降的总效应 }T = \text{替代效应 }S + \text{收入效应 }I$$

$$3 = 5 + (-2)$$

读者可能会想到，在低档物品中，如果收入效应足够大，引起的需求减少超过替代效应，那么，就会发生价格下降而需求减少的情形。这种情形在经济学中被称为吉芬商品（Giffen goods）。吉芬商品是英国经济学家罗伯特·吉芬（Robert Giffen）在研究19世纪爱尔兰人对土豆的消费需求时发现的一种违反需求法则的反常现象，因此被命名为吉芬商品。显然，吉芬商品必是低档物品，但低档物品不一定是吉芬商品。

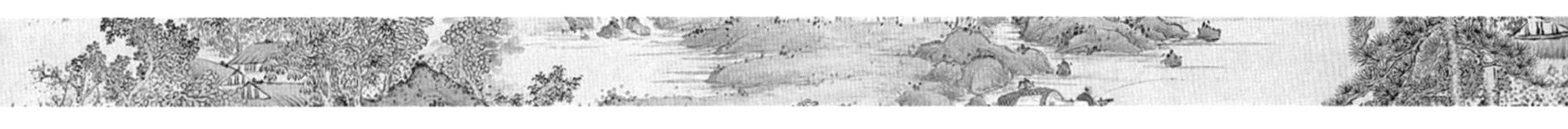

专栏5-5

寻找吉芬商品

吉芬商品概念提出后，经济学家们一直在理论之外的真实世界中寻找对应的例子。甚至对于原来吉芬提出时的情景，即爱尔兰大饥荒时对土豆需求的反常现象，也经过经济学家杰拉尔德·德维尔（Gerald Dwyer）和科顿·林赛（Cotton Lindsay）以及舍温·罗森（Sherwin Rosen）分别进行研究，重新检视数据后，证明并非典型的吉芬商品事例。因为，对于个别家庭可能存在吉芬商品现象，但爱尔兰总的土豆市场中的需求曲线并没有出现随着价格上涨而需求量会增加的情形。

然而，罗伯特·詹森（Robert Jensen）和诺兰·米勒（Nolan Miller）2008年在中国湖

南、甘肃农村地区极端贫困家庭进行了一项政策试验，认为找到了吉芬商品现象[⊖]。他们认为，吉芬商品一定是低档物品，而且在消费者预算支出中占有相当高的份额。在中国湖南、甘肃的一些贫困农村，人们将收入的绝大部分用于购买大米、面粉。人们也喜欢吃肉，但肉无法提供同样支出的大米、面粉带来的热量。

他们的实验设计如下：在湖南5个月的时间内，他们给了参与实验的家庭一些优惠券，据此可以以较低价格购买大米。参与实验的家庭不能使用优惠券购买任何其他的产品。在甘肃，他们给予了参与实验的家庭可以优惠价格购买面粉的优惠券。詹森和米勒随后观察参与实验的家庭在获得优惠券期间以及优惠券使用后的购买行为。在湖南，实验家庭获得优惠券的几个月中，减少了对大米的购买，而更多地购买肉食；在甘肃，实验家庭减少了对面粉的购买，也增加了对肉的购买。湖南与甘肃这些实验家庭是在大米、面粉价格下降后，减少了购买量。所以，两位研究者认为，他们找到了吉芬商品。

附录5A

收入条件：$P_1X_1+P_2X_2+\cdots+P_nX_n=M$

效用函数：$TU=U\ (X_1,\ X_2,\ \cdots,\ X_n)$

为了解决以下两个式子所给出的约束条件下的最优化问题，需要运用拉格朗日乘数法。构造拉格朗日函数：$L=U\ (X_1,\ X_2,\ \cdots,\ X_n)-\lambda\ (P_1X_1+P_2X_2+\cdots+P_nX_n-M)$

其中λ被称为拉格朗日乘子，在这里具体表示为货币的边际效用。对拉格朗日函数求一阶导数，可以得到约束条件下求最优化问题的必要条件。

$$\frac{\partial L}{\partial X_1}=MU_1-\lambda P_1=0$$

$$\frac{\partial L}{\partial X_2}=MU_2-\lambda P_2=0$$

$$\cdots$$

$$\frac{\partial L}{\partial X_n}=MU_n-\lambda P_n=0$$

$$\frac{\partial L}{\partial \lambda}=P_1X_1+P_2X_2+\cdots+P_nX_n-M=0$$

根据前n个式子，可以得到消费者均衡条件，也即边际效用均等规则：

$$MU_1P_1=MU_2P_2=\cdots=MU_nP_n=\lambda$$

本章小结

1. 总效用是指消费者在一个特定时间内消费一定数量的某种商品所获得的满足程度的总和。边际效用是指消费者在某一时间内增加一单位商品的消费时所增加的额外满足程度。总效用与边际效用的关系：MU为正，TU增加；MU为负，TU递减；MU为0，TU最大。

2. 消费者均衡是指消费者在货币收入

⊖ Robert T. Jensen, Nolan H. Miller, "Giffen Behavior and Subsistence Consumption," *American Economic Review*, Vol. 98, No. 4, September 2008, pp. 1553 - 1577。

和商品价格既定的条件下购买商品而获得最大的总效用的消费或购买状态，其必要条件是 $MU_1/P_1 = MU_2/P_2 = \cdots = MU_n/P_n = \lambda$。

3. 分析消费者的均衡有两种基本理论：基数效用论和序数效用论。前者假定消费物品带来的满足感可以用具体数字表示，而后者则是通过把人们的消费通过排序的方法来解释，二者有异曲同工之妙。基数效用论采用效用函数方法，序数效用论采用无差异曲线方法。消费者均衡条件：$MRS_{XY} = MU_X/MU_Y = P_X/P_Y$。

4. 消费者均衡的变动：价格消费线和收入消费线。从价格消费线推导需求曲线；从收入消费线推导恩格尔曲线。价格效应是替代效应和收入效应的总和。正常商品、低档商品和吉芬商品，各自体现出来的效应有所差异。

思考与练习

一、名词解释

总效用	边际效用
消费者均衡	无差异曲线
预算线	边际效用递减规律
边际替代率	收入效应
替代效应	价格效应
恩格尔曲线	吉芬商品

二、选择题

1. 总效用曲线达到顶点时，(　　)。

A. 边际效用曲线达到最大点

B. 边际效用为正

C. 边际效用为零

D. 边际效用为负

2. 如果某条无差异曲线是水平直线，这表明该消费者对（　　）的消费已达饱和（设 X 由横轴度量，Y 由纵轴度量）。

A. 商品 X

B. 商品 Y

C. 商品 X 和商品 Y

D. 商品 X 或商品 Y

3. 无差异曲线上任一点的商品组合中 X 和 Y 的边际替代率等于它们的（　　）。

A. 价格之比　　B. 数量之比

C. 边际效用之比　　D. 总效用之比

4. 商品 X 和 Y 的价格按相同比率上升，而收入不变，预算线（　　）。

A. 向左下方平行移动

B. 向右上方平行移动

C. 不变动

D. 向左下方或右上方平行移动

5. 商品 X 和 Y 的价格以及消费者的收入都按同一比率同方向变化，则预算线（　　）。

A. 向左下方平行移动

B. 向右上方平行移动

C. 不变动

D. 向左下方或右上方平行移动

6. 预算线反映了（　　）。

A. 消费者的收入约束

B. 消费者的偏好

C. 消费者人数

D. 消费者的效用水平

7. 已知消费者的收入是100元，商品 X 的价格是10元，商品 Y 的价格是3元。假定该消费者打算购买7单位 X 和10单位 Y，这时商品 X 和 Y 的边际效用分别是50和18。如果要获得最大效用，消费者应该（　　）。

A. 增加购买 X，减少 Y

B. 减少购买 X，增加 Y

C. 同时增加 X 和 Y

D. 同时减少 X 和 Y

8. 消费者预算线发生平移时，消费者各个均衡点的连线被称为（　　）。

A. 需求曲线　　B. 收入消费线

C. 价格消费线　　D. 恩格尔曲线

9. 需求曲线从（　　）推导而来。

A. 价格消费线　　B. 收入消费线

C. 无差异曲线　　D. 预算线

10. 正常商品价格上升导致需求量减少的原因在于（　　）。

A. 替代效应使得需求量增加，收入效应使得需求量减少

B. 替代效应使得需求量增加，收入效应使得需求量增加

C. 替代效应使得需求量减少，收入效应使得需求量减少

D. 替代效应使得需求量减少，收入效应使得需求量增加

11. 当吉芬商品价格上升时，应有（　　）。

A. 替代效应为正值，收入效应为负值，且前者作用小于后者

B. 替代效应为负值，收入效应为正值，且前者作用小于后者

C. 替代效应为负值，收入效应为正值，且前者作用大于后者

D. 替代效应为正值，收入效应为负值，且前者作用大于后者

三、判断题

1. 同一本书具有相同的效用。

2. 假定其他条件不变，消费者从每单位商品中得到的效用随着这种商品数量的增加而增加。

3. 只要商品的数量在增加，消费者得到的总效用就一定增加。

4. 只要总效用是正数，边际效用就不可能是负数。

5. 如果边际效用递减，则总效用相应下降。

6. 无差异曲线表示不同的消费者消费两种商品的不同数量组合所得的效用是相同的。

7. 在同一条预算线上，货币收入是不变的。

8. 在消费者的收入和商品的价格为一定的条件下，预算线是一条确定的直线。

9. 如果效用函数 $U(X, Y) = 5X + 6Y$，则无差异曲线的边际替代率是递减的。

10. 假定其他条件不变，如果某种商品的价格下降了，根据效用最大化原则，消费者会增购这种商品。

四、计算题

1. 已知效用函数为 $U = X^a + Y^a$，求商品的边际替代率 MRS_{XY}、MRS_{YX}，以及 $X = 10$，$Y = 5$ 时的 MRS_{XY}、MRS_{YX}。

2. 某消费者的效用函数和预算线分别为 $U = X_1^{1.5}X_2$ 和 $3X_1 + 5X_2 = 100$，请求出其对 X_1、X_2 商品的最优购买量。

3. 某人消费商品 X 和 Y 的无差异曲线为 $Y = 20 - 4\sqrt{X}$。

求：（1）组合（4，12）点的斜率是多少？

（2）组合（9，8）点的斜率是多少？

（3）MRS_{XY}是递减的吗？

五、问答题

1. 你能举出边际效用递减规律的反例吗？

2. 如果有一辆需要四个轮子才能开动的汽车，当你拥有第四个轮子时，这第四个轮子的边际效用似乎高于第三个轮子的边际效用，此现象是否违反边际效用递减规律？

3. 请用边际效用概念解释亚当·斯密提出的“水与钻石价值之谜”——水的使用价值很大，而交换价值却很小；钻石的使用价值很小，但交换价值却很大。

4. 试论基数效用论和序数效用论的区别。

5. 请解释消费者均衡的条件。

6. 请从价格消费线推导出某商品的需求曲线。

7. 试用替代效应和收入效应解释消费者需求变动的原因并作图表示。

8. 请用替代效应和收入效应之间的关系解释低档商品和吉芬商品之间的区别。

第6章
CHAPTER6

对供给的深入分析：生产与成本理论

劳动生产力最大的增进，以及运用劳动时所表现的更大的熟练、技巧和判断力，似乎都是分工的结果。

——亚当·斯密

§ 本章要点

为了更好地理解消费者如何决策，我们已经知道了需求曲线背后的故事（参见第4章）。为了更好理解生产者的行为，我们要去了解供给曲线背后的故事。

供给曲线呈向右上倾斜状，除了价格水平提高生产者受到激励增加产品供给外，最重要的原因是生产产品的边际成本在递增。通过本章的学习，我们将理解这是为什么。本章我们将介绍企业如何决定产品的产量、投入要素的成本、生产过程中短期与长期存在的重要规律、产量与成本之间的相互影响等主要与生产过程有关的一些内容。

§ 学习目标

- 理解生产函数的内涵；
- 掌握短期生产函数和长期生产函数的相关规律；
- 理解支配供给曲线的生产者行为以及生产者均衡的条件；
- 熟练掌握利润最大化原则的意义。

§ 基本概念

生产函数	生产要素	边际产量	机会成本	显性成本
隐性成本	可变成本	不变成本	正常利润	经济利润
边际成本	规模经济			

本章是厂商行为理论（或称企业行为理论）的开始，接下来的3章都与厂商决策有关。对厂商（企业）的分析，类似于对消费者行为的分析。所谓**厂商**（firm）或**企业**（business）

是指将劳动、资本、土地、原材料等投入要素整合在一起生产产品的一种组织形式。如果厂商运营成功，产出价值要多于投入。

谈到企业，一般总是先想到中国石油、中国工商银行、华为、阿里巴巴、腾讯等大型企业，其实我国企业总数中大多数是小微企业，尤其是电商兴起后，成立一家企业变得非常容易。我们在这里只是指一般意义上的一家生产单位。

6.1　生产与成本理论中的一些基本概念

1. 生产

生产是指个人、厂商、政府等利用投入要素制造他人愿意付钱购买的产品或服务的过程或流程。这里所指的生产活动，不仅仅指制造有形产品，还包括任何创造价值的流程或服务，如交通、配送、批发零售等，甚至医生、教师、音乐家、警察等工作的过程都在从事生产活动。在本章中，为了分析的需要。我们主要以制造有形产品为分析对象，但这些原理同样适用于服务活动等。

在生产活动中，显然涉及许多决策，如：产量应该为多少？厂商应该怎样生产？产品价格水平为多高？这些决策不仅与厂商自己内部的状况有关，也与厂商所处的行业、其他厂商的竞争力大小等外部因素密切相关。

2. 生产函数

面对多种多样的生产过程，我们首先要对生产过程进行描述。无论怎样定义生产，其核心含义都是整合投入来得到产出。经济学用生产函数来表现这种关系。所谓**生产函数**（production function）是指在一定技术条件下，投入要素或生产要素组合与所能生产的最大产出之间的关系。这种最优关系，可以是产量水平既定条件下的成本最小，也可以是成本既定条件下的产量最大。生产函数的形式可以表示为

$$Q = f(X_1, X_2, X_3, \cdots, X_n) \tag{6-1}$$

其中，Q 为产出数量，X_1，X_2，X_3，…，X_n为不同的投入要素使用数量。

在第 1 章，我们介绍过，经济学中的资源在一般情况下指的就是生产要素，主要包括劳动、土地、资本和企业家才能。为了简单起见，我们使用简单的生产函数，即只使用两种最基本的投入要素：劳动与资本的生产函数，即

$$Q = f(L, K) \tag{6-2}$$

式中，L，K 分别为生产中使用的劳动数量与资本数量。当然现实中涉及的生产要素可能要多得多。

对于使用的投入要素，有些是可以变化的，如可雇用的劳动，可使用的资本，有些是不变的，至少在一定时间内不变，如一定数量土地、建筑物等。为了表现这些要素的区别，可以变化的投入要素被称为**可变投入要素**，而不能改变的被称为**固定投入要素**。要素之间组合也有两种组合方法，一种是要素之间的组合比例可以改变，如同样的产量可以使用不同的要素组合来实现，这被称为**可变要素比例**。如果要素只能按一定的比例组合才能使用，这被称为**固定要素比例**。经济学上把各种生产投入要素之间的组合比例称为**技术系数**（technological coefficient）。根据技术系数变化，生产函数也可分为**固定技术系数的生产函数**和**可变技术系数的生产函数**。

经济学中根据厂商对投入要素的不同组合方法，可以有不同的生产函数，如线性生产函数，函数形式为 $Q = aK + bL$，a、b 为系数；非线性函数，如柯布 - 道格拉斯函数，函数形式为 $Q = K^{\alpha}L^{\beta}$，函数名称是以经济学家查尔斯·柯布（Charles Cobb）和保罗·道格拉斯（Paul Douglas）的名字来命名的。

3. 生产周期的长期与短期

对于厂商而言，生产者面临两种时间决策框架的决策：短期生产与长期生产。短期生产，是指至少有一种生产要素保持不变的时期。在短期，产出的多少完全取决于可变的投入要素的数量。长期生产，是指所有投入要素都可以进行调整的时期。

这样定义的长期与短期，显然与自然日历的时间长度没有关系了，而只是与厂商是否能改变全部投入要素相关。如果至少有一种投入要素不变，时间再长也是短期！如一些百年老店，如果店面规模不变，那也是短期经营（有些不合理!）。

4. 成本与利润

经济学一般假定，厂商的行为目标是利润最大化，但请注意这里的利润是经济利润。根据定义，有

经济利润 = 总收益 - 总经济成本

如果我们以 π 表示经济利润，Q 表示产出，P 表示产品价格，C 表示成本，则有

$$\pi = Q \times P - C$$

为了更好理解经济利润产生的过程，我们将对上式中的三个变量 Q、P、C 分别进行分析。

注意这里的经济利润术语与我们日常使用的利润一词是有区别的。这种差异与另一个概念即**总经济成本**相关。我们在第 1 章已经介绍过机会成本概念，在经济学中，这也是所有成本概念的基础。企业使用自己没有的资源必须付费，由此形成的成本被称为**显性成本**（explicit cost），也是目前通行的会计核算的成本，故也称为**会计成本**。但是，厂商也使用自己拥有的资源，如自己的资金、自己的劳动投入、自己的技术发明等，这些投入要素，通常成本核算时并不考虑，也就是不支付报酬，所以也被称为**隐含成本**（implicit cost）。

如某 A 从一家公司辞职，用自己的资金 10 万元创办一家快餐店，自己经营，辞职前他的年收入为 5 万元，目前最安全的银行理财产品年利率为 8%。问 A 的隐含成本为多少？

显然，自己放弃工作机会与自有资金获取利息的机会即 $5 + 10 \times 8\% = 5.8$ 万元，也就是 A 的隐含成本。

无论显明成本，还是隐含成本都是厂商的成本，所以，

经济成本 = 显明成本 + 隐含成本

经济利润 = 总收益 - 经济成本

如果不包括隐含成本，则

会计利润 = 总收益 - 显明成本

换言之，

经济利润 = 会计利润 + 隐含成本

6.2 短期生产

我们先从短期开始分析生产者的行为。

6.2.1　对生产者行为的简化假设

为了对厂商行为最本质的特性做出描述，我们要对生产者的行为做一些假定。这样做的目的是为了构建出有用的反映本质特性的模型。为此，我们对接下来分析的生产做出如下假定。

（1）除非特别情形下，厂商一般只生产单一产品，而且已经决定了生产那种产品。

（2）厂商的目的是实现最优化。即给定投入要素情况下，企业将努力实现产出水平最大；在给定产出水平情况下，企业将努力做到成本最小。

（3）在产品生产过程中，厂商一般只使用资本与劳动两种投入要素。

（4）厂商生产过程受到资本或劳动边际报酬递减规律的制约。

（5）厂商购买的劳动与资本都是同质的，购买数量不受限制。

6.2.2　短期总产量、边际产量与平均产量

既然是短期，厂商的基本生产函数中，一种投入要素将固定不变，另一种将会发生变化。函数形式变为

$$Q = f(L, \overline{K}) \tag{6-3}$$

也就说，厂商面临的机器设备、厂房代表的资本是固定不变的，厂商能改变的生产要素只有劳动。

表6-1所示为某厂商短期生产的情形（假设资本 $K=4$）。假设劳动每次按1单位增加，资本固定不变，总产量由可变的劳动与固定不变的资本来生产。表中给出了总产量，也给出了平均产量与边际产量。

表6-1　短期生产（资本 $K=4$）

劳动（L）	资本（K）	总产量（Q）	平均产量 $AP_L = Q/L$	边际产量 $MP_L = \Delta Q/\Delta L$
0	4	0	—	—
				3
1	4	3	3	
				7
2	4	10	5	
				14
3	4	24	8	
				12
4	4	36	9	
				4
5	4	40	8	
				2
6	4	42	7	
				0
7	4	42	6	
				−2
8	4	40	5	

根据表6-1，我们画出该生产函数的图形，如图6-1所示。

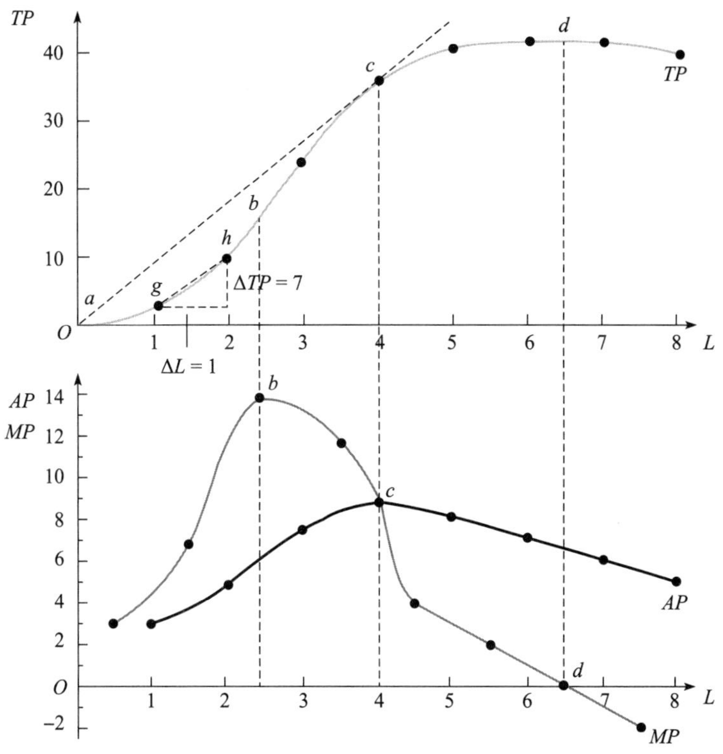

图6-1 总产量曲线（生产函数曲线）

总产量 总产量是指投入一定数量的生产要素得到的产量水平，用 *TP* 表示。图6-1 中，纵轴表示产量，横轴表示劳动投入，所得的曲线是总产量变化曲线。因为资本固定，只有劳动可变，所以产量变化由劳动投入变化引起（但并非说只有劳动创造产品）。观察图6-1 中曲线的变化，我们可以发现，在资本固定投入（$K=4$）的情况下，随着劳动投入数量增加，总产量 *TP* 是逐步增加的，但是增长速率却越来越慢。我们看到，6 单位劳动时，总产量达到最大，之后再增加劳动投入，产量反而出现下降。

平均产量 平均产量（*AP*）是指每单位投入要素（这里是劳动）平均生产的产量。具体用总产量除以劳动投入量来得出

$$AP_L = \frac{Q}{L} \tag{6-4}$$

边际产量 厂商多增加 1 单位投入要素（这里是劳动）而增加的产量被称为边际产量（marginal product，*MP*）。劳动边际产量表示成公式为

$$MP_L = \frac{\Delta Q}{\Delta L} \tag{6-5}$$

平均产量是相对于整个投入要素来说的，即每单位劳动平均带来的产量，边际产量则是指每增加 1 单位劳动带来的产量增加量，强调的是增量对增量。所以，表6-1 中，边际产量被置于两个相邻数据之间，表示是从前一个劳动投入量变化为后一劳动投入量（这里为简化起见，我们每次都让劳动增加 1 单位，实际不一定，可以小于 1，也可以大于 1）。

表6-1 和图6-1 中也给出了平均产量与边际产量的数值。通过观察，我们可以发现，两条曲线都呈不规则倒 U 形。随着劳动投入的增加，第 4 单位劳动时平均产量达到最大，之后劳动

增加，平均产量逐渐下降。劳动从第2单位增长到第3单位，边际产量达到最大，之后开始下降。如果投入要素还可以细分成1/2单位、1/4单位……三条产量曲线还可以更平滑。

对于上述三种函数曲线给出的结果，我们需要回答如下问题：

（1）三者之间的内在联系是什么？

（2）随着劳动投入的增加，为什么三条曲线都呈现出先增后降的变化趋势？

6.2.3　总产量、平均产量和边际产量间的关系

其实定义已经给出了三者间的关系。下面我们具体从函数图形和函数关系分别做一解释。

从函数图形来看，三者关系如下。

（1）平均产量、边际产量与总产量在数学意义上的关系。某一劳动投入量的平均产量（*AP*）等于总产量曲线上对应产量水平点与原点连线的斜率。如图6-1中，总量线上的*c*点与原点连线的斜率等于*c*点到横轴的距离（$Q=36$）除以横轴劳动的投入量（$L=4$），即$Q/L=36/49=9$，这就是*AP*的值。某一劳动投入量变化的边际产量等于总产量曲线上对应产量水平点的斜率值。如图6-1中，劳动从1单位变为2单位，该变化区间（*g*点到*h*点连线）的斜率值为纵向变化量（$\Delta Q=7$）与横向变化量（$\Delta L=1$）的比率，也就是边际产量值。

（2）总产量与边际产量的关系。边际产量递增的阶段（*MP*线上*b*点之前），总产量加速增加；边际产量递减的阶段（*MP*线上从*b*点到*d*点），总产量以递减的速度增加；当边际产量为0时，总产量达到最大（*d*点）。

（3）平均产量与边际产量的关系。当平均产量递增时（*AP*线上*c*点之前），劳动投入对应的边际产量大于平均产量；平均产量递减时（*AP*线上*c*点之后），劳动投入对应的边际产量小于平均产量；平均产量最高点（*c*点），平均产量等于边际产量。（对两者关系的数学解释见附录）。也可以这样表示两者间的关系，劳动平均产量是边际产量的平均值。如表6-1所示，第1单位劳动的边际产量为3，第2单位为7，第3单位为14，3单位劳动的平均产量等于$(3+7+14)/3=8$。

从函数关系看，可以根据定义直接进行计算。假设一个厂商的函数（总产量）为

$$Q = 100 + 32L + 10L^2$$

那么，与之对应，

平均产量*AP*为

$$\frac{Q}{L} = \frac{100}{L} + 32 + 10L$$

边际产量*MP*为

$$\frac{\mathrm{d}Q}{\mathrm{d}L} = 32 + 20L$$

6.2.4　边际报酬递减规律

通过前面的分析，我们其实已经发现一个非常有趣的现象，三条线都是倒U形线。之所以产量增加呈先增后降的趋势，最重要的原因是随着劳动投入的增加，每增加1单位劳动

带来的产量增加量越来越少！这就是短期生产最重要的规律：**边际报酬递减规律**（diminishing marginal product）。即随着可变投入要素增加，当其他要素不变时（资本保持不变），开始阶段每单位投入要素带来的产量增加量是递增的，但是越过某点后，投入要素增加带来的产量增加量出现递减的现象。

出现递减是因为其他投入要素不变，当可变要素投入越来越多时，每单位可变要素可组合的不变要素会越来越少，所以越过某点后，产量增加一定会递减。

边际报酬递减规律是经济学中最重要的规律之一。理解这一规律请注意如下几点：

（1）这一规律主要在短期成立，前提条件是与可变投入要素配合的生产要素中至少有一种是固定不变的。但在长期这一规律有时也可以发挥作用，如假设厂商在工厂规模选择中有几种方案可选，管理者只能选其一。在这种情况下，管理者显然希望知道，几种选择中每一种规模何时边际收益将出现递减现象。

（2）这一规律成立的条件是假设所使用的可变投入要素（劳动）是同质的，边际报酬递减是由于其他固定投入要素（如机器）的限制造成的，而非可变投入要素质量下降造成（例如，厂商首先聘用最优秀的劳动者，之后当无优秀者可聘时，才降格以求），也就是说不要混淆边际报酬递减规律与劳动投入质量变化造成的产出下降。

（3）不要混淆边际报酬递减与报酬为负的情形。边际报酬递减规律是指边际产量下降，但边际产量不一定为负。

边际报酬递减规律一般也以生产技术水平给定为前提。随着时间的推移，出现技术进步后，边际产量递减发生的水平和时间会改变。当人均资本水平提高、使用了性能更好的机器设备、工艺流程更为先进等情况发生后，会推动总产出曲线上移，如图6-2所示的情形是资本增加的情形；其他如技术进步等改变产量的情形与此类似。总产量变化了，平均产量和边际产量也就都随着变了。边际报酬递减规律仍然成立，但发生的时间推迟，产量水平也提高了。这可以解释经济学说史上最有名的预测之一——马尔萨斯人口生存危机预测为什么失灵，参见“专栏6-1 马尔萨斯预言失灵了吗”。

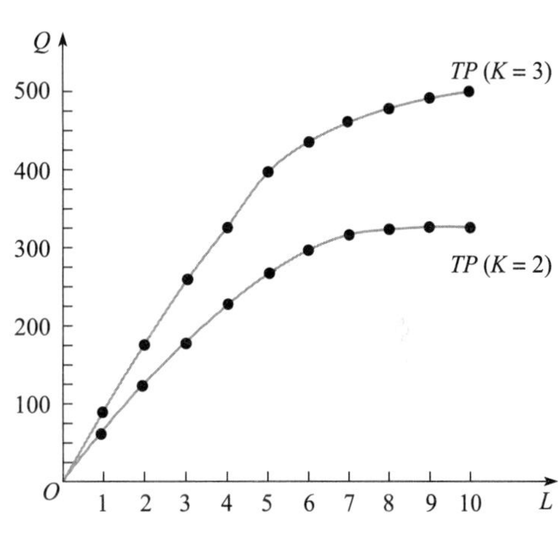

图6-2 资本变化情况下引起的产量变化

专栏6-1

马尔萨斯预言失灵了吗

边际报酬递减规律是18世纪英国经济学家托马斯·马尔萨斯（Thomas Malthus，1766—1834）著作《人口论》的核心思想。马尔萨斯认为，随着人口增长，世界上有限的土地将无法提供足够的粮食。他预测，由于劳动的边际产量和平均产量下降，所以世界上将出现大规模的饥荒。

他认为，如果人口增长不受控制，世界人口将每隔25年左右翻一番，因为人口以几何级数增长，而粮食产量则由于土地有限，报酬递减，只能按算术级数增长。马尔萨斯提供了一个很好的例子：如果现在的人口是10亿，那么它将以1、2、4、8、16……的速度增加，而食物则会以1、2、3、4、5、6……的速度增加。尽管开始时每个人都拥有一篮子的食物，但200年后，256人将不得不分享9个篮子的食物，再过100年，4 096人才拥有13个篮子的食物。因此，最终的结果必然是人类不能养活自己。幸运的是，马尔萨斯预测错了。（尽管他的边际报酬递减规律并没有错误。）

过去一个世纪以来，技术改进显著改变了世界的粮食生产。结果，世界人口从马尔萨斯时代的10亿增长到目前的72亿，但并没有出现马尔萨斯说的大规模饥荒！马尔萨斯完全错了吗？为什么边际报酬递减规律没有发挥作用？

第一，马尔萨斯的理论很好地解释了人类发展史上59个世纪中57个世纪发生的现象，农业社会面临的问题符合马氏理论的预测。

第二，边际报酬递减规律没有发挥作用是因为理论预测成立的条件发生了变化，工业革命后，农业生产的多方面技术也发生了革命性变化，大大抵消了传统的农业存在的边际报酬递减现象。突出表现就是粮食产量的大幅度提高，所以世界范围内的粮食价格总体趋势是在下降。尽管最近几年由于生物柴油引起粮食的需求增加，但总的态势，粮食仍然是供给大于需求，参见表6-2。

表6-2　1960年后的世界人均粮食生产指数

年份	世界人均粮食生产指数	年份	世界人均粮食生产指数
1961～1964	100	1990	117
1965	101	1995	119
1970	105	2000	127
1975	106	2005	135
1980	109	2010	146
1985	115	2013	151

资料来源：世界人均粮食生产指数引自 the United Nations Food and Agriculture Organization（FAO）。也可参见 http：//faostat. fao. org. 转引自 Robert Pindyck，Daniel Rubinfeld. Microeconomics［M］. 9th ed. London：Pearson Education Limited.，2018：221。

随着科学技术进步，边际报酬递减规律或者说边际成本递增规律是否发生变化了呢？其实我们前面已经说过，科学技术进步改变的是这一规律的表现结果，并没有改变规律的实质。即使是信息技术本身也受到这一规律左右。参见“专栏6-2　人月之谜”。

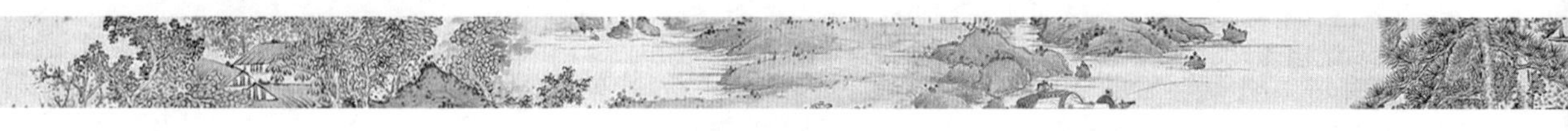

专栏6-2

人月之谜

投入要素收益递减同样适应于软件开发等当代经济活动。1975年，IBM主导计算机行业时代的一名项目经理小弗雷德里克·布鲁克斯，出版了一本名为《人月之谜》（*The Mythical Man-Month*）的书。该书主要是关于软件编写中的劳动收益递减。布鲁克斯观察到，将分配到一个项目的程序员工作量乘起来并不会按比例减少程序编写所花费的时间。1名程序员在12个月内完成的项目不可能由12名程序员在1月内完成，这就是“人月之谜”的意思。编程代码的行数与代码编写者的人数成比例是一种错误的观念。事实上，超过一定人数，增加一名程序员实际上延长了一个项目完成的时间，如图6-3所示。

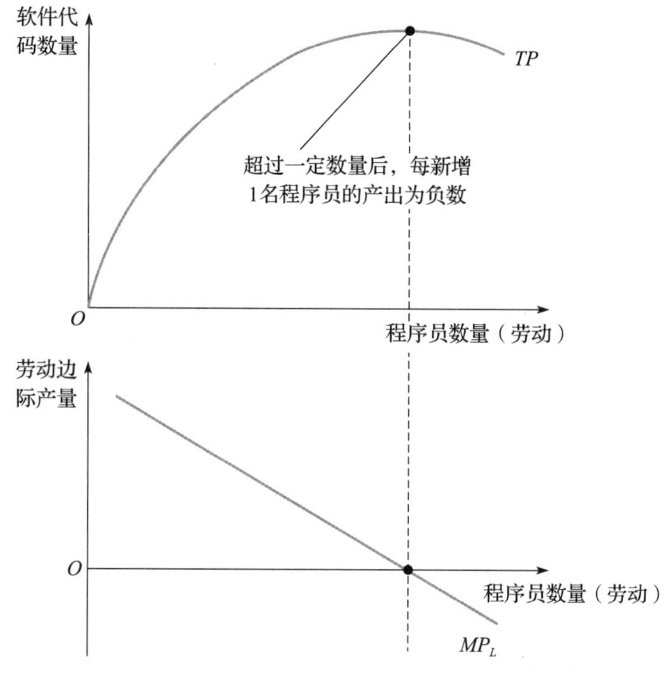

图6-3　人月之谜

图6-3的上半部分显示程序数量（用每月产生的代码行数来度量）怎样随着程序员人数的变化而变化。每增加一名程序员所完成的行数都小于前一名程序员，超过某一数量后，多增加程序员实际上是适得其反。该图的下半部分显示了每连续增加1名程序员所得到的边际产量，随着雇用的程序员人数越来越多，边际产量在下降并最终成为负值。

编程的收益递减十分严重，在某些时点后多使用程序员实际带来的边际产量为负。收益递减的根源在于程序生产函数的性质：每个程序员必须协调他与该项目其他所有的程序员的工作，程序员增多后将导致每个人必须花更多的时间与其他人沟通。换句话说，在其他条件不变情况下，出现劳动收益递减。然而，更可能的情形是如果与编程项目相关的固定投入增加（比如说安装运行更快、判断准确的编程错误检测系统），程序员增加后出现的收益递减问题可以得到某种程度的缓解。

《人月之谜》（修订版）的评论员总结了收益递减的原因：“当多个程序同时进行时，一些不可避免的开销就会增加。编程团队的成员必须‘浪费时间’参加会议，起草项目规划，交换电子邮件，谈判接口，不断的绩效评价，等等……在微软公司，甚至至少有一个团队专门设计其他人穿的T恤。”

资料来源：Paul Krugman，Robin Wells. Economics［M］. 4th ed. New York：Worth Publishers，2015：336-337。

6.3　短期生产成本

我们了解了短期生产，知道了投入要素与产出之间的关系。但厂商生产的目的是实现利润最大化，所以我们还需要了解产量变化怎样影响成本变化，毕竟这种信息对决策更重要。

从短期生产函数可以知道，投入要素有的可变（如劳动 L），有的固定不变（如资本 K）。所以厂商短期生产总成本中就包括固定成本与可变成本。

6.3.1 总成本

总成本是与一定产量水平相对应的厂商的总成本支出水平。总成本中既有固定成本也有可变成本。

我们用 TC 表示短期总成本，TFC 表示短期总固定成本，TVC 表示短期总可变成本。我们有：

$$TC = TFC + TVC \tag{6-6}$$

为了说明产量变化怎样影响厂商的成本变化。我们用一个简单的事例来做解释。仍然假定厂商只使用两种投入要素，劳动 L 与资本 K。假设资本固定不变，比如为 600 元，也就是不论产量为多少，该笔成本一定要支出。可变成本则是随着产量增加而增加。总成本等于两者之和，参见表 6-3。

表 6-3　短期生产成本

产量（Q）	总固定成本（TFC）	总可变成本（TVC）	总成本（$TC=TFC+TVC$）
0	600	0	600
10	600	400	1 000
20	600	600	1 200
30	600	900	1 500
40	600	1 400	2 000
50	600	2 200	2 800
60	600	3 400	4 000

图 6-4 是根据表 6-3 的数据画出的总成本曲线图。从图中可以看出，即使厂商产量为 0，仍然有成本支出（固定成本）；固定成本在 600 单位水平上平行于数量轴，说明产量不影响固定成本；每一产量水平上，TC 曲线与 TVC 曲线之间的垂直距离正好是 TFC 的值。

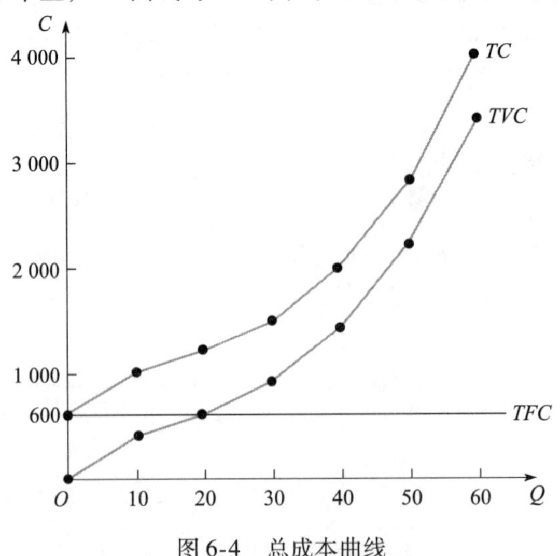

图 6-4　总成本曲线

6.3.2 短期边际成本与平均成本

为了更清楚地了解产量变化怎样影响厂商的生产成本。我们继续引入短期平均成本与边际成本的概念。

依据边际的意义，短期边际成本（SMC，经常简写为 MC）是指每改变 1 单位产量所引起的总成本的改变量。

$$\text{边际成本}(MC) = \text{产量变化 1 单位引起的总成本的变化量} = \frac{\text{总成本变化量}}{\text{总产量变化量}}$$

或者

$$MC = \frac{\Delta TC}{\Delta Q} \tag{6-7}$$

与前面定义边际产量是总产量曲线切线斜率值一样，数学上解释的边际成本是总成本曲线切线的斜率值。由于短期引起总成本变化的只有可变成本，所以式（6-7）可以写成

$$MC = \frac{\Delta TC}{\Delta Q} = \frac{\Delta TVC}{\Delta Q} \tag*{(6-7)′}$$

平均成本（AC）定义为每单位产量分摊到的成本，等于总成本除以总产量，所以也称为平均总成本（ATC），即

$$AC = \frac{TC}{Q} \tag{6-8}$$

因为总成本（TC）= 固定成本（FC）+ 可变成本（VC），相应有

$$\text{平均成本} = \text{平均固定成本} + \text{平均可变成本}$$

$$AC = \frac{TC}{Q} = \frac{(FC + VC)}{Q} = \frac{FC}{Q} + \frac{VC}{Q}$$

$$AFC = \frac{FC}{Q}$$

$$AVC = \frac{VC}{Q} \tag{6-9}$$

根据表 6-3，我们可以得到平均成本与边际成本的数据，见表 6-4。

表 6-4 平均成本与边际成本

产量 (Q)	平均固定成本 (AFC)	平均可变成本 (AVC)	平均成本 (AC)	短期边际成本 (MC)
0	—	—	—	—
100	60	40	100	40
200	30	30	60	20
300	20	30	50	30
400	15	35	50	50
500	12	44	56	80
600	10	56.7	66.7	120

根据表 6-4，画出的平均成本与边际成本图如图 6-5 所示。

根据表6-4与图6-5我们可以对边际成本与平均成本做出如下一些结论。

（1）边际成本 *MC*、平均成本 *AC*、平均可变成本 *AVC* 都呈不规则U形；边际成本与平均成本、平均可变成本的最低点相交。当边际成本低于平均可变成本或平均成本时，都会导致 *AC*、*AVC* 递减。当边际成本高于平均可变成本或平均成本时，都会导致 *AC*、*AVC* 递增。因此，当边际成本与平均成本或平均可变成本相等时，一定在 *AC* 或 *AVC* 的最低点。

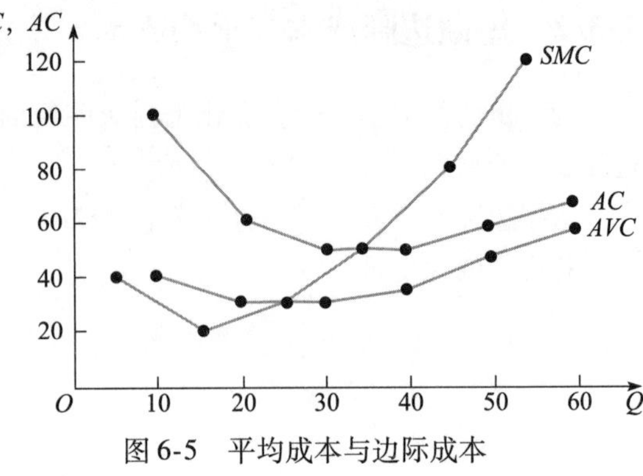

图6-5　平均成本与边际成本

（2）随着产量增加，平均固定成本会变得越来越小。因为平均固定成本是用一个不变量（固定成本）去除以一个越来越大的量（产出）。

（3）随着产量增加，平均成本与平均可变成本之差逐渐减小，*AC*、*AVC* 逐渐靠近。这是因为平均固定成本随产量增长而逐渐变小。

（4）边际报酬递减规律在这里以另一种形式表现出来：**边际成本递增**。产量与成本的具体关系见下一节分析。

6.4　短期生产函数与成本函数的关系

前面分别从生产与成本角度对厂商的短期生产进行了分析。生产与成本是对同一过程的不同侧面进行的分析，那么两者间又有什么具体关系呢？基于表6-5，我们来加以说明。

表6-5　短期生产与短期成本

劳动 (*L*)	产量 (*Q*)	总可变成本 (*TVC* = *wL*)	总固定成本 (*TFC* = *rK*)	总成本 (*TC* = *wL* + *rK*)
0	0	0	600	600
4	100	400	600	1 000
6	200	600	600	1 200
9	300	900	600	1 500
14	400	1 400	600	2 000
22	500	2 200	600	2 800
34	600	3 400	600	4 000

6.4.1　从生产函数到成本函数

1. 总产量与总成本

我们假设1单位劳动的价格为 $w = 100$ 元，资本价格为 $k = 160$ 元；劳动使用数量随着产量增加而增加，资本使用数量固定为4。表6-5中第1列、第2列就是短期生产函数计算的结果，产量就是总产量。

第3～5列是基于相应的产量所使用的生产要素数量而计算出来的成本值：

$$可变成本\ TVC = w \times L$$

$$固定成本\ TFC = r \times K$$

$$总成本\ TC = w \times L + r \times K \tag{6-10}$$

2. 平均产量与平均可变成本

依据表6-5，我们可以计算出平均产量、边际产量，以及平均可变成本、边际成本，并发现它们之间的内在关系（见表6-6）。

表6-6　平均产量与平均可变成本、边际产量与边际成本间的关系

劳动（L）	产量（Q）	平均产量（$AP=Q/L$）	边际产量（$MP=\Delta Q/\Delta L$）	平均可变成本（$AVC=w/AP$）	边际成本（$MC=w/MP$）
0	0	—	—	—	—
4	100	25	25	4	4
6	200	33.33	50	3	2
9	300	33.33	33.33	3	3
14	400	28.57	20	3	5
22	500	22.73	12.5	4	8
34	600	17.56	8.33	5.7	12

根据平均产量 $AP=Q/L$ 定义，第3列是用第2列数值除以第1列数值得到的。第5列平均可变成本 AVC，等于总可变成本 TVC/总产量 Q，可变成本来自于所使用的劳动，如第3行，使用6单位劳动获得200单位产量，6单位劳动的花费为 6×100 元 $=600$ 元，所以，$AVC=600/200=3$ 元。但6单位劳动带来的总产量又可以写成：$6\times$平均产量 $=6\times33.33$，那么

$$AVC = \frac{TVC}{Q} = \frac{6\times100}{6\times33.33} = 3(元)$$

写成一般形式

$$AVC = \frac{TVC}{Q} = \frac{w\times L}{AP\times L} = \frac{w}{AP} \tag{6-11}$$

3. 边际产量与边际成本

第4列的数据是用产量增加量与劳动增加量计算得出。以产量从100单位增加到200单位为例，产量变化量 $\Delta Q=200-100=100$，劳动投入量变化量 $\Delta L=6-4=2$，可变成本的变化量为 $\Delta TVC=2\times100=200$ 元。

$$MC = \frac{\Delta TVC}{\Delta Q} = \frac{2\times100}{100} = 2(元)$$

写成一般形式

$$SMC = \frac{TVC}{\Delta Q} = \frac{\Delta(w\times L)}{\Delta Q} = w\times\frac{\Delta L}{\Delta Q} = \frac{w}{MP} \tag{6-12}$$

6.4.2　AP、MP、AVC、MC之间的几何关系

根据以上分析，AVC 与 AP、MP 与 MC 之间互为反比例关系，所以我们据此可以画出这两对变量之间的图形，并再次审视它们之间的关系，参见图6-6。

随着投入劳动数量的增加，到 L_1 时，边际产量达到最大 A 点（mp_0），MC 处在最低水平 a 点（MC_0）；劳动继续增加至 L_2，平均产量达到最高点 C，AP_1，AVC 处在最低水平 c 点（AVC_0）；劳动继续增加，比如到 L_3，边际产量继续下降至 E 点（mp_1），边际成本则上升到 e 点（mc_1）。

L_1之前的劳动投入，是边际报酬递增的区间，也是边际成本递减的阶段；L_1之后，边际报酬出现递减；增至 L_2，边际产量虽然递减，但是平均产量递增，所以平均可变成本 AVC 也在下降，直至 L_2水平，$AP=MP$，所以 $MC=AVC$。越过 L_2后，AP、MP 都持续递减，而 MC、AVC 则持续递增。

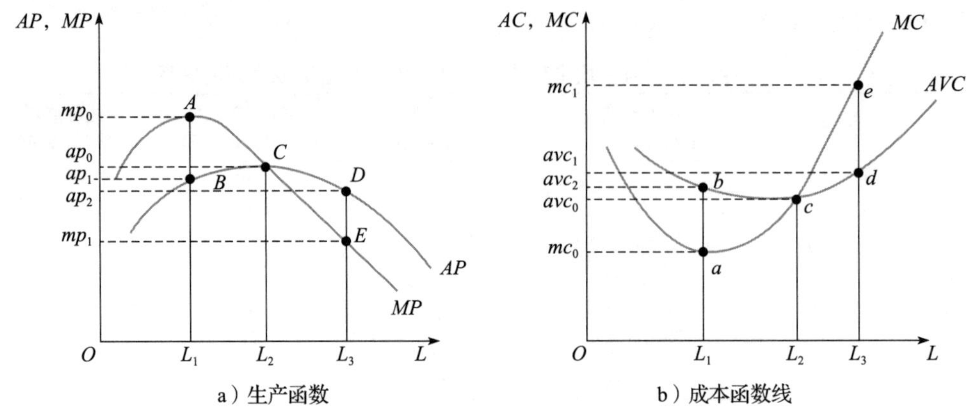

图 6-6　短期产量与成本间的关系

6.5　长期生产

与短期相比，长期最大的变化是所有生产要素都是可变的。这会带来两个变化：

第一，由于固定投入要素约束造成的边际报酬递减现象可能会因为所有要素可变而发生变化，厂商现在可以同时增加所需要投入的生产要素。

第二，厂商可以将投入要素间相互替代，如资本与劳动之间进行替代，如机器人增多后对工人的替代等。

长期生产仍然利用生产函数来表示生产过程，只是现在组合的方式越来越灵活多样。如一种基于劳动与资本组合后的结果，可以表现为表 6-7 所示的情形。

表 6-7　长期生产函数表

劳动（L）＼资本（K）	0	1	2	3	4	5	6	7	8	9	10
0	0	0	0	0	0	0	0	0	0	0	0
1	0	25	52	74	90	100	108	114	118	120	121
2	0	55	112	162	198	224	242	252	258	262	264
3	0	83	170	247	303	342	369	384	394	400	403
4	0	108	220	325	400	453	488	511	527	535	540
5	0	125	258	390	478	543	590	631	653	663	670
6	0	137	286	425	523	598	655	704	732	744	753
7	0	141	304	453	559	643	708	766	800	814	825
8	0	143	314	474	587	679	753	818	857	873	885
9	0	141	318	488	609	708	789	861	905	922	935
10	0	137	314	492	617	722	809	887	935	953	967

表 6-7 中，横向表示资本投入量，纵向表示劳动投入量。中间的数值是劳动与资本组合后得到的产量。我们可以看出不同组合能得出不同的结果，同一产量可以由不同的要素组合

得到，如258单位产出，可以用$K=2$，$L=5$；也可以用$K=8$，$L=2$。类似的还有708单位产出，可以用$K=6$，$L=7$，也可以用$K=5$，$L=9$来得到，等等。

在两种投入要素都可变的情况下，厂商如何选择两种要素的投入组合呢？原则仍然是：给定投入总量前提下的产出最大化；给定产量条件下的成本最小化。那么，厂商如何做出这种选择呢？

6.5.1　等产量线－等成本线方法

这是一种类似于无差异曲线－预算线的方法。无差异曲线指的是消费者选择两种产品不同组合带给消费者相同效用，不同的无差异曲线表示不同的效用水平。现在我们的分析对象从消费者变为生产者。

1. 等产量线

等产量线表示厂商选择两种投入要素任意组合生产出相同数量产量的曲线。线上任意一点的组合都表示已达到技术有效水平，是最佳的产量值。如果我们假设两种要素可以无限连续投入，同一产量的投入要素组合也可以有无限多种。当有多条等产量线时，就组成了等产量曲线图，如图6-7所示。

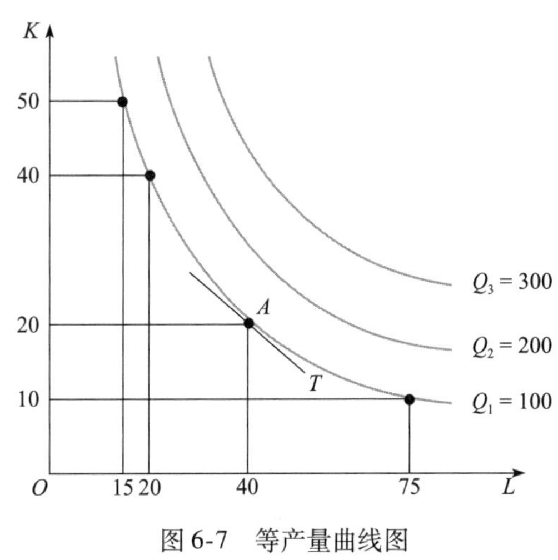

图6-7　等产量曲线图

（1）**等产量线的特征。**

第一，斜率为负。等产量曲线呈从左上方向右下方倾斜状，意味着生产等量产品时，L和K之间一定是此长彼消。

第二，在一组等产量曲线中，离原点越远，表示产量水平越高。如图6-7所示，$Q_3=300$，$Q_1=100$，Q_3的产量水平比Q_1的产量水平高。

第三，对同一厂商，任意两条等产量曲线不能相交。原因与无差异曲线不能相交同理。

第四，等产量曲线凸向原点。原因是边际技术替代率递减，见稍后分析。

（2）**边际技术替代率。**

等产量曲线斜率为负说明，厂商为生产等量产品，两种生产要素必须进行替代，厂商要增加劳动L的投入就必须减少资本K的投入。那么，表现两者替代数量关系的术语被称为**边际技术替代率**（marginal rate of technical substitution，MRTS），是指在同一条等产量线上，生产者增加1单位某种生产要素投入（如劳动，用ΔL表示），必须减少另一种生产要素的投入数量（如资本，用ΔK表示），即

$$MRTS_{LK}=\frac{-\Delta K}{\Delta L} \tag{6-13}$$

边际技术替代率为负值是因为两种投入要素的变化方向相反，加负号后使得替代率值为正。

边际技术替代率递减是其重要的特征，是指在产量不变情况下，当使用越来越多的一种生产要素（如劳动）替代另一种生产要素（如资本）时，$-\Delta K/\Delta L$的绝对值是递减的。如图6-7中，沿着$Q_1=100$线移动时，开始阶段增加5单位劳动就可以替代10单位资本；随着劳动投入越来越多，35单位劳动才能替代10单位资本。递减背后的逻辑是：**任何一种投**

入要素的生产率都是有限的。随着投入越来越多的劳动替代资本，单位劳动的生产率将出现下降；对于资本，原理相同，随着资本使用数量越来越少，单位资本的生产率是上升的。生产要求相对平衡来使用两种投入要素。

边际技术替代率也与边际产量有关。还以劳动与资本两种投入要素为例。当沿着一条等产量线（如 $Q_1=100$）来增加劳动投入时，我们必须减少一定量的资本，才能保持产量不变。增加劳动带来的产量增加量为：$\Delta L\times MP_L$；减少资本导致的产量减少量为：$\Delta K\times MP_K$。同一条等产量线，一种要素数量增加带来的产量增加一定等于另一种要素数量减少带来的产量减少，故有

$$(\Delta L\times MP_L)+(\Delta K\times MP_K)=0$$

$$MRTS_{LK}=\frac{-\Delta K}{\Delta L}=\frac{MP_L}{MP_K} \tag{6-14}$$

从数学上解释，等产量线上某一点（如图 6-7 中 A 点）劳动对资本的边际技术替代率就是等产量线切线的斜率。

等产量线的弯曲度表示的是两种要素间替代程度的难易。不同的弯曲度表现出不同的形状。如图 6-8a 中，表示劳动与资本的替代程度高，两者容易相互替代；图 6-8b 中，表示替代程度低，两者不易替代。

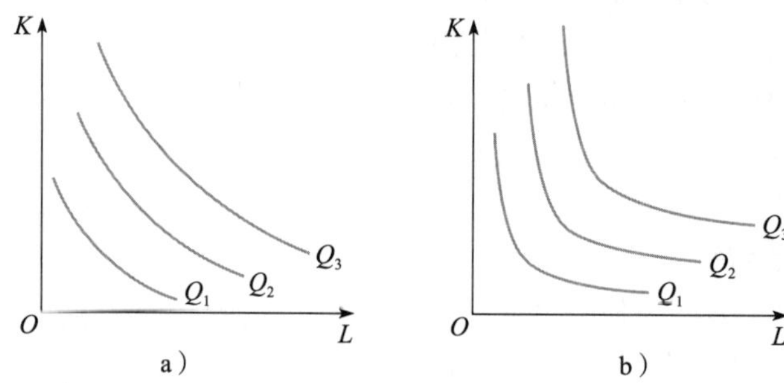

图 6-8　不同的要素替代程度与等产量线形状

（3）**特殊生产技术的等产量曲线。**

前面所示的等产量线其实是按符合逻辑要求的理想形状画出的。除了这些情形外，还有一些特殊情形生产技术的等产量曲线。如图 6-9 所示就是两种特定技术背景下的等产量线。

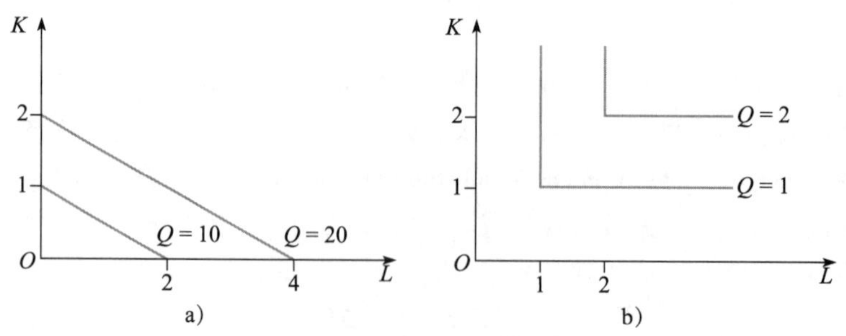

图 6-9　投入要素完全替代与完全互补的等产量线

图 6-9a 是投入要素完全替代的等产量曲线。完全替代是指两种投入要素不论怎样变化，边际替代率保持不变。如图中表示的是 2 单位劳动可以替代 1 单位资本，不论现在已经使用了怎样的劳动与资本，这样替代不会引起产量变化。这种技术的生产函数形式为 $Q=f(K, L)=aL+bK$，图中目前表现的具体情形为 $Q=10K+5L$。

图 6-9b 是投入要素完全互补的等产量曲线，也称为固定比例。完全互补是指两种要素按一定比例组合后，无论再怎样单独增加两种投入要素中任何一种的数量，产出水平都不会增加。两种要素无法替代。图中所示为 $K:L=1:1$。无论再单独增加劳动投入数量，还是单独增加资本投入数量，产量都保持不变。这种技术的生产函数形式为：$Q=\min(K,\ L)$，图中目前的具体情形为：$Q=\min(1,\ 1)$。

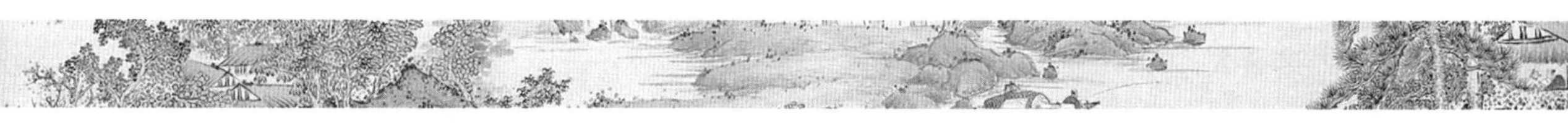

专栏 6-3

机器换人

人力成本的快速上涨推动了机器人产业的发展。当前世界主要发达国家都在进行机器换人，希望把人力劳动从低端工作岗位释放出来，一方面制造业的自动化水平越来越高，另一方面工业机器人的使用降低了成本，提高了产出效率。根据国际机器人联合会（IFR）的统计，用一个行业每万名工人使用工业机器人数量作为工业机器人平均密度这一指标来衡量，2016 年制造业的机器人密度在全球范围内大幅提高，2016 年全球工业机器人平均密度为每万名员工使用 74 台工业机器人，比 2015 年提高了 66 倍。8 个工业机器人使用密度排前的国家如表 6-8 所示。

表 6-8 2015 年、2016 年部分国家工业机器人平均密度

	韩国	新加坡	德国	日本	瑞典	丹麦	美国	意大利
2016 年	631	488	309	303	223	211	189	185
2015 年	531	398	—	305	—	188	176	160

我国工业制造也正朝着集约化、智能化的方向升级，劳动力成本上升、自动化程度不高制约着制造业水平的提高，加快推进机器换人工作成为迫切需要。2016 年 4 月，国家工信部、发改委、财政部联合印发《机器人产业发展规划（2017～2021 年）》（简称《规划》）。《规划》提出，五年内形成我国自己较为完善的机器人产业体系。最近几年，机器人制造与销售快速增长，2014 年，中国工业机器人销量为 5.7 万台，同比增长了 55%；2015 年，销量达到 6.8 万台，同比增长 19%；2016 年，销量达到近 9 万台。预计 2018 年中国工业机器人销量将达到 12.7 万台，未来五年（2018～2022 年）年均复合增长率约为 23.24%，到 2022 年，中国工业机器人销量将达到 29.3 万台。

资料来源：机器人网（http://www.eeworld.com.cn/）；电子工程世界网（http://www.eeworld.com.cn/）。

2. 等成本线

等产量线给出了厂商选择投入要素与产出水平间的关系。追求最优化目标的厂商，做出决策时，除了考虑这种投入产出之间的关系外，还必须考虑生产要素价格、投入资金总量约束下，如何在既定产出水平下保证成本最低。引入成本问题，我们就要介绍等成本线概念。

等成本线（isocost curve）表示在既定的要素价格条件下，厂商用一定数量的资金所能够购买的两种生产要素最多数量组合的轨迹，如图 6-10 所示。假设生产者的总成本为 C，劳动 L 的价格为 w，资本 K 的价格为 r，则：

$$C = wL + rK$$

$$K = \frac{C}{r} - \frac{w}{r} \cdot L \tag{6-15}$$

（1）**等成本线斜率与截距。**

等成本线斜率为（w/r），截距为（C/r）。这两项有其经济学上的意义。

图6-10所示为，$r=20$元，$w=10$元，三种总成本（总投入）水平分别为$C=50$，$C=80$，$C=100$对应的等成本线的情形。可以看出，要素价格不变时，总成本提高，等成本线向外移动（远离原点），表现为总成本水平提高，购买的要素越来越多。等成本线与两个轴围城的三角形区域内的每一点都是厂商能够支付的起的要素组合点，等成本线外移，三角形面积越来越大，购买能力越来越大。

等成本线的斜率表示的是在保持成本总量不变的情况下，两种生产要素的价格比。如果斜率绝对值较大，等成本线较为陡峭，这表示相对r而言，w值较大（劳动价格相对较高）。如果厂商想增加劳动投入数量，就必须减少较多的资本，这样才能保持成本不变。相反，如果斜率绝对值较小，等成本线较为平坦，增加劳动投入数量减少的资本数量相对就会较少。

如果投入要素价格固定不变，那么劳动与资本的替代就是常数。

截距表示的是不购买劳动时，全部预算投入能购买的资本数量C/r；同理，如果不投入资本，全部够买劳动的数量为C/w。

（2）**要素价格而变化与等成本线。**

总成本变化但要素价格不变（准确说是要素价格比率不变）的情形已在图6-10中讲述。如果要素价格发生变化（价格比率发生变化）又会引起什么呢?

比如前面示例中，总成本不变，以$C=100$元为例，资本价格r仍然为20元，劳动价格w上涨到20元。等成本线将发生摆动而非平行移动，如图6-11所示；如果劳动价格不变，资本价格发生变动的情形，与此类似，摆动发生在K轴。

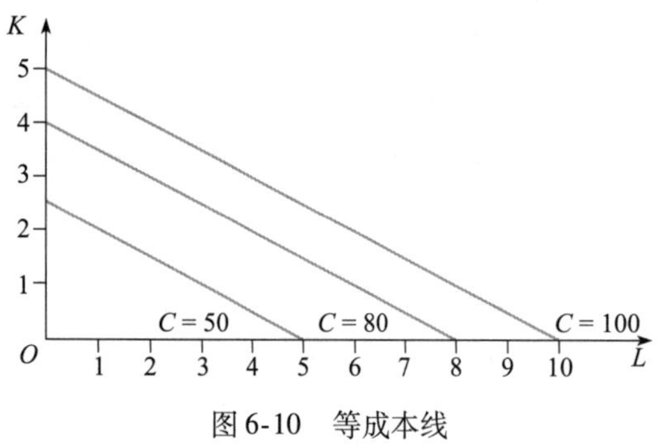

图6-10　等成本线

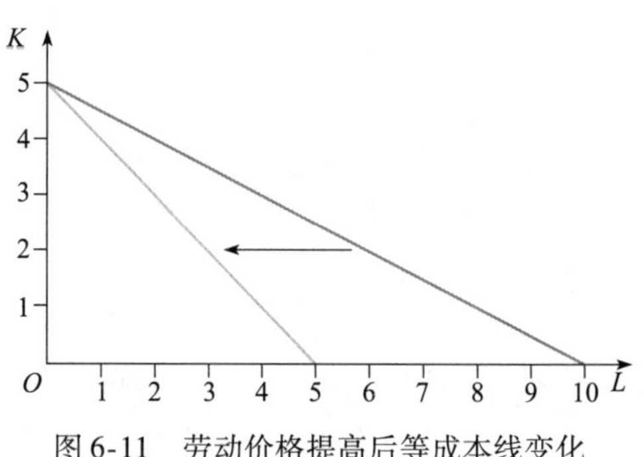

图6-11　劳动价格提高后等成本线变化

3. 投入-产出的最优组合

追求最优化的厂商，行为目标的实现可有两种情形：①给定产量时，如何以最小的成本来实现，这种情形对大部分制造业的厂商来说较为普遍。②给定投入支出（总成本给定）时，寻求最大化产出，对某些公用事业中的企业，这种情形较为普遍。两种情形都是约束条件下最优化的求解问题。

（1）**产量给定时的成本最小化。**

求产量给定时的成本最小化的逻辑是：产量给定是指厂商面对的是既定的产量，表现为等产量线给定；成本最小，意味着成本水平尽可能低，表现为等成本线离原点最近。

图6-12给出的是在产量为Q时，可能的成本支出情形。对于S点（包括T点）代表的投入要素组合的成本水平都为5 000单位，在这种成本水平上获得产量Q完全可以做到，但是如果沿着Q的等产量曲线向下移动，我们还有更低的成本，如在R点的成本是4 000单

位，显然这也是产量 Q 能有的最低成本水平。3 000 单位成本虽然更低，但是无法实现产量 Q。所以 R 点的劳动资本组合（20，10）也就是最低成本组合水平。

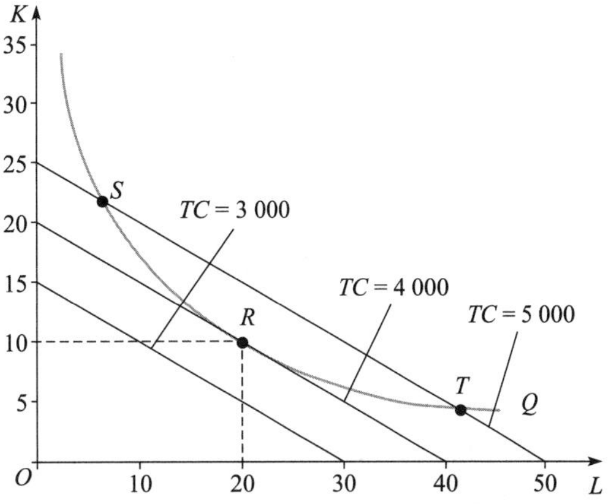

切点 R 处是既定产量下的最低成本，从数学上也可以证明。R 点既位于等产量线上，也位于等成本线上，等成本线成为等产量线的切线。等产量线的斜率是边际技术替代率（$MRTS$），等成本线的斜率等于 w/r（参见式 6-15），我们有

$$MRTS = \frac{w}{r}$$

根据前述内容可知：$MRTS_{LK} = -\Delta K/\Delta L = MP_L/MP_K$

图 6-12　既定产量下的成本最小

所以

$$\frac{MP_L}{MP_K} = \frac{w}{r} \text{ 或 } \frac{MP_L}{w} = \frac{MP_K}{r} \tag{6-16}$$

式（6-16）的经济学含义是每增加 1 单位成本，无论购买资本还是劳动，各自能带来的产量增加量是相同时，这时厂商就实现了成本最小！这与消费者行为分析中，每单位货币带来相同的边际效用相同时，消费者实现效用最大是一样的道理。这就是最优决策原理的又一运用。

如果式（6-16）的条件不成立，无论是 $MP_L/w > MP_K/r$，还是 $MP_L/w < MP_K/r$，厂商都能通过调整劳动与资本的使用数量使自己变得更好。$MP_L/w > MP_K/r$，表明厂商将单位货币花在劳动力上增加的产量要大于将单位货币花在资本上增加的产量，只要把用在资本上的支出转移到购买劳动，每单位支出就会带来产出增加。只有在 $MP_L/w = MP_K/r$ 时，要素调整才无法带来产量增加。

（2）**投入支出给定时的产量最大化。**

对一些行业的厂商而言，成本投入一定时，行为目标是产出最大化，这也是厂商最优化决策。其实从理论上来说，其道理与产量既定情况下的成本最小化是一样的。只是现在给定的是成本，也就是等成本线，而变化的是产出水平，即等产量线，参见图 6-13。

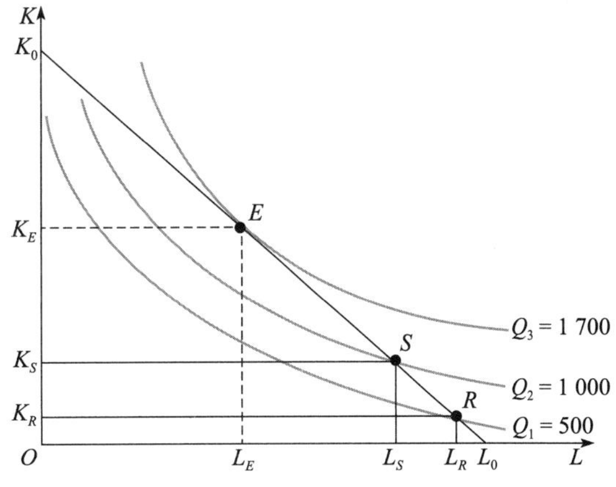

图 6-13　成本给定情况下的产量最大

对于给定的等成本线 K_0L_0，能实现的产量水平有 R 点 $Q_1 = 500$，S 点 $Q_2 = 1\ 000$，E 点 $Q_3 = 1\ 700$。很显然，E 点对应的产量最大，也是现有投入条件下最大的产出水平。K_0L_0 也成了等产量线 Q_3 的切线，所以最优化条件 $MP_L/w = MP_K/r$，在 E 点成立。

4. 要素价格变化与成本投入变化的影响

最优条件为我们分析厂商行为提供了一个基准。那么，如果考虑到生产要素价格变化与

产出变化（成本投入变化）时，又会发生哪些变化呢？

（1）**要素价格变化。**

从前面分析可知，要素价格的比率其实是等成本线的斜率。如果要素相对价格发生变化，那么等成本线的斜率将随之发生变化。

仍以劳动、资本两种要素构成的生产函数为例。在图 6-14 中，当 $w=1$，$r=1$ 时，斜率等于 -1，即等成本曲线 C_1 的斜率等于 -1，厂商使用的生产要素组合为（L_1，K_1）；如果现在劳动价格变为 2，资本价格变为 1，即劳动价格相对提高了，那么就是等成本曲线 C_2 的情形。要素价格变化从直觉上理解就是，厂商将更少使用价格水平变高的投入要素，最优要素组合在 B 点。所以，相对于 A 点时厂商的选择，要素价格提高后，厂商在 B 点选择了更少的劳动和更多的资本（因为资本相对变便宜了）。

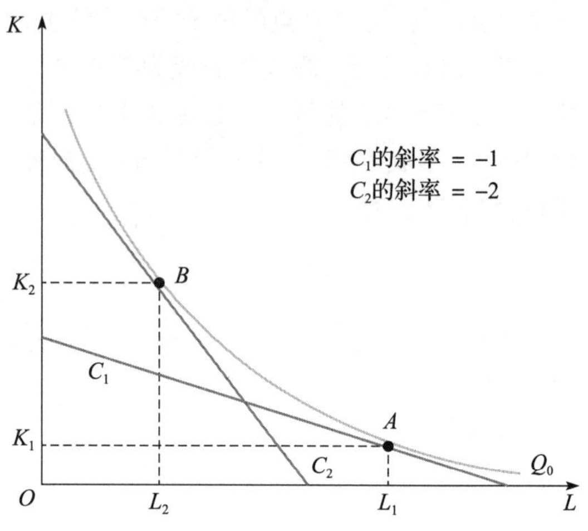

图 6-14　劳动价格变化导致的成本最小化要素组合的调整

请注意，这里只是改变了原有已经使用的生产要素的组合比例，本来不使用的要素仍然不会使用；对于要素固定比例的情形，这种调整也不会发生。而且，要素的这种调整并没有改变产出水平。

现实实际中，厂商经常会随着要素价格调整而改变要素的使用组合，如我们前面的专栏"机器换人"，以及发生在不同国家间的服务外包等都是这种要素调整的典型事例。

（2）**产出变化。**

当厂商扩大生产规模时，厂商要购买的生产要素也会不断增加，那么厂商又该如何选择生产要素投入呢？

为了分析产量变化时厂商的选择行为，我们假定要素价格不变。无论厂商决定什么样的产量水平，都应该有与之对应的最优要素组合，如图 6-15 所示就是三种产量水平条件下，厂商的最优要素组合选择点的连线。该线被称为**扩展线**（expansion path）。

A 点组合（K_1，L_1）是产量为 $Q_1=100$ 时的成本最低投入组合，同理，B 点（K_2，L_2）是产量为 $Q_2=200$ 时的最低成本组合……

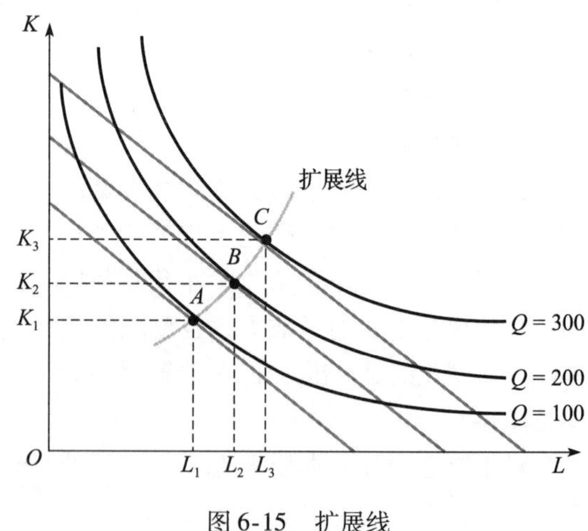

图 6-15　扩展线

*6.5.2　函数求解方法

上面我们采用图形方法对厂商如何在长期做出生产最优化决策进行了解释。还有一种方法就是借助数学上的受约束条件下寻找最优解的方法来解释厂商的决策过程。也就是利用生产函数和成本函数，对两种（可扩大至多种）投入要素都可变情况下的最优生产要素投入得出结果，参见本章附录对成本最小化和产量最大化的函数推导。

6.5.3　规模报酬

为了表现在长期生产要素投入变化对产出的影响，最简单的一种情形是假设所有投入要素都按同样的比例递增，然后观察产出会出现什么的结果，这就是**规模报酬**问题（returns to scale）。仍然以资本、劳动两种投入要素为例，问题就转化为回答下述等式中，z 与 m 比较的大小问题：

$$zQ = f(m \times L, m \times K) \tag{6-17}$$

如果 $z > m$，则被称为规模报酬递增；

如果 $z < m$，则被称为规模报酬递减；

如果 $z = m$，则被称为规模报酬不变。

如果用等产量线来表示，三种情形如图 6-16 所示。

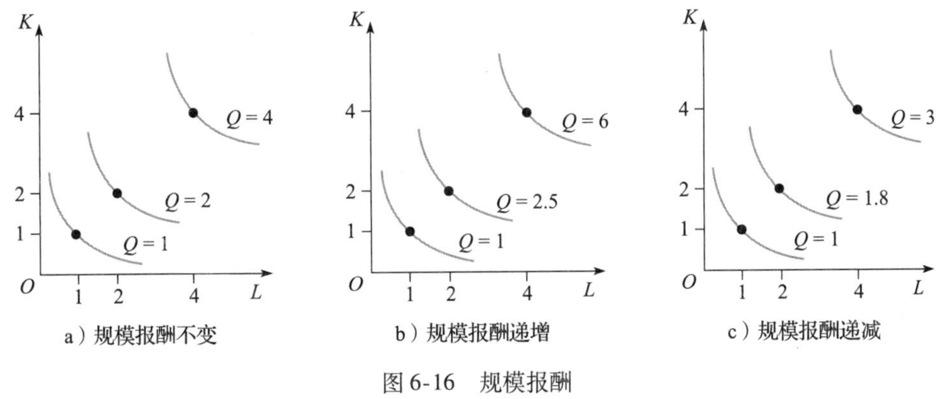

图 6-16　规模报酬

随着劳动与资本使用规模翻倍，也就是原有生产过程被复制，产出实现翻倍，这容易理解。但是对于规模报酬递增和递减就需要解释为什么了。

导致规模报酬递增的主要原因有：

（1）**规模增加后的专业化分工与协作**。亚当·斯密在其《国富论》中以别针的制造为例说明专业化的分工协作对劳动效率的影响。劳动分工对提高人们的劳动熟练程度、节约劳动时间、技术的改进起到了相当重要的作用。因此，专业化的分工协作可以百倍甚至千倍地提高生产效率。

（2）**固定成本的分摊**。在汽车制造、发电或者石油精炼等行业，开始有产出前已经投入巨资来建造工厂和购置设备，这构成数额巨大的固定成本，在长期生产中，这些固定成本要被分摊到产品中，低产出阶段，分摊到产品的固定成本多，但随着产量增加，分摊到每单位产品上的成本将逐渐减少。

（3）**网络外部性**。在一些高新技术产业，如软件开发，一种商品或服务带给个人的价值会随着其他人大量拥有和使用同种产品或服务而递增。

规模报酬递减，往往是因为生产规模扩大后，造成管理协调出现问题，管理成本越来越大，所以出现扩大生产后的报酬递减。

切记！不要混淆规模收益递减与边际报酬递减。规模报酬递减发生在长期，是在所有投入要素都可变的背景下，而边际报酬递减发生在短期，其中至少有一种生产要素保持不变。在长期的不同阶段，如果将该阶段作为一个短期来看待，边际报酬递减、递增都有可能发生。

6.6　长期成本

在长期，厂商可以调整所有要素投入，依据行为目标找到成本最低的要素组合。所以长期成本表现的应该是产量变化过程中成本最低的要素组合变化的轨迹。从理论意义上讲，长期成本是一条最理想的最低成本变化的轨迹，是一条生产计划线。

6.6.1　从扩展线中推导成本曲线

扩展线上的点表示的是产量扩张过程中，最低成本的要素组合。在要素价格给定的情况下，这样得出的成本就是最低的。所以我们可以据此推导出反映产量变化与成本变化的成本曲线（见图 6-17）。假设图 6-17a 中 A、B、C 点的 L 与 K 乘以各自的价格后加总算得成本具体数值为：A，1 250 元；B，3 000 元；C，5 000 元。我们将 A、B、C 点对应组合的成本与产量画在图 6-17b 的坐标系中，就得了一条总成本曲线 LTC。

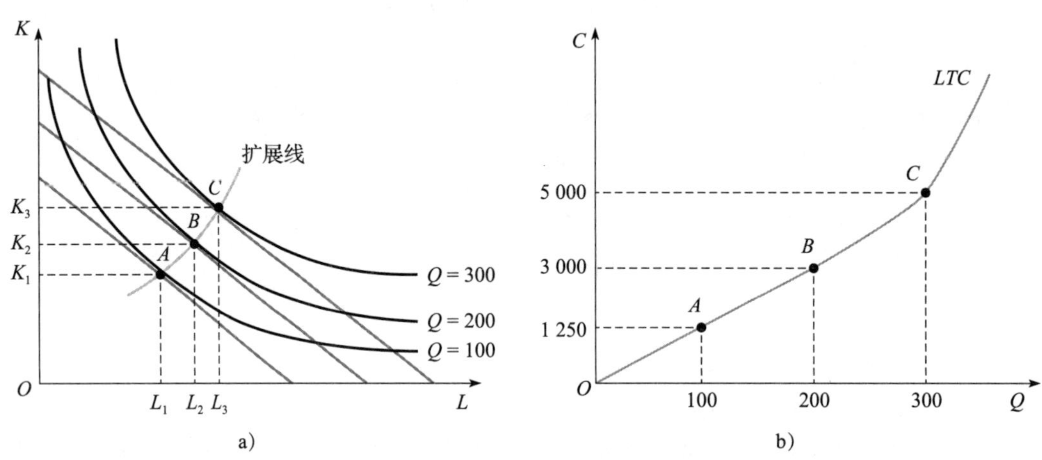

图 6-17　从扩展线推导总成本曲线

得到了总成本线，按照短期成本的方法，我们可以得出长期平均成本（long-run average cost，LAC）和长期边际成本（long-run marginal cost，LMC）。

$$LAC = \frac{LTC}{Q}$$

$$LMC = \frac{\Delta LTC}{\Delta Q} = \frac{\mathrm{d}LTC}{\mathrm{d}Q} \tag{6-18}$$

三条长期成本曲线之间的关系与短期成本三条曲线间的关系相同，曲线也类似，只是这时的关系是长期成本间的关系。LAC 和 LMC 曲线参见图 6-18。

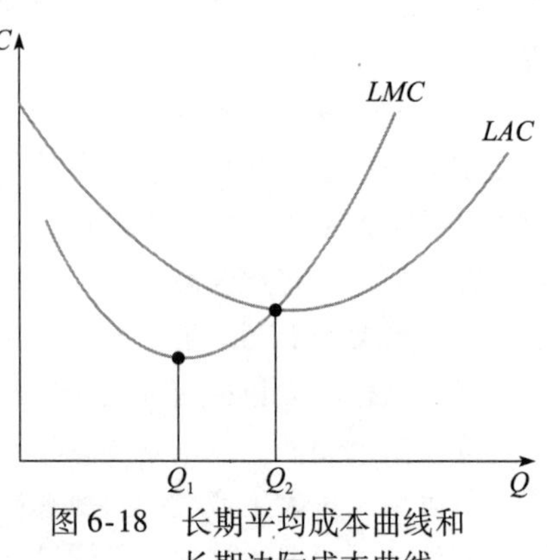

图 6-18　长期平均成本曲线和长期边际成本曲线

6.6.2 影响长期成本变化的因素

长期成本曲线反映了产量扩张过程中，厂商生产成本变化的情况。那么从长期来看，在产量扩张中，有哪些因素将影响到厂商成本的变化呢？

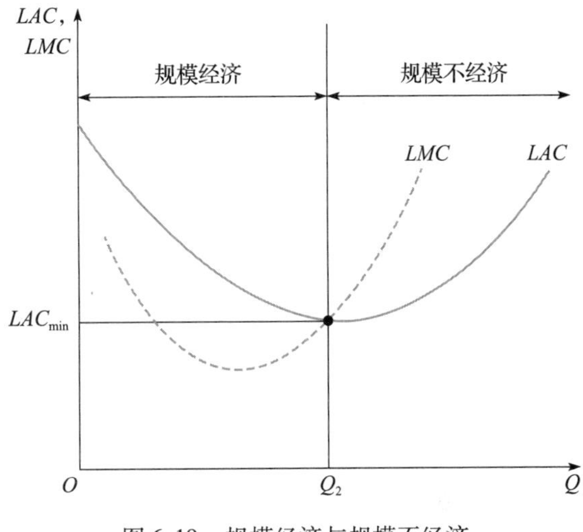

图 6-19　规模经济与规模不经济

1. 规模经济与规模不经济

规模经济（economies of scale）指由于生产规模扩大而导致厂商长期平均成本下降的现象（见图 6-19）。当然规模报酬递增属于规模经济的原因，但仅仅是规模经济发生的部分原因。规模经济还包含对可变技术系数的生产函数的分析。规模经济又有内在规模经济与外在规模经济之分。

- **内在规模经济**（internal economies of scale）又称内在经济，指厂商自身规模扩大后所引起的报酬增加。生产规模扩大后，厂商能够利用很多有利的因素和条件来降低生产成本。
- **外在规模经济**（external economies of scale）又称为外在经济，指整个行业规模扩大给企业带来的利益的增加。行业的扩大促使行业内出现更精细的分工、更专业化的劳务市场、更优良的能源供给和运输、更好的行业内信息服务等，这些都会提高企业的生产效率。

规模不经济（diseconomies of scale），指由于生产规模的扩大而导致企业的平均成本上升的现象（见图 6-19）。

为什么会有规模经济与规模不经济现象呢？

（1）规模经济的原因。

规模经济发生的原因，除了前面谈到的规模报酬递增的三点原因外，还有一些技术性因素会推动厂商的长期平均成本下降。

第一，厂商规模达到一定规模后才可以更好地利用机器设备的能效。如果厂商生产中需要使用不同种类的机器设备，而每种机器设备生产能力不一样时，只有达到相当规模，才能实现这些机器设备的有效配合。如 1 台生产机械每日产量 3 000 件，1 台打包机械每次到一定规模才工作，如每日打包 12 000 件。这样，厂商规模必须拥有 4 台生产机械与 1 台打包机械相配合，才能充分发挥这些设备的效能。

第二，按单位产出计算，购买使用大型机械的费用相对低于小型机械。

第三，大型机械设备的功能相对于小型机械可能会有质的提升和变化。

第四，厂商规模扩大后的管理成本并非按相同比例上升。

专栏6-4

特斯拉公司的电池成本

自2003年成立以来，特斯拉一直是电动汽车的代表。但第1款S型轿车的售价约为85 000美元，大多数人对这一价格难以承受。然而，从2017年特斯拉开始生产Model 3新型“大众”车型，Model 3型的起步价格约为35 000美元，这样普通消费者就能负担得起了。为什么特斯拉S型车的价格如此高？该公司如何能够将Model 3的售价降到如此低，并还有盈利？

答案在于电动汽车的电池成本，电池是电动汽车中最昂贵的部件之一。2016年，这种电池的储能成本大约为每千瓦小时（kWh）400美元。Model 3的电池容量为50千瓦小时，这意味着，特斯拉每辆车的电池成本约为20 000美元——超过该车35 000美元售价的一半。如果电池成本很高，特斯拉的Model 3型车将会亏损。解决方案是实现电池生产的规模经济，特斯拉通过在内华达州建立投资额达到50亿美元的“Gigafactory”工厂来实现规模经济。

该工厂在2017年开业，到2020年全部投产，每年生产超过50万套车用电池，而2016年特斯拉的车用电池产量仅为3.5万套。在该工厂投产后的第一年，特斯拉预计将把电池成本降低三分之一（至每千瓦小时储能约250美元），随着产量的上升，电池成本预计会进一步下降。这意味着一套50千瓦小时的电池2017年的成本只有约12 500美元，而到2020年，工厂全部投产后，将降到10 000美元左右。如果电池成本处在这个区间，Model 3可实现盈利。全部投产后，“Gigafactory”每年将产生容量总量为5 000万千瓦小时的电池单元——这将超过2016年全球的产量。其中一些电池将出售用于其他用途，例如家用储能。

我们可以看到，规模经济对降低电池生产成本至关重要。将电池成本降低一半后，特斯拉可以以许多消费者能够承受的价格来出售Model 3，并且仍然能从中获利。

资料来源：Robert Pindyck，Daniel. Rubinfeld. Microeconomics［M］. 9th ed. London：Pearson Education Limited，2018：265。

（2）规模不经济的原因。

生产规模扩大后，厂商平均成本上升的原因有：

第一，规模过大会导致管理协调成本上升。

第二，在过细的分工链中只要某一环节出现问题就会影响整体的效率，同时，过细的分工也会使操作者对工作感到枯燥、乏味等，造成生产效率下降。规模报酬递减当属规模不经济。同样，规模不经济是由于内在规模不经济和外在规模不经济的结果。参见“专栏6-5　巨大的胭脂河工厂：福特公司的规模不经济”。

专栏6-5

巨大的胭脂河工厂：福特公司的规模不经济

当亨利·福特在1903年开始创建福特汽车公司时，汽车公司只使用熟练工人在小型作坊中进行生产。福特向汽车行业引入两个重要理念，也使得他可以利用规模经济带来的好处。第一，福特使用标准化（或者说可相互替代）零部件，所以非熟练工人也可以装配汽车。第二，并非让大量工人从一个静止不动的汽车走向另一个，而是让工人静止不动，汽车沿着装配线移动。福特在底特律郊外的海兰帕克（Highland Park）建了一个大型工厂。在那里，他使用上述理念以比那些在小型工厂中使用老式生产方法的竞争者低得多的平均成本生产著名的T型车。

福特相信，他能够沿着密歇根迪尔伯恩（Dearborn）的胭脂河（River Rouge）建立更大的工厂，以更低的平均成本来生产汽车。不幸的是，福特的胭脂河工厂太大以至于出现规模不经济现象。在如此大的工厂中，管理协调汽车生产面临很大的困难。下面一段话引自福特传记作家艾伦·内文斯（Allan Nevins）和弗兰克·欧内斯特·希尔（ Frank Ernest Hill）对胭脂河厂的描写：

“共有93座独立建筑矗立在胭脂河边……有93英里的铁路和27英里的传送带。大约7.5万名工人在这个巨大的工厂中工作。5000人打扫卫生，每月使用5000个拖把、3000把扫帚。洗刷地板墙壁和玻璃每个月使用的肥皂多达86吨。胭脂河工厂是一座巨大、高度集中的工业城市，弥漫着权利……因为它的巨大和复杂，高层人士无法联系与理解下层，下层感到迷失在无情的巨大和权利之下。

福特从1927年开始在胭脂河工厂生产A型车，这也是当时唯一的一个轿车型号。福特未能达到规模经济，实际上生产的4种A型车都在亏钱。

福特又无法提高价格来盈利，因为车价提高后，将无法与通用和克莱斯勒生产的同型号汽车展开竞争。他最终通过在全国各地建立稍小一些的制造厂来降低A型车的生产成本。这些稍小一些的工厂生产的A型车的平均成本可能低于胭脂河工厂。

资料来源：格伦·哈伯德，安东尼·奥布赖恩．经济学（微观）（原书第5版）[M]．赵英军，译．北京：机械工业出版社，2016：290。

2. 范围经济

使用相同投入要素情况下，许多厂商并非只生产一种产品，而是生产多种产品或服务，如一个汽车公司既生产轿车，也生产其他类型的汽车；一家银行提供多种金融服务等。当厂商生产两种或多种产品的总成本小于分别单独生产这些产品的成本之和时，就存在**范围经济**。

如果我用$LTC(Q_1, 0)$表示单独生产Q_1的成本，$LTC(0, Q_2)$表示单独生产Q_2的成本，$LTC(Q_1, Q_2)$表示同时生产Q_1和Q_2的成本。如果下式成立，则存在范围经济（economies of scope）现象：

$$LTC(Q_1,Q_2) < LTC(Q_1,0) + LTC(0,Q_2) \tag{6-19}$$

范围经济产生的原因有两种情形：

第一，同一生产过程中的共生产品。在同一生产过程中，同时产出了几种产品，如石油开采中伴生的天然气，石油炼化过程中产生汽油、柴油等；再如养牛会同时生产牛肉、牛皮等。

第二，使用共同的投入要素来生产多种产品或提供多种服务。因为共同的要素成本被分摊到多种产品上，所以形成了共同经济。这种共同的投入要素，可以是生产性的，也可以是管理、技术方面的，如相同的管理模式的推广运用，共同技术被用于不同产品生产。还有一些是因为共同使用的要素无法分割，共同使用更有效果。

3. 学习经济或经验经济

某些产品生产或服务提供中，随着产出数量累计增加，存在着“干中学”的效果，也就是通过学习和经验积累推动长期平均成本下降，这就是**学习经济或经验经济**（leaning or experience economy）现象，即因为产出增加、厂商通过学习或经验积累而导致长期平均成本降低的现象。

学习经济的原因看似也是随着产量增加带来的成本下降，但原因不同于规模经济。规模经济是指随着产量的增加，平均成本沿着 *LAC* 向右下移。而学习经济是整条 *LAC* 线下移，因为通过干中学导致生产要素的生产率发生了变化。图6-20表现了两者的区别。*LAC* 不论是在平均产量为10单位，还是20单位，规模经济都会发生，而学习经济导致平均成本 *LAC* 线整体下移。

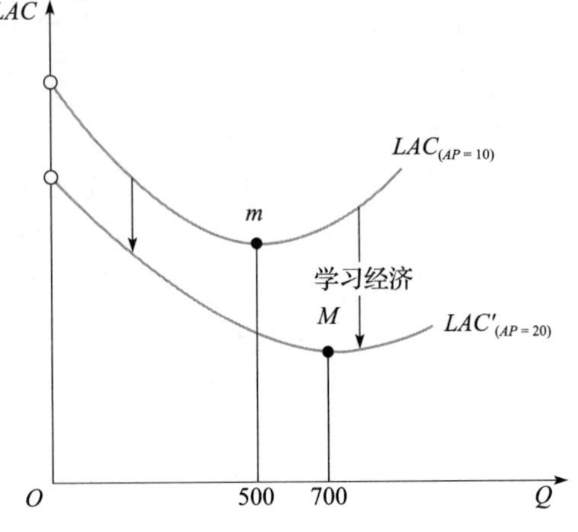

图6-20 规模经济与学习经济的区别

6.7 短期成本与长期成本的关系

学习了短期成本与长期成本的相关内容后，我们还需讨论两者的关系。以劳动与资本两种投入要素的情形为例，在短期，资本保持不变，劳动可以变化，而长期则是两种要素都会发生变化。对于长期与短期，我们可以简单认为，长期生产过程就是由一个个短期生产过程衔接而成的。以表6-7为例，每一列资本（资本水平给定，如资本为5时）都面临不同的劳动投入与其组合来生产产品，每个劳动与资本组合都可以看成一个短期。

6.7.1 短期平均成本与长期平均成本的关系

我们以一个长期生产过程中的三种生产规模为例来说明**短期平均成本与长期平均成本的关系**。假设厂商在一个长期生产周期中可以选择资本分别为100单位、300单位、600单位三种生产规模经营，这三种规模就是三个短期，对应的短期平均成本分别为 $AC_{K=100}$、$AC_{K=300}$、$AC_{K=600}$。

当厂商产量不超过4 000单位时，对应的平均成本曲线为 $AC_{K=100}$，短期最低成本位于3 000单位产量时，平均成本为5.0元，总成本为3 000×5.0＝15 000元；如果选择 $AC_{K=300}$ 的生产规模，则3 000单位产量的成本为3 000×7.8＝23 400元；如果是 $AC_{K=600}$ 的规模，成本更高（图中没有具体标出，但可以从逻辑上推出）。

当厂商产量超过4 000单位但小于7 500单位时，厂商会选择第二种生产规模，对应的平均成本曲线 $AC_{K=300}$，厂商的短期都低于另外两种生产规模。同理，如果超过7 500单位，厂商会选择第三种，对应的平均成本曲线 $AC_{K=600}$。

如果厂商可以选择的生产规模不是3种，而是30种、300种，甚至更多时，*LAC* 线将变得平滑，如图 6-21 中的 *LAC* 线，即由多个像 *r*、*m* 和 *e* 这样的切点构成。该线被称为短期平均成本曲线的**包络线**（envelope curve）。该成本线表明，每个短到极致的短期都只有一个点在长期平均成本曲线上，也就是从长期来看各个短期最低成本的那个点。

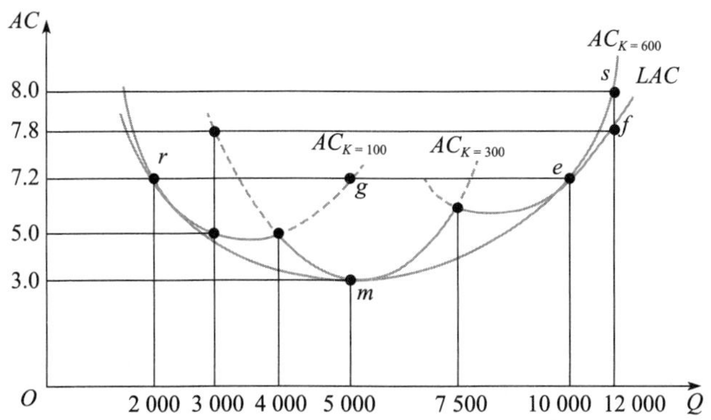

图 6-21 长期平均成本与短期平均成本

6.7.2 短期总成本与长期总成本

在长期，厂商可以任意调整投入要素，所以长期总成本可以一直保持在最小。厂商在各个短期选择从长期来看的最优生产规模后，长期与短期成本是一样的。然而，如果产品需求或生产条件发生变化，厂商离开目前短期的最优组合点后，从长期来看，成本就不再是最低了，需要根据新的生产要素组合，成本会继续调整到新的最低点，我们看图 6-22。

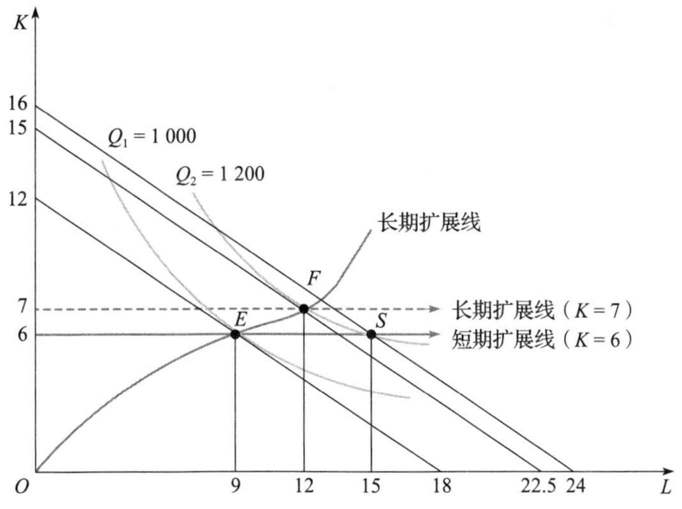

图 6-22 短期与长期生产扩展线

厂商产量为 1 000 单位时，短期最低成本的要素组合在 *E* 点（等产量线与等成本线的切点），而且该点也位于长期扩展线上，这时的资本投入量为 6，劳动投入量为 9。现在假定，市场需求旺盛，厂商扩大生产规模至 1 200 单位。如果是在短期扩大生产，因为 $K=6$ 不变，厂商只能依靠扩大劳动投入来满足市场需求，生产要素组合移动到 *S* 点，可带来 1 200 单位产量。（我也可以称这条沿着 $K=6$ 不变的线为短期扩展线；如果资本投入改变，短期扩展线也会改变，如图中 $K=7$ 时，劳动增加也会形成短期扩展线）。

我们观察 1 200 单位的等产量线，可知 S 点并非成本最低点的组合，F 点才是。厂商短期无法调整到 F 点（因为 $K=6$ 不变），但长期可以，所以最低成本的组合是资本 $K=7$，劳动 $L=12$。通过这一对比，我们可以理解为什么短期只有一点会在长期成本线上，即只有从长期来看短期要素组合最优点形成的成本才位于长期成本曲线上，因为长期成本曲线总是由最低的点构成，离开最优组合点的成本水平一定高于这一水平。

以上关于短期平均成本与长期平均成本的关系的分析同样适用于短期总成本与长期总成本，即短期总成本也只有一点与长期总成本相切，长期总成本也是许多个最低的总成本点构成的曲线，如图 6-23 所示。

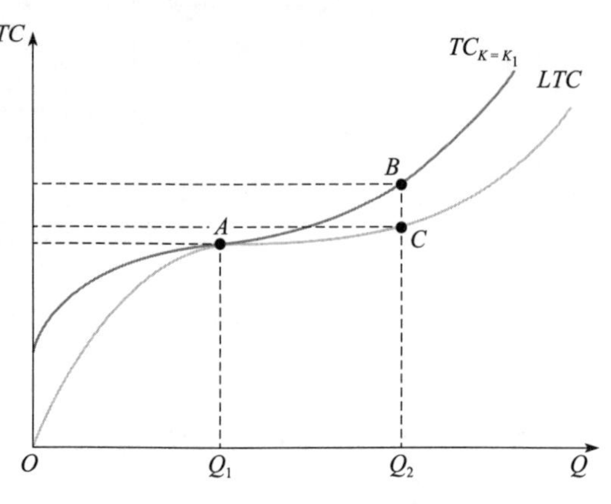

图 6-23　短期总成本与长期总成本

但是，短期边际成本与长期边际成本是否也适用这一说法呢？

长期边际成本并非短期边际成本的包络线！从前面分析我们知道，每一产量水平都有对应的平均成本和边际成本。图 6-24与图 6-21 相似，只是这里增加了边际成本。假设厂商选择的产出水平为 Q_1，那么与之对应的短期平均成本曲线为 $AC_1(K=K_1)$，A 点是 AC_1 与这一产出对应的长期平均成本 LAC 的切点，也就是说，这一产出水平长期最低成本组合点就是切点，所以此时短期平均成本 AC_1 等于长期平均成本 LAC_{Q1}。那么与 AC_1 对应的短期边际成本 SMC_1 与长期边际成本 LMC_{Q1} 也一定相等，也就是图中的 G 点。同样，如果厂商的生产规模扩大到 Q_2，相同的逻辑，可以得出短期边际成本 SMC_2 与长期边际成本 LMC_{Q2} 相等的 B 点（图中的 B 点已经是长期 LAC 的最低点），扩大规模至 Q_3，将得到 E 点，将 G、B、E 点连接起来就得到了长期边际成本曲线 LMC。对于长期条件下，LAC 与 LMC 的关系，与短期分析的 AC 与 MC 类似，当 $LMC > LAC$ 时，LAC 上升，当 $LMC < LAC$ 时，LAC 下降，LMC 必然穿越 LAC 的最低点。

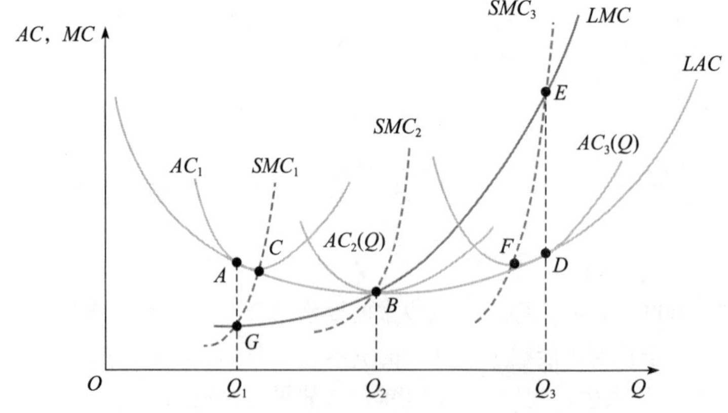

图 6-24　从短期边际成本推导长期边际成本

附录 6A

1. 平均产量 AP 和边际产量 MP

本章正文就两者关系给出的结论是：当 AP 递增（递减）时，MP 大于（小于）AP。当 AP 达到最大值时，$AP=MP$。对于平均产量 AP 和边际产量 MP 的关系，用函数关系进行解释，所以有

$$\frac{\mathrm{d}AP}{\mathrm{d}L}=\frac{\mathrm{d}\frac{Q}{L}}{\mathrm{d}L}=\frac{\mathrm{d}\frac{Q}{\mathrm{d}L}L-Q}{L^2}=\frac{1}{L}(MP-AP)$$

MP 大于（小于）AP 时，$\frac{\mathrm{d}AP}{\mathrm{d}L}$为正（负），所以 AP 递增（递减）。

当 $MP=AP$ 时，$\frac{\mathrm{d}AP}{\mathrm{d}L}$为零，也就是 AP 的斜率为零，故为最大值。

2. 两种投入要素都可变时，最优生产要素条件的函数推导

（1）成本最小化。

生产函数为：$Q=f(L,K)$，

劳动边际产量为：$MP_L=\frac{\partial Q}{\partial L}$；资本边际产量为：$MP_K=\frac{\partial Q}{\partial K}$

我们假设等产量线的斜率等于要素的边际产量比。对生产函数去全微分：

$$\mathrm{d}Q=\frac{\mathrm{d}f(L,K)}{\mathrm{d}L}\cdot\mathrm{d}L+\frac{\mathrm{d}f(L,K)}{\mathrm{d}K}\cdot\mathrm{d}K=MP_L\cdot\mathrm{d}L+MP_K\cdot\mathrm{d}K$$

因为是沿着等产量线变化，所以 $\mathrm{d}Q=0$

所以：$MP_L\cdot\mathrm{d}L+MP_K\cdot\mathrm{d}K=0$

$$MRTS=-\frac{\mathrm{d}K}{\mathrm{d}L}=\frac{MP_L}{MP_K}$$

现在假定产量既定为 $\overline{Q}$，如何选择 L，K 的最佳组合。

给定 L 和 K 的价格为 w，r，则长期总成本为 $C=wL+rK$

构建拉格朗日函数：$\ell=wL+rK+\lambda\ [\overline{Q}-f\ (L,\ K)]$

对 L、K 和 λ 分别求导，得

$$\frac{\partial\ell}{\partial L}=w-\frac{\mathrm{d}Q}{\mathrm{d}L}=0$$

$$\frac{\partial\ell}{\partial K}=r-\frac{\mathrm{d}Q}{\mathrm{d}K}=0$$

$$\frac{\partial\ell}{\partial\lambda}=\overline{Q}-f(L,K)=0$$

整理后有

$$\frac{MP_L}{w}=\frac{MP_K}{r}$$

（2）产出最大化。

原理与上相同，只是拉格朗日函数为 $\ell=f\ (L,\ K)+\lambda\ [\overline{C}-wL-rK]$，对该函数求导，也可得出前述结果，推导过程略。

本章小结

1. 生产是指个人、厂商、政府等利用投入要素制造他人愿意付钱购买的产品或服务的过程或流程。

2. 生产函数是指在一定技术条件下，投入要素或生产要素组合与所能生产的最大产出之间的关系。根据技术系数变化，生产函数也可分为固定技术系数的生产函数和可变技术系数的生产函数。

3. 短期生产是指至少有一种生产要素保持不变的时期。长期生产是指所有投入要素都可以进行调整的时期。

4. 经济利润 = 总收益 - 总经济成本。总经济成本，依据机会成本所使用的所有资源的成本。使用自己没有的资源必须付费形成的成本被称为显性成本，使用自己拥有的资源不支付报酬的成本被称为隐含成本。

5. 总产量是指投入一定数量的生产要素得到的产量水平；平均产量是每单位投入要素（这里是劳动）平均生产的产量；边际产量是指厂商多增加1单位投入要素而增加的产量。

6. 总产量、平均产量和边际产量间的关系如下。

总产量与边际产量的关系：边际产量递增的阶段，总产量加速增加；边际产量递减的阶段，总产量以递减的速度增加；当边际产量为0时，总产量达到最大。平均产量与边际产量的关系：当平均产量递增时，边际产量大于平均产量；平均产量递减时，边际产量小于平均产量；平均产量最高点，平均产量等于边际产量。

7. 边际报酬递减规律，随着可变投入要素增加，当其他要素不变时（资本保持不变），开始阶段每单位投入要素带来的产量增加量是递增的，但是越过某点后，投入要素增加带来的产量增加量出现递减的现象。边际报酬递减规律一般也以生产技术水平给定为前提。

8. 短期生产总成本是与一定产量水平相对应的总成本支出水平。

短期边际成本是指每改变1单位产量所引起的总成本的改变量。平均成本为每单位产量分摊到的成本，等于总成本除以总产量。边际报酬递减规律在这里以另一种形式表现出来：边际成本递增。

9. 平均产量与平均可变成本互为反比例关系；边际产量与边际成本互为反比例关系。

10. 等产量线表示厂商选择两种投入要素任意组合生产出相同数量产量的曲线。

11. 边际技术替代率，是指在同一条等产量线上，生产者增加1单位某种生产要素投入（如劳动，用 ΔL 表示），另一种生产要素的投入数量（如资本，用 ΔK 表示）会减少。

12. 等成本线表示在既定的要素价格条件下，厂商用一定数量的资金所能够购买的两种生产要素最大组合的轨迹。

13. 最优化厂商行为目标的实现有两种情形：①给定产量时，如何以最小的成本来实现，这种情形对大部分制造业的厂商来说较为普遍。②给定预算支出（总成本给定）时，寻求最大化产出。

14. 最优化实现的条件为：$MP_L/w = MP_K/r$。即每增加1单位成本，无论购买资本还是劳动，各自能带来的产量增加量是相同时，厂商就实现了成本最小或产出最大。

15. 厂商的最优要素组合选择点的连线，被称为扩展线。

16. 假设所有投入要素都按同样的比例递增，然后观察产出会出现什么的结果，这就是规模报酬问题，有规模报酬递增，规模报酬递减、规模报酬不变三种情形。

17. 导致规模报酬递增的主要原因有：①规模增加后的专业化分工与协作，②固定成本的分摊，③网络外部性。规模报酬递减，是因为生产规模扩大后，造成了管理协调出现问题。

18. 扩展线上的点表示的是产量扩张过程中，最低成本的要素组合。

19. 影响长期成本变化的因素：规模经济与规模不经济。规模经济指由于生产规模扩大而导致厂商长期平均成本下降的现象。规模不经济指由于生产规模的扩大而导致企业的平均成本上升的现象。范围经济指，厂商生产两种或多种产品的总成本小于分别单独生产这些产品的成本之和。学习经济或经验经济指，因为产出增加、厂商通过学习或经验积累而导致长期平均成本降低的现象。

20. 长期平均成本曲线是短期平均成本曲线的包络线。该线表明，每个短到极致的短期都只有一个点在长期平均成本曲线上，也就是从长期来看各个短期应该为最低成本组合的那个点。长期总成本曲线也是短期总成本曲线的包络线。

思考与练习

一、名词解释

生产函数	生产要素
短期	长期边际产量
边际报酬递减规律	等产量线
等成本线	边际技术替代率
规模报酬	规模经济
扩展线	机会成本
显性成本	隐含成本
经济利润	边际成本
内在经济	外在经济
范围经济	包络线

二、简答题

1. 短期平均成本曲线和长期平均成本曲线都呈“U”形，请分别解释其原因。

2. 用图说明总产量、边际产量和平均产量之间的关系。

3. 说明边际报酬递减规律。

4. 等产量曲线的特征是什么？它和无差异曲线有何本质区别？

5. 用图说明边际成本和平均成本之间的关系。

6. 用图说明 *SAC* 与 *LAC* 之间的关系。

7. 什么是范围经济？什么是学习经济？举例说明。

三、论述题

1. 为什么等产量曲线和等成本线的切点是生产要素的最优组合？

2. 阐述导致规模经济与规模不经济的原因。

3. 影响长期成本变化的因素有哪些？

4. 请通过扩展线推导出成本曲线。

四、计算题

1. 企业总固定成本为10 000元，平均成本为500元，平均可变成本为100元，求企业现在的产量。

2. 假设某产品生产的总成本函数是 $TC = 3Q^3 - 8Q^2 + 100Q + 60$，求 $TFC(Q)$、$TVC(Q)$、$AC(Q)$、$MC(Q)$。

第 7 章
CHAPTER7

市场竞争与厂商行为：完全竞争与完全垄断

一个事业若对社会有益，就应当任其自由、广其竞争，竞争愈自由，愈普遍，那事业就愈有利于社会。

——亚当 · 斯密

§ 本章要点

在生产者行为理论的基础上，本章将讨论厂商在考虑到产品价格因素后，如何在不同的市场竞争条件下做出最优的产量和价格决策。厂商的产品定价与厂商产品所面临的市场竞争态势或者说不同的市场结构有关。本章与下一章要学习不同市场结构条件下，厂商如何在短期和长期根据利润最大化原则来做出产量和价格决策。本章先学习在完全竞争与完全垄断市场中厂商如何决策。

§ 学习目标

- 理解两个极端市场的特征；
- 熟练掌握厂商在不同的市场结构中，为实现利润最大化，如何做出产量和价格决策；
- 比较分析两个极端市场的效率差异。

§ 基本概念

市场结构	完全竞争	垄断	总收益
平均收益	边际收益	利润最大化原则	价格接受者
会计利润	生产有效	分配有效	市场势力
完全垄断	进入壁垒	自然垄断	网络外部性
勒纳指数	差别定价或者价格歧视	一级差别定价	二级差别定价
三级差别定价			

厂商（企业）为追求利润最大化的决策受制于所处的市场竞争环境，具体说来，受制

于价格水平的高低。不同市场竞争环境，也被称为不同的**市场结构**。经济学通常把市场结构分为四种：完全竞争市场、垄断竞争市场、寡头垄断市场与完全垄断市场。

四种市场，也可以称为四种行业或产业。竞争程度的大小，一般以如下四种主要特征来进行描述和区分。

（1）厂商数量和买者数量：一般情况下，卖者（厂商）数量越多，面对的买者也多时，竞争越激烈。

（2）产品类型：对买者来说，厂商销售的是差异化产品还是同质产品，影响到竞争程度的大小。产品越同质，竞争越激烈。这里的同质主要是指购买者认为的产品可替代程度，替代程度越高，同质性越高。

（3）市场进入壁垒：一种产品市场进入越容易，说明壁垒越低，厂商间的竞争越激烈。

（4）买卖双方信息掌握程度：买卖双方对产品相关的信息掌握得越充分，厂商间的竞争就会越激烈。

四种市场结构根据这四种特征总结如表7-1所示。

表7-1　四种市场结构

特征	市场结构			
	完全竞争市场	**垄断竞争市场**	**寡头垄断市场**	**完全垄断市场**
企业数量	很多	很多	几家	一家
产品种类	同质产品	差异化产品	同质或差异化	唯一产品
进入难易程度	容易	容易	难	几乎不可能
产品与价格信息	非常充分	不充分	不充分	不充分
典型行业	小麦种植 苹果种植	成衣商店 餐馆	计算机制造 汽车制造	自来水、煤气等 公用事业公司

竞争越来越激烈 ⟷ 竞争越来越衰竭

7.1　厂商利润最大化的生产决策

我们上一章学习过经济利润的定义：

$$经济利润 = 总收益 - 总经济成本$$

或

$$\pi = Q \times P - C$$

式中，π 为经济利润；Q 为产出；P 为产品价格；C 为成本。

因此，对单个厂商而言，如果成本函数已知（成本怎样受到产量变化的影响），厂商需要对产品价格 P 与产量 Q 来做出决策，以得到最优结果，目标当然是利润最大化。下面我们将给出一个厂商可以遵循的简单条件，据此来分析厂商如何做出利润最大化条件下的产出决策。

1. 收益

收益（revenue），也称为销售收入，指厂商生产产品和劳务所获得的收入。根据不同的定义，可以分为总收益、平均收益和边际收益。

总收益（total revenue，TR），厂商销售一定量产品或服务所得到的总收入，$TR = P \times Q$。

平均收益（average revenue，AR），厂商销售单位产品的收入，等于产品的价格，$AR = TR/Q = P$。

边际收益（marginal revenue，MR），增加一单位产量所引起的总收益的增加额，$MR = \Delta TR/\Delta Q = \mathrm{d}TR/\mathrm{d}Q$。

下面的例子可说明上述概念。假设果农甲种植苹果在市场中销售，为简化起见，我们假定他销售的苹果价格为7元/千克，苹果产量最小单位为10千克。那么，他的总收益（销售收入）、平均收益和边际收益如表7-2所示。

表7-2　果农甲销售苹果的收益（假设价格不变）

苹果产量（Q）（千克）	市场价格（P）（元/千克）	总收益（TR）（元）	平均收益（AR）（元）	边际收益（MR）（元）
0	7	0	—	—
10	7	70	7	7
20	7	140	7	7
30	7	210	7	7
40	7	280	7	7
50	7	350	7	7
60	7	420	7	7
70	7	490	7	7
80	7	560	7	7
90	7	630	7	7
100	7	700	7	7

从表7-2中，我们可以看出，果农甲销售苹果的平均收益、边际收益都等于市场价格。

2. 利润最大化原则

利润最大化原则就是指厂商追求最大利润时要遵循的一般原则。有两种方法可以进行利润最大化计算。

（1）**第一种方法：总量方法。**

我们在第4章已经就决策的两种方法做过介绍，这里是具体到厂商的决策。根据定义，经济利润 = 总收益 − 总经济成本。要实现利润最大化，就意味着总收益（TR）− 总成本（TC）的差额最大。如表7-3所示，随着产量增加，总收益与总成本之差也在变化，从 −100 元扩大到135元后，又出现减少。所以，当产量为70千克时，总利润最大，如图7-1所示。

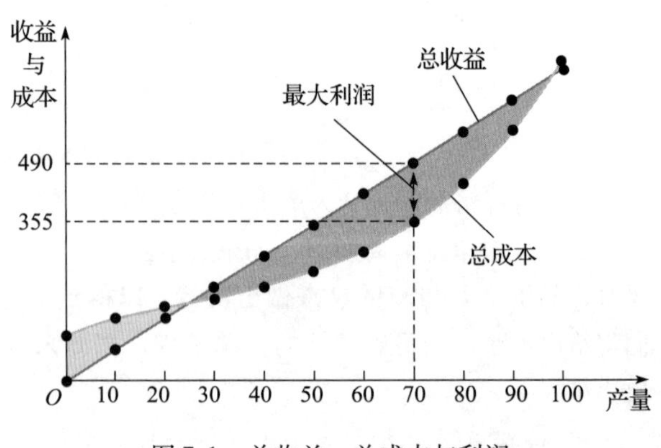

图7-1　总收益、总成本与利润

表 7-3　果农甲种苹果的利润计算

苹果产量（Q）（千克）	市场价格（P）（元/千克）	总收益（TR）（元）	总成本（TC）（元）	利润（π）（元）	平均收益（AR）（元）	边际收益（MR）（元）	边际成本（MC）（元）
0	7	0	100	-100	—	—	
10	7	70	140	-70	7	7	4.0
20	7	140	165	-25	7	7	2.5
30	7	210	185	25	7	7	2.0
40	7	280	210	70	7	7	2.5
50	7	350	245	105	7	7	3.5
60	7	420	290	130	7	7	4.5
70	7	490	355	135	7	7	6.5
80	7	560	445	115	7	7	9.0
90	7	630	565	65	7	7	12.0
100	7	700	720	-20	7	7	15.5

（2）**第二种方法：边际方法。**

边际决策是厂商要决定是否增加 1 单位产量时的决策。这就涉及厂商生产该单位产品的成本支出（即边际成本 MC）与该单位产品所带来收益（边际收益 MR，在完全竞争条件下等于产品价格）的比较，参见图 7-2。假设边际收益大于边际成本 $MR > MC$，表明多生产一单位产品所增加的收益大于生产该单位产品所耗费的成本，生产有利可图，理应继续生产。如果 $MR < MC$ 时，表明多生产一单位产品增加的收益小于生产成本，厂商要减少生产。只有 $MR = MC$ 时，厂商的获利机会利用殆尽。因此，边际收益等于边际成本时，利润最大，这也成为利润最大化条件。同时，如果厂商总体考虑亏损条件下继续生产时，$MR = MC$ 也是亏损最小化条件。从表 7-2 中我们也可以看出，在产量为 80 千克之前，每增加 10 千克产量，边际成本都小于边际收益，所以厂商仍然有机会增加自己的利润，直到产量达到 80 千克。产量超过 80 千克后，边际成本超过边际收益，如果厂商继续生产，利润水平将出现下降，因为增加的产量都是“亏损”的。

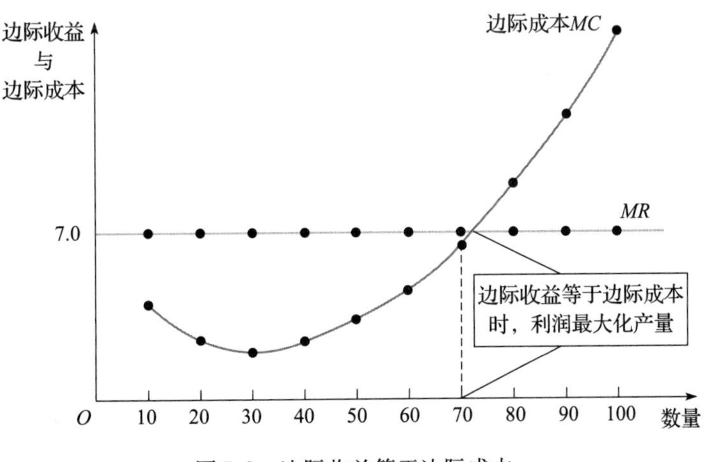

图 7-2　边际收益等于边际成本

其实，从数学上看，总量方法与边际方法是一致的。

$$\pi = TR - TC \tag{7-1}$$

对式（7-1）求 Q 的导数，则

$$\frac{\mathrm{d}\pi}{\mathrm{d}Q}=\frac{\mathrm{d}TR}{\mathrm{d}Q}-\frac{\mathrm{d}TC}{\mathrm{d}Q}=MR-MC$$

利润最大化要求 $\mathrm{d}\pi/\mathrm{d}Q=0$，所以，

$$MR=MC \tag{7-2}$$

总之，对完全竞争条件下的厂商而言，如果 $MC=MR=P$，那么厂商的产量就是最优的。

7.2 完全竞争市场中的厂商行为

7.2.1 完全竞争市场的基本特征

根据分类特征，完全竞争市场的特征如下。

（1）卖者与买者人数众多，多到每个个体对市场均衡数量与价格都不产生任何影响。每个买卖个体都是价格接受者（price taker），接受产品市场形成的价格。

（2）所有厂商提供同质产品。买者认为这些厂商生产的产品没什么区别。

（3）市场的进入与退出没有壁垒阻碍。也就是说，一个厂商进入某一产品市场没有阻碍，退出某一行业市场也没有障碍。

（4）产品买卖双方对于产品相关的信息掌握很充分，特别是价格信息，不存在厂商利用买者对消息的掌握控制价格的现象。

完全符合这些特征的市场，在现实中是难觅的，但为什么我们还要研究这样的市场呢？原因如下。

（1）这是最为简明的分析。价格给定（接受市场决定的价格），厂商在做出利润最大化决策时，只需考虑产出决策。

（2）对许多价格接受型厂商的决策有参考价值，因为真实世界中有许多厂商无力影响价格只能接受市场决定的价格，对这部分厂商的行为分析可以适用。

（3）完全竞争市场是一个参照系。当评价一个市场运行的效率时，需要有一个参照标准，完全竞争市场就是效率最优的市场。所以，完全竞争市场是一个具有重要理论参照意义的市场标准。

7.2.2 价格接受者的需求曲线

假设果农甲栽种了100亩苹果树，如果他在一个大型水果市场中卖出苹果时，只能是市场价格的接受者，或者说，他只可以在这一价格水平上卖出一定数量的苹果。所以，市场对果农甲的苹果的需求曲线是平行于横轴（水平轴）的水平线。如图7-3所示，无论销售数量为5 000千克，还是100 000千克，价格都为7元/千克。那么甲接受的价格来自

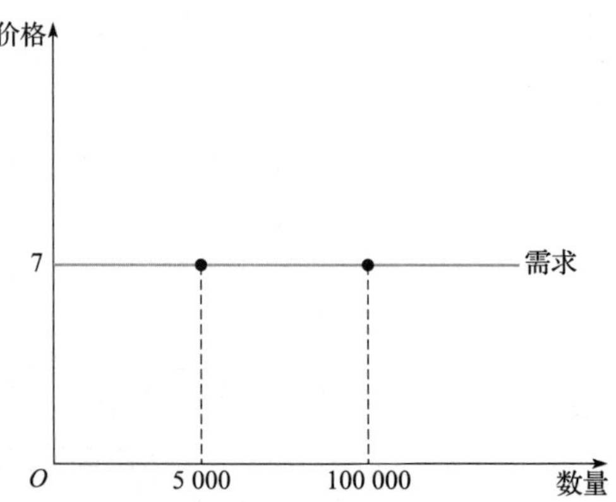

图7-3 完全竞争市场中企业产品的需求曲线为水平线

哪里？

作为苹果市场中一名普通供应商，他接受的价格只能来自于苹果市场对苹果总的市场需求与苹果总的市场供给所决定的价格。

对甲的苹果的需求曲线不同于苹果的市场需求曲线。图 7-4a 所示为苹果市场的需求与供给曲线，与第 2 章所讨论的两条曲线具有相同的形状，与甲的个体需求曲线形状并不相同。市场决定的苹果价格，将被市场中所有买者与卖者所接受。如图 7-4b 所示，相对整个苹果销售市场而言，甲产的苹果所占份额微乎其微，所以甲的苹果产量和对甲的苹果需求不会影响苹果市场的价格走势。和甲一样，每个小生产者都会接受市场总体所决定的价格。

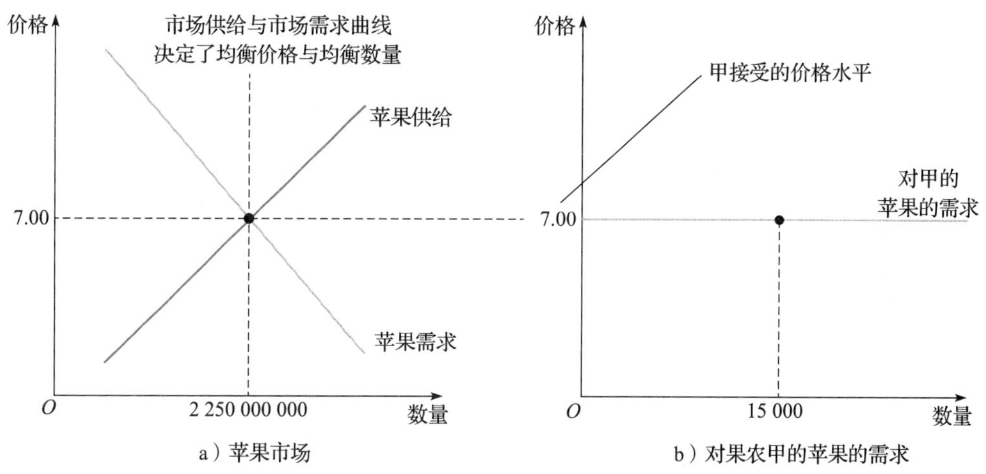

图 7-4　苹果市场的供给曲线、需求曲线与对果农甲的苹果的需求曲线

7.2.3　完全竞争条件下厂商的产出决策

在完全竞争条件下，一个行业中的单个厂商，在利润最大化目标的前提下，其决策涉及两个重要变量，一个是价格，另一个是产量。因为完全竞争条件下，厂商是产品价格接受者，所以价格外生给定，厂商要做出的只有产出决策。产出水平如何决定呢？

1. 利润最大化条件下的产量与利润：图示法

为了看清楚厂商如何决策，我们先对给定产量情况下厂商盈利情形给出解释。

我们在图 7-4b 中添加厂商的平均成本曲线，就可以得出具体利润了，请见图 7-5。当价格为 7.0 元时，MR 也等于 7.0 元，根据利润最大化原则 $MR = MC$，最大产量应为 $Q = 70$ 单位，该产量时的总成本为 355 元，平均成本 $AC = 355/70 = 5.07$ 元。从总量计算，$TR = 70 \times 7 = 490$ 元，$TC = 70 \times 5.07 = 354.9$ 元，所以，利润 $= TR - TC = 490 - 354.9 = 135.1$ 元。如果从单位变量计算，单位产品的利润 $= P - AC = 7.0 - 5.07 = 1.93$ 元，利润为 $= (P - AC) \times Q = 1.93 \times 70 = 135.1$ 元。

2. 厂商短期决策

我们先分析厂商的短期决策。短期之意，除了第 5 章对厂商的短期假定外，还有一个条件，就是所在行业的厂商数量不变，也就是没有新厂商进入，也没有现有厂商退出。这意味

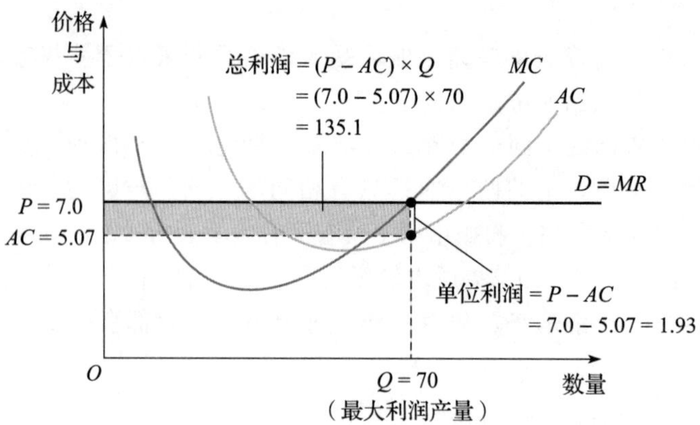

图 7-5　产量与最大利润

着，在短期内，给定价格水平时，根据厂商的成本状况，有如下三种情形：

（1）如果厂商的平均成本水平低于价格，$AC < P$，那么厂商的经济利润为正；

（2）如果厂商的平均成本水平等于价格，$AC = P$，那么厂商的经济利润为零，厂商盈亏相抵；

（3）如果厂商的平均成本水平高于价格，$AC > P$，那么厂商的经济利润为负，出现亏损。

图 7-5 就是厂商经济利润为正的情形。盈亏相抵和亏损的情形如图 7-6 所示。根据图 7-6a，$MR = MC$ 决定的产出水平为 Q，所对应的平均成本 AC 如果等于 P（也等于 MR），$P - AC = 0$，经济利润将为零。

对于图 7-6b，我们可以看出，P 低于 AC，所以厂商出现亏损。

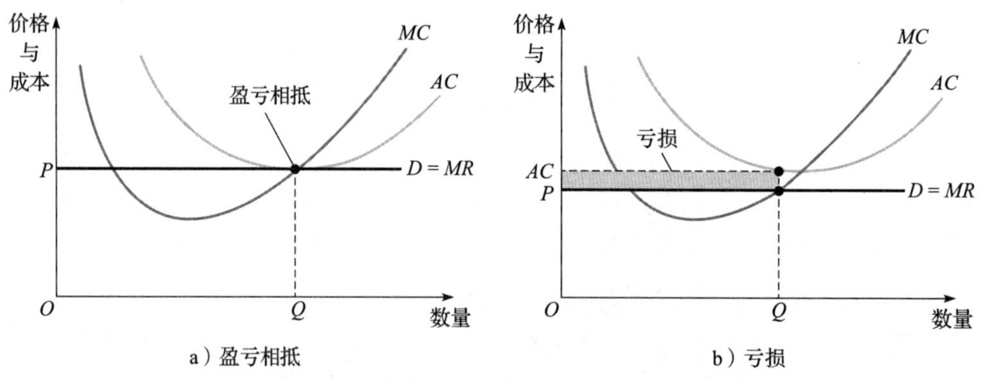

图 7-6　盈亏相抵与亏损

关于盈亏相抵与亏损，引出的问题是：厂商是继续经营还是暂时停业？盈亏相抵，厂商应该继续生产。原因是，这里的盈亏相抵，是指经济利润为零的情形。经济利润不同于我们企业日常财务报告中的会计利润，两者区别见第 6 章。

所以，即使经济利润为零，会计利润也大于零，因为会计利润中包含着隐含成本。也就是说，经济利润计算中，使用资源的所有成本（机会成本）都会计算在内，即使经济利润为零，所有资源的机会成本（包括自有资源）也都可以得到回报，所以应该继续经营。

那么，如果经济利润为负，或者说亏损时又如何呢？凭直觉，经营亏损应暂时停业。且慢！请注意这是短期！对厂商而言，短期成本需进一步细分。根据第6章所学内容，我们知道厂商的成本在短期可以分为固定成本 *FC* 与可变成本 *VC*，固定成本是不管生产与否都必须支付的成本，也就是说，即使厂商停业也必须支付。因此，厂商是否停业就有了一个参考成本，如果厂商经营所得总收益无法弥补固定成本，那么厂商就应该停业；如果厂商经营所得总收益至少能弥补固定成本，厂商就可以继续经营，如果正好能弥补固定成本，这时就是一个停业与否的临界点。

简言之，当 $TR < TVC$ 时，厂商应该暂时停业。或者不等式两边都除以 Q，即 $TR/Q < TVC/Q$，就变为单位产品的 $P < AVC$。

如果 $TR = AVC$，或者 $P = AVC$，则是停业与否的临界点。

我们可以用图7-7进行说明。当市场价格（单个厂商接受的价格）下降到 $P = AVC$ 的水平，也就是图7-7中的 P_0，可变成本 *AVC* 的最低点水平，就是厂商停止营业点，产量为 Q_0。如果价格高于这一水平，即使仍然低于 *AC*，如 P_1 的水平，厂商仍然应该亏损经营，产量为 Q_1，这时，必须支付的固定成本仍然可以得到部分弥补，对厂商仍然有减亏的作用。如果价格低于 P_0，厂商应该暂停营业。

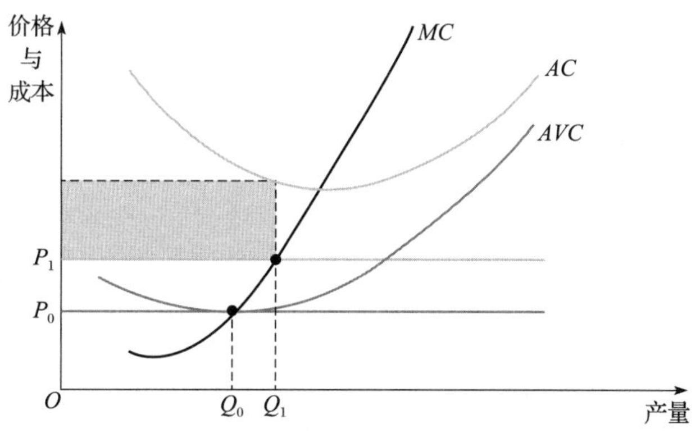

图7-7　厂商停止营业点

在短期决策中，面对接受的价格水平，厂商可依据自己的 *MC*、*AC* 和 *AVC* 分别做出经营判断。

- *MC*：$P = MR = MC$ 可决定最优产出水平（不停业情况下如此，如果停业，产出为零）。
- *AC*：比较 *AC* 与 *P*，可以判断厂商经济利润为正，还是为负。
- *AVC*：比较 *AVC* 与 *P*，可以判断停业点或者开始经营点。

3. 短期供给曲线

厂商的产品供给曲线表示的是任一给定价格水平上，厂商愿意提供的产品数量。在完全竞争市场短期分析中，厂商就是按 $P = MC$ 来决定产出水平的。价格变化，厂商按照相应 *MC* 曲线上的对应点决定的产出水平也随之变化。所以，可以认为 *MC* 曲线上的每个点就是价格与产量组合的对应点。因为厂商在价格低于 *AVC* 时停业，所以，短期供给曲线也是从 *MC* 穿越*AVC*之上的部分才有产出变化，低于*AVC*时产出为零。所以，如图7-8所示，短期供给曲线分为两部分：*AVC*最低点之上的*MC*部分，价格低于*AVC*最低点时，产量为零，即沿着纵轴（价格轴）的部分。

得到了单个厂商的供给曲线，厂商所在行业的短期供给曲线就可以通过加总每个厂商的短期供给曲线得到。

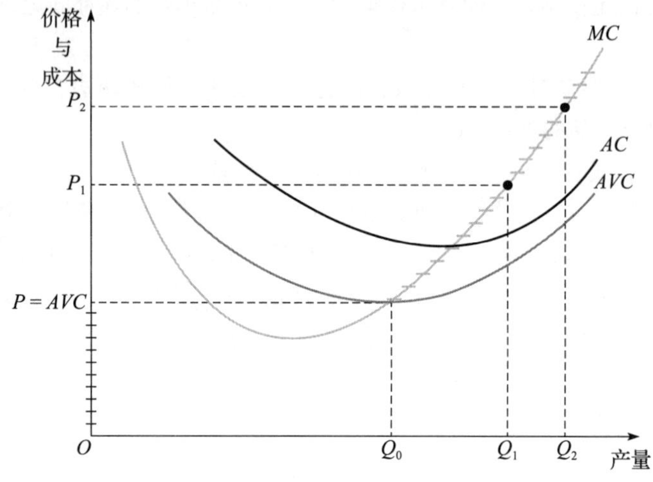

图7-8　厂商的短期供给曲线

4. 厂商的长期决策

所谓长期，意思是厂商所有成本都是可变的，行业中厂商的数量也是可变的。成本可变，没有了固定成本，也没有亏损时可继续经营的基础；行业中的厂商数量可变，意味厂商可以自由进入或者退出。在完全竞争长期背景下，厂商的长期经营行为将受到所在行业厂商进入和退出而导致的价格波动的影响。

（1）**厂商进入与退出行业与企业利润。**

情形1，经济利润为正时，新厂商进入。

假设目前一个行业中厂商获得的经济利润为正。有利可图的情形将吸引其他同类厂商进入该行业，在市场需求一定的情况下，厂商进入越多，行业供给的产量也越多，产品价格将会下降，行业中原有厂商的利润将会逐步减少，直至经济利润为零，这时进入才会停止，如图7-9所示。当价格为P_1时，行业中的厂商甲可以获得正的经济利润。经济利润为正将吸引行业外厂商进入该行业，行业供给将扩大，如图7-9a所示，行业供给曲线会从S_1向右移动，一直扩大到S_2。假设市场需求不变，价格水平将会一直下降到P_2。这一价格水平正好等于厂商甲的*AC*的最低点，厂商甲正好盈亏相抵。

情形2，经济利润为负（亏损）时，原有厂商退出。

假设产品需求下降，表现为如图7-10a中，需求曲线从D_1移动至D_2，导致价格水平下跌，从P_1变为P_2，部分厂商将出现亏损，如图7-10b所示。这种情况下，部分厂商将从行业退出，这将导致供给曲线左移，如图7-10c所示，价格又会逐步回升，如果厂商的成本没有变化，价格将会回升到P_1水平。价格水平稳定后，只有那些*AC*曲线的最低点等于价格水平的厂商才能生存下来，所有厂商只是盈亏相抵，如7-10d所示。

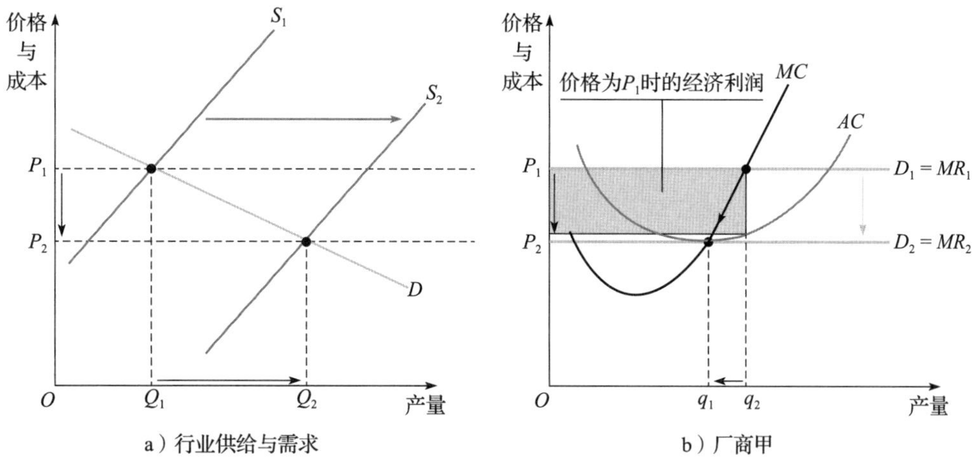

图 7-9　一个行业厂商可以进入时对原有厂商利润的影响

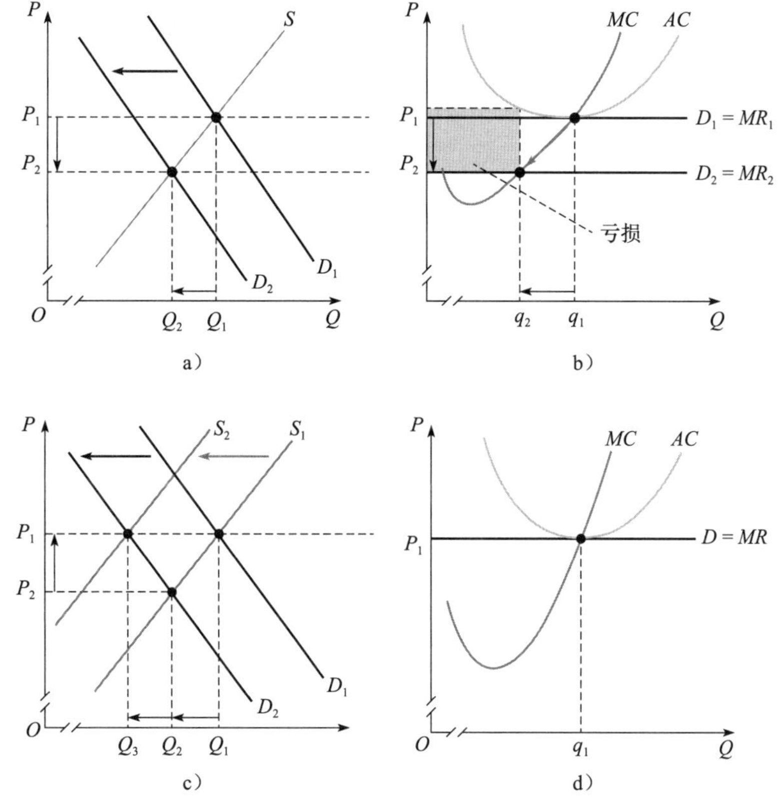

图 7-10　行业中厂商退出对厂商经营的影响

（2）**长期均衡。**

因为在完全竞争条件下，厂商可自由进出行业，最终生存下来的厂商都只能盈亏相抵，调整过程如图 7-9、图 7-10 所描述的情形。有些厂商努力降低成本，试图获得经济利润，但是在完全竞争市场中，厂商间的竞争最终将会彻底侵蚀厂商的经济利润。所以长期均衡时，厂商处在无亏损，也无经济利润的状态，如图 7-10d 中盈亏相抵的情形。而且，从一个行业来看，得以生存下来的所有厂商的平均成本 AC（也等于边际成本 MC）的水平都与代表性厂商（如厂商甲）的 AC（也等于 MC）水准相同，没有厂商能获得经济利润，也没有企业亏损！如果实现了长期竞争均衡，则均衡的情形如图 7-11 所示，这时，有

$$MR = SMC = LMC = LAC = AC \tag{7-3}$$

式中，为区别长期与短期概念，我们用 LAC 表示长期平均成本，LMC 表示长期边际成本，SMC 表短期边际成本。

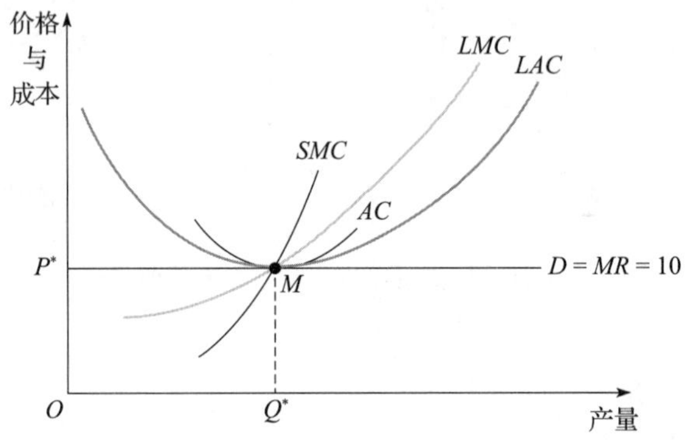

图 7-11　完全竞争的长期均衡

（3）**厂商的长期供给曲线。**

长期供给曲线，表示长期价格变化与供给数量之间的关系。完全竞争条件下的长期供给曲线其实可从两个层面来分析：厂商的供给曲线和厂商所在行业的供给曲线。

对厂商而言，既然所在行业可以自由进入和退出，所以厂商不会在长期平均成本 LAC 最低点之下组织生产；长期生产组织过程中，厂商根据 $P = LMC$ 的原则来组织生产。所以厂商的长期供给曲线用图 7-11 来说明就是：当 $P \geqslant LAC$ 时，厂商的长期供给曲线是 LAC 最低点以上的 LMC 部分；如果 $P < LAC$ 时，是与纵轴重合的部分；如果 $P = LAC$，就是 LAC 最低点变化的轨迹。

（4）**行业的长期供给曲线。**

因为完全竞争行业的特点，厂商接受的是行业决定的价格，行业中厂商在长期可以自由进入和退出，厂商进出也影响行业供给与需求，影响价格变化。所以了解一下行业的供给曲线对理解厂商长期决策也很有意义。

①成本不变行业。

假设行业初始处在均衡状态的 A 点，均衡价格为 P_1，行业所有厂商接受这一价格。如图 7-12 所示，所有企业成本都相同，都在 AC 的最低点。

现在假设需求发生变化，推动需求曲线从 D_1 增加到 D_2，如图 7-12a 所示，短期内价格水平将上升到 P_2，行业内厂商（如厂商甲）获得经济利润，如图 7-12b 所示。受经济利润为正的吸引，新厂商将进入行业，推动供给曲线从 S_1 右移，直到移动到 S_2，与 D_2 相交，新的均衡点为点 B，价格水平回落到 P_1，但均衡数量从 Q_1 增加到 Q_2。我们将两个均衡点 A 与点 B 连接，就得出了行业的长期供给曲线 S_{LR}。也就是说，从长期来看，随着价格变化，行业提供产品的数量也随之变化。之所以 S_{LR} 是水平线，是因为初始价格与新的均衡形成的价格水平相同，都等于典型的代表性厂商甲 AC 线的最低水平。其中的含义是，尽管行业供给

数量在增加，但行业中具有代表意义的典型厂商的 AC 线的最低点水平保持不变，所以产量虽然增加，但价格仍然与初始水平相同。

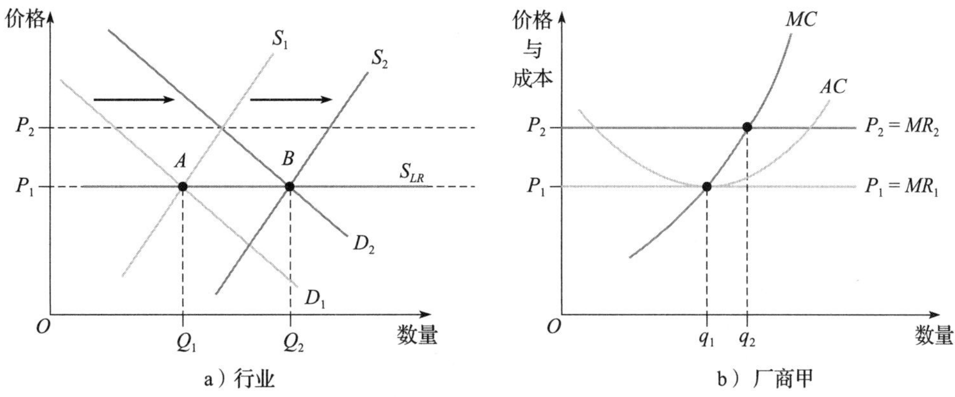

图7-12 成本不变的行业供给曲线的推导

如果需求减少，调整方式与上述供给增加的调整类似，只是方向相反，在此不多做解释。请读者自己按照前述逻辑做一分析。

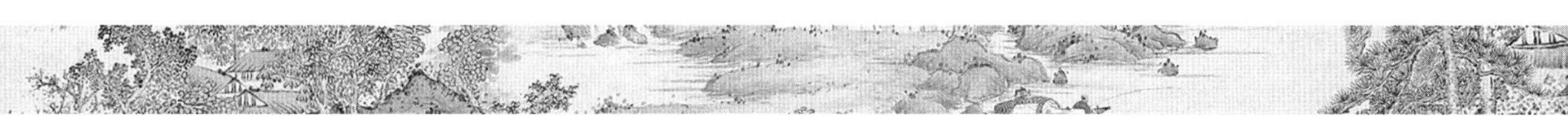

专栏7-1

美国农场主怎样上移他们的供给曲线

为了减少汽油消费，美国国会同意增加生物燃料（主要是玉米乙醇）添加使用量，以增加美国的燃料供应，数量从2006年的40亿加仑乙醇增加到2013年的140亿加仑。该法案带来的令人吃惊的后果是玉米需求猛增，价格随之上涨。2012年，农场主每蒲式耳[⊖]玉米得到的平均价格为7～8美元，而2005年时低于2美元。作为明智的追求利润最大化的行为人，美国农场主对此的反应是种植更多的玉米，而减少其他作物（如棉花）的种植。到2013年，美国农场主们连续五年增加玉米的种植面积。

这听起来像一个肯定能赚取到利润的方式，但请三思。当玉米种植成本上涨时，农场主种植更多的玉米就像是一场大赌博。考虑一种重要投入（肥料）的成本。相比其他作物，玉米需要更多的肥料，随着越来越多的农场主种植玉米，对化肥的需求将增加，这将导致化肥价格上涨。2006年和2007年的化肥价格是2005年的5倍。到了2013年，价格仍然高出1倍。

玉米价格上升也拉动了农田价格上涨到历史最高水平，价格上涨了许多，以至于到2013年有农田价格泡沫的说法。请注意，即使农场主拥有全部土地，当自己种植而非外租或卖给他人时，农场主仍然会有机会成本。2013年的一亩农地的平均价格在过去十年中上涨了近3倍，某些地块上涨了10倍。

尽管成本和风险都在增加，但玉米农场主的做法完全符合经济意义的要求。通过种植更多的玉米，每个农场主上移了其供给曲线。而且，因为个体供给曲线是边际成本曲线，每个农场主的成本曲线也上移了，因为为得到1单位产出需要使用更多的投入。

⊖ 1蒲式耳约为35.2升。

也就是说，农场主会增加他们的玉米种植面积，直到生产玉米的边际成本约等于玉米的市场价格。

资料来源：Paul Krugman，Robin Wells. Essentials of Economics [M]. New York：Worth Publisher，2017：216-217。

②成本可变行业。

前面分析了长期行业成本不变的情形。其实在现实生活中，随着行业扩张，代表性厂商的成本上升或下降（从而行业供给曲线发生变动）才是常态。

假设发生技术进步或者投入要素价格下降，代表性厂商的生产成本将会下降，这种情形下的行业长期供给曲线如何变化呢？

厂商成本下降表现为：边际成本曲线和平均成本曲线，这些曲线从初始时的位置下移，如图 7-13b 所示，平均成本从 AC_1 下移到 AC_2，在价格为 P_1 的情况下，显然代表性厂商获得经济利润，因此，行业外厂商进入，同时业内厂商因为成本降低也继续扩大产出，这些因素共同作用推动行业供给曲线从 S_1 移动到 S_2，如图 7-13a 所示。随着价格下降，需求曲线也从 D_1 右移到 D_2，均衡价格从 P_1 下降到 P_2，连接调整前后的均衡点，就得到了行业长期供给曲线 S_{LR}。

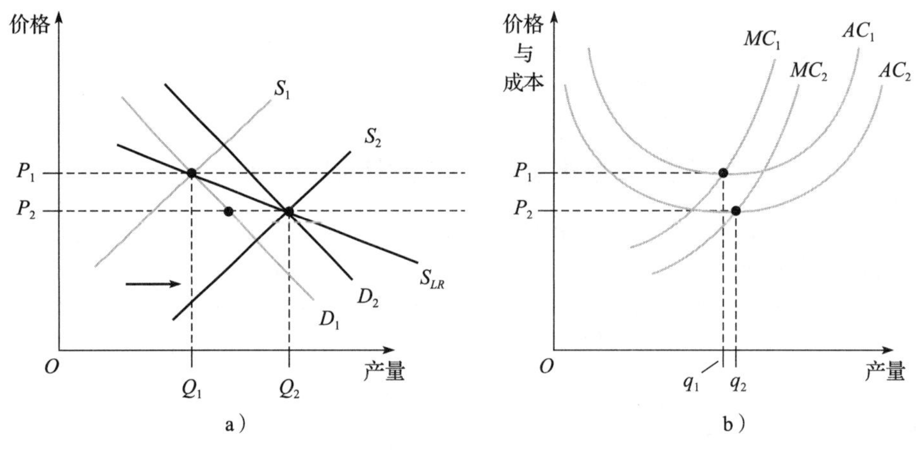

图 7-13 成本下降，行业产量扩大的情形

如果行业具有规模扩大、成本下降的特性，需求扩大也可以带来类似的结果。市场对产品需求扩大，导致需求曲线从 D_1 右移到 D_2；如果供给不变，价格将上涨，吸引行业外厂商进入，行业中的现有企业也会扩大生产，推动供给曲线右移。如果行业扩张后引起了成本下降，那么行业扩张导致厂商成本下降，行业供给曲线右移的幅度会更大。由此形成新的均衡的情形，亦如图 7-13 所示。

对于行业产量扩大，厂商成本水平提高的情形，分析与图 7-13 类似，只是作用方向相反，具体留给读者自己推演。

最后，请注意，行业短期供给曲线与长期供给曲线区分还是很重要的，尤其是在现实世界中。一般的情形是，供给曲线呈向右上倾斜状，但短期供给弹性小于长期供给弹性，所以，在相同的价格变化区间，短期供给曲线的斜率要大于长期供给曲线，短期供给曲线比长期供给曲线更陡峭。

7.2.4 完全竞争与效率

前面是对理想状态的完全竞争市场的分析，特别是对完全竞争行业长期均衡实现时得出的结论，其实这个结果从效率角度看，至少还可以得出三个基本结论。

第一，一个行业实现完全竞争均衡时，行业中能生存下来的所有企业的边际成本水平都是相同的。

第二，在一个可以自由进入和退出的完全竞争行业，在长期均衡时，每个生存下来的企业的经济利润都为零。因为，每个企业都在价格等于最低平均成本水平上组织生产。

第三，一个完全竞争行业实现长期均衡时，实现了生产有效和分配有效。

生产有效是指以尽可能低的成本生产产品与服务。完全竞争行业实现长期均衡时，所有厂商都在最低平均成本水平上生产。

分配有效是指资源被分配给生产那些能给消费者带来最优满足感的产品和服务。完全竞争市场不仅以最低成本生产产品和服务，而且买者对这些产品和服务也给出了自己的最优评价，即对产品愿意付出的最高价格正好等于厂商的生产成本，不存在能增进双方利益的其他交易机会。

7.3 完全垄断市场中厂商的均衡

完全竞争是一种理想化的市场，也展现了最基本的市场特质。但是在现实世界中，完全竞争的市场难以找到。总有这样或那样的因素干扰市场竞争，所以非完全竞争是市场常态。我们将分析三种非完全竞争市场或者说三种不同垄断程度的市场：完全垄断市场、寡头垄断市场和垄断竞争市场。对于非完全竞争市场，还有另外一个术语与之相关，市场势力（market power），意思是能自主定价的企业提高产品价格后不会失去全部产品购买者的能力。显然，完全竞争企业不具备市场势力。市场势力是非完全竞争企业可以长期获得经济利润的重要条件。

对于非完全市场中的厂商，如果不必考虑竞争对手的反应，利润最大化的决策原则仍然是边际收益（*MR*）等于边际成本（*MC*）。如果厂商必须考虑竞争对手的反应，如在寡头垄断市场中，厂商的决策要复杂一些。

我们先从完全垄断企业开始。如果说完全竞争市场模型为分析激烈竞争条件下的企业行为提供了一种参照标准，那么完全垄断市场模型则提供了另外一个极端的参照标准，即没有竞争，只此一家。

7.3.1 垄断的含义

一个市场中只有一家厂商提供产品或服务，没有近似的替代品，潜在竞争企业由于壁垒而无法进入该市场，就形成了所谓的**完全垄断**（monopoly）。当一家厂商是完全垄断者的时候，其所在行业就是完全垄断行业。

对完全垄断的定义，与市场的界定范围有关。一般市场的定义与产品和地理区域有关。在一定地理区域范围内产品的唯一供应者，表面来看就是垄断者。但因为存在着其他替代品，所以是否为完全垄断，还要看其他产品的替代程度如何。有部分经济学家对完全垄断给出了狭义的定义：如果一家厂商忽略其他竞争厂商的行为，该厂商就是完全垄断厂商。但大多数经济学家还是采用一般意义上的垄断定义。

7.3.2 垄断从何而来

垄断企业通过提高产品价格可获得经济利润，厂商都有成为垄断者的动机。垄断状况得以维持一定存在着阻碍其他厂商进入的“东西”，这就是**进入壁垒**（barrier to entry）。

阻止其他厂商进入的壁垒主要有如下几种：

- 显著的规模经济效应；
- 政府制造的壁垒；
- 生产要素壁垒；
- 网络外部性壁垒；
- 其他壁垒。

1. 显著的规模经济效应

如果一个行业的产品在需求范围内，厂商的长期平均成本曲线随着产量的增加呈递减趋势，就存在规模经济现象。规模经济会形成很强的进入壁垒，特别是产品的市场容量相对规模并不大的情况下。在规模经济特征明显的行业中，一般大企业具有成本优势，小企业则处在不利的竞争地位；行业内现有企业具有成本优势，潜在的新进入企业相对处在不利地位。

特别地，当一家企业规模经济效应显著，能以比两家或两家以上企业更低的平均成本占据整个市场时，就形成了所谓**自然垄断**（natural monopoly），如图 7-14 所示。当产量为 Q_1时，厂商要求的价格为 P_1，但如果产量扩大到 Q_2，则价格就可以降低到 P_2。也就是说，如果一个行业中，有两家以上企业时，由于产量较低，成本和价格就无法下降很多。但如果其中一家能扩大产量规模，就可以较低的价格占领整个市场，获得垄断地位。

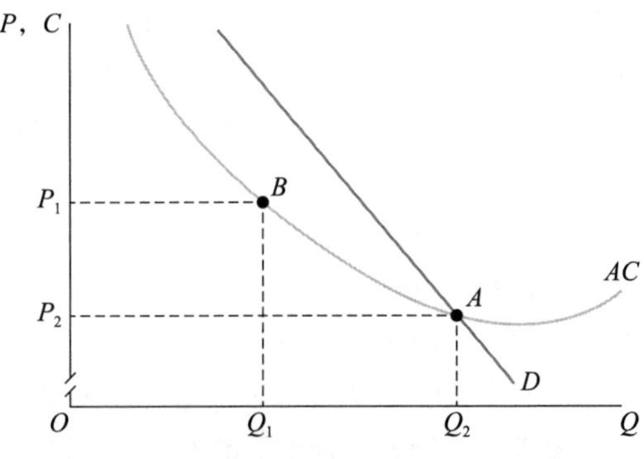

图 7-14 规模经济造成的自然垄断现象

对于固定成本巨大的行业，往往会形成自然垄断现象。比如普遍认为输电行业具有垄断行业的特征，因为电力公司必须花巨资建立输电网络、建设变电站、安装电表，一旦建成网络，多输送一单位电力的边际成本就相对较小。

也可以从平均成本公式认识这种现象。根据定义 $AC = TC/Q = TFC/Q + TVC/Q$，如果 TFC 数值大（初始的投入大），则 Q 的值越大，每单位产品分摊的数值 TFC/Q 才能越小。

2. 政府制造的壁垒

政府通常会努力促进市场竞争，但有时政府也会采取行动制造市场进入壁垒。政府制造的壁垒通常有以下两种。

（1）政府向个人或厂商授予专利权、版权或商标，后者拥有了产品生产专属权。

为鼓励创新，政府对于开发出新产品或许用新方法制造现有产品的厂商授予专利权。获得专利的企业，从批准之日起享有20年的新产品生产排他权。可以设想，如果没有这种保护，一个企业创新产品可以随便为其他企业利用，人们的创新动力会大受打击。

版权也具有类似性质，版权即著作权，是知识产权的一种类型，它是由自然科学、社会科学以及文学、音乐、戏剧、绘画、雕塑、摄影、图片和电影摄影等方面的作品的创作者对其作品享有的专属权利。

商标是用来区别一个经营者的品牌或服务和其他经营者的商品或服务的标记。我国商标法规定，经商标局核准注册的商标，包括商品商标、服务商标和集体商标、证明商标，商标注册人享有商标专用权，受法律保护。

专利权、版权或商标是借助法律形成暂时的财产权来鼓励发明与创造，也就是授予了暂时的垄断权。在保护期内，高价格是对发明者付出的补偿；一旦保护期满，竞争者加入，价格就会下降。

（2）政府向厂商授予公用事业特许经营权，成为产品或服务的唯一供应商。

公用事业特许经营，是政府只允许某个企业销售某些公用事业的服务和产品，如城市的自来水、煤气、电力、污水排放等。

3. 控制关键资源与技术

如果一家厂商控制了制造某种产品或提供服务的关键资源，或相对于其他厂商在某种关键资源上具有绝对的成本优势，如掌握一种产品的独有的制造方法或技术、控制一种稀有资源等，这就形成了进入壁垒。参见“专栏7-2　德比尔斯的钻石垄断”。

控制关键生产技术，也具有同样的作用。如在20世纪70～90年代，英特尔公司在芯片设计和生产微处理器方面一直保持对潜在竞争者的技术优势。但是，这种优势从长期来看，并非典型的进入壁垒。因为竞争对手加大投资和升级自身技术后，这种优势会被缩小甚至赶上。到目前，AMD公司生产的芯片已经与英特尔芯片不相上下。

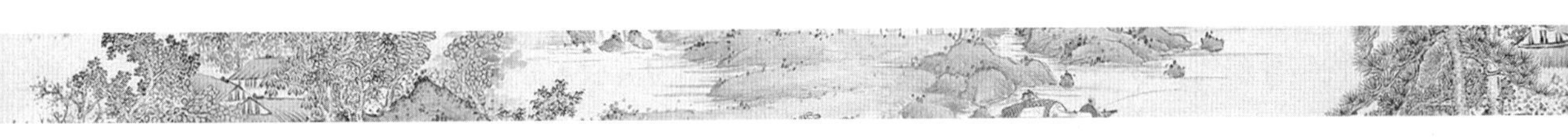

专栏7-2

德比尔斯的钻石垄断

控制原材料成为垄断者的著名事例是南非的德比尔斯公司，它既控制钻石开采矿也控制市场营销。19世纪60年代之前，钻石非常稀少，每年只生产几磅（1磅约为0.45千克）钻石，主要产自巴西和印度。19世纪70年代之后，南非奥兰治河（Orange River）沿岸发现大型钻石矿床后，每年钻石产量达几千磅。新矿的所有者担心钻石价格大幅下跌。为了避免出现财务困境，这些矿石的所有者决定在1888年合并成立德比尔斯联合矿山有限公司（De Beers Consolidated Mines，Ltd）。

德比尔斯公司成为历史上持续最长的最赚钱的垄断企业。为保持高价，公司小心控制钻石的供应数量。随着在俄罗斯和扎伊尔（今称刚果（金））发现新的钻石矿床，通过购买大部分新增供应量，德比尔斯也能控制价格。

因为钻石极少损坏，德比尔斯总是担心再售卖的竞争。重磅推广的订婚和婚礼钻石戒指所使用的广告语“钻石永流传”就是解决这一问题的一种方法。因为订婚和婚礼钻石戒指中具有很大的情感价值，极少会被再卖出，即使是最初接受者的后人也会如此。在日本这样结婚典礼上不赠送钻石戒指的国家，这一广告策略也很成功。随着人口出现老龄化趋势，德比尔斯钻石最近几年的广告策略都集中于那些中年男性，他们向妻子赠送钻石戒指礼物来表示他们在事业上的成功，并且继续爱自己的妻子；同时职业女性也为自己购买右手钻戒。

随着时间的推移，钻石行业的竞争逐渐加剧。到了2000年，德比尔斯公司只控制世界钻石产量的大约40%。公司担心有人通过其他途径购买钻石，而不再购买本公司的钻石。公司决定放弃试图控制全球钻石供应的战略，而代之以具名，目的是区别于其他钻石产品。每一件德比尔斯的钻石现在都被刻上一个“Forevermark”标记，向消费者保证其高品质。其他企业，如BHP也拥有在加拿大北部的矿山，也在其钻石上采用类似的做法。消费者是否注意到钻石上的标记仍有待观察，但是2013年，标记战略仍然帮助德比尔斯公司保有世界市场35%～40%的份额。

资料来源：格伦·哈伯德，安东尼·奥布赖恩．经济学（微观）（原书第5版）[M]．赵英军，译．北京：机械工业出版社，2016：382-383。

4. 网络外部性

真实世界中有些产品，随着使用人数的增加，其用途也随之递增，这种产品被称为具有消费的**网络外部性**（network externalities）特征。例如，移动通信、互联网、电子邮件、社交软件等，如果只是自己使用，并无多少功能，但是随着入网人数增加，其功能也逐渐变大。

网络外部性存在的原因是：首先，产品的有用性需通过与其他人联系来实现。比如，手机、互联网等用户越多，市场越大，功能越多。其次，一种产品的互补品越多，网络外部性越大。如微软公司推出的Windows操作平台，以及与之相配套的Office办公软件，就形成联系紧密的互补产品组合；苹果公司的电子系列产品也形成互补性。

网络外部性将阻碍新厂商进入一个已被其他厂商占据很大份额的市场。因为，用户多少决定产品价值的大小，用户希望购买的是拥有众多用户的产品，所以一个小型公司在市场中总是处在劣势。

网络外部性还形成一种高转换成本阻碍了原有消费者脱离原来的网络。

当然，一些经济学家也争辩说，微软、苹果等占据主导地位，主要是因为他们能高效率地向消费者提供满足偏好的产品，而非因为产品网络外部性的影响。

5. 其他壁垒

其他进入壁垒还包括以下内容。

高转换成本，如各种会员制的消费组织，随着消费累计给予的消费优惠会阻碍消费者转向其他厂商；使用习惯的某种电脑操作系统，转换成其他系统意味着要花时间学习新的操作方法。

品牌效应，老企业一般会拥有一批忠诚的消费者，新厂商进入很难在短期建立起与原有公司竞争的服务体系，也难以改变人们的忠诚感。

7.3.3　垄断厂商的需求曲线与边际收益

垄断厂商也会按照边际收益等于边际成本做出最优决策。但与完全竞争不同，完全垄断厂商的需求曲线就是该产品的市场需求曲线，即向右下方倾斜的曲线；因此，垄断厂商产品的价格也不再是保持既定价格水平。为了看清楚垄断厂商需求曲线变化所引起的变化，我们看厂商乙（某种产品市场中唯一供应商）的数字事例（见表 7-4 与图 7-15）。

表 7-4　厂商乙的成本与收益

产量 (Q)	价格 (P)	总收益 ($TR=P\times Q$)	平均收益 ($AR=TR/Q$)	边际收益 ($MR=\Delta TR/\Delta Q$)
0	60	0		
1	57	57	57	57
2	54	108	54	51
3	51	153	51	45
4	48	192	48	39
5	45	225	45	33
6	42	252	42	27
7	39	273	39	21
8	36	288	36	15
9	33	297	33	9
10	30	300	30	3

因为垄断厂商是价格制定者，如果提高产品价格，会失去部分购买者，但并非全部；想要扩大产品销售，就必须降低价格。但是降低价格，不仅增加的销售部分的价格与此前相比降低了，而且此前保持较高价格销售的产品价格也降低了。从表中可以看出，第 1 单位之后，每增加 1 单位销售带来的边际收益总是低于价格。如从第 6 单位增加到第 7 单位，虽然第 7 单位按 39 元销售，因为此前所有 6 单位是按 42 元销售的，所以降低价格导致每单位产品都减少了 3 元，6 单位减少了 3×6＝18 元。所以边际收益只是 39－18＝21 元。也就是说，厂商扩大产量增加销售带来两种影响：一是以较低价格增加销售量带来的收益增加；二是因为价格下降带来的收益减少。两者作用方向相反，净结果取决于双方数值的比较。

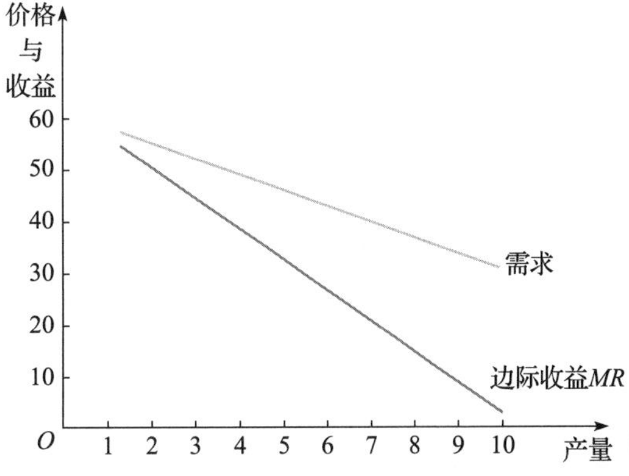

图 7-15　垄断厂商的需求曲线与边际收益曲线

对于边际收益与需求曲线的关系，还有一点必须注意，要考虑到价格弹性影响。根据需求价格弹性理论，如果厂商为增加销售降低价格后，厂商的总收益是增加的，那么对产品的需求一定是富有弹性；如果是缺乏弹性，情况会正好相反。在第 2 章中我们讨论过价格变化与总收益的关系。现在，尽管我们讨论的是厂商产量变化怎样影响收益，但是原理相同。在不同的弹性区域，增加数量带来的收益变化会有不同的结果。不过，这里表现为弹性如何影响价格 P 与边际收益 MR 的关系（见图 7-16）。在需求富有弹性区域，降低价格，增加数量，MR 大于零，故总收益增加；在需求缺乏弹性区域，降低价格，增加数量，MR 小于零，故总收益减少；在需求富有弹性＝1 时，MR 等于零。

对于边际收益与价格弹性间的关系，也可以用数学方法来加以证明。

根据边际收益定义，我们有

$$MR=\frac{\mathrm{d}TR}{\mathrm{d}Q}=P+Q\cdot\frac{\mathrm{d}P}{\mathrm{d}Q}=P\left(1+\frac{Q}{P}\cdot\frac{\mathrm{d}P}{\mathrm{d}Q}\right)=P\left(1+\frac{1}{e_p}\right) \tag{7-4}$$

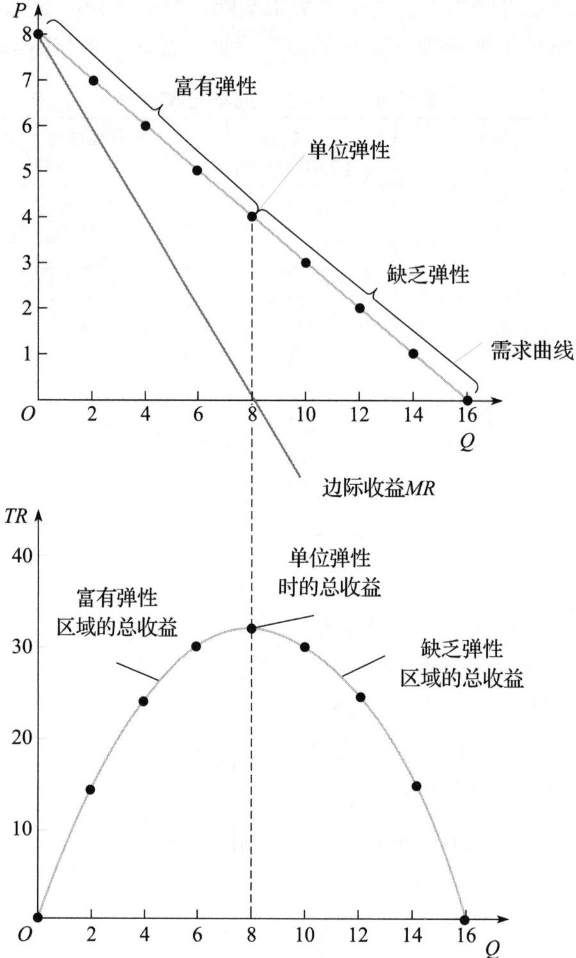

图 7-16　需求价格弹性与总收益、边际收益的关系

7.3.4　垄断的度量

对垄断厂商垄断程度或者市场势力大小进行度量，可以通过估计垄断条件下的价格对完全竞争市场中的价格的偏离程度来表示，这被称为**勒纳指数**（Lerner index），即用价格高出边际成本部分占价格的比例来计算，公式为

$$\text{勒纳指数}=\frac{P-MC}{P} \tag{7-5}$$

如果是完全竞争时的价格接受者，$MC=P$，该指数为 0。显然，垄断程度越高，市场势力越大，勒纳指数值越大。

勒纳指数与需求价格弹性有关。在实现利润最大化的情况下，边际成本 MC 等于边际收益 MR。而 $MR=P\left[1+(1/e_P)\right]$，所以

$$\text{勒纳指数}=\frac{P-MC}{P}=\frac{P-MR}{P}=\frac{1}{e_P} \qquad (7\text{-}5)'$$

显然，需求价格弹性越小，勒纳指数越大，市场势力越大。

7.3.5　垄断厂商的最优产出与价格决策

对垄断厂商而言，其目标仍然是利润最大或者亏损最小，适用的最优决策原则也是 $MR = MC$，其行为也可以从短期和长期分别进行分析。

1. 短期决策

对垄断厂商的短期分析与完全竞争市场分析相类似，垄断者可能获得经济利润，也可能亏损；如果价格低于 AVC，垄断厂商也会停止营业。

下面来说明获得经济利润与亏损经营的情况（见图 7-17）。

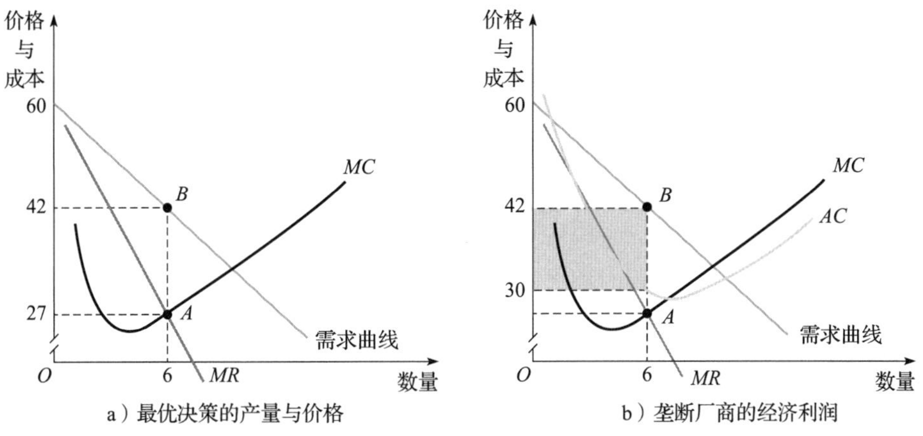

图 7-17　垄断厂商产量与价格的最优决策：存在经济利润

从图 7-17a 中我们可以看出，当 $MR = MC$ 时，最优产量为 6 单位，对应的价格为 42。

得到产量与价格后，可以利用这一产量与价格信息找到相应的平均成本，计算出总成本与总收益，进而算出利润水平。如图 7-17b 所示，产量为 6 单位时，平均成本为 30 元，每单位获得 $42 - 30 = 12$ 元的利润，总利润为 $12 \times 6 = 72$ 元。或者总收益等于 $6 \times 42 = 252$ 元，而总成本为 $6 \times 30 = 180$ 元，所以，利润 $= 252 - 180 = 72$ 元。

人们通常认为垄断厂商总能获得经济利润。如果出现亏损，垄断厂商可以通过提高价格来获利。但在短期，垄断厂商也可能出现亏损。如图 7-18 中的矩形 $ABCD$ 的面积就是厂商的亏损额，因为价格水平都低于 AC，但因为高于 AVC，所以继续亏损经营。如果价格低于 AVC，则厂商将停止营业，亏损等于固定成本。

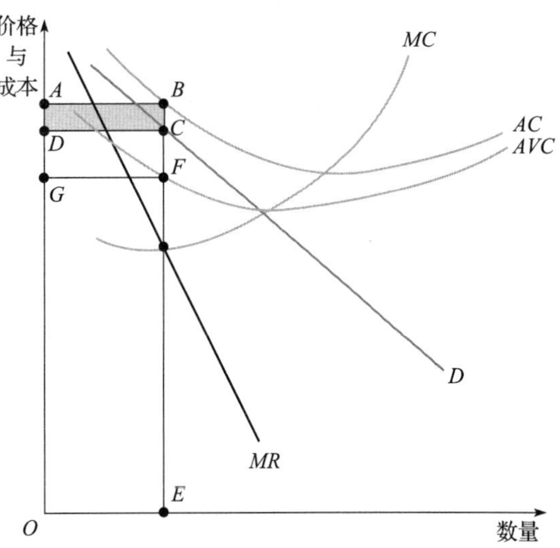

图 7-18　垄断厂商的亏损经营

请注意，对垄断厂商而言，他们不会选择在需求缺乏弹性的产量区域进行经营。根据图 7-18，我们知道，需求缺乏弹性的产量区域 $MR < 0$，厂商的边际成本不可能为负。所以，厂商总会选择在产品富

有需求价格弹性的产量区域经营。

2. 长期决策

从垄断定义可知，一个厂商独占一个行业视为完全垄断。短期获得经济利润的厂商，如果独占的局面得以在长期维持的话，获取经济利润的情形也将持续！因为，厂商能够依据需求来调整生产规模，在长期维持经济利润的存在。情形参见图 7-19。在均衡时，$MR=LAC=LMC=SMC$，$LAC=AC$。

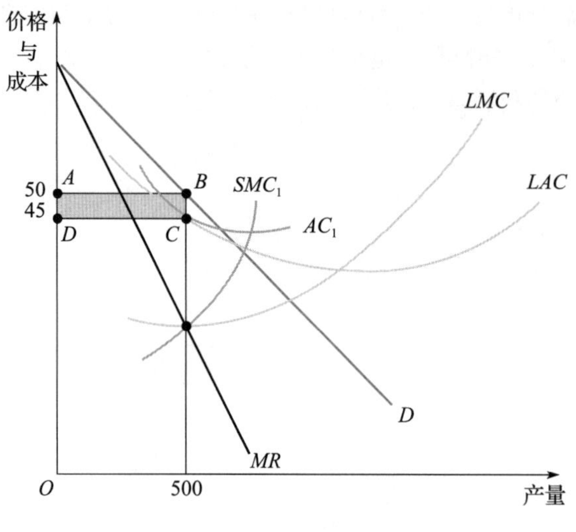

图 7-19　垄断厂商的长期均衡

在长期，市场需求与成本可能会发生调整，但厂商会调整价格与其成本。一般情况下，经济利润会持续存在；但是，如果无法将长期平均成本调整到价格之下，厂商最终可能会退出。

7.3.6　垄断会造成效率减损吗

完全竞争市场在实现长期均衡时，经济达至了有效状态。现在垄断者独占市场，经济效率与福利水平会受到怎样的影响呢？

1. 完全竞争与完全垄断的均衡比较

请看图 7-20a，完全竞争均衡是供给曲线与需求曲线相交之时，社会剩余最大，效率最佳。如果是完全垄断情形（或者设想将一个行业中的所有厂商合并为一家企业，如南非钻石采矿行业那样），参见图 7-20b，行业需求曲线变为对一家厂商的需求曲线。如果按照完全竞争厂商长期均衡实现时的最优决策原则，厂商按 $MC=P$ 决定的产量为 Q_C（确切地说，MC 并非真正意义上的供给曲线，因为该曲线并不表示价格与供给数量之间的关系）。但垄断厂商最优均衡是在 $MC=MR$ 时实现，相应地垄断价格 P_M 高于竞争价格 P_C，而相应的数量为 Q_M，则要相对较低，$Q_C>Q_M$。简言之，相对于完全竞争，垄断造成产量相对较少，而价格相对更高。

2. 垄断造成的效率损失

垄断厂商量少价高，增加了自己的利润，但损害了消费者的福利。如图 7-21 所示竞争

价格为 P_C，竞争数量为 Q_C，垄断价格为 P_M，垄断数量为 Q_M。根据第3章的分析可知，垄断造成的价升量减所致的无谓损失为区域 $B+C$。

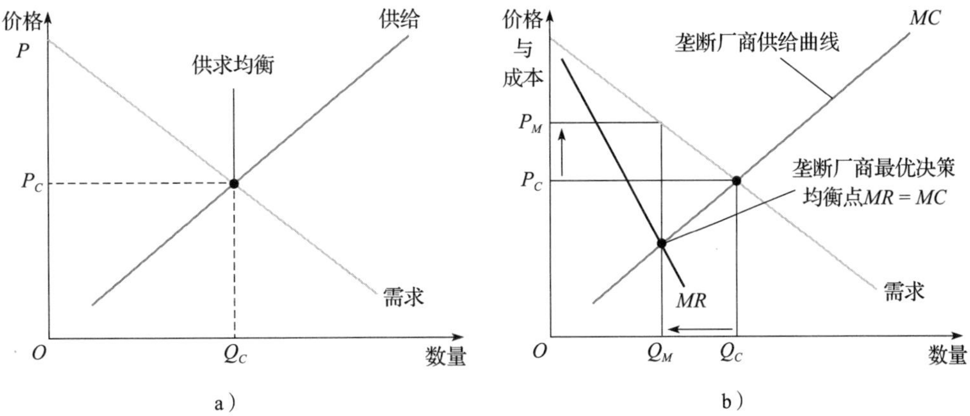

图7-20　行业完全竞争与完全垄断的比较

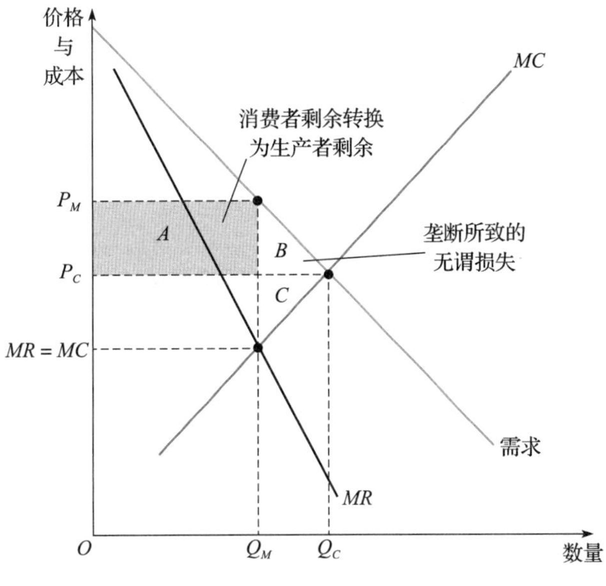

图7-21　垄断造成的效率损失

3. 垄断与创新

垄断会造成消费者福利损失，也造成社会总福利的无谓损失，似乎一无是处，但是，近年来经济学家们也发现了垄断的一些好处。

第一，垄断高利，有助于创新。

创新已经成为经济发展最重要的动力之一。但新产品的开发需要厂商投入新的资金，普通投资人和银行通常对厂商开发的新产品是否具有市场前景把握不定，支持力度有限。企业自有资金就成了创新的重要条件。具有市场势力的企业一般有经济利润获得，更有可能来支持创新。

第二，更利于利用规模经济。如果存在规模经济现象，产品的生产成本将会递减，厂商也可以以更低价格提供产品。但由于市场规模限制，规模经济也易造成产量被少数（甚至一家）厂商占据的情形。也就是说，厂商只有垄断才能获得规模经济。如果规模经济现象显著，成本降低到低于完全竞争的水平（因企业规模不足，成本高企），这样的垄断对社会还是有利的。

7.3.7 垄断厂商的价格策略

到目前为止，我们只是考虑了垄断厂商只确定一次定价的情形，即所有消费者支付相同的价格。但对垄断厂商来说，它们还可以利用自我确定价格的机会向不同的消费者索取不同的价格，这样做可以进一步提高自己的利润水平，这就是**差别定价**或者**价格歧视**（price discrimination）策略。在一些行业，差别定价现象非常普遍，如航空业（客运）、通信、酒店等。

1. 差别定价的逻辑

根据一价定律（law of one price），相同的产品无论在何地都该以相同的价格销售。显然，这是在理想的市场背景下，套利机制（即在价低地区买进再在价高地区卖出）有效发挥作用的情况下实现的。真实世界中，由于信息不对称、交通状况不佳等因素的干扰，套利并不充分，所以即使是同样的产品也会以不同的价格销售。

厂商面对的是不同群体的消费者，如果采用单一价格，并没有将市场中可利用的获利机会利用殆尽。因为不同群体的消费者需求价格弹性存在差异，针对不同的人群确定不同的价格，厂商可以获得更多的利润。

比如说，同样是乘飞机的人群，因公出差的商务人员与出外旅行的人群对飞机票的需求价格弹性会有很大的不同。前者必须按时到达某地，对机票价格不敏感性；而后者可以选择自己认为合适的时间和合适的机票价格来乘机出行。针对两类不同人群，厂商对前者可以确定相对较高的票价，对后者则用相对较低的价格来吸引之。

2. 差别定价的条件

（1）厂商必须能够自主定价。

（2）消费者不同人群有不同的需求价格弹性。

（3）厂商必须能够区隔不同市场，防止转卖套利。

3. 三种不同的差别定价

根据差别定价实施时差别的程度，差别定价可分为一级差别定价、二级差别定价、三级差别定价。

（1）**一级差别定价。**

如果厂商知道消费者对每单位商品愿意支付的最高价格，则厂商能够对每单位产品向消费者索取最高的价格，这就是**完全差别定价**，也被称为**一级差别定价**。因为消费者按照愿意出的最高价格来支付，消费者没有获得任何消费者剩余，参见图7-22。为简化起见，假定厂商的平均成本等于边际成本 $MC=AC$，在单一定价时，厂商的最优定价为 P_M，这时竞争定价情况下原归属消费者的剩余部分（见图7-22a）中标示为“利润”的区域，现在转给了厂商，但也造成了无谓损失（*DWL* 部分）。如果垄断厂商对每单位商品能按消费者愿意出的最高价来索价，则消费者剩余将全部转换为厂商利润，这时甚至没有无谓损失（见图7-22b）。

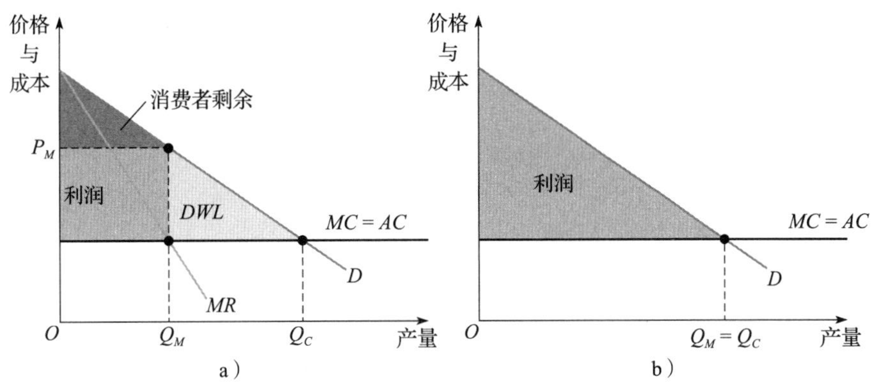

图 7-22　完全差别定价与垄断单一定价比较

（2）**二级差别定价。**

完全差别定价在实现中很难做到。厂商要知道每位消费者对每单位产品愿意付出的最高价格几乎不可能。但是，厂商可以根据消费者需求的不同数量或者“区段”制定不同的价格。如图 7-23 所示，对支付意愿最高价格的消费者（或者消费迫切需求的部分人员），厂商就可以索取最高价格；而对支付意愿中等者（或者需求不那么强烈者），厂商就可以索取较低价格；以此类推。

数量折扣是最为常见的事例，如商品数量折扣、分段数量分别定价。当然如果不鼓励人们多购买时，也可以数量加价的做法，如为了鼓励家庭节约用电、用煤气，就可以采用分段计价，逐级提高价格，等等。

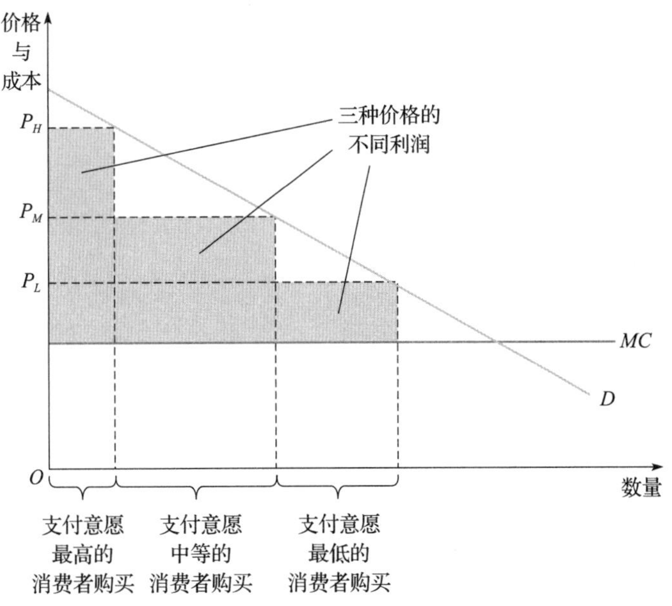

图 7-23　不同需求条件下的不同价格

（3）**三级差别定价。**

三级差别定价，是指厂商将不同需求的消费者分为两组或多组，对不同组别确定不同的价格。这是最为常见的差别定价。如：普通票价与优惠票价、老年组与普通人组、白天场与夜晚场、持有会员卡与未持有会员卡，等等。

当产品在不同市场销售时，带来的问题是：每个组别的市场价格如何确定？每个组别市场的销售数量如何分配？

我们知道，厂商总产量的决定是根据 $MC=MR$ 原则。由于不同组别的市场需求曲线不同，所以边际收益曲线也不一样。为了实现最优，尽管厂商在各个不同组别市场中的产品价格不一样，但销售一单位产品的 MR 应该是相同的。因此，厂商可以在不同组别市场中，依据 $MR=MC$ 来确定市场价格和数量。假设针对市场 1 的边际收益为 MR_1，市场 2 的边际收益为 MR_2，则下式成立：

$$MR_1 = MR_2 = MC$$

那么，不同市场价格高低是由什么决定的呢？

根据本章前面内容可知，$MR=P[1+(1/e_D)]$，所以，有

$$\frac{P_1}{P_2}=\frac{1+\frac{1}{e_D^2}}{1+\frac{1}{e_D^1}} \tag{7-6}$$

式中，e_D^1为市场 1 的需求价格弹性，e_D^2为市场 2 的需求价格弹性。

显然，在市场需求缺乏价格弹性的市场中，厂商确定的价格要相对高一些。我们以图 7-24 为例来说明，市场 1 与市场 2 是两个需求价格弹性不同的市场，显然，市场 1 的需求相对更缺乏弹性一些，$|e_D^1|<|e_D^2|$，根据 $MR_1=MR_2=MC$，市场 1 得到的价格为 P_1，市场 2 的价格为 P_2，$P_1>P_2$。如果厂商是统一生产，然后向两个市场分配，厂商的决策从总体上还是按照总的 $MR=MC$ 来确定总产量。

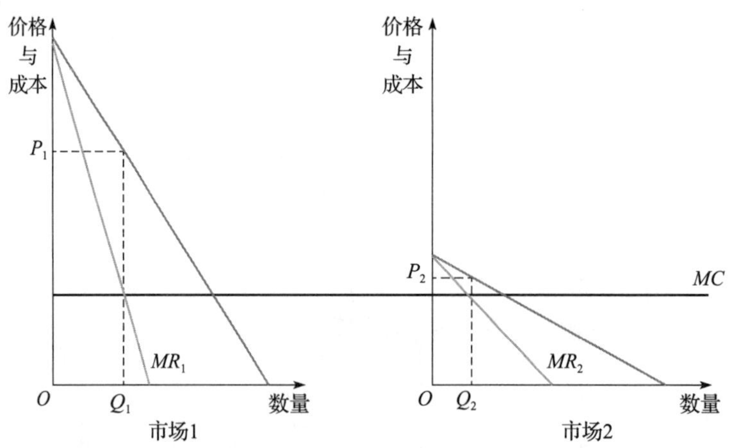

图 7-24　两个不同市场的价格与数量

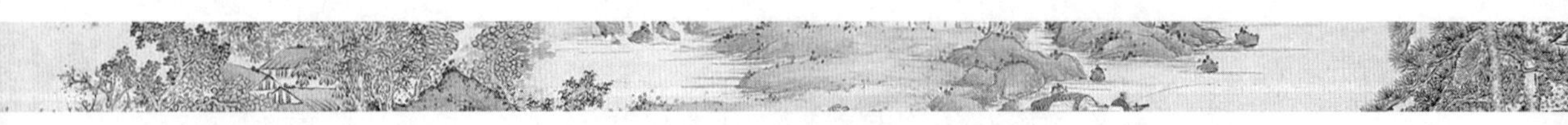

专栏 7-3

“大数据杀熟”

几则消息在网上流传很广：网友“廖师傅”称，自己经常通过某旅行网站订出差常住的一家酒店，价格一直在 380～400 元。在某一个淡季的日子，他用自己账号登录后查到酒

店价格还是380元，但自己朋友的账号查询后的价格为300元。

另一位网友说，“在常规地方打车，离这个点500米外要贵10%～20%”。还有网友说，“我和室友从公司回家的路线是同一条路，每次滴滴打车，她都比我贵7～8元，因为她用iPhone，我用的手机是安卓系统”。

某视频网站根据手机型号不同给出不同会员收费标准，“安卓手机和iPhone收费不同，iPhone年费248元，安卓手机登录同一个账号年费178元”。

同样的商品或服务，老客户看到的价格反而比新客户要贵出许多，这就是互联网行业的“大数据杀熟”现象。调查发现，在机票、酒店、电影、电商、出行等多个价格有波动的平台都存在类似情况，且在在线旅游平台较为普遍，而国外、国内的一些网站都有过类似情况。

2000年，亚马逊网站进行了差别定价试验，亚马逊选择了68种DVD碟片进行动态定价，根据潜在客户的人口统计资料、在亚马逊的购物历史、上网行为以及上网使用的软件系统，确定不同的报价。例如，一部名为《泰特斯》（*Titus*）的碟片，对新顾客的报价为22.74美元，而对那些对该碟片表现出兴趣的老顾客的报价为26.24美元。

“杀熟”是如何做到的？大数据时代，商家获取消费者的消费行为信息非常便利。商家通过大数据分析，可以发现消费者的行为偏好、消费习惯、买卖决策习惯等信息，据此商家可大体上能够推断出消费者的认知局限以及对价格的敏感度，这些分析结果可以帮助商家对不同消费者采取恰当的价格策略。所以，“杀熟”本质上就是差别定价或价格歧视。

比如从出差预订酒店、网上购物的偏好等，电商就可以通过相关数据分析出消费者的行为特征，然后向消费者推送符合个体特征的商品，但商品价格可能比线下还贵。消费者一般认为网络比价更充分，价格会更实惠。但实际上消费者的这种认知常常会被电商利用。如乘车高峰时，消费者正常打车很难成功，租车公司有加价叫车服务，这种设置具有诱导消费者透露行为的作用：不加价肯定无车可叫，加价则有，且加价越高，越容易叫到，消费者就“被迫”加价来提高叫车成功的概率。问题是叫车成功的概率取决于附近车辆数量分布，加价系统设置则让消费者误认为是在与其他人竞价。互联网节约了信息成本，但在互联网海量信息的情况下，比价成本反而可能更高了。

如果信息掌握充分，大数据分析甚至可以逼近过去经济学家们认为只是理论上的一级价格差别定价。

注：资料来源于网络多篇文章，稍有整理修改。

4. 其他差别定价

在现实中，厂商的差别定价表现形式多种多样，如跨时差别定价、高峰负荷定价、两部定价等。

跨时差别定价。跨时差别定价最典型的表现在新产品进入市场之初，厂商定出高价，经过一段时间之后，再逐渐降价。喜欢尝鲜的消费者，愿意支付高价来获得商品。电子、电器产品、书籍等在产品销售中大多数如此。

高峰负荷定价。高峰负荷定价是在不同时间点向消费者收取不同价格。有时候这样做是通过向消费者收取接近边际成本的价格来提高效率。一些产品和服务，特定时间需求会达到峰值，比如说，上下班高峰时段的道路交通、在夏末时节的午后用电、周末的旅游景点，等等。由于受制于产能，许多产品或服务高峰期提供的边际成本也相应提高。因此，高峰期间的产品价格应该更高一些，目的是弥补边际成本水平的提高。如果因为边际成本提高而相应提高产品价格，则不同于三级差别定价中两种市场的价格差异是由不同的需求函数（或弹性）引起的。

两部定价。生活中我们有时会遇到这样的场景，人们欲消费某种物品或者服务，须先取得购买的权利。例如，一些需要先成为会员然后才能消费的商场，如山姆会员商店，一些会员制的体育俱乐部（网球、高尔夫球等），移动电话的月租费等。

对厂商而言，要确定两个价格，一个是购买权费，另一个是产品价格。如何确定两个价格？

假设某个会员店决定采用两部定价方法。顾客须先成为会员才能进店购物或者获得服务（体育俱乐部、健身俱乐部等）。我们简单假设该会员店提供一种特色产品或服务项目。因为该店在所在地区占有垄断地位，其市场需求曲线与边际收益曲线如图 7-25 所示，假设该店提供 1 单位产品或服务的边际成本与平均成本相等，都是 5 元。

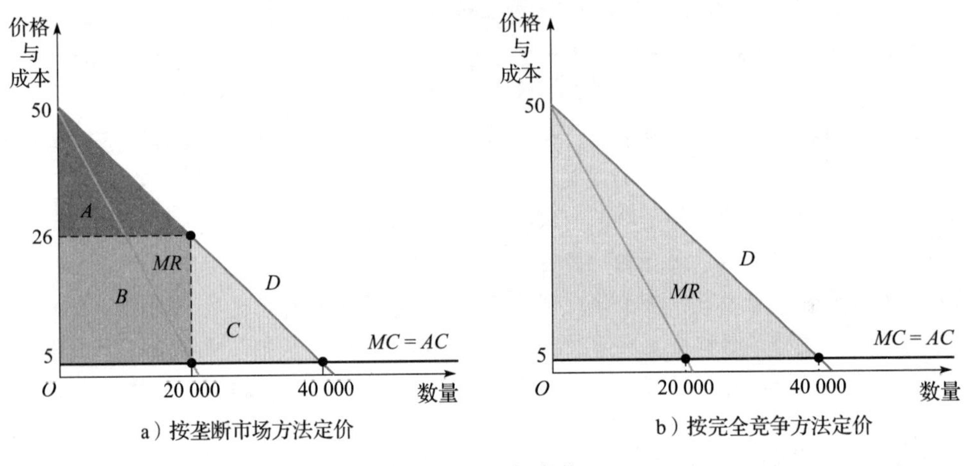

图 7-25　两部定价

按照此前所说的垄断厂商最优决策原则，该店家似乎应该按 $MR = MC$ 来决策，得出的价格为 26 元，销量为 20 000 单位，所以店家的利润为：$(26 - 5) \times 20\,000 = 420\,000$ 元，也就是图 7-25 中区域 B 的面积。店家其实还有第二笔利润收入：会员费收入。但最理想的会员费收费应该为多少呢？

假设进店消费的消费者需求曲线相同。消费者愿意最高支付的会员费为多少呢？我们知道，消费者从购买商品中所获得的“净”好处就是消费者剩余。这也是厂商可以做文章的地方，垄断厂商通过定价策略（如差别定价）来“榨取”的正是这部分利益。按图 7-25 所示，三角形区域 A 的面积等于 $20\,000 \times (50 - 26) \times (1/2) = 240\,000$ 元。因此，在销量为 20 000单位时，垄断店家收取的会员费收入应为 240 000 元。此时，店家的总利润等于 $420\,000 + 240\,000 = 660\,000$ 元。

这是店家的最大利润吗？既然利润由两部分构成，任一部分如果能继续扩大，那就不是利润最大。是否有可能通过扩大销售数量以扩大会员费收入呢？当然可能。如果店家按照 $P = MC$ 来定价，销售数量可以进一步扩大，如图 7-25 中的 40 000 单位，这时的会员费收入达到：$(50 - 5) \times 40\,000 \times (1/2) = 900\,000$ 元。因为价格等于边际成本与平均成本，所以店家从销售的商品中的获利为 0！但总利润水平还是比此前高出 $900\,000 - 660\,000 = 240\,000$ 元。

其实两部定价还有一个副产品，消除了无谓损失，实现了经济有效。因为 $P=MC$，与完全竞争时相同，只是所有的消费者剩余变成了厂商的利润，社会总剩余没有减少。这一点与完全差别定价时相同。

除了跨时定价、高峰负荷定价、两部定价外，还有其他的差别定价方法，如搭售、捆绑销售等都是差别定价的形式。

7.3.8　垄断治理

垄断企业本身获得的好处多多，但垄断会造成社会福利损失，所以政府一般会采取一些反垄断的政策措施来减轻或者去除垄断的影响，如制定反垄断法、对垄断厂商的价格进行管制、征税等。具体的反垄断政策措施及其分析请见第 12 章。

本章小结

1. 依据竞争程度的强弱，经济学把市场分成四种类型：完全竞争市场、垄断竞争市场、寡头垄断市场和完全垄断市场。企业数量、产品种类、进入难易程度产品与价格信息都是影响竞争的重要因素。

2. 企业实现利润最大化，有两种方法可以帮助厂商进行决策：第一种方法是总量方法，即经济利润 = 总收益 - 总经济成本，经济利润最大时的产出与价格就是厂商的选择；第二种方法是边际方法，即边际收益等于边际成本的产出与价格就是厂商的选择。

3. 完全竞争市场是一种不存在任何垄断因素、不受任何阻碍干扰的市场结构。它是一种高度抽象的市场模式。主要特征有：卖者与买者人数众多；所有厂商提供同质产品；市场的进入与退出没有壁垒阻碍；产品买卖双方对于产品相关的信息掌握很充分。

4. 完全竞争条件下，厂商是价格接受者，其需求曲线是平行于数量轴的直线，也是厂商的边际收益线。

5. 完全竞争条件下，厂商短期决策只是依据自己的成本与接受的价格来决定产出，短期经济利润可以为正、为负、为零。

6. 完全竞争条件下，厂商短期供给曲线分为两部分：AVC 最低点之上的 MC 部分；价格低于 AVC 最低点时，产量为零，即沿着纵轴（价格轴）的部分。

7. 厂商的长期决策，长期行业中厂商的数量可变，长期均衡的条件为 $MR=SMC=LMC=LAC=AC$，厂商的经济利润为零。

8. 厂商的长期供给曲线是 LAC 最低点以上的 LMC 部分；行业的长期供给曲线会随着行业的成本特征，表现为成本递增、成本不变与成本递减。

9. 完全竞争行业实现长期均衡时，实现了生产有效和分配有效。

10. 一个市场中只有一家厂商提供产品或服务，没有近似的替代品，潜在竞争企业由于壁垒而无法进入该市场，就是所谓的完全垄断。

11. 阻止其他厂商进入的壁垒有：显著的规模经济效应；政府制造的壁垒；生产要素壁垒；网络外部性壁垒；其他壁垒。

12. 垄断厂商的需求曲线与边际收益是分开的，需求曲线高于边际收益线。

13. 垄断厂商的最优产出与价格决策，短期均衡条件为 $MR=MC$，经济利润可以为正、为零，也可以亏损。

14. 厂商独占一个行业被视为完全垄断，独占的局面如果长期得以维持的话，将长期获取经济利润。长期均衡条件：$MR=LAC=LMC=SMC=AC$。

15. 垄断会造成效率减损；但近年来，经济学家认为垄断也带来好处：垄断高利，有助于创新；更利于利用规模经济带来的好处。

16. 垄断厂商为多获得利润，可以采用差别定价；根据差别定价实施时的差别程度，可分为：一级差别定价、二级差别定价、三级差别定价。还可以采用：跨时差别定价、高峰负荷定价、两部定价等方法。

17. 垄断企业自己获得的好处多多，但垄断会造成社会福利损失，所以政府一般会采取一些反垄断的政策措施来减轻或者去除垄断的影响，如制定反垄断法、对垄断厂商的价格进行管制、征税。

思考与练习

一、名词解释

市场结构	完全竞争
垄断	收益
总收益	平均收益
边际收益	利润最大化原则
会计利润	经济利润
生产有效	分配有效
市场势力	完全垄断
进入壁垒	自然垄断
网络外部性	勒纳指数
差别定价（价格歧视）	一级差别定价
二级差别定价	三级差别定价
跨时差别定价	两部定价

二、简述题

1. 简述利润最大化原则的总量方法与边际方法的内容。

2. 简述完全竞争市场、垄断市场、垄断竞争市场、寡头市场的主要特征。

3. 完全竞争市场的特征有哪些？为什么说其理论意义更重要？

4. 价格接受者的需求曲线为什么是直线？

5. 简述完全竞争条件下，厂商的产出决策（要求分别对经济利润为正、经济利润为零、经济利润为负、厂商停止营业点分别说明）。

6. 完全竞争条件下，厂商的短期供给曲线是什么？请说明。

7. 完全竞争条件下，厂商的长期均衡的结果是什么？请解释。

8. 简述完全竞争条件下，厂商的长期供给曲线与行业的长期供给曲线。

9. 说明完全竞争与效率的关系。

10. 形成垄断的行业进入壁垒有哪些？

11. 政府会采取哪些措施来治理垄断？

12. 为什么垄断厂商的需求曲线与边际收益是分开的？

13. 简述垄断厂商的最优产出与价格决策，分别说明经济利润为正、为负的情形。

14. 为什么有些经济学家认为垄断也带来好处？

15. 垄断厂商为什么采用差别定价？差别定价的条件有哪些？

16. 什么是两部定价方法？$MR=MC$ 仍是垄断厂商的利润最大化原则吗？为什么？

三、计算题

1. 某垄断厂商的短期成本函数 $TC=-6Q^2+140Q+10$，需求函数 $Q=40-P$，求该厂商的短期均衡产量和均衡价格。

2. 假设垄断厂商拥有不变的平均成本和边际成本，并且 $AC=MC=5$，厂商面临的市场需求曲线 $Q=53-P$，求：

（1）该垄断厂商利润最大化时的价格和产量及相应的利润水平。

（2）如果该市场是完全竞争市场，其市场产出水平为多少？

第 8 章
CHAPTER8

市场竞争与厂商行为：垄断竞争与寡头垄断

§ 本章要点

本章学习不完全竞争市场中的厂商决策行为。不完全竞争是指即企业间相互竞争，但也拥有市场势力。不完全竞争市场分为两种形式：垄断竞争市场与寡头垄断市场，这两个市场中厂商间相互影响，厂商决策中会将竞争对手的产出和价格作为自己决策的重要影响变量。我们将学习产量相互影响和价格相互影响的几个模型：古诺模型、施塔克尔贝格模型、贝特朗模型；最后我们将学习博弈论的基本知识。

§ 学习目标

- 理解垄断竞争市场中，厂商如何做出短期决策和长期决策；
- 理解垄断竞争市场中厂商产能为什么得不到充分利用；
- 理解寡头垄断市场中古诺模型、施塔克尔贝格模型、贝特朗模型的意义；
- 理解博弈论相关的几个主要模型。

§ 基本概念

产品差异化	产能利用不充分	垄断竞争	寡头
卡特尔	占优均衡	纳什均衡	

作为不完全竞争的垄断竞争、寡头垄断市场与完全竞争市场、完全垄断市场不同，它们更接近真实世界。这些市场中，厂商决策行为的分析也与完全竞争与完全垄断不一样，尤其是寡头垄断市场。完全竞争市场与完全垄断市场中的厂商只是根据自己的成本与收益，按最优原则来决定产出与价格。但垄断竞争与寡头垄断市场中，厂商间相互影响，市场中每个厂商都要考虑到其他厂商的产出和定价来做决策。本章将学习厂商如何在相互影响下做出产出决策。

两个市场中，厂商间的相互影响程度并不相同。在垄断竞争市场中，我们认为这种相互影响非常微弱，可以忽略不计。所以，在垄断竞争市场中，尽管有垄断因素，但因为竞争仍然激烈，可以认为，厂商在短期和长期的最优决策与完全垄断非常类似。在寡头垄断市场中，厂商间相互影响则非常大，所以相互影响就成了该类市场最主要的特征和分析的基础。

8.1 垄断竞争市场

垄断竞争市场是指具有如下特征的市场，一个行业中有许多相互竞争的生产者，每个生产者销售差异化产品，长期厂商可以自由进入与退出。

现实生活中，垄断竞争市场较为常见，比如餐饮、加油站、日用品等行业就是较为典型的垄断竞争市场。

8.1.1 垄断竞争市场的特征

垄断竞争市场具有如下特征。

（1）企业数量众多。不同于完全垄断行业，垄断竞争市场有很多生产厂商，厂商间竞争激烈，类似于完全竞争市场中的众多厂商。例如，在一个大型的美食中心的多个餐饮店；某种常用的日用品，比如牙膏、洗涤用品，有多个品牌的生产者。

（2）厂商进入和退出自由。在垄断竞争行业，进入和退出壁垒很低。如果某个厂商，认为一个行业有利可图时，它将进入该行业；当然，如果经营遇到困难，它也会及时退出。这一点也类似于完全竞争行业。

（3）差异化产品。垄断竞争市场最主要的特征是行业中的厂商生产具有可替代性的差异化产品。不同厂商看似生产的是不同产品，但消费者认为他们是近视的替代品。产品差异化是厂商具有一定市场势力的主要原因。

所谓差异化产品，是市场上厂商试图制造的能带给消费者不同感觉的产品。产品的差异化，可通过不同途径来创造，三种重要的形式是风格和类型的差异化、不同位置的差异化、不同质量的差异化。

①风格和类型的差异化产品：比如不同风味的美食、不同品牌的汽车等。

②与位置相关的差异化产品：比如加油站、理发店等，顾客往往会选择离自己最近的商店，而不一定是最便宜的商店。

③与质量相关的差异化产品：质量不同，价格就会不同，人们对不同质量的要求，就形成了不同的需求。

垄断竞争市场中，厂商间的决策是相互影响的，但因为这种影响相对微弱，所以忽略不计。

8.1.2 垄断竞争市场中厂商的决策

1. 垄断竞争厂商的需求曲线与边际收益曲线

因为垄断竞争厂商可以利用产品差异化形成市场势力，所以厂商的需求曲线不再像完全竞争厂商那样是一条平行于数量轴的水平线，而是类似于完全垄断厂商的需求曲线，即呈从左上向右下方倾斜状，因此其边际收益曲线也与完全垄断厂商类似。如果说，垄断竞争厂商与完全垄断厂商的需求曲线和边际收益曲线有区别的话，也仅仅在于斜率大小的不同。理论上讲，垄断竞争厂商的需求曲线要相对平坦一些，因为其市场势力也相对更小一些。

2. 垄断竞争厂商的短期决策

既然垄断竞争厂商的需求曲线和边际收益曲线与完全垄断相似，那么厂商的短期决策分析也与完全垄断相似。比如，以某个美食广场中的美食家餐馆为例，该餐馆的需求曲线、边际收益曲线和边际成本、平均成本如表 8-1 与图 8-1 所示。按照利润最大化原则，厂商按 $MR = MC$ 确定出最优产量，根据该产量，可决定相应的价格水平，并找出相对应的平均成本水平，然后计算出厂商的经济利润。图中所示为厂商获得的经济利润为正的情形，$MR = MC$ 时，产量为 5，店家的利润为 8.5。至于垄断竞争厂商亏损、盈亏相抵以及停业的情形，与前面分析相似，这里不再赘述。

表 8-1 美食家餐馆的需求与收益

销量（*Q*）（份）	价格（*P*）（元/份）	总收益（*TR*）（元）	边际收益（*MR*）（元）	总成本（*TC*）（元）	边际成本（*MC*）（元）	平均成本（*AC*）（元）	利润（*P*）（元）
0	10.00	0.00	—	6.00	—	—	-6.00
1	9.5	9.5	9.50	11.0	5.00	11.00	-1.50
2	9.0	18.0	8.5	15.5	4.5	7.75	2.5
3	8.5	25.5	7.5	19.5	4.0	6.5	6
4	8.0	32.0	6.5	24.5	5.0	6.13	7.5
5	7.5	37.5	5.5	30.0	5.5	6.0	7.5
6	7.0	42.0	4.5	36.0	6.0	6.0	6.0
7	6.5	45.5	3.5	42.5	6.5	6.07	3.0
8	6.0	48.0	2.5	49.5	7.0	6.19	-1.50
9	5.5	49.5	1.5	57.0	7.5	6.33	-7.50
10	5.0	50.0	0.5	65.0	8.0	6.5	-15.00
11	4.5	49.5	-0.50	73.5	8.5	6.68	-24.00

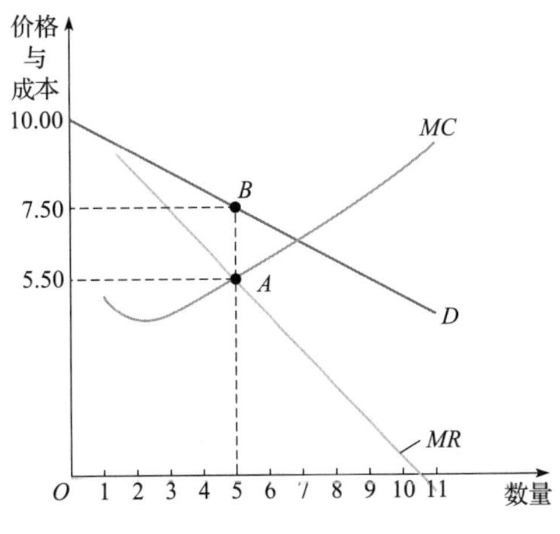

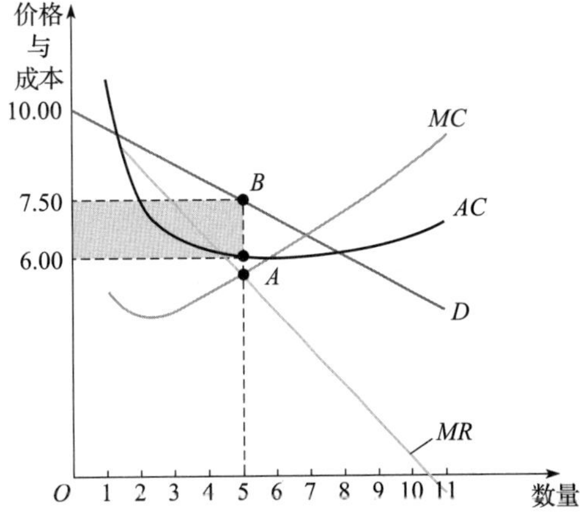

图 8-1 美食家餐馆的需求曲线、收益曲线与经济利润为正的情形

3. 垄断竞争厂商的长期决策

在长期，垄断竞争市场的重要特征之一是厂商可以自由进出。因此，如果市场（行业）中的现有厂商，可以获得经济利润，将吸引市场外的厂商进入该市场；当然，如果现有厂商经营亏损，它们将退出市场。这样的进出，在长期实现均衡时，能生存下来的厂商，能获得的经济利润将为零。厂商的进出，影响整个行业的需求曲线，并进而影响到个别厂商的需求曲线；需求曲线的变化也将导致边际收益曲线随之变化。

下面我们以厂商进入怎样影响垄断竞争企业的获利来解释。比如，美食家餐馆的生意兴隆，获利丰厚，吸引了其他竞争者加入所在的美食广场。其他厂商进入的结果，将导致光顾美食家的顾客被分流，表现为需求曲线左移，最终的结果是，所有在市场中能生存下来的垄断竞争厂商所获得的经济利润都为零，如图 8-2 所示。

图 8-2a 所示为短期垄断竞争厂商获得经济利润的情形，原理与图 8-1 相同。随着新厂商的加入，原有厂商的顾客被分流，表现为需求曲线向左移动，如从 $D_{短期}$ 移动到 $D_{长期}$ 的位置，自然，边际收益曲线要从 $MR_{短期}$ 移动到 $MR_{长期}$。假设该厂商的长期成本与短期成本相同。从图 8-2b 可以看出，按照 $MC=MR$ 的最优决策原则，垄断竞争厂商的长期产量 $Q_{长期}$ 将小于短期产量 $Q_{短期}$。特别值得注意的是，随着价格水平从 $P_{短期}$ 下降到 $P_{长期}$，厂商在短期所获得的经济利润在长期也消失了。在短期需求曲线与最优产出对应的 A 点，厂商的经济利润为正，但在长期需求曲线与长期最优产出对应的 B 点（正好 $D_{长期}$ 在 B 点与平均成本线 AC 线相切，也就是说，$P=AC$），厂商的经济利润为零。

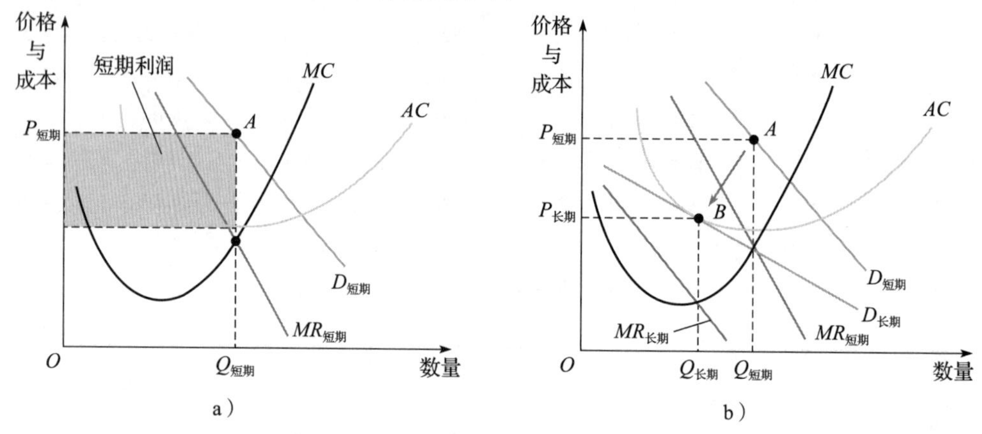

图 8-2 新厂商进入对于厂商长期决策的影响

8.1.3 垄断竞争市场的效率

1. 垄断因素将造成社会福利损失和效率减损

垄断竞争市场与完全竞争市场相比，从长期来看，厂商获得的经济利润都为零。但是，垄断竞争厂商的产品价格要高于边际成本，垄断竞争企业也没有在平均成本的最低点组织生产。因此，垄断竞争市场并没有实现完全竞争市场的生产有效和分配有效，这将造成社会福利损失和效率减损。

2. 垄断因素造成产能利用不充分

垄断竞争市场效率损失的表现之一是垄断竞争企业存在产能利用不充分问题（excess

capacity)，垄断竞争厂商根据 $MR = MC$ 决定产出时，产品价格高于边际成本，厂商也并没有在平均成本的最低点组织生产，如果继续扩大产量，产品的平均成本还可以降低，如图 8-2b 所示，B 点并非平均成本最低点。所以垄断竞争企业存在着产能利用不充分的问题。

图 8-3 比较了完全竞争市场与垄断竞争市场长期均衡的情形。垄断竞争厂商的产量用 Q_{MC} 表示，而完全竞争市场用 Q_{PC} 表示（根据 $P = MC = AC$ 决定）。Q_{MC} 与 Q_{PC} 之间的缺口，就是未被利用的产能。

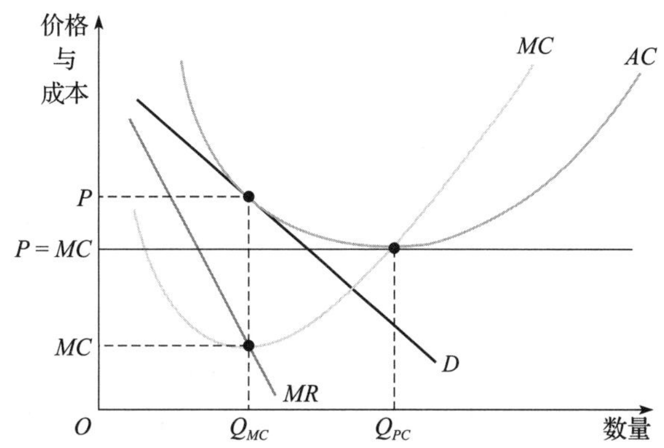

图 8-3　完全竞争市场与垄断竞争市场长期均衡的比较

3. 垄断竞争市场与消费者

相对于完全竞争市场而言，垄断竞争市场为消费者提供多样化的差异化产品，增加了消费者的选择，从这种意义上说，多样化可以增加消费者的效用水平或者福利水平，会改善消费者状况。

所以，对消费者而言，垄断竞争市场造成的效率和福利损失，通过差异化产品对消费者进行了某种补偿。

垄断竞争市场，也是厂商以差异化产品展开营销最集中的市场。厂商为品牌管理、广告等投入大量资源以突出自己产品与竞争者之间的差异，以期对消费者形成吸引力。

8.2　寡头垄断市场

寡头垄断是指一个市场（行业）中只有几家企业存在的情形，是完全竞争和完全垄断之间的另一种市场结构。

8.2.1　寡头垄断市场的基本特征

（1）市场（行业）中只有几家企业。度量一个市场中几家企业的市场势力大小，经济学中通常用**行业集中度**（concentration ratio）来反映。如 C_3，是指最大的 3 家公司的销售额占行业总销售额的比例，C_4 是 4 家，以此类推。很显然，寡头垄断市场中，几家公司的集中度可能已经很高。

（2）市场中厂商相互影响显著。这是寡头垄断市场结构最显著的特征。一个寡头市场中，厂商的规模大小并非最关键的因素，重要的是厂商间相互影响的程度、竞争对手的多少。在一个小镇上的几家小杂货店，也符合寡头市场的特征。

（3）寡头市场中的产品，可以是同质产品，也可以是差别化产品。与此对应，也有了同质寡头（或者纯粹寡头）与差别化寡头的区别。

（4）市场进入壁垒高。这一点与完全垄断相似，只是没有完全垄断的进入壁垒那么高。

8.2.2　寡头垄断市场的决策分析

寡头垄断市场中的厂商决策较为复杂。在完全竞争市场中，厂商之间互相独立；垄断竞争市场中，厂商间的影响非常微弱，所以单个厂商的产量与价格决策与竞争者的行为没有多大关系；完全垄断市场，一家厂商决定自己的产量和价格，谈不上与别的厂商间的相互影响。

寡头厂商之间相互影响，每个厂商的决策并非独立，产出和价格决策要受到其他厂商产量和价格决策的影响，每个厂商的行为都存在着极大的不确定因素，所以也并不能得到单一的产量水平和价格。由于存在共同利益，寡头厂商间存在合谋的可能，不过，也可能是竞争对手。

1. 决策的目标与均衡基础

寡头垄断厂商的目标仍然是获取最大利润。在前面几种市场中，厂商只是根据自己的成本状况与所面临的市场需求，做出最优决策。如果成本条件和市场需求状况不发生改变，厂商也会一直保持下去。寡头垄断厂商做出决策时，有两类选择：

第一，与对手展开竞争。以假定竞争对手保持产量或者价格不变作为自己决策的前提（同样对手也是这样认为的），然后依据利润最大化原则做出自己的决策。如果每个人都这样思考，这样形成的均衡被称为**纳什均衡**（Nash equilibrium），这一概念是以著名经济学家、数学家约翰·纳什的名字来命名的。这也是分析寡头垄断厂商行为的基础。

第二，与对手合谋，协调行动，获取合谋群体的利益最大化。因为厂商数量少，合谋相对容易。

下面我们会分别介绍几个经典的寡头厂商模型。

2. 产量竞争

（1）**古诺模型**。

该模型是法国经济学家安东尼·奥古斯丁·古诺于 1838 年提出的。模型是一个只有两家寡头厂商的简单模型。假设两家企业生产同质产品，并且都知道市场需求曲线的情况。两家企业同时决策，每家企业必须决定生产多少产量。每家企业决策时会考虑到竞争对手的影响，也知道竞争对手正在决定生产多少。市场价格决定于两家企业生产的总产量。古诺模型的关键是**每家企业在做出生产多少产量决策时将竞争对手的产量作为给定量**。

假设两家厂商为厂商 A 与厂商 B。我们以厂商 A 为例来说明，参见图 8-4。假设厂商 A 生产产品的边际成本不变，即 $MC=10$。市场需求曲线为 D_M，当厂商 A 认为厂商 B 的产量为 50 时，厂商 A 的需求是市场需求曲线 D_M，向左移动 50 单位到 D_{50} 的位置，对应的边际收益为 MR_{50}，厂商 A 的产出为 20，如图 8-4a 所示；当认为厂商 B 的产量为 20 时，A 的需求曲线为 D_{20}，对应的边际收益为 MR_{20}，厂商 A 的产出为 35，如图 8-4b 所示，以此类推。

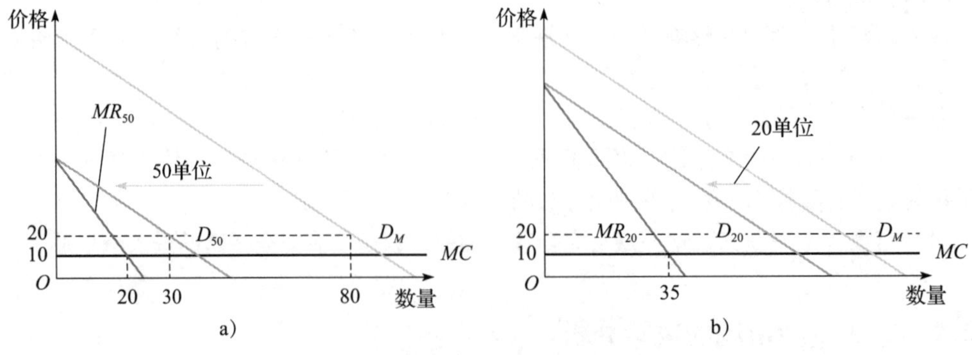

图 8-4 古诺模型中厂商最优决策

作为厂商 A，它实际上是以市场剩余需求曲线作为自己决策的依据。如图 8-4a 中，厂商 A 是以 $MR_{50}=MC$ 来决定最优产量，即 20 单位，因为 A 以 B 产量为 50 为前提。或者也可以说，当 A 认为 B 的产量为 50 单位时，A 的最佳产量是 20 单位。同理，当 A 认为 B 的产量为 20 单位时，A 的最佳产量为 35。这里 A 的产量就是最佳反应产量。由最佳反应产量构成的曲线被称为**最佳反应曲线**，相应的函数被称为**最佳反应函数**（best reaction function）。所谓最佳反应函数（曲线）就是一个厂商针对对手的每一个产量做出最佳反应的函数（曲线）。

如图 8-5 所示，就是厂商 A 与厂商 B 的最佳反应函数的曲线，A 的反应函数为：$Q_A^*=f(Q_B)$，B 的反应函数为：$Q_B^*=f(Q_A)$。对于 B 的每一产量，A 都有最佳反应产量；同理，从 B 的角度来看，对于 A 的每一产量，B 也有最佳产量对应。既然一家厂商给出一个产量，对手就会随之调整，那么每家厂商会将产量定在什么水平呢？

从前面学习的内容中，我们知道，当实现均衡时，经济行为人没有动力继续进行调整。这里均衡概念也同样适用。图 8-5 中的 E 点就是这样的均衡，也就是说，当厂商 B 的产量为 30 单位时，厂商 A 的产量也为 30 单位；反之，当厂商 A 的产量为 30 单位时，厂商 B 的产量也为 30 单位。两者相互之间正好吻合！这种均衡就是古诺均衡（Cournot equilibrium）。

例：市场需求曲线为：$P=100-Q_1-Q_2$，两个厂商的边际成本 $MC=10$。厂商 1 与厂商 2 的反应函数是什么？古诺均衡实现时，两家厂商的产量为多少？

根据需求函数 $P=100-Q_1-Q_2$，厂商 1 的 $MR_1=(100-Q_2)-2Q_1$。根据最优决策原则，$MR=MC$，$(100-Q_2)-2Q_1=10$。所以，$Q_1=45-Q_2/2$。同理，也可推出，$Q_2=45-Q_1/2$。古诺均衡实现时，$Q_1=Q_2$，因此，$Q_1=Q_2=30$。

（2）**施塔克尔贝格模型。**

施塔克尔贝格模型（Stackelberg model）是以德国经济学家施塔克尔贝格（Heinrich von Stackelberg）的名字命名。古诺模型假定，两家厂商同时做出产出决策。但如果两家厂商并非同步决策，一家先做出决策（带头企业），另一家厂商（跟随者）跟随决策，情况又会如何？这就是施塔克尔贝格模型所讨论的情形。

我们从跟随者利润最大化开始讨论该模型。跟随者（产量为 Q_2）观察到带头厂商的产量为 Q_1后，将做出自己利润最大化的产出决策。跟随者的决策其实就是对 Q_1的反应函数。假设函数如前：$Q_2=45-Q_1/2$。根据这一函数得到如下反应曲线（见图 8-6）。

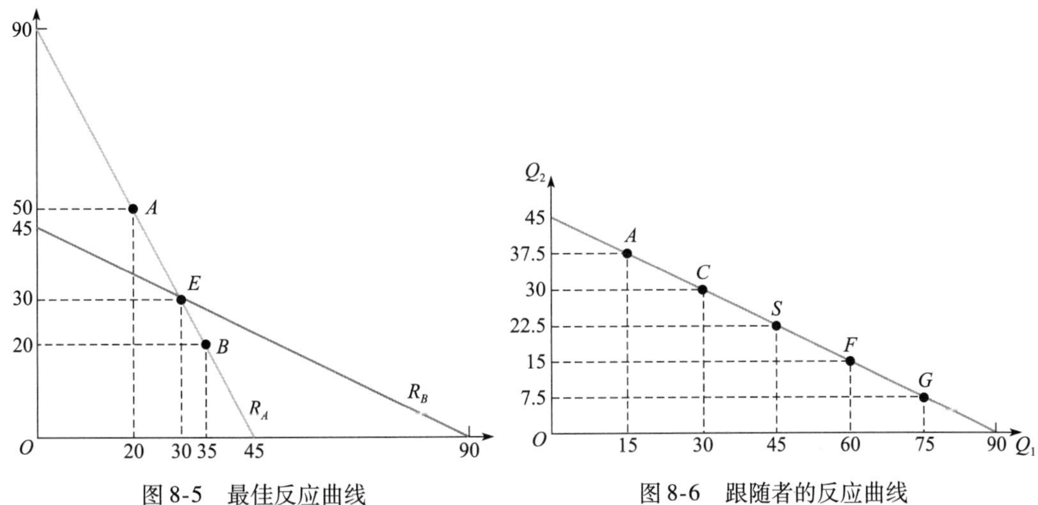

图 8-5　最佳反应曲线　　图 8-6　跟随者的反应曲线

接下来，我们考虑带头厂商的决策。如果带头厂商知道跟随厂商将根据反应函数做出产量决策，那么带头厂商的产量事实上也会在这条反应曲线上。如果带头厂商选择 $Q_1=15$ 单位，那么跟随者的产量为37.5单位，即 A 点；当然，如果带头厂商选择 $Q_1=60$ 单位，跟随者的产量为15单位，即 F 点。如果这样的话，带头厂商将会把产量定在哪里?

我们前面已经知道市场需求曲线为：$P=100-Q_1-Q_2$，因为 $Q_2=45-Q_1/2$，代入后得到，$P=100-Q_1-(45-Q_1/2)$，$P=55-Q_1/2$。这其实也是带头厂商的剩余需求曲线，即考虑了跟随者的反应之后，产量如何影响价格。

根据需求函数，边际收益函数为：$MR=55-Q_1$。如果仍然假定边际成本 $MC=10$，均衡条件 $MR=MC$，则 $Q_1=45$。按照跟随者的反应函数 $Q_2=22.5$，即 S 点。与古诺均衡时两家厂商的产量相比，带头厂商的产量增加了15单位，而跟随厂商的产出下降7.5单位。价格水平也相对较低，古诺均衡时的价格为 $100-30-30=40$；目前情形为 $100-45-22.5=32.5$。

3. 价格竞争

贝特朗模型。

贝特朗（Joseph Bertrand）模型[⊖]，是由法国经济学家贝特朗提出的。该模型认为，两家寡头垄断企业首先进行的是价格竞争，而非像古诺模型那样的产量竞争。当两家企业选定它们的价格后，会依据价格进行产出决策。

假设两家厂商生产的是同质产品，这意味着，如果一家厂商的产品价格相对低于另外一家，则该厂商将占领整个市场。

所谓**贝特朗均衡**，是指给定其他厂商的价格选择后，每个厂商都选择利润最大化的价格时所形成的均衡。那么这一均衡的价格组合是什么呢?

古诺均衡实现时的价格为 $P=40$，每个厂商的产量都为30单位，如图8-7中的 E 点。这是要实现的价格均衡吗?显然不是。既然两家厂商生产的是同质产品，如果厂商1降低价格水平，它将攫取厂商2的市场份额，即厂商的需求曲线 D_1 成为整个市场需求曲线 D_M。当然，如果厂商1提高价格，也将失去整个市场，变为沿着纵轴的需求曲线。即使价格只是降低1元到39元，厂商1也将占领整个市场。根据市场需求函数，$P=100-Q_1-Q_2$，价格为39时，$Q_1=61$。也就是说，厂商1因为价格优势，整个市场61单位的产量都归厂商1。厂商1由于降价，净增加的总收益为区域 B 的面积 - 区域 A 的面积。厂商1有降价动力，厂商2当然也有降价动力。如果都想通过降价来占领市场，最终的均衡在哪里?

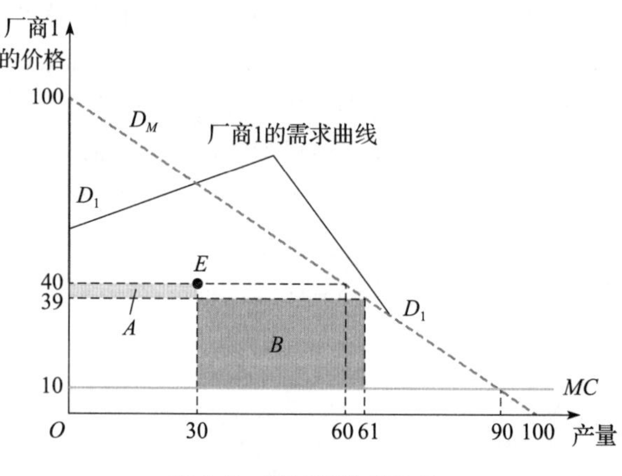

图8-7 贝特朗价格竞争

因为假定边际成本 $MC=10$ 元，所以，两家厂商一直会到 $P=MC=10$，不会低于这一水平。这时，市场总产量为 $Q_1+Q_2=90$ 单位，可以简单认为两家平分市场，各为45单位产量。

⊖ 国内也有的翻译为伯特兰德模型、伯川德模型。

4. 合谋

寡头垄断行业中，厂商数量少，所以形成合谋的可能性还是比较大的。合谋包括公开和不公开两种形式。

（1）**公开合谋：卡特尔。**

若干厂商为谋求垄断市场而结成同盟，相互协调产量和价格，这样的组织被称为卡特尔（cartel）。

卡特尔通过协调成员行为，减少竞争可以增加整个卡特尔组织的利润。我们通过一个例子来说明。依然如前，假设 $P=100-Q_1-Q_2$，如果两家厂商组成卡特尔，$P=100-Q_1-Q_2$ 将变为 $MR=100-2Q$。根据最优决策原则，$MR=MC$，$100-2Q=10$。则 $Q=45$，如果两家厂商平分市场，每家的产量为 22.5 单位。这种情况下，产品价格 $P=100-45=55$ 元！明显高于前面的其他情形。这里的前提条件是两家厂商遵守约定。

对卡特尔组织来说，成员厂商经常不遵守约定，因为分配给各个成员的产量可能并非每个厂商的最优水平。卡特尔组织通常根据组织的利润最大化来确定产量和价格，价格通常相对较高，成员厂商都有扩大产量、获得更多利润的动机，如图 8-8 所示。

就卡特尔行业而言，卡特尔组织可以仿照厂商最优决策原则，按照 $MR=MC$，决定最优产量和价格，如图 8-8a 所示，产量为 1 000 单位，价格为 10。假定该卡特尔组织有 5 个成员，每个成员平均为 200。然而，对于单个厂商来说，这一价格下的产量，可能符合市场需求时整个卡特尔组织的最优，但并非厂商的最优产量。如图 8-8b 所示，如果价格保持为 10，厂商最大的产出水平为 600 单位。或者说，厂商有降价的动力。如果按厂商的 $MR=MC$ 来做决策，厂商可以将价格降低到 8，产量增加到 400 单位。不论哪种情形，厂商都有不遵守卡特尔产量配额的动力。

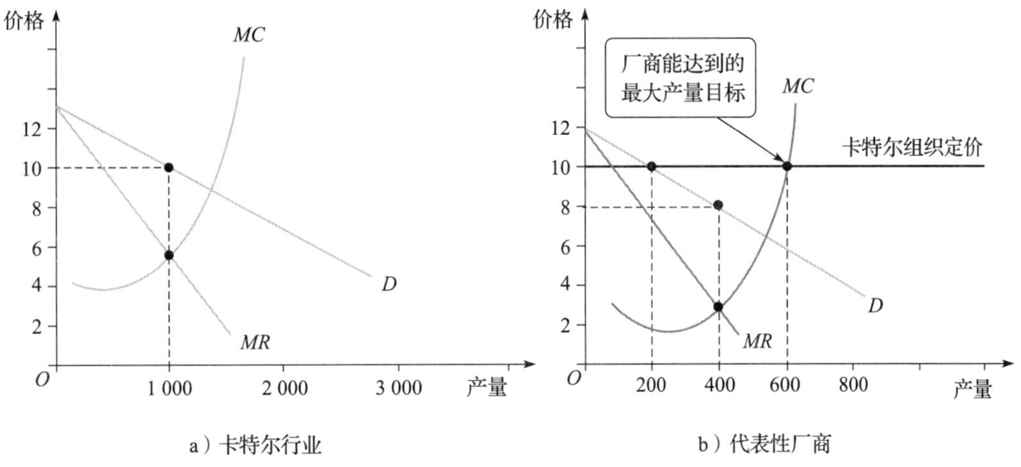

图 8-8　卡特尔行业与厂商决策

因此，卡特尔组织并不稳定。其中的成员企业都有偷偷违背合约增加产出的冲动。如果每个成员都偷偷扩大产量，卡特尔就失去了垄断市场的作用，最终导致卡特尔组织的崩溃。

卡特尔组织除了内部存在的不稳定机制外，在大部分现代国家，卡特尔组织是不合法的。法律禁止这样的垄断组织公开存在。

在真实世界中，卡特尔组织存在于国际层面，石油输出国组织（OPEC）就是当今世界有名的卡特尔组织。该组织虽然对世界石油价格具有显著的影响，但是因为成员对限产协议遵守不严格，暗中突破配额，所以其对石油价格的控制也仅仅在20世纪70年代表现最好，之后就没有那么有效了。

（2）**暗中合谋**。

除了公开合谋外，厂商也进行暗中合谋。如价格领袖制等方式就属于暗中合谋，因为厂商之间并没有签订协调行动的合约，而是按照某种规则协调各厂商的行动。

价格领袖制是指当主导企业（dominant firm）定价后，其他企业跟随定价的一种方法。其他厂商因为势力小，行为类似于完全竞争条件下的厂商，将主导厂商的价格作为给定价格，然后决定自己的最优行为。那么主导厂商如何定价呢？

对主导厂商而言，利润最大化决策原则没有变，仍然是边际收益等于边际成本。但如何找到主导企业的边际收益呢？主导企业的需求曲线可以看作其他小企业没有占领的市场需求部分。我们用图8-9来做一下说明。图8-9a中，$D_{市场}$是整个市场需求曲线，$D_{主导}$是主导企业的需求曲线（从a点到b点的连线）。$D_{市场}$与$D_{主导}$之间的需求差额由主导厂商之外的其他小厂商的供给来满足，$S_{所有其他}$是其他小厂商的供给曲线。市场价格高于P_1时，市场需求完全由小企业来提供满足，如果价格低于P_2，则市场需求完全由主导企业来提供满足。

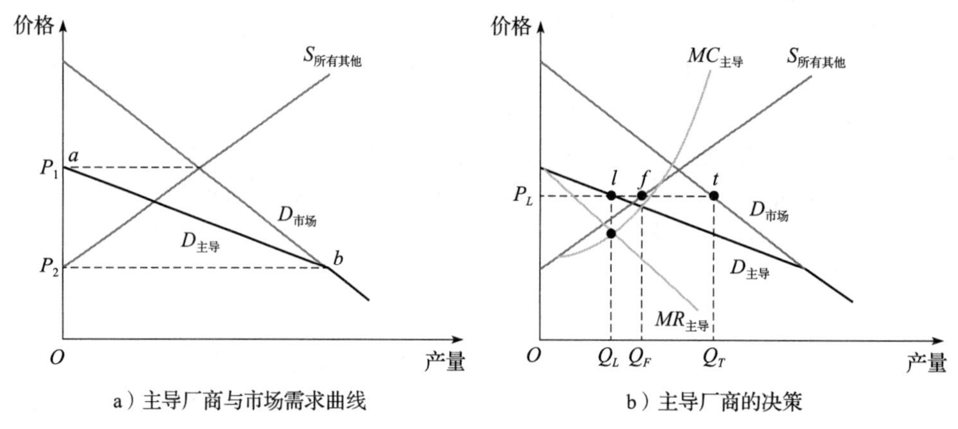

图8-9 价格领袖制

图8-9b中，主导厂商根据自己的$MC_{主导}=MR_{主导}$决策，得到最优产出Q_L和价格P_L，其他厂商接受这一价格，根据$S_{所有其他}$供给的产量为Q_F；这一价格水平上的市场的总需求为Q_T。

这个模型解释了主导厂商决策的行为。但在实践中，主导厂商不一定会按这种方法来决策。因为，对市场销售的预期并不容易做到。主导厂商也只是做个大概估计，定出价格。还有一种简单的做法是，主导厂商假定自己能稳定占领一定的市场份额，然后据此进行决策。

除了价格领袖制外，还有一些大家暗中协调的做法，如公开定价方法、按照成本加成（即平均成本+利润率）的方法、价格跟进的方法（即跟进竞争对手的价格变化），等等。尽管厂商间没有沟通，但这些行为属于协调行为。当然，这样的行为并不违法。

5. 其他模型

其他模型中，我们主要介绍一种价格稳定模型，这种模型试图对寡头企业间价格稳定现象做出解释。这种模型也被称为弯折需求曲线模型（kinked demand curve model），模型由美国经济学家保罗·斯威齐（Paul Sweezy）和英国经济学家罗伯特·霍尔（Robert L. Hall）与查尔斯·希契（Charles J. Hitch）分别提出，也被称为**斯威齐模型**。

该模型假定，如果寡头垄断企业降低产品价格，其竞争对手也将被迫跟随，降低产品价格；如果寡头垄断企业提高产品价格，竞争对手则不跟进。根据这一假定画出的需求曲线，呈弯折状，如图 8-10 所示。

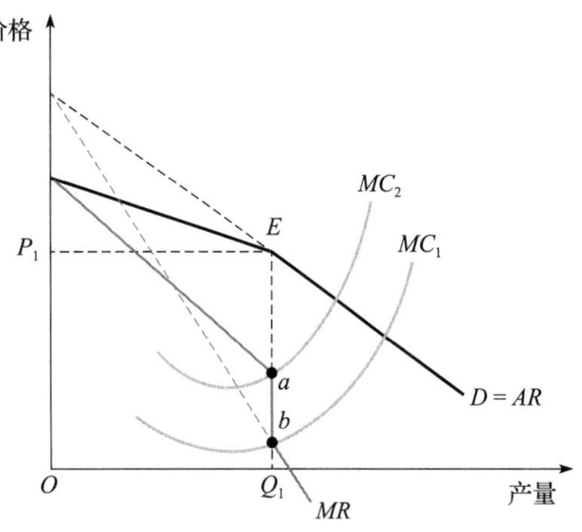

图 8-10　弯折的需求曲线模型

假设目前的价格为 P_1，对垄断厂商的需求为 Q_1。如果寡头垄断厂商提高价格，其竞争对手并不跟进，对该垄断厂商产品的需求将沿着原有的需求曲线变动，即从 E 点向左上的部分；如果寡头垄断厂商降低价格，其竞争对手将跟进，对该垄断厂商产品的需求将不会沿着原有的需求曲线变动，而是沿着一条斜率更大的曲线下移，图形中表现为从 E 点开始出现弯折，这其实是一条新的需求曲线了。E 点左上的需求曲线与右下的需求曲线分别对应不同的边际收益曲线。

当两条边际收益曲线之间出现缺口时，如图 8-10 中的 a 点到 b 点之间的缺口，如果边际成本曲线的变化在这个缺口之内，如图中从 MC_1 变动到 MC_2 的区间，即使厂商按照 $MC = MR$ 来进行最优决策，产量水平也不会随着边际成本变化而变化，而是一直保持不变！

当然，这是对产量稳定现象的一种解释。但该模型也存在不足：①价格稳定可能由其他因素引起。企业有时也不愿意调整价格，调价会引起一系列后续动作。②模型并未解释稳定的价格水平最初是怎样形成的，所以需要其他模型来做解释。通货膨胀较为较重的时期，企业不随其他企业涨价的假设也是不现实的。

8.3　博弈论与策略行为

寡头垄断市场最重要的特征是厂商间相互影响。作为对策理论重要分析工具的博弈论，能对寡头厂商的行为做出很好解释。

8.3.1　博弈论简介

博弈论一般认为是由约翰·冯·诺依曼（John von Neuman）和奥斯卡·摩根斯坦（Oskar Morgenstern）在 1944 年发表《博弈论和经济行为》一书首先提出，此后，博弈论逐渐成为经济学乃至主流经济学的一种重要分析方法。特别是当诺贝尔经济学奖获得者约翰·纳什（John F. Nash）关于非合作博弈的分析方法提出后，博弈论方法的应用进入到新的发展阶段。此后，有许多经济学家因为博弈论研究成名，到目前为止，诺贝尔经济学奖两次颁发给该领域的五位经济学家。

博弈论（game theory）也称对策论，是一种分析战略行为的方法。2005 年诺贝尔经济学奖获得者罗伯特·奥曼（Robert Aumann）教授认为：所谓博弈，就是策略性的互动决策。具体地说，博弈论是研究决策主体的行为发生相互作用时的决策以及这种决策的均衡问题。

博弈问题一般包含三个基本要素：

第一，参与者或局中人，他们是参与对策活动的当事人，是一个博弈中的决策主体。参与者的目的是通过选择某种策略使自己获得最大利益。

第二，参与者在特定条件下可采用的策略。

第三，支付函数，就是对策的结果和相应的得失。支付函数可以是参与者所获得的货币收入，也可以是效用水平等。

博弈论是一种分析方法，应用范围不仅限于经济学，其实政治学、外交学、国际关系学、军事科学、社会学等领域都在运用。

8.3.2 博弈的基本种类和形式

1. 合作博弈与非合作博弈

厂商之间的博弈，可以是合作博弈，也可以是非合作博弈。它们之间的区别主要在于博弈参与人能否达成一个具有约束力的协议。如果能达成，就是合作博弈；不能达成，则为非合作博弈。

合作博弈的例子，如买者与卖者对一件物品买卖进行讨价还价，如卖者成本为 80，而买者对其估值超过 120，则最后可能在 81 ~ 120 达成交易。

非合作博弈，则是博弈参与人独立确定产品价格，如果己方的价格低于竞争对手，那么将占据更大市场份额，但对方可能如法炮制，进行反击。非合作博弈强调每个参与人依据自我利益，做出最优决策，最后达成均衡。

合作博弈与非合作博弈的区别在于博弈参与人是否存在达成合约的可能。如有可能达成就是合作博弈，如果没有可能就是非合作博弈。我们学习的主要的是非合作博弈。

2. 同步博弈和顺序博弈

同步博弈是博弈参与人在不了解对方决策情况下，各自独立依据自己掌握的信息和利益相关情形做出决策的博弈。

顺序博弈是博弈参与人看到对方的行动之后再采取行动的博弈形式。

8.3.3 博弈策略

在非合作博弈中，博弈参与人在形成自己的策略性决策时应该具有的思维基础是：**知己知彼，推断对方对己方行为可能的反应行为。**

下面我们分同步博弈与顺序博弈分别介绍博弈厂商可能采取的策略行为。

1. 同步博弈的策略

在同步博弈情况下，对于博弈参与人来说，基本策略有：

①选择占优策略；

②劣中选优策略；

③选择纳什均衡策略。

（1）**选择占优策略。**

占优策略（dominant strategy）是指在各种策略选择中，不论对方选择什么策略，对己方都是最优选择的策略。如果对方也有占优策略可以选择，双方能达成均衡时，这种均衡被称为**占优均衡**（dominant equilibrium）。当占优策略存在时，理性行为人应该去选择，当知道对手也有这样的策略时，也应该早预测到对手会选择这样的策略。

我们以两家手机制造厂商为例来说明。甲与乙两家厂商是竞争对手，经营的产品都是手机，两家厂商正面临降不降价的博弈，结果如下述收益矩阵（payoff matrix）所示，矩阵中每个单元格中是双方选择策略组合后的得失情况，第一个数值是横向参与人的收益，第二个数值是纵向参与人的收益。这里是指各自获得的利润（单位：万元）。

		厂商乙	
		保持价格	降价
厂商甲	保持价格	A：1 000，1 000	C：500，1 200
	降价	B：1 200，500	D：800，800

如果两家厂商都保持价格不变，结果如 A 单元格所示，都为 1 000 万元，但是如果一方保持价格不变，另一方降价，则降价者得利，如 B、C 单元格所示；如果两家都降价，如 D 单元格，都为 800 万元。显然，单元格 A 对双方总体上最有利，但是当厂商各自决策，不进行合谋，结果却是 D！这就是所谓的**囚徒困境**。对甲而言，无论乙采取两种选择中的哪一种，甲的博弈选择一定是降价，这是甲的占优策略；同理，乙的占优选择一定也是降价。所以，单元格 D 是均衡，因为博弈双方都会选择占优策略，所以这种均衡也称为**占优策略均衡**。

以上是两家厂商都有占优策略可以选择的情形。如果其中只有一家厂商有占优策略，那么有占优策略的厂商应该选择占优策略；没有占优策略的厂商知道对方有占优策略时，应该认定对方将选择占优策略，从而确定自己的策略。

然而，即使对双方中各自一方都是最佳选择的策略，且博弈参与人都这样选择时，或者即使形成占优均衡，但对双方总体来说也可能并非最优的结果。可能会出现被称为“囚徒困境”的情形，参见专栏 8-1。其实上面的博弈中，最终选择为单元格 D，就是囚徒困境。

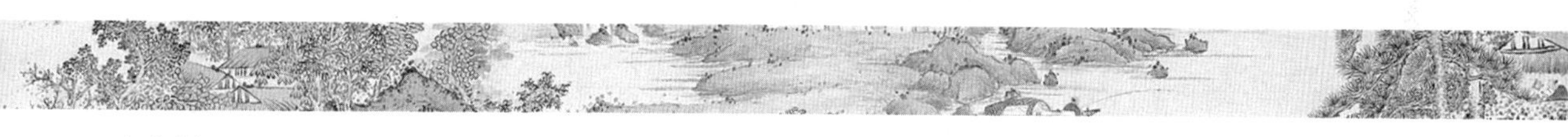

专栏 8-1

囚徒困境

这是经济学家阿尔伯特·塔克（Albert Tucker）在 1950 年提出的一个非常经典的非合作博弈的例子。

两名嫌疑犯作案后被警方逮捕，由于警方缺乏充分的证据来定更多的罪。警察分别对两人进行隔离审讯，不允许他们相互通报信息。

两位嫌疑犯知道如下结果：如果两人都坦白供认，各判刑 5 年；如果一方坦白另一方不坦白，坦白者从轻，判刑 6 个月，不坦白者从重，要判刑 10 年；如果两人都不坦白，依据警方现在掌握的证据，两人各判 1 年。如下为囚徒困境的得失矩阵。

		囚徒 B	
		坦白	不坦白
囚徒 A	坦白	5 年，5 年	6 个月，10 年
	不坦白	10 年，6 个月	1 年，1 年

面对这种情势，囚徒A思考如下：

假如B坦白，我不坦白，我会被判10年；如果我坦白，只会被判5年；因此，我的最优选择应是坦白。

假如B不坦白，我坦白，我会被判6个月；如果我不坦白，则被判1年；我的最优选择还是坦白。

坦白是我的占优策略选择。

对B而言，思考的思路与A相同，不过只是把A的行为设定后，再考虑自己的行为，结果也是坦白。

因此，最后的结果是两人都选择坦白，每人各判5年，显然这是占优策略选择形成的均衡，是占优均衡。但结果却逊于两人都不坦白时各判1年的情形。这就是囚徒困境。每个人在各自依据自己利益选择之后，结果却比相互合作的结果要差。

囚徒困境揭示了一个深刻的问题：个人理性和集体理性的矛盾。在上述一次性博弈中，理性的个人显然做出了有利于自身的最佳选择，但结果却并不圆满。

（2）**劣中选优策略**。

这是同步博弈中可采取的另一种策略，也称之为剔除劣策略的策略。即在决策者面临的策略选择中，如果至少存在一个其他策略，不论对手做任何决策都比自己选择该策略有更好的处境，那么这个策略就是**劣策略**，应该剔除以简化策略选择方案。这种剔除可连续进行，直至无劣策略存在，剩余策略就是可选策略。我们以下面的例子来说明。

假设A公司和B公司是同类产品的竞争对手，双方对产品定什么价格尚未做出决策，假设双方定价后一个月无法改变价格水平，在这一时间段内双方在不同价格组合下各自的获利情况如下矩阵所示。我们看到，对于A公司来说，中价策略不会选，这就是其劣策略；对于B公司，高价策略不会选，这就是B的劣策略。两公司剔除各自的劣策略后，剩下单元格B、C、H和I，再进行选择。最后的结果是单元格C。

		B公司的价格策略		
		高（10）	中（8）	低（6）
A公司的价格策略	高（10）	A 1 000，1 000	B 900，1 100	C 500，1 200
	中（8）	D 1 100，400	E 800，800	F 450，500
	低（6）	G 1 200，300	H 500，350	I 400，400

（3）**选择纳什均衡策略**。

当不存在上述两种情形时，第三种可用来选择的策略就是选择双向最优的策略，这就是**纳什均衡**（Nash equilibrium）策略。

纳什均衡是指给定博弈对手选择前提下，选择己方最好的策略所形成的均衡。处在均衡时，如果其他参与人不改变策略，己方也会维持所选策略不变。或者说，给定他人选择策略时，没有任何人会主动离开这种均衡状况。在纳什均衡中，每个参与者的策略选择都是对其他参与者所选策略的最佳反应。

比如甲和乙为两个有竞争关系的厂商，当甲的行为设定时，乙会采取对自己最有利的行为，在甲不改变策略的前提下，乙也会保持现有策略不变；当甲改变策略后，乙也相应再选其他最优策略。反过来，当乙的行为设定时，甲也会采取类似的行为。前面介绍的古诺模型，最终达到的均衡为古诺均衡。**古诺均衡**就是纳什均衡的一个例子，同理**占优策略均衡**也是纳什均衡的一种。我们来看下面的例子。

甲乙两家公司进行新产品研发，研发投入有高、中、低三种选择，投入后的获利情况如下矩阵所示（单位：1 000 万元）。

		乙		
		低	中	高
甲	低	A　60，45	B　57.5，50	C　45，35
	中	D　50，35	E　65，30	F　30，25
	高	G　45，10	H　60，20	I　50，40

根据前面方法，甲乙双方既无占优策略均衡，也无劣策略可以剔除，我们只有按照双向最优方法去寻找双方都能接受的策略组合，只有单元格 A(高，高）符合，其他都只是一厢情愿，一方想选而另一方有更好策略可选，双方意愿难以达成一致，唯有单元格 A，己方所选与对方所选正好吻合，双方愿意接受，这就是纳什均衡。

这里只有一个结果是纳什均衡，所以双方都应该选择。但是，有时可能纳什均衡并非唯一一个，而是多个，这情形下就需要借助其他的选择原则来进行选择了。

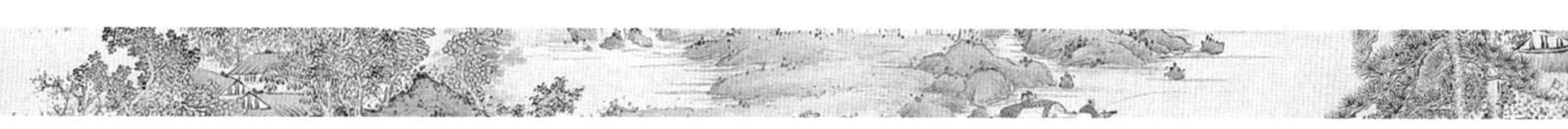

专栏 8-2

纳什均衡与占优均衡的区别

占优均衡一定是纳什均衡。在“囚徒的困境”中，不论囚徒 B 坦白还是不坦白，囚徒 A 的最优选择都是坦白；同样对于囚徒 B 来说，不论囚徒 A 坦白还是不坦白，他的最优策略也是坦白。因此（坦白，坦白）的策略组合是占优均衡，同时这一策略组合又一定是纳什均衡。因为一个参与者的占优策略是对于其他参与者任何设定策略的最优策略选择。

但是，纳什均衡不一定是占优均衡。因为在有些博弈中，并不存在占优策略，但有纳什均衡存在。例如 A、B 两人在独木桥上迎面相遇，对任何一个人来说，不存在占优策略，只能根据对方的情况做出最优的选择。A 进则 B 退，B 进则 A 退，这两个组合都是纳什均衡。假设 A 进，B 的最优策略是不进，在 A 进的前提下，B 没有改变策略的动机，因为 B 也进的话，则是两人同时落水；反过来也是这样，当 B 进时，A 不进是最优的策略选择，同样在 B 进的假设下，A 没有改变策略的动机。

2. 顺序博弈（序贯博弈）

当博弈参与人中一方先行采取行动，然后另一方知道了先行者的决策后再采取行动，这种博弈被称为**顺序博弈**或者**序贯博弈**（sequential game）。比如一个企业先进入市场后，其产品价格和产量都已被其他企业所了解。后者可以根据前者的行为做出决策。

在顺序决策中，仍然包含策略的相互依存、相互影响。先行者在做出先行决策时，其实也会考虑到对手随后的反应对自己的影响，或者说，也是在考虑到对手反应后做出的最优决策。这种反应与同步决策的性质是相同的！只是存在一些时间差。

作为先行者如何在考虑到对手行为后做出自己的决策呢？下面我们借用一种分析工

具——**决策树**（game tree）对此做一解释，参见图8-11。假设前述同步决策中A、B两个公司中，A公司先行定价。

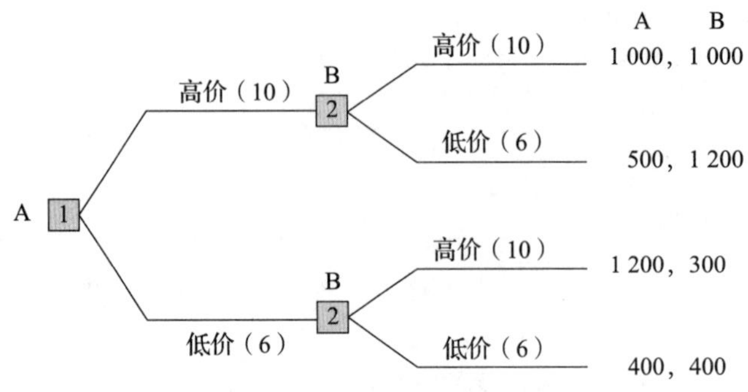

图8-11　顺序博弈：A先行的情形

因为要先行决策，A公司如何决定产品价格呢？选择高价还是低价？这要考虑到后续B公司可能的反应对自己的影响。如果A选择高价后，B选高价，双方平分市场，各得1 000，如果B选低价，市场大部分被B占领，所以收益：A为500，B为1 200。同理，如果A定低价，B选高价时，A为1 200，B为500；如果B选低价，则双方平分市场，各得400。A公司如何选择？

A公司可通过回溯法（roll-back method）来做出最初的选择。因为决策树将所有可能选择的结果全部给出，所以A就可以通过后续结果反推回去做出最初的选择。我们看到，B公司只愿意选低价（占优策略）。这样，对A来说，B选低价后，A选高价还是低价就看不同结果的比较了。如果A选择低价，双方都是400；而如果A选高价、B选低价时，A为500，显然，A的选择是高价策略。这样的路径也可以说是纳什均衡的路径。

3. 其他均衡策略

（1）重复博弈：走出囚徒困境。

前面我们指出在博弈过程中会出现囚徒困境，如何解决呢？如果是一次性博弈，每个博弈参与人按照自己的利益做出选择，结果很有可能是囚徒困境。如果博弈并非一次性，而是进行多次的重复博弈，结果又会怎样呢？

如果是有限次的重复博弈，参与人知道最后一次博弈结束的时间和结果，按照回溯方法，大家都知道最终的结果，那么对于最初进行合作也就变得毫无意义了，因此也无法避免出现囚徒困境。

如果是无限次的重复博弈，情况会有什么不同吗？一次性博弈之所以会出现囚徒困境，重要的原因在于，一次性博弈中，即使是原来双方合作的情形，其中一方进行欺骗（不遵守合作协议），另一方也无法对这种欺骗行为进行惩罚。然而，如果是重复博弈，不遵守合作协议的欺骗一方将会受到“惩罚”。这里的惩罚，是指博弈参与人通过合作获得的高于非合作（囚徒困境）时所获取的利益将因为欺骗而失去。

我们仍然以前面所使用的甲、乙两家厂商价格战的博弈为例。如果双方保持价格不变，双方的收益各为1 000；如果甲相信乙会保持价格不变，自己偷偷降价（欺骗），可以获得1 200；乙也可这样来思考。结果就成了各获得800的囚徒困境。也就是说，双方合作时都不欺骗的获益1 000与双方不合作时的800之差就是欺骗的惩罚。

		厂商乙	
		保持价格	降价
厂商甲	保持价格	A：1 000，1 000	C：500，1 200
	降价	B：1 200，500	D：800，800

在重复博弈中，厂商会根据竞争对手的行为采用触发策略。其中针锋相对策略或冷酷到底策略是两个著名的策略选择。

针锋相对策略（tit-for-tat strategy）：是一种跟随竞争对手上一轮策略采取相同策略的做法，即如果对手上一轮欺骗，那么己方在本轮也欺骗；如果对方上一轮合作，那么己方在本轮也合作。

冷酷到底策略（grim strategy）：如果对手上一轮欺骗，那么己方之后将一直采取不合作策略。

在重复博弈中，由于存在对欺骗的惩罚机制，所以合作可以达成并持续，这样也就可能解决囚徒困境问题了。

（2）**最大化最小策略**。

在前面所讨论的博弈中，我们假定博弈参与人都是非常理性的。如果博弈参与人存在非理性行为或出现非系统性错误时，又该如何应对呢？说得再直白一些，如果对方是个“傻瓜”，己方该如何行为？

最大化最小策略（maximin strategy）是一种保守策略，参与人的目标并非想获取最高收益，而是争取损失最小！因此，参与人采取的行动是使得在最坏情形下，遭受的损失最小。具体说来，如果竞争对手恰好选择使得己方遭受损失最大的策略，己方如何应对使得损失最小。

我们看如下例子，假设有两家葡萄酒公司，夜光杯公司与味美思公司，两家公司要决定酿造的葡萄酒类型，是高档酒还是低档酒。味美思公司酿酒经验比夜光杯公司丰富，两家公司的博弈的获利情形如下。

		夜光杯	
		高端	廉价
味美思	高端	A：50，－100	C：600，150
	廉价	B：500，50	D：300，100

从博弈矩阵可以看出，如果两家公司都酿造高端酒的话，因为市场小众，夜光杯公司会出现亏损。

对于夜光杯公司来说，占优策略是选择酿造廉价酒；如果夜光杯公司选择酿造廉价酒，那么味美思公司将选择高端酒，纳什均衡的结果是单元格 C。然而，如果夜光杯公司不愿意这么做，而是雄心勃勃地计划生产高端酒。如果味美思公司预计夜光杯公司有这种计划后，该公司按照最大化最小策略，应该选择酿造廉价酒。因为即使夜光杯公司放弃酿造高端酒，而选择廉价酒，其获利至少有 300（如果夜光杯公司不放弃高端酒，获利会更多，即单元格 B）。弃高端选廉价的策略，味美思公司就避免了夜光杯公司选择高端酒（自己也选择高端酒）时出现的最坏结果（单元格 A）。

博弈论的原理和思维，在人们的日常生活、企业的生产经营、政府的决策等多个领域有广泛应用，我们只是简单介绍了博弈论的几个基本原理。

本章小结

1. 非完全竞争市场包括两种市场：垄断竞争与寡头垄断。

2. 垄断竞争市场的特征有：许多相互竞争的生产者、差异化产品、自由进入与自由退出。

3. 垄断竞争厂商的短期分析与完全垄断分析非常类似；但长期与完全竞争相似，厂商的经济利润为零。

4. 垄断竞争市场与完全竞争市场相比，垄断竞争厂商的产品价格要高于边际成本，没有在平均成本的最低点组织生产，没有实现生产有效和分配有效，造成社会福利和效率的损失。多样化可以增加消费者的效用水平或者福利水平。

5. 垄断竞争市场产能利用不充分。

6. 寡头垄断市场是指一个市场（行业）中，只有几家企业生存的情形。寡头厂商之间关系紧密，厂商决策相互影响。厂商在做出决策时，选择有二：相互竞争；相互合谋。

7. 寡头垄断厂商决策时，将竞争对手的产量（或价格）视为给定，然后依据最优决策原则来决定自己的产量与价格。

8. 古诺模型是分析厂商产量竞争的模型之一，每家厂商在做产量决策时将竞争对手的产量当作给定量。最佳反应函数（曲线）就是一个厂商针对对手的每一个产量做出最佳反应的函数（曲线）。

9. 施塔克尔贝格模型中，两家厂商并非同步决策，一家先做出决策（带头企业），另一家厂商（跟随者）跟随决策。

10. 贝特朗模型中，给定其他厂商的价格选择后，每个厂商都选择利润最大化的价格时形成均衡。

11. 寡头垄断行业中，厂商数量少，所以形成合谋的可能性比较大。合谋包括公开和不公开两种形式。

12. 公开合谋以卡特尔为代表，若干厂商为谋求垄断市场而结成同盟，相互协调产量和价格。卡特尔组织除了内部存在的不稳定机制外，在大部分现代国家卡特尔组织是不合法的。暗中合谋包括价格领袖制等。

13. 博弈论是分析寡头垄断市场的一种非常有用的工具。在现实中，用途非常广泛，既可用于寡头垄断的理论分析，也可用于其他领域的分析。

14. 博弈的基本种类和形式有：合作博弈与非合作博弈；同步博弈和顺序博弈。

15. 同步博弈情况下，博弈参与人选择的基本策略有：①选择占优策略；②劣中选优；③选择纳什均衡策略。

16. 占优策略是指在各种策略选择中，不论对方选择什么策略，对己方都是最优选择的策略。博弈双方都选择占优策略形成的均衡也称为占优策略均衡。可能会出现被称为“囚徒困境”的情形。

17. 纳什均衡是指给定博弈对手选择前提下，选择己方最好的策略所形成的均衡。

18. 顺序博弈（序贯博弈）是指博弈参与人中一方先行采取行动，然后另一方知道了先行者的决策后再采取行动的均衡策略。

19. 重复博弈由于有后续的惩罚机制，可能走出囚徒困境。

20. 最大化最小策略是当考虑到博弈参与人出现非理性选择时采取的策略。

思考与练习

一、名词解释

卡特尔	价格领袖制	斯威齐模型	最大化最小策略
纳什均衡	囚徒困境	施塔克尔贝格模型	贝特朗模型
占优均衡	古诺模型	价格领袖制	

二、简述题

1. 简述垄断竞争市场、寡头市场的主要特征。

2. 画图说明垄断竞争市场的短期、长期均衡的情形。

3. 请说明与完全竞争相比，垄断竞争市场的效率情况。

4. 简述寡头垄断市场中古诺模型、施塔克尔贝格模型、贝特朗模型的基本内容。

5. 卡特尔组织最优决策的原理是什么？为什么卡特尔组织内在并不稳定？

6. 简述斯威齐模型怎样解释价格水平的稳定。

7. 博弈的基本种类和形式有哪些？

8. 同步博弈中，参与人可采取的策略有哪些？

9. 占优策略均衡、纳什均衡有什么区别？

10. 什么是顺序博弈（序贯博弈）？

11. 重复博弈中，厂商会根据竞争对手的行为采用惩罚策略有哪些？

三、计算题

1. 某垄断厂商的短期成本函数 $TC=-6Q^2+140Q+10$，需求函数 $Q=40-P$，求该厂商的短期均衡产量和均衡价格。

2. 假设垄断厂商拥有不变的平均成本和边际成本，并且 $AC=MC=5$，厂商面临的市场需求曲线 $Q=53-P$，求：

（1）该垄断厂商利润最大化时的价格和产量及相应的利润水平。

（2）如果该市场是完全竞争时，其市场产出水平为多少？

3. 假设某厂商的需求函数为 $Q=675-5P$，总成本函数为 $TC=1\,200+Q^2$。

求：（1）利润最大化时的产量和价格。

（2）最大利润为多少？

第 9 章
CHAPTER9

生产要素理论

人能尽其才,地能尽其利,物能尽其用,货能畅其流。

——孙中山

消费资料的任何一种分配,都不过是生产条件本身分配的结果。

——卡尔·马克思

§ 本章要点

本章讨论生产要素理论。我们将解释生产要素的价格如何决定。本章理论也适用于解释收入分配,所以也是收入分配理论,因为生产要素所有者的收入来源于生产要素服务的出让。本章的主要内容有:生产要素的需求、生产要素的供给与生产要素均衡价格的决定;劳动、资本和土地价格的确定;收入平等与否的度量。

§ 学习目标

- 掌握生产要素市场的价格决定理论、要素边际生产力理论以及要素供给原理;
- 理解收入分配的基本原理;
- 收入平等与否的度量指标。

§ 基本概念

派生需求　　要素市场　　边际生产力　　地租　　洛伦兹曲线　　基尼系数

通过前面学习，我们已经知道了产品市场的供给、需求以及产品均衡价格和均衡数量如何决定的相关内容。在产品市场分析上，我们假定生产要素的价格是既定的。本章转向生产要素市场。在生产要素市场上，厂商为了生产商品（或服务）需要生产要素的投入，因此厂商成为生产要素需求者；而生产要素所有者，提供了如劳动、资本、土地和原料等生产要素，成为生产要素供给者，同时他们通过出让生产要素获得报酬收入。因此，要素市场要具体解决如下问题：以取得最大利润为目的的厂商对生产要素需求的最优数量；以取得最大效用为目的的要素供给者（居民）提供生产要素的最优数量。

本章也将回答如下问题：人们收入水平的多少是由什么来决定的？为什么看似一些从事重要工作的人，如大学教授，他们的工资收入远远低于一些文体明星？不同行业的从业者为什么存在收入差距？

本章将分两种情形进行讨论：完全竞争市场（产品市场和生产要素市场都是完全竞争市场）及非完全竞争市场（产品市场和生产要素市场之一是非完全竞争市场），我们以前者为主。

9.1　生产要素需求的基本原理

9.1.1　生产要素与生产要素价格

我们在第 1 章说过，经济学家将生产要素分为如下四种：劳动、资本、土地和企业家才能，但基本的生产要素是指前面三种。现代社会中，因为技术进步的作用越来越突出，所以资本又被分为实物资本和人力资本。

俗话说，巧妇难为无米之炊。生产要素市场和要素价格在资源配置中发挥着重要作用。生产要素就是生产产品或服务的"米"。对现代社会的大多数人来说，生产要素收入特别是劳动收入是基本的收入来源，当然也有人从土地、资本上获得收入。

因此，生产要素价格对社会经济总的"收入"如何在成员间进行分配就发挥着重要作用。如果其他条件不变，工资水平高，那么劳动提供者收入占总收入的比重就会提高；资本价格、土地价格有同样的影响。所以，我们需要回答，各种生产要素价格的高低是由什么来决定的。

与市场经济中商品价格决定于供给与需求一样，生产要素价格也决定于要素的供给与需求。

9.1.2　生产要素需求是派生需求

对生产要素的需求并不同于普通商品，经济学中称对生产要素的需求是**派生需求**（derived demand）。

生产要素市场的需求者是厂商，供给者是生产要素所有者。厂商购买生产要素不是为了满足自身的消费需要，而是为了生产可供出售、满足消费者需要的商品，并因此获得利润。也就是说，在消费者对其商品有需求时，厂商才会对生产要素有需求，厂商对生产要素的需求源于消费者对商品的需求。因此，它是一种派生需求。如果消费者对某种商品的需求增加了，那么厂商对生产这种商品所需要的生产要素的需求也会随之增加。反之，如果消费者对某种商品的需求减少，则厂商对生产这种商品所需要的生产要素的需求也会下降。

"派生需求"一词不仅从本质上刻画了要素市场与商品市场之间的联系，而且从投入、产出的数量关系上也能反映出商品市场的类型、商品价格和数量怎样影响要素市场。

9.1.3 边际生产力理论

对生产要素需求解释的基础是**边际生产力理论**。

1. 边际生产力

边际生产力（marginal productivity）理论由美国经济学家约翰·贝茨·克拉克（John Bates Clark，1847—1938）于19世纪末首先提出。这一理论被认为有助于解决多种生产要素相互作用共同生产产品时，每种生产要素在生产中究竟做出了多少贡献，从而应当如何对收入进行分配的问题。

所谓**边际生产力**，是指在其他条件不变的前提下，每增加1个单位某种生产要素的投入所带来的产量增加量，这相当于生产理论中的边际产量（MP），也被称为边际实物产品（marginal physical product，MPP）以区别于后面所用到的与此相关的价值概念。

2. 边际产品价值与边际收益产品

当我们把边际实物产品表示为价值形式时，我们就得到了两个新的概念：边际产品价值与边际收益产品。

（1）**边际产品价值**。

边际产品价值（value marginal product，VMP），厂商变动1单位生产要素（如劳动L）投入所引起的产品价值改变额。要素投入的**边际产品价值**定义为

$$VMP_L = P \cdot MPP_L \tag{9-1}$$

VMP_L其实就是厂商多增加1单位生产要素投入后，多增加产出带来的价值增加额，是一种由生产要素增加带来的“边际收益”，即新增加1单位生产要素带来的边际实物产品按价格P销售后形成的收益。

（2）**边际收益产品**。

边际收益产品（marginal revenue product，MRP）是一个与VMP类似的概念。这一概念按照厂商改变1单位生产要素（如劳动L）投入引起总收益变化额的基本定义得出，即

$$MRP_L = \frac{\Delta TR}{\Delta L} = \frac{\Delta TR}{\Delta Q} \cdot \frac{\Delta Q}{\Delta L} \tag{9-2}$$

式中，$\Delta TR/\Delta Q$为边际收益MR，$\Delta Q/\Delta L$为边际实物产量MPP_L，MRP_L是劳动的边际收益产品。因此上式可写为

$$MRP_L = MR \cdot MPP_L \tag{9-3}$$

表9-1所示为某厂商使用劳动得到边际收益产品的情形。请注意，MRP是价值额，而非实物产量，MRP确切的名称为：**边际收益产品的价值**。

我们知道，因为受制于边际报酬递减规律，边际实物产量（MPP_L）呈递减态势；边际收益（MR）在完全竞争市场时为固定值（等于价格），在垄断市场时则呈递减态势。因此，无论在完全竞争市场还是在垄断市场，MRP_L也一定呈递减态势。

VMP曲线的形状与MRP相似，只是把MR换成价格P。MRP与VMP之间的差异来自于MR与价格P的差异。如果$P=MR$，则$VMP=MRP$。在表9-1中，因为$P=MR$，所以边际收益产品等于边际产品价值。

表9-1 某厂商的劳动边际收益产品（等于劳动边际产品价值）

劳动投入量 L	总产量/周 Q	劳动边际产量（周）MPP_L	产品价格（边际收益）（元）$P(=MR)$	劳动边际收益产品（=边际产品价值）（元/周）$MRP_L=MPP_L\cdot MR$ $VMP_L=MPP_L\cdot P$	工资（元/周）w	增雇1名工人增加的利润 MRP_L-w
0	0	—	200	—	600	—
1	6	6	200	1 200	600	600
2	11	5	200	1 000	600	400
3	15	4	200	800	600	200
4	18	3	200	600	600	0
5	20	2	200	400	600	-200
6	21	1	200	200	600	-400

如果 P 不等于 MR，则 VMP 与 MRP 也不相等。如果垄断因素存在，则 $MR<P$。因此，$MRP<VMP$，即 VMP 比 MRP 更靠右（假设 MPP 位置不变）。我们用图9-1来表现这种差异，图中是以劳动为例来说明的，VMP_L是劳动的边际产品价值。

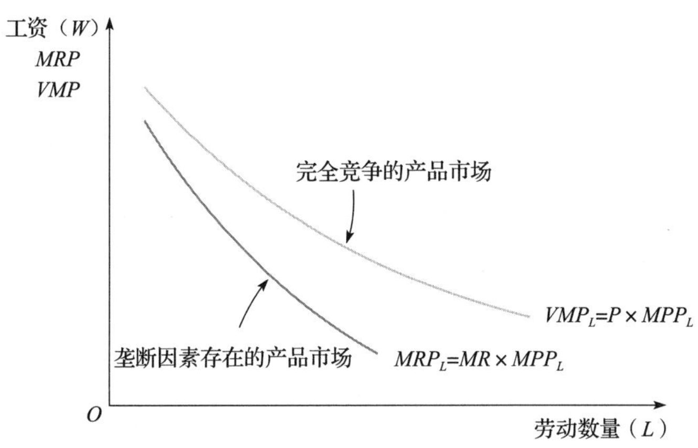

图9-1 边际收益产品曲线（边际产品价值曲线）（以劳动 L 为例）

9.1.4 生产要素需求

1. 单个厂商对一种生产要素的需求

为简化起见，我们首先假定其他生产要素使用量固定不变，厂商只对一种可变要素（即劳动 L 可变）有需求。

厂商的行为目标是实现利润最大化。厂商为实现这一目标如何确定对生产要素的需求数量呢？

（1）厂商对生产要素的需求同样基于利润最大化目标的实现。

生产要素需求是一种“派生需求”，因此，厂商生产产品的决策规定着对生产要素的需求量。那么，为获得利润最大化，厂商对生产要素最优需求要符合什么条件呢？

从前面对厂商行为的分析中，我们知道厂商实现利润最大化的决策条件是：边际收益（MR）= 边际成本（MC）。厂商实现利润最大化的目标并不会因为成为生产要素使用者而改变。只是原来的边际收益与边际成本以另外的形式表现出来。

厂商多投入1单位生产要素所带来的收益增加值现在表现为 *MRP*（或者 *VMP*）；增加1单位生产要素投入需多支付的成本，我们称之为**边际要素成本**（marginal factor cost，MFC）。按照边际收益等于边际成本的要求，从生产要素需求角度来看，符合厂商利润最大化的最优要素需求可表示为

$$MRP = MFC \tag{9-4}$$

边际要素成本 *MFC*，是改变1单位生产要素投入（假设为劳动）所引起的总成本的变化值，定义为

$$MFC_L = \frac{\Delta TC_L}{\Delta L} \tag{9-5}$$

式中，MFC_L为劳动的边际要素成本；ΔTC_L为总成本变化额；ΔL 劳动变化量。

对应的**平均要素成本**（average factor cost，AFC）定义（仍然以劳动为生产要素代表）为

$$AFC_L = \frac{TC_L}{L} \tag{9-6}$$

式中，AFC_L为劳动的平均要素成本。

我们也可以说，当 $MRP = MFC$ 时，厂商就实现了对要素的最优需求。如果 $MRP > MFC$，我们若增加1单位生产要素投入，额外收益将超过额外增加的成本，厂商应该继续使用更多的生产要素；相反，如果 $MRP < MFC$，则增加1单位生产要素投入而产生的额外成本超过了额外收益，厂商应减少对生产要素的购买；$MRP = MFC$ 时，厂商就实现了最优使用。

从表9-1中，我们可以看出，在增雇到4单位劳动之前，每增加1单位劳动投入，厂商可有不同数额利润增加，因为 $MRP > MFC$。如第3单位劳动，带来的 *MRP* 为800元，而支付的边际要素成本即工人工资为600元，所以厂商获得 $800 - 600 = 200$ 元的利润。而如果超过4单位，再增加1单位劳动雇用，导致的则是亏损，显然厂商不会去做。因此，最优的雇用数量是4单位!

专栏9-1

两种利润最大化条件是等效的

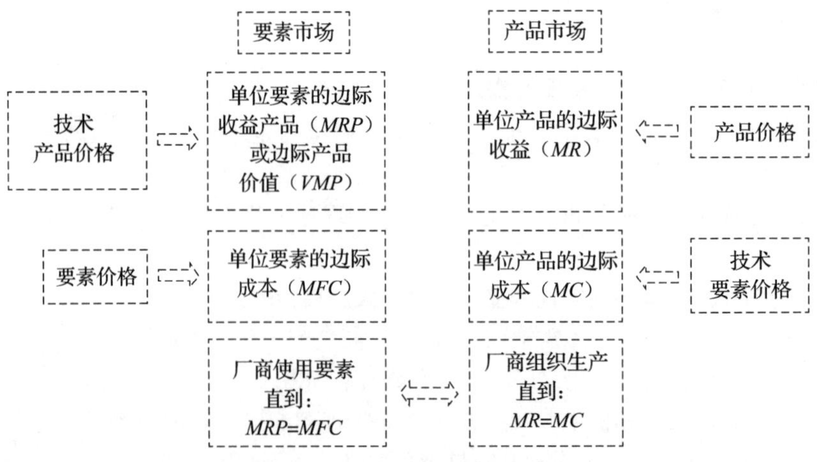

图9-2 两种利润最大化

（2）**完全竞争条件下厂商对生产要素的需求**。

要素市场完全竞争条件与第5章学习过的产品完全竞争相似，可简单概括为：存在着大量的生产要素买者和卖者，生产要素同质，生产要素买卖双方掌握完全信息，在生产要素市场中，进入和退出没有壁垒。

完全竞争，理论上应该包括产品市场和生产要素市场都为完全竞争的含义，所以单个厂商成为要素价格的接受者。

非完全竞争，包括如下三种组合：①产品市场完全竞争，但生产要素市场是非完全竞争；②产品市场是非完全竞争，但生产要素市场是完全竞争；③产品市场与生产要素市场都为非完全竞争。

既然厂商是按照利润最大化的原则对生产要素提出需求，所以与每一生产要素价格水平对应的MRP就是**厂商的生产要素需求曲线**，即：

$$\text{边际收益产品}\ (MRP) = \text{生产要素价格}$$

具体说来，如果劳动价格（工资率）为w，资本价格为r，MRP_L是劳动边际收益产品，MRP_K是资本的边际收益产品，最优要素需求要求

$$MRP_L = w$$

$$MRP_K = r \tag{9-7}$$

式中，$MRP_L = w$就是劳动需求的函数形式。为什么？根据定义$MRP_L = MR \cdot MPP_L$，MR、MPP_L决定于产量Q，而产量Q又是劳动L的函数，所以，$MRP_L = w$的本质其实表现的是：$L_D = f(w)$，即劳动需求函数。同理，$MRP_K = r$是资本的需求函数。

图9-3中的MRP_L就是劳动需求曲线（完全竞争中，MRP与VMP重合）。MRP_L向下倾斜，表示随着工资水平的下降，对劳动的需求数量将会增加。当工资为w_1时，劳动需求数量为L_1；工资为w_2时，劳动需求数量为L_2。图中S_1、S_2表示的是劳动供给曲线。在每一工资水平上，因为假定是在完全竞争市场中，厂商对劳动的需求增加，并没有导致工资水平上升，所以劳动供给曲线就是平行于劳动数量轴的平行线。

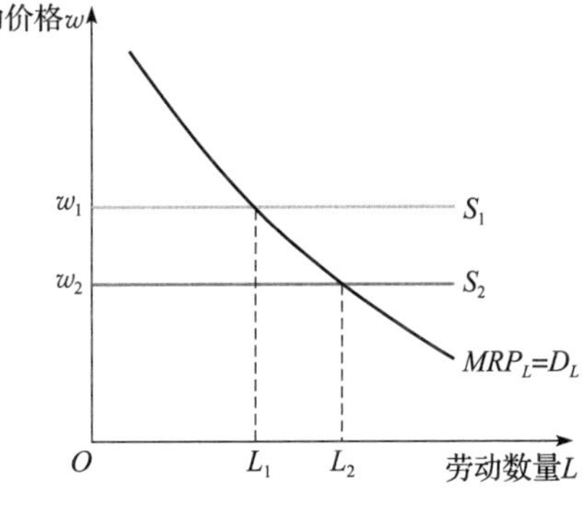

图9-3　劳动需求曲线

（3）**生产要素需求曲线的移动**。

与分析产品需求曲线类似，知道了生产要素需求曲线后，我们还得分析什么因素会引起生产要素需求曲线发生移动。对于一种具体的生产要素（如劳动），一般意义上，如下几方面因素会引起要素需求曲线发生移动。

第一，企业生产的产品价格变化。企业所生产的产品价格越高，在其他情况不变时，厂商对生产要素的需求也就越多。产品价格水平提高，会导致MRP向外移动；而当产品价格下降时，MRP则会向内移动。

第二，其他要素价格变化。因为生产要素之间存在一定的替代关系，所以当其中一种要素的价格发生变化时，厂商会对所使用的生产要素组合进行调整。例如，如果我们所讨论的是对劳动的需求曲线。当资本的价格上涨后，对劳动的需求就会增加。从长期来看，随着企业规模的调整，生产要素之间的替代更会经常发生。生产要素的数量变化，会引起产品的价格发生变化，导致MRP曲线发生移动。

第三，技术变革。新的技术变革会引起对一些种类生产要素需求的增加，而对其他生产要素需求数量的减少。这种要素的调整就会发生与前述第二点所说类似的变化。

（4）**市场生产要素需求**。

在第2章介绍供求理论时，我们曾经指出，把各个消费者对产品的需求加总后就得到相关产品总的市场需求，也就是将它们在每种价格水平上的需求数量进行加总即可。这一原则是否也能适用于生产要素的市场需求曲线构造呢？

劳动等生产要素不仅可以在一个行业使用，而且可以用于多个行业，如熟练劳动力可用于多个行业，所以对生产要素的市场需求是多个行业需求加总后得出的。因此，对生产要素的需求分两步来看：第一步，由行业内厂商的需求加总求出行业的需求曲线；第二步，由各行业需求加总得出市场的需求曲线。第二步的加总与前述商品市场中对单个厂商产品需求加总得到市场需求类似，不再一一做解释。需要特别注意的是第一步中如何由单个厂商的要素需求加总得到行业需求曲线。

将厂商的生产要素需求加总得到行业需求是否是按类似于产品市场需求加总的方法呢？生产要素的市场需求确实是通过对所有单个厂商生产要素需求量加总而成！但问题是：如何加总或怎样加总呢？

我们知道，厂商对生产要素的需求 MRP 由 MR 和 MPP 两部分相乘而得，而 MR 受商品价格变化影响，一旦商品价格 P 上涨（下降），则 MR 就会跟着上涨（下降）（在完全竞争下两者是同步的）。如图9-4所示，我们以劳动为例来说明。假设初始时工资率 W 为每小时30元，随后工资水平下降为每小时20元。如果行业中只有一家厂商，且假定厂商面临的产品市场中的价格也不受产品数量变化影响，那么厂商的劳动需求将沿着 MRP_{L1} 曲线移动，从100单位变为150单位。但如果行业中有多家厂商存在，则情况会有所不同。

工资水平下降后，不是一家而是所有厂商都将增加劳动使用量（因为 $W < MRP$），在其他条件不变时，劳动投入增加后商品产出也会增加。这样的话，行业的产出就会增加，商品价格因行业供给增加而下降。商品价格 P 下降，边际收益 MR 也随之降低，要素需求曲线就从原来的 MRP_{L1} 下降至 MRP_{L2}。这种情形下，如图9-4a所示，厂商对劳动的需求量仅仅增加到120，而非150！

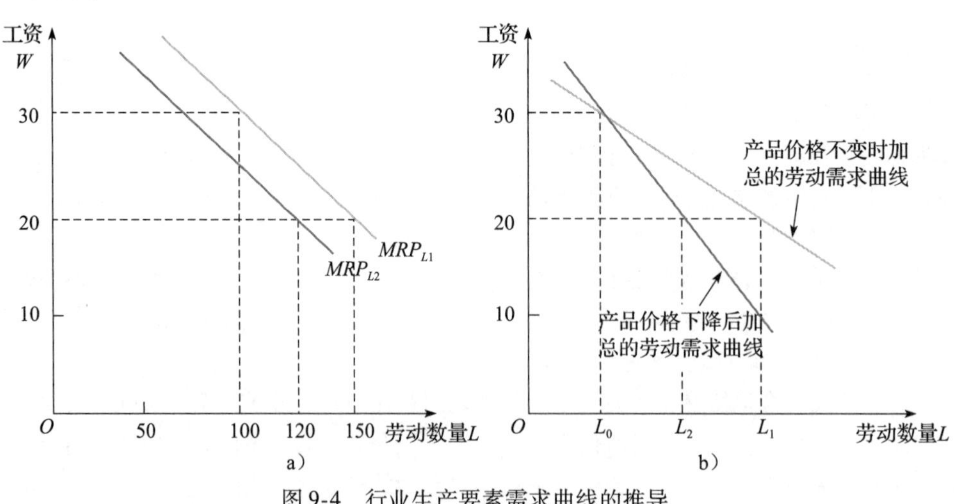

图9-4　行业生产要素需求曲线的推导

基于这样的分析，我们在图9-4b中给出了两条加总线，一条是要素数量变但**产品价格**

不变得出的，即工资变化导致的厂商对劳动的需求是沿着MRP_{L1}变化，并以此加总后得出的行业需求曲线。具体如图9-4所示为，当工资为30元/小时，典型的单个厂商劳动需求为100，以这样的单个需求加总后得出行业总的需求数量在L_0；当工资下降为20元/小时，单个厂商劳动需求为150，以这样的单个需求加总后得出行业需求数量为L_1。

另一条则是**要素使用数量变化而导致产品价格变化**得出的行业需求曲线。上述例子中，当工资下降为20元/小时，由于整个行业使用的劳动力增长，导致产品供给增加，引起价格下降，典型的单个厂商对劳动的需求为120，以这样的单个需求加总后得出的行业需求总量为L_2。可以看出，产品价格变化后的行业需求曲线比产品价格不变的需求曲线更陡峭，更缺乏弹性。

这就是生产要素需求的特殊之处，因为对生产要素的需求是派生需求，要受到产品市场的影响。

***（5）非完全竞争产品市场的生产要素需求：以卖方独家垄断为例。**

在非完全竞争市场中，厂商在产品市场或要素市场或两个市场具有一定垄断影响力，价格不再保持不变。其实，这是一种较为复杂的组合情形。为了对比说明与完全竞争市场的不同，我们就以产品市场中厂商是卖方独家垄断者，但要素市场是完全竞争市场为例来说明垄断厂商对生产要素的需求决策。

在这种市场背景条件下，厂商的要素需求曲线将以MRP表示，不再是VMP。在产品市场完全垄断情况下，由于产品价格会随着销售量的增加而下降，边际收益小于产品价格，即$MR<P$。因此，MRP_L也就不等于VMP_L了。二者之间的差额为

$$VMP_L - MRP_L = MPP_L \cdot P - MPP_L \cdot MR = MPP_L \cdot (P - MR) \quad (9\text{-}8)$$

上述情形我们可以用表9-2来说明。表9-2的数据进一步说明了图9-1所示的情形。

表9-2　独卖厂商的边际收益产品曲线与边际产品价值曲线（生产要素变量为L）

L投入量	总产量（TP）	边际产量（MPP）	产品价格（P）	边际收益（MR）	边际收益产品（MRP）	边际产品价值（VMP）	VMP与MRP差值
1	10	—	10.0	—	—	—	—
2	18	8	9.5	8.875	71①	76	5
3	25	7	9.0	7.71	54	63	9
4	31	6	8.5	6.42	38.5	51	12.5
5	36	5	8.0	4.9	24.5	40	15.5

①边际收益71的求解方式：$18\times9.5-10\times10=71$，这是要素增加1单位时增加的总收益即$MRP$，这些总收益增量除以增加的产量（$MPP$），即得到增加1单位产量所增加的收益，即$MR=71/8=8.875$。

2. 对多种生产要素需求

如果厂商可以同时选择两种或更多生产要素时，对生产要素又如何选择呢？我们仍然以单个厂商对劳动的需求为例来说明。

当工资下降后，即使厂商对资本K的需求不变，但对劳动的需求也会增加，因为MRP_L大于w。劳动增加后，为了配合这些劳动，厂商也将增加对K的需求。资本K的增加，将推动MRP_L右移，因为资本K增加也推动了对劳动需求的增加。为了说明这种相互影响，我们用图9-5来说明。

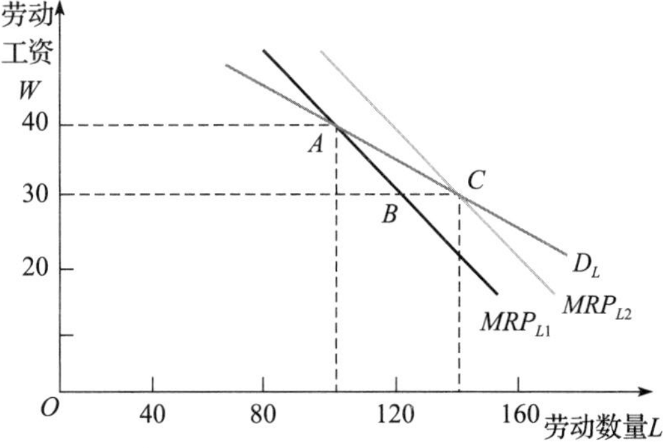

图9-5　考虑资本、劳动同时投入时，对劳动的需求曲线

假设当工资为每小时 40 元时，厂商雇用 100 单位劳动，如 MRP_{L1} 曲线上的 A 点所示。现在工资降至每小时 30 元，厂商将使用更多的劳动。假设资本 K 不变，则厂商对劳动的需求将沿着 MRP_{L1} 曲线向右下移动。工资为每小时 30 元时，劳动的需求数量为 120 单位，图中的 B 点。但事实是，劳动增加将推动厂商使用更多资本，而资本 K 的投入增加也将推动使用更多的劳动。资本增加将引起劳动边际收益产品增加，在图 9-5 中表现为劳动边际收益产品曲线向右移动至 MRP_{L2}。因此，当工资下降到 30 元时，厂商对劳动的需求为 140 单位，C 点所示。因此，连接 A 和 C 就得出厂商同时使用资本与劳动情况下，厂商对劳动的需求曲线 D_L。请注意，从长期来看，考虑资本同时投入时，对劳动的需求曲线变平缓了，弹性变大了，因为厂商可以用资本来替代劳动。

9.2 生产要素供给与市场均衡：完全竞争的要素市场

9.2.1 单个厂商面临的生产要素供给

完全竞争的要素市场，生产要素需求者和供给者众多。单个厂商愿意购买的要素数量只占整个市场供给量中很小的份额。所以，单个厂商无论怎样调整对生产要素的需求量，都不会引起整个市场需求发生任何趋势性变化，单个厂商只是生产要素市场价格的接受者。这意味着，在既定价格水平上，厂商可以获得自己愿意购买的任意数量的要素供给，要素供给曲线对单个厂商具有完全弹性。如图 9-6b 所示，厂商面临的某种要素（劳动 L）的供给曲线为一条直线。

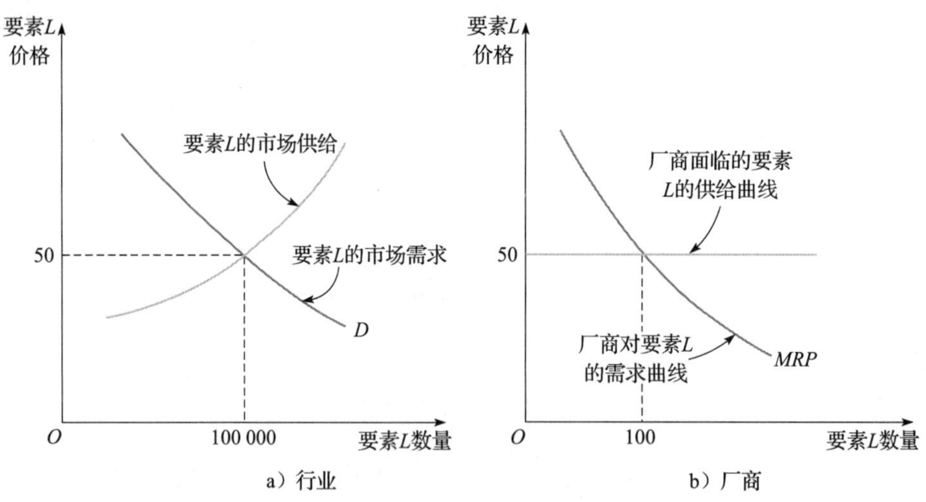

图 9-6 要素的市场供给、市场需求与单个厂商面临的要素供给

既定价格由什么决定呢？与完全竞争商品市场中价格由行业中的总供给与总需求决定一样，完全竞争要素市场中的要素价格也是由行业中对生产要素的总供给与总需求决定的，图 9-6a 给出了劳动总的供给与总的需求决定劳动价格的情形。

显然，在完全竞争市场中，由于厂商增加生产要素购买数量不会导致要素价格提高，所以单个厂商面临的生产要素供给曲线也是厂商的边际要素成本曲线，即

$$S_L = MFC = P_L \tag{9-9}$$

9.2.2　生产要素的市场供给曲线

与产品市场相同，要素的市场供给曲线与单个厂商面临的要素供给曲线也不相同，而是一条随要素价格变化而同向变化的曲线，具体表现为向右上方倾斜的曲线，如图9-6a所示。其中的原因也较为简单，在一般情况下，整个要素市场的供给量会随着要素价格的上升而增加。当然，在特殊情况下，某种要素的供给也具有完全无弹性的特征。不论价格怎样变化，具有某种特质的种植特种葡萄的土地供给总是固定不变的，这时的生产要素供给曲线将呈垂直状。

9.2.3　生产要素的市场均衡

根据前面讨论的生产要素需求与生产要素供给，我们可以按照供给需求决定价格模型来得出生产要素市场的市场均衡。

完全竞争生产要素市场中的均衡可以用图9-7a给出解释。在A点，劳动的市场供给（S_L）与市场需求（D_L）相等，从而实现市场均衡，均衡要素价格为w^*，均衡要素数量为L^*。在完全竞争市场实现均衡时，1单位要素无论用于生产哪种产品，都会带来相同的边际收益产品，也会获得相同的要素价格。

当产品市场也为完全竞争时，生产要素的需求曲线MRP与VMP重合。该曲线反映了厂商多使用1单位生产要素生产产品后所获得的好处（$MR \times MPP$）（MR是针对厂商而言的），但$P \times MPP$也间接反映了产品购买者对该单位要素带来好处的估价（购买者购买产品的出价反映了他们对产品的估价）。因此，当产品市场和生产要素市场都是完全竞争市场时，资源配置实现了效率最优，因为产品市场达到有效（前面章节已经做过分析），要素市场在图9-7a中的A点也达到有效。在A点，1单位劳动的边际收益（其边际收益产品MRP_L）等于其边际成本（要素价格w^*）。

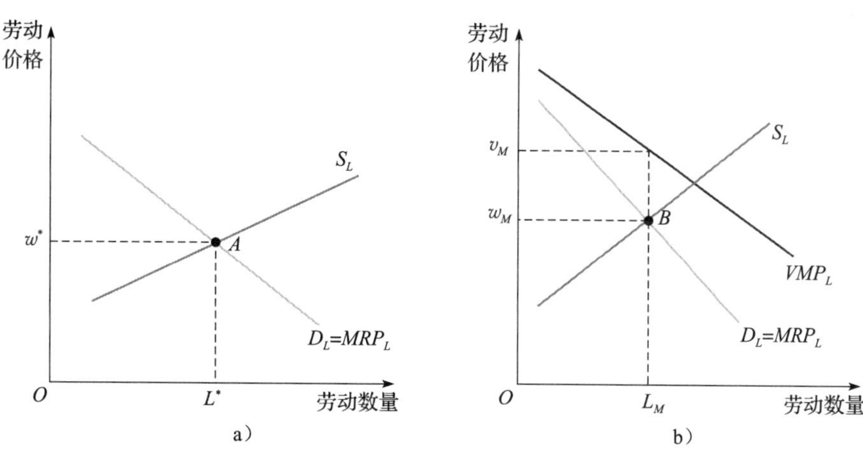

图9-7　生产要素市场的均衡

如果产品市场并非完全竞争时，资源配置就偏离了有效状态。前面我们对产品市场在非完全竞争时造成的非有效配置做过介绍。现在把两个市场连在一起，我们再看为什么产品市场的非完全竞争会造成非有效的资源配置。

我们以图 9-7b 来解释。假设生产要素市场仍然是完全竞争市场，但是产品市场中厂商具有垄断势力，所以要素（劳动）的供给曲线仍然为 S_L，但 MRP_L 与 VMP_L 不再重合。S_L 与 MRP_L 相交点 B（$MFC_L = MRP_L$），决定了均衡要素价格 w_M 与均衡要素数量 L_M。但是，从购买者来看，产品均衡价格代表了购买者对增加 1 单位产品带来好处的估价，$P \times MPP_L$ 可以看成是产品购买者对多增加 1 单位生产要素带来好处的估价（v_M）。因为 $P \times MPP_L = VMP_L > MRP_L$，在均衡要素数量为 L_M 时，厂商支付的要素成本 w_M 要小于产品购买者对该单位要素的估价水平 v_M。厂商虽然实现利润最大，但从社会来看，仍然存在继续扩大要素投入、扩大产出的空间！所以，仍然没有实现最优。

*9.2.4　非完全竞争的要素市场

除了产品市场与要素市场俱为完全竞争市场情形外，其他两种市场组合都是非完全竞争。我们只是以产品市场完全竞争、要素市场完全非完全竞争（厂商独买）为例来说明。

当要素市场中对要素需求只有单独一家厂商时称为**买方垄断**（monopsony）。如在一个人口不多的小城镇，一家规模较大的企业所雇用的劳动数量几乎是全镇的劳动力人口时，该企业就是买方垄断；或者某公司需要的产品零部件可由多家厂商提供时，买家成为垄断厂商。当厂商为唯一买者时，该厂商的要素需求就代表了整个市场的要素需求。所以，**独家买主所面临的生产要素供给曲线也就是市场的要素供给曲线**，即向右上方倾斜（斜率为正）的曲线。

该供给曲线反映了随着生产要素价格变化，生产要素供给数量变化的情形；也反映出生产要素价格水平如何随要素供给数量变化的情形。向右上倾斜表明，随着要素价格水平提高，要素的供给量会随之增加；或者，厂商要额外增加购买要素的数量，必须提高要素的价格水平，如图 9-8 所示。

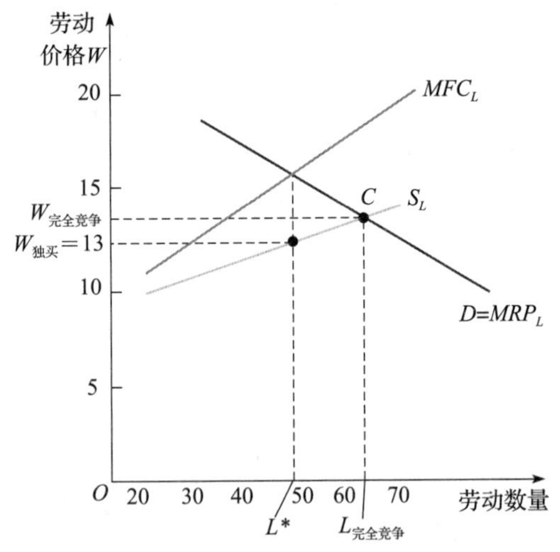

图 9-8　买方垄断背景下的劳动曲线

我们仍然以劳动为例来说明。假设买方垄断厂商想要在现有水平上雇用更多的劳动，它必须提高劳动价格才能如愿，也就是额外新增加 1 单位劳动数量的成本即边际要素成本（MFC_L）高于现行工资水平（w）时才有可能。这种情况下，买方垄断厂商所支付的平均工资水平也会被抬高，因为提高新增工人工资时，原已雇用工人的工资也会提高。

买方垄断厂商购买要素的最优数量仍然是按 $MRP_L = MFC_L$ 来决定。一般假定垄断厂商向每单位劳动支付相同的工资水平，因此工资是厂商对劳动要素支付价格的平均水平，也是厂商使用劳动的平均要素成本（AFC_L）。表现工资与劳动数量之间对应关系的劳动供给曲线 S_L 其实就是 AFC_L，如图 9-8 所示。MFC_L 与 AFC_L 的关系类似于平均成本与边际成本之间的关系。

MFC 和 w（或者 AFC）的关系也可从如下式子得到证明。要素（劳动）供给价格为 $w(L)$，那么，买方垄断厂商对劳动要素的总支出（也就是总成本函数）为 $L \times w(L)$。由此可以推出的边际要素成本函数为

$$MFC = \frac{\mathrm{d}L \cdot w(L)}{\mathrm{d}L} = w(L) + \frac{L \cdot \mathrm{d}w(L)}{\mathrm{d}L} \tag{9-10}$$

式中，右边第一项是工资水平，第二项中的 $\mathrm{d}w(L)/\mathrm{d}L$ 表示的是随着劳动数量变化引起的工资水平变化，$L \cdot \mathrm{d}w(L)/\mathrm{d}L$ 表示的是劳动数量变化引致的成本变化。在买方垄断的条件下，$L \cdot \mathrm{d}w(L)/\mathrm{d}L \geqslant 0$，因此，$MFC > w(L)$，即边际要素成本高于其平均要素成本。

从图9-8中，我们可以看出，买方垄断厂商最优的要素数量为 L^*，独买厂商支付的工资水平为 $w_{独买}$，与完全竞争相比，工资水平相对较低（$w_{独买} < w_{完全竞争}$），劳动雇用的数量也相对较少。

9.3　劳动市场和工资

上一节我们从一般意义上讨论了生产要素的均衡价格和均衡数量决定的原理。本节具体分析劳动与工资、资本和利息以及土地和地租决定中的一些特定情形。

在前面对生产要素一般情形解释中，我们基本上都是以劳动作为生产要素的代表进行讨论的，其中涉及的劳动供给、劳动需求与工资的内容都适用于对劳动要素的具体分析，如劳动的需求曲线、劳动供给曲线、均衡工资与均衡劳动数量的相关内容，等等，图9-7a就是劳动市场均衡的情形。下面对劳动市场再做一些分析。

1. 均衡的变动

随者劳动供给与劳动需求的变动，劳动市场均衡也进行调整。如图9-9所示为劳动供给、劳动需求发生变化情况下，劳动市场均衡进行的调整。劳动供给增加导致的变化如图9-9a所示，劳动需求不变，劳动供给增加，均衡数量增加，工资下降。劳动供给减少导致的变化如图9-9b所示，劳动供给不变，劳动需求减少，均衡数量减少，工资下降。

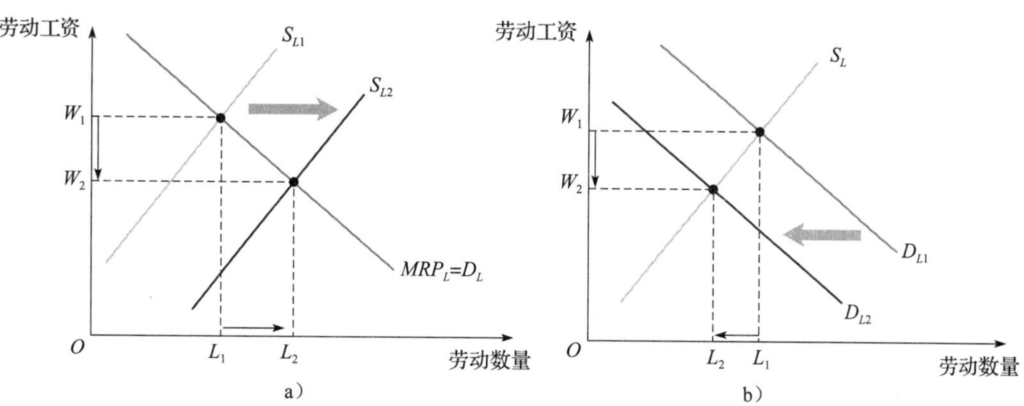

图9-9　劳动市场均衡变动

2. 导致劳动需求曲线移动的因素

与普通商品需求变动分析类似，下述因素会导致劳动需求曲线发生移动。

（1）人力资本变化。一名受过高等教育的工人一般比只受过中学教育的工人具备更强的才能，也有更高的生产率。

（2）资本等其他生产要素数量变化。资本配备增加，将提高劳动者的生产效率，推动 *MRP* 曲线向外移动。

（3）产品价格变化。产品价格提高，*MRP* 曲线将向外移动。

（4）技术变化，作用与资本等要素变化类似。

3. 导致劳动供给曲线移动的因素

劳动供给曲线，除了工资外，其他能影响劳动者劳动意愿的因素将推动劳动供给曲线移动。具体因素有以下几种。

（1）**偏好与社会价值标准的改变**。假定任一给定工资水平不变，一些社会价值标准的改变可能会导致劳动者增加或减少劳动时间。比如说，近 50 年来，许多国家都出现了大批女性加入劳动者队伍的现象，这其实就是社会价值观念变化带来的结果。

（2）**人口变动**。人口规模的变化一般会导致劳动供给曲线发生移动。人口增多，即使工资水平给定，一般也会推动劳动供给曲线向右移动；人口减少则会推动劳动供给曲线向左移动。

（3）**工作机会变化**。产业有兴衰，不同行业的机会也就会随之变化。机会变化会导致劳动者在不同行业间移动，劳动者净流入行业，劳动供给曲线右移；劳动者净流出行业，劳动供给曲线左移。

（4）**财富变化**。前面说过，收入提高、财富增加，会改变人们的择业取向和劳动时间的投入。随着人们财富增加，他们可能去消费更多的休闲，减少劳动供给。

4. 个体劳动供给曲线：从劳动者来看劳动供给

对于劳动市场的供给曲线，我们前面从厂商的角度进行了分析。但是劳动是劳动者提供的，所以劳动供给还可以从劳动者的角度进行分析。

劳动者提供劳动服务获得的报酬就是工资。工资一般用工资率表示，即每单位劳动时间的工资。工资可划分为**货币工资**和**实际工资**，前者指每劳动单位时间以货币形式得到的工资；后者指用货币工资所能买到的产品和服务的数量，因而也被称为货币工资的实际购买力。实际工资取决于货币工资和商品的价格，它与货币工资成正比，与商品价格成反比。本章所指的工资主要是实际工资。

劳动供给指劳动者在不同工资率水平上愿意提供的劳动数量，它取决于劳动所有者对工资和闲暇的比较。

以每天 24 小时来看，劳动者将其个人时间分为两部分，一部分是劳动时间，另一部分是闲暇时间。劳动者的劳动时间可得到工资收入，这会给劳动者带来效用；但闲暇也给劳动者带来效用，因为闲暇总是为劳动者所喜欢，因此它带来正效用。劳动时间越长，工资收入也就越多，越多的工资带来越多的正效用，但劳动时间长则闲暇时间就会减少，痛苦和不愉快的感觉也会增强。劳动造成闲暇减少，所以带来的是负效用。因此，劳动者必须对劳动和闲暇进行权衡。

基于以上说法，工资率提高对劳动供给会产生两种效应：**替代效应**和**收入效应**。

替代效应指的是，工资率越高，对牺牲闲暇的补偿就越大，劳动者就越愿意用劳动来代替更多的闲暇。也就是说，工资率上升时，选择闲暇所蒙受的损失会变大，或者说闲暇的机会成本增大，因此劳动者会以更多劳动来代替闲暇，劳动供给也就会增加。

收入效应则是指，随着工资率的提高，个人越有条件用少量的劳动投入来获得所需要的收入和消费品，因而就越不愿意增加劳动时间，即劳动供给会减少。

工资率提高是否会导致劳动供给增加要取决于替代效应与收入效应的比较。当替代效应大于收入效应时，劳动供给会随着工资率的提高而增加，劳动供给曲线向右上方倾斜，即曲线斜率为正。而当替代效应小于收入效应时，则劳动供给随着工资率的提高而减少，劳动供给曲线向左上方倾斜，即曲线斜率为负。

一般来说，工资率处在低水平阶段时，替代效应大于收入效应，工资提高，劳动供给增加；当工资率处在高位时，则替代效应小于收入效应，工资提高，劳动供给反而减少。因此，劳动供给曲线就是一条如图9-10所示的呈向后弯曲状的曲线。在工资低位阶段，随着工资率的提高，劳动供给曲线先向右上方倾斜；但经过某一点（区域）后，劳动供给曲线转为向左上方倾斜的曲线。这就是单个劳动者的劳动供给曲线。

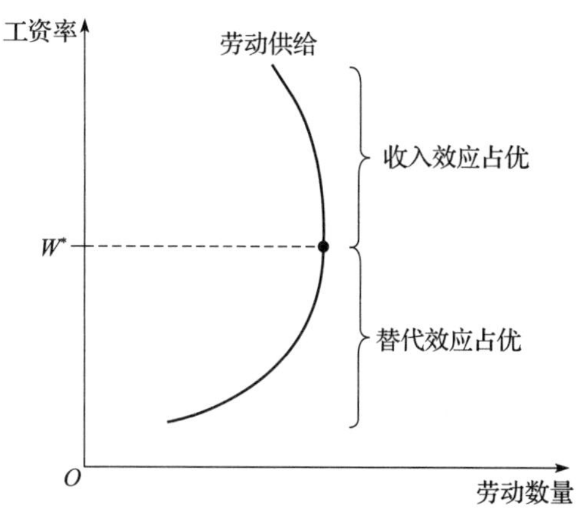

图9-10　个体劳动供给曲线

我们将所有单个劳动者的供给曲线加总后就形成了劳动市场中的供给曲线。尽管随着经济发展，在高收入国家，人们的工作时间在缩短，闲暇时间在增加，但是就一般情形而言，从整个社会来看，劳动市场中的劳动供给曲线还是呈向右上方倾斜，整个社会工资水平还没有高到让所有人都可以是收入效应大于替代效应的阶段。因此，我们在本章前面给出的劳动市场中的劳动供给曲线仍然是向右上倾斜的。

5. 工资差异的原因

在现实经济生活中，我们不仅观察到不同行业的工资收入差，也观察到同一行业的收入差。按照前面所述的边际生产力理论，在完全竞争条件下，劳动市场均衡时，每单位生产要素的价格应该等于边际产品价值。对收入分配而言，这意味着：

①在完全竞争条件下，如果每单位劳动的生产力（边际产品价值）相同，他们的劳动价格就应该相同。同等能力的劳动者应该获得相同的收入。

②单位劳动生产力越高，劳动价格越高，劳动者的收入越多。

如何理解现实生活中的工资差异呢？我们可以通过两个层面来解释，一个层面是基本层面，即从生产要素的边际收益产品不同来解释。另一层面，用基本层面之外的因素来解释，具体因素如下。

（1）**劳动的非同质性**。

边际生产力理论认为，同质的劳动应该有相同的价格。但事实是，人们之间因在智力、体力、所受教育程度和技术熟练程度等方面存在着质的差异。这些差异造成了劳动者的边际生产力不同，以及所获工资的差别。例如，技术高超的工程师工资要比一般技术员工资高出很多，熟练工人比不熟练工人收入高，等等。

人们有时会疑惑，为什么大学教授的收入远远低于文体明星。原因就在于两者带来的边际收益产品差异，图 9-11 给出了文体明星与大学教授工资的对比图。从中可以看出，边际生产力的差异与劳动供给的数量不同是可以解释这种差异的。

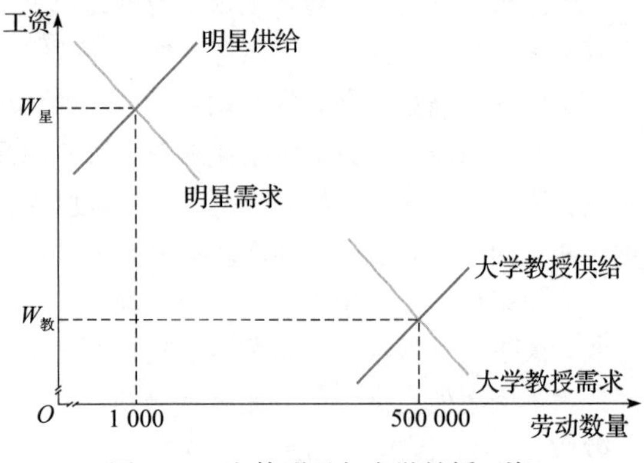

图 9-11　文体明星与大学教授工资

文体明星的产出是一名明星带来的边际收益产品，可表现为通过门票销售、媒体转播等获得的收入（仅从物质方面看）。因为能成为明星者人数很少，所以明星价格（薪水）也就非常高。

大学教授的边际收入产品则相对小得多，大学雇用一名教授后带来的产出（仅从物质方面看）就是可以多招收几名学生，直接产出就是学生所交的学费和一些政府拨款，但数额有限，而且能成为大学教授的人要比成为明星的人多得多。

劳动非同质性形成的原因有很多，但教育和工作经验差异不同显然是重要原因。所以，受教育程度不同造成薪资差异已经成为现代社会收入差异的重要因素之一。图 9-12 所示为美国 2018 年第一季度不同受教育人员的收入差距，这是基于 25 岁及以上全职工人的周薪来进行的比较。

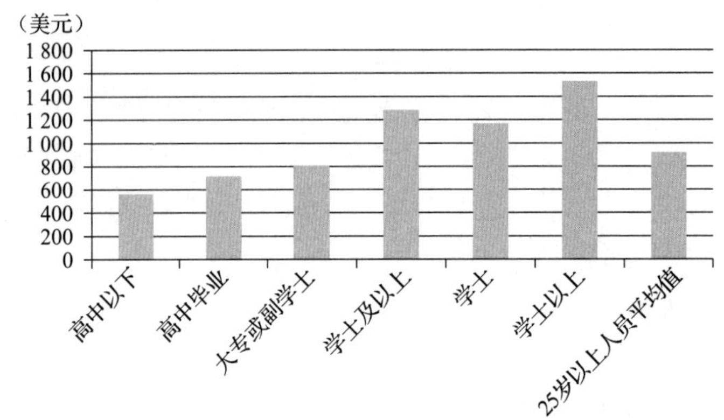

图 9-12　2018 年第 1 季度美国不同教育水平人群每周薪水水平

资料来源：U. S. Bureau of Labor Statistics，"Usual Weekly Earnings of Wage and Salary Workers，First Quarter 2018，" April 13，2018。

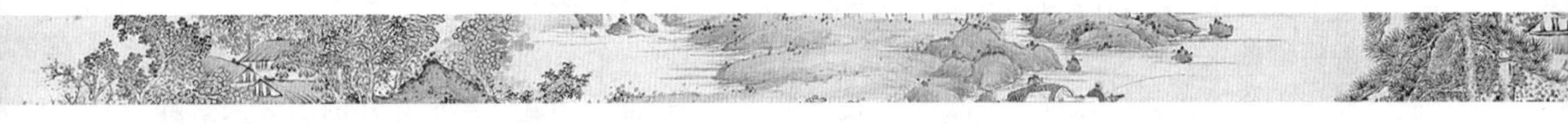

专栏 9-2

你未来的收入与大学学历有关吗

你上大学的费用包括：学费、书本和其他费用，还有延迟工作的非货币机会成本。这种付出值得吗？大多数人意识到了大学教育的价值，而且大学教育带来的收益随着时间的推移会持续存在。美国纽约联邦储备银行经济学家最近一项研究估计，在 1970 ~ 2013 年期间，普通大学毕业生每年的收入比仅拥有高中学历者多 23 500 美元。

人们可以将大学教育的成本视为增加自己人力资本的投资，提升自己对于潜在雇主的价值，并有助于自己在工作中获得更高的收入。从这个意义上讲，对大学教育的投资类似于在股票市场的投资。纽约联邦储备银行的经济学家估计，具有代表意义的人从大学教育投资中获得的回报率大约为每年15%——这是股票市场投资回报率的两倍多。

这些结果对大学毕业生具有典型意义。大学教育投资的回报因学生选择专业而异。例如，纽约联储经济学家估计，投资大学教育的回报率：工程专业为21%，商科专业为17%，但人文类专业只有12%，教育学类专业9%……（不过9%的回报率也高于投资股市。）

得克萨斯大学的丹尼尔·哈默梅什（Daniel Hamermesh）和斯蒂芬·唐纳德（Stephen G. Donald）的研究表明，无论学生的专业是什么，参加科学和数学课程都会对未来的收入产生很大的影响："一名选修了科学和数学进阶课程获得15个学分以上的学生，成绩平均在B以上，比相同专业但没有选修这些课程的学生，收入会高出10%左右……"即使调整了学生的学术能力评估测试（SAT）成绩后，这个结果仍然存在。

在经济衰退时，整个社会的失业率上升，大学毕业生失业的可能性相对较小，而且工资下降的可能性也比高中毕业生要小。耶鲁大学的约瑟夫·阿尔顿吉（Joseph Altonji）、莉萨·卡恩（Lisa Kahn）和雅明·斯皮尔（Jamin Speer）的研究表明，在经济衰退期间，某些大学专业毕业生比其他专业毕业生要好一些。例如，在经济非衰退的时期，经济学专业的学生比其他专业毕业生的平均收入高出约25%。在经济衰退期间，经济学专业的学生收入比其他专业毕业生高出约35%，因为他们的收入下降幅度较小。如果说上大学是一个好主意，那么主修经济学是一个更好的主意——并且参加一些科学和数学课程更会锦上添花！

资料来源：Glenn Hubbard，Anthony O'Brien. Microeconomics [M]. 6th ed. London：Prentice Education Limited，2017：565－566。

那么，除了边际产出水平外，还有什么因素导致工资（收入）差异呢？接下来几个方面的因素可对其给出解释，至少是部分解释。

（2）**职业差异造成的不同收入补偿**。

不同职业在安全性、声誉、辛苦程度、工资环境等方面有着很大差别，因而劳动者对不同职业选择的心理感受不同。如果不保持工资差别，不给那些心理成本高、人们不太愿意从事的职业以特殊的收入补偿，难以保证这些部门的劳动供求会达到均衡。这类工资差异被称为**补偿性工资差别**。

理论上说，当就业机会均等时，垃圾清扫工人要比酒店服务员工资高，化工行业工人要比普通制造业工人的收入多，经理普遍比一般员工收入高等。但在现实中，由于存在多种阻隔因素，各行业内也存在明显收入差。

表9-3列出了2016年根据我国不同行业城镇就业人员年平均工资水平计算的工资最高的三个行业与最低的三个行业的情况。我们可以看出，工资最高的行业是信息传输、软件和信息服务，平均工资为12.25万元，而最低的农、林、牧、渔业仅仅为3.36万元。

表9-3　就业人员工资水平　（单位：元）

	2016年		2016年
最低的三个行业		**最高的三个行业**	
农、林、牧、渔业	33 612	信息传输、软件和信息服务	122 478
住宿餐饮业	43 382	金融业	117 418
居民服务修理和其他服务员	47 577	科学研究、技术服务	96 636
城镇单位就业人员平均工资	67 569		

资料来源：《2017中国统计年鉴》，国家统计局网站，www.stats.gov.cn。

（3）**支持人力资本形成的财力差异。**

一个人可能有能力成为一名好的外科医生，但是此前需要投入大量的培训时间，这需要相当的财力支持，可能其目前所面临的境遇无力支持个人接受培训，从而将来也难以成为一名高收入的医生。

（4）**机会差异。**

机会差异或者说市场竞争不完全。在现实生活中，由于劳动市场往往是不完全竞争，例如人们对不同职业收入差异的信息缺乏了解；由于劳动者存在着较重的乡土观念以及对搬迁的种种顾虑；由于工会组织对雇主施加压力；由于妇女歧视和种族歧视等原因，造成劳动者在不同地区、不同行业之间的流动性受阻，从而造成了工资水平的不同。

6. 边际生产力工资理论的缺陷

边际生产力的工资理论对劳动工资如何决定提出了解释，对认识工资水平的高低还是有很大帮助。但是作为一种讨论收入分配的理论，边际生产力的工资理论还存在一些缺陷，尤其是该理论的前提假设在现实劳动市场中难以满足，所以在解释现实中该理论存在缺陷。

（1）**难以确定每个工人的边际生产力贡献。**现实中，虽然某些个体服务工作如理发、修理等边际生产力可以较为准确度量，但在分工高度细化的背景下，生产多是集体操作，产品也是由多人共同努力完成，如何对每个人的贡献准确度量，实难进行。

（2）**劳动市场的一些制度障碍，难以做到按边际生产力来定价。**如果依照 *MRP* 来确定工资水平，则工资将随市场价格波动而灵活调整。但在现实中，这难以做到，工资一般相对稳定。理论上讲，每个劳动者的能力有别，*MRP* 应该也不一样，但现实的情况是工资与岗位、工种挂钩，而非与能力相关。

边际生产力工资理论之外，还有其他的工资理论，如工资合同理论、效率工资理论，等等，在此略过。

9.4 土地、资本的供给和地租、利息的决定

前面我们讨论了生产要素中的劳动供给与需求和工资相关的问题。本节我们将讨论另外两种生产要素：资本和土地。

对资本和土地市场的分析可以采用对劳动分析的思路和方法来进行，尤其是在完全竞争条件下。土地、资本的需求方是企业，供给方则是这些要素的所有者。

9.4.1 土地的需求、供给和地租

1. 土地的需求

对土地的需求与讨论劳动时类似，也是以土地要素带来的边际收益产品 $MRP_{土地}$ 来表现，需求曲线描述的是代表土地价格的地租与 $MRP_{土地}$ 的对应关系。

2. 土地的供给

土地供给根据分析可以分为不同的情形，当土地指的是一个经济社会总的供给数量和或者某种特殊的用地时，土地的供给量是固定的；但如果是指某种类型的用地，如农耕地、房地产用地等，那么其供给是可以随土地相对收益的提高而不断增多的。

3. 土地市场均衡与地租

（1）**土地市场均衡**。

土地市场的供给和需求实现均衡时，就决定了土地的供给数量与土地价格（地租）。

依据土地供给是固定不变还是随土地收益变化而变化，对土地市场的均衡可以分为如图 9-13 所示的两种情形。在图 9-13a 中，土地供给数量随着土地价格上涨增加，对土地的需求与土地供给决定地租水平，当然随着土地供给与需求的变化，地租也会随之变化。图 9-13b所示为土地供给数量不变时，地租均衡水平的高低完全与土地需求有关。可以想见，如果需求为零，地租水平就为 0；随着需求提高，地租水平也会随之攀升。

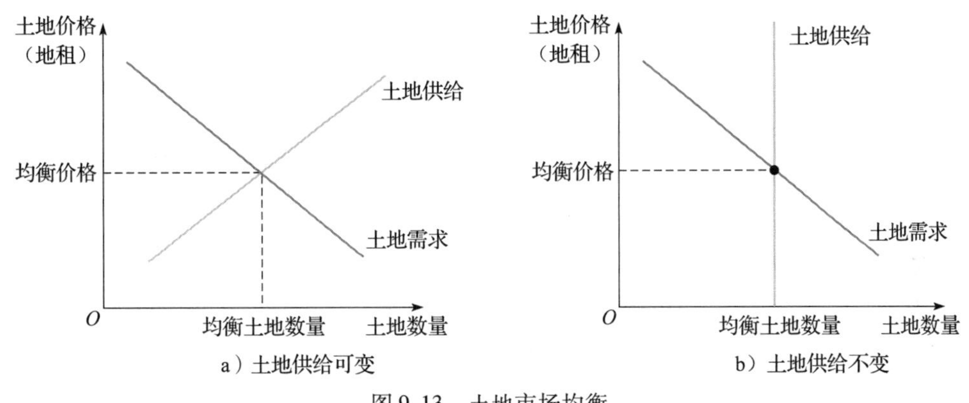

图 9-13　土地市场均衡

（2）**地租**。

地租是指租赁土地而支付给土地所有者的收入。其水平的高低，与我们对一般生产要素价格决定分析的原理一样，是由土地供给与土地需求所决定的。对于土地供给数量给定的情形来说，地租的高低完全由需求来决定，如图 9-13b 所示。我们可以想象，当对土地的需求增加时，如果土地数量不变或者土地增加的数量不及需求增加的要求，那么地租将会随着需求的增加而提高。

4. 租金、经济租金、准租金

与地租概念相关的还有几个重要的概念：租金、经济租金和准租金。

租金　租金（rent）在经济理论中，可以泛指为使用生产要素如土地、劳动、设备、思想甚至货币等资源付的费用。但对于具体生产要素也有不同的说法，为劳动付的租金称作“工资”，为土地和设备支付的费用称作“租金”；为使用一种思想而支付的钱称作“专利使用费”；为使用货币所支付的金钱称作“利息”。为了区分，我们一般把支付给土地的租金称为地租；支付给机器设备的租用费用称为租金。

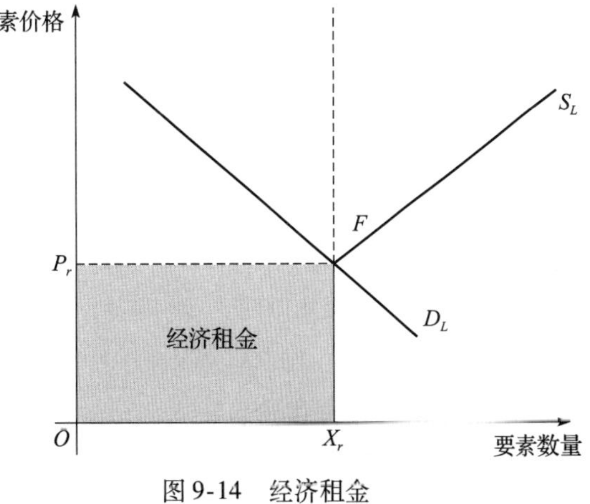

图 9-14　经济租金

经济租金　如果一种可供使用的资源数量长期不受使用这种资源付费金额多寡的影响，这种费用就被称作“**经济租金**”。我们可以用图 9-14 来解释经济租金的概念。

图 9-14 中，生产要素的供给曲线呈

如下形状，当生产要素价格低于P_r时，生产要素的供给不受价格影响，固定为X_F。价格高于P_r之后，随着需求扩大，生产要素价格提高，生产要素的供给量也会随之增加。所以，价格在P_r之下时，即使从长期来看，无论租金水平如何变化，要素的供给量都不会发生改变，深色区域的面积就被称为经济租金。

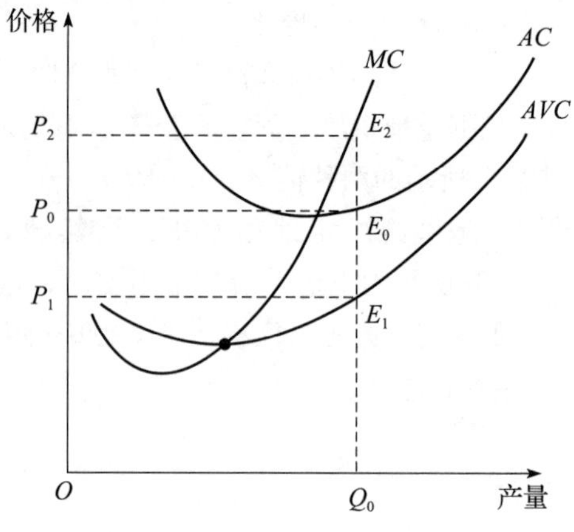

图 9-15　短期生产与准租金

准租金　经济租金与生产要素固定（无论长期还是短期）有关。如果可供使用的要素数量只是暂时不受付费金额多寡的影响，这种费用就被称作"**准租金**"（quasi-rent）。一种生产要素，短期因为生产规模受限，所以数量可能是固定不变的；但从长期来看，随着生产规模变化，数量会随之发生改变，要素价格（租金率）也会变动。

图 9-15 用厂商的短期生产来解释准租金概念。在短期，当厂商产量为Q_0时，假设单位产品价格水平为P_2。单位产品的可变成本为Q_0E_1，固定成本为E_0E_1，经济利润为E_0E_2。在短期，当总可变成本得到弥补后，剩余的部分都可以认为是准租金，因为这可以认为是对短期总成本的一种回报，准租金规模为$E_1E_2P_2P_1$的区域面积（$E_1E_2P_2P_1 = E_1E_2 \times OQ_0$）。其中，包含了$E_1E_0P_0P_1$固定成本部分加上$E_0E_2P_2P_0$经济利润部分。

9.4.2　资本的供给和利息

1. 资本的定义

在日常用语中，资本一词含义很多。在经济学基本原理中，我们将资本视为一种与劳动、土地同类的生产要素。所以，其含义也就只是限于生产要素特征的范围。

与前两种生产要素不同，资本是人们通过经济活动用初级要素（劳动和土地）创造出来的生产要素。所以我们可以把资本定义为：由初级生产要素生产出来并被用于进一步生产更多的产品和劳务的物品。

资本可被分为三大类：**建筑物**（工厂和房屋）、**设备**（机器、生产工具）和投入品与产出品的**存货**。

2. 利息和利率

资本或者说被看作资本的实物，可以在市场中买卖，所以资本品有买卖的价格；但是，资本品也可以通过租赁暂时让渡使用权，这可以看成是被零星出卖，这样也就有了提供资本使用的价格，其绝对额被称为**利息**，而相对额被称为**利率**。

例如，一台价值为 500 万元的设备，一年的使用费用为 50 万元。那么，这就意味着该设备使用的"价格"为 50 万/500 万 = 10%，这 10% 就是利率，而 50 万就是利息。

3. 资本的需求与供给

（1）**资本的需求**。

对资本的需求分析与对劳动需求原理相同。对资本的需求，也是按照厂商使用资本的成本（资本价格用利率r表示）与资本带给厂商的MRP值来决定。

其实，厂商对资本需求量的决策还可以采用把资本使用带来的好处与为此付出的成本两者综合在一起的方法来决定，这就是**净现值水平方法**。

为了理解净现值，我们先来解释**现值**（present value，PV）概念。现值是指未来现金流量以恰当的贴现率进行贴现后的价值。通俗地讲，就是未来某一时点的一笔资金相等于现在的多少钱。折算的过程被称为**贴现**（discounting）。如何对未来的现金流量进行贴现呢？

例如，2020年的110元，相当于2019年的多少元？假设2019年1月10日，你购买了100元的一年期债券，债券利率为10%，那么到2020年1月10日，你得到$100\times(1+10\%)=110$元。也可以说，在利率为10%时，1年后的110元等于现在的100元。即$110\div(1+10\%)=100$。以此类推，我们可以进行如下一般形式的计算。

假设现在投入资本量为A，利率为i，那么，你的资本本金加上利息收入为：

第1年：$A\times(1+i)$

第2年：第1年本利$\times(1+i)=A\times(1+i)\times(1+i)=A(1+i)^2$

第3年：$A(1+i)^3$

……

第n年：$A(1+i)^n$

即一笔数量为A元的资金，投资n年后，本金加上利息$=A(1+i)^n$元。反过来，我们也可以说，n年后的$A(1+i)^n$元，如果按照利率i来贴现，相当于现在的A元，即$A(1+i)^n\div(1+i)^n=A$

现假定，我知道n年后的一笔资金数量为B元，那么这相当于现在的多少元？也就是其现值（PV）为多少呢？可以按式（9-11）折算。

$$PV=\frac{B}{(1+i)^n} \tag{9-11}$$

对未来的每一笔资金的现值都可以按这样的方法进行计算，n的取值可为1，2，3，…，也可以把未来每1年的数值进行贴现后加总。例如，某公司建设的一个项目，未来5年中每年都有100元收入，假设5年内利率保持10%不变，那么，这些收入的现值为多少？

$$PV=\frac{100}{1.1}+\frac{100}{1.1^2}+\frac{100}{1.1^3}+\frac{100}{1.1^4}+\frac{100}{1.1^5}$$

即未来5年每一年100元的现值分别为：第1年90.91元，第2年82.64元，第3年75.13元，第4年68.30元，第5年62.09元。总额为：$PV=90.91+82.64+75.13+68.30+62.09=379.07$元。我们也可以看出一种规律，距离当前越远的未来，同样金额的钱的现值越少！

有了现值概念，我们可以计算净现值了。所谓**净现值**（NPV）等于未来收入的现值减去最初投入的资本量（成本），即

$$NPV=PV-\text{初始投资额}$$

因此，如果NPV大于零，就意味着，未来收入总额减去最初投资额（成本）为正，就是有利可图的。或者说，只要新增一定数额资本投入后得到的系列MRP的净现值大于0，那么就应该使用这些资本，即应该对资本有需求。

（2）**资本的供给**。

资本的供给与利率水平及人们的储蓄意愿紧密相关。从资本的供给来源看，一个经济社

会当前的储蓄是形成未来资本的唯一来源，即人们牺牲当前的消费而将其用于未来的生产，利息正是这种牺牲的报酬。所以，当人们的消费和储蓄行为没有多大变化时，利率水平的高低就成了资本供给数量多少的主要决定变量。那么利率水平的高低又是由什么来决定呢？

4. 利率水平的决定

利率水平是由储蓄和资本来共同决定的。这里也有长短期之分。在短期，由于储蓄额（资本供给）基本稳定，所以资本需求量的大小对利率水平的高低有很大影响；从长期来看，储蓄和资本需求都有充足的时间进行调整，所以两者的变化共同决定了利率水平的高低，如图 9-16 所示分别为短期（见图 9-16a）和长期（图 9-16b）的情形。

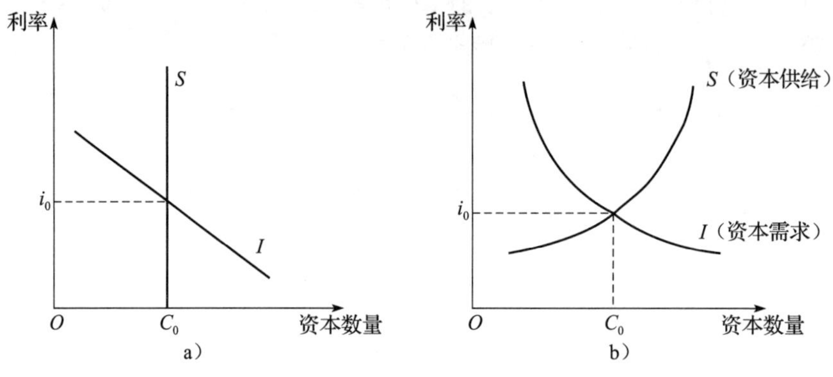

图 9-16　利率的短期和长期决定

9.5　收入平等与否的讨论

到目前为止，我们解释了生产要素价格决定理论，也回答了“一个经济体的收入分配到底依据什么”的问题。但还有一个问题我们需要回答：“收入分配的公平状况应该如何度量”。

目前，衡量收入分配平等程度普遍采用的指标是：**洛伦兹曲线**和**基尼系数**。

9.5.1　洛伦兹曲线

洛伦兹曲线是由美国统计学家洛伦兹（Lorenz）提出的，它描述的是一国人口累积百分比和收入累积百分比之间的对应关系，以此来说明收入分配公平的状况。

表 9-4 给出了某国收入分配情况。依据表中数据，我们可以看出，收入最低的 20% 人口的收入占总收入的比重为 5%；收入最低的 40% 人口的收入占总收入的比重为 15%，即第二组 20% 人口的收入占总收入的比重为 10%；以此类推，收入最高的一组 20% 人口的收入占总收入的比重为 42%！

表 9-4　某国收入分配表

人口累计百分比（%）	各部分人口收入累计百分比（%）
20	5
40	15
60	33
80	58
100	100

图9-17是根据表9-4数据得出来的洛伦兹曲线。图中横轴表示人口（按收入从低到高分组）累积百分比，纵轴表示收入累积百分比，*OML*曲线为洛伦兹曲线。

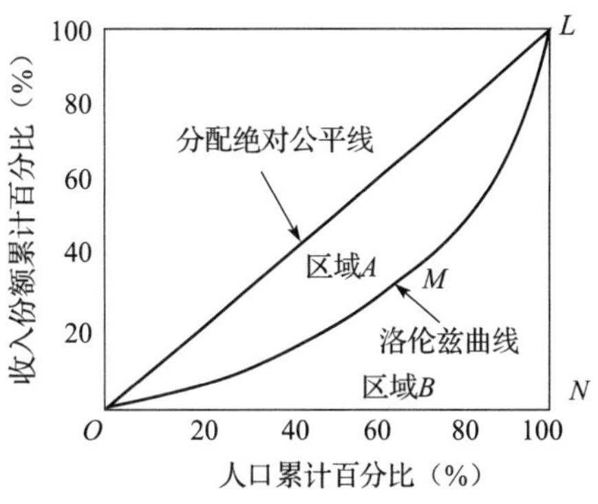

图9-17 洛伦兹曲线

从图9-17我们可以明显看出，洛伦兹曲线的弯曲程度反映了收入分配的不平等程度。如果弯曲程度越大，越接近于*ONL*直角折线，则收入分配越不平等；当与*ONL*折线重合时，收入分配达到完全不平等，即收入完全集中在1人之手，其余人口均一无所获。反之，如果弯曲程度越小，越接近于*OL*直线，则收入分配越平等，达到*OL*直线，收入分配就是完全平等。

一般来说，一个国家的收入分配既非完全不平等，也非完全平等，而是介于两者之间；相应的洛伦兹曲线，也既不是折线*ONL*，也不是直线*OL*，而是像*OML*那样向横轴凸出，只是各国的凸出程度不同而已。

9.5.2 基尼系数

基尼系数（Gini coefficient）是一种度量收入分配不平等程度的方法，它与洛伦兹曲线密切相关。该系数由经济学家阿尔伯特·赫希曼提出，也被称为洛伦兹系数。它等于收入分配绝对公平线（45°线）和实际的洛伦兹曲线之间围成的面积占对角线（收入分配绝对公平线）与两轴组成的三角形面积的比率，反映在图9-17，用公式表示如下。

$$\text{基尼系数}=\frac{\text{区域}A\text{的面积}}{\text{区域}(A+B)\text{面积}}$$

式中，*A*为直线*OL*与洛伦兹曲线*OML*之间的面积；*B*为△*ONL*面积减去*A*的面积。当收入分配越不平等，洛伦兹曲线越凸向横轴，区域*A*的面积就越大。反之，洛伦兹曲线越靠近对角线*OL*，区域*A*的面积则越小。所以，$0\leqslant A/(A+B)\leqslant 1$，即基尼系数在［0，1］之间，不会大于1，也不会小于零。

基尼系数的值越小，收入分配越公平。世界银行现在发布基尼指数（Gini index，也就是把基尼系数值乘以100），0表示绝对公平，100表示绝对不公平。表9-5给出了世界银行估算的部分国家的基尼指数值，指数值后括号中的数字为计算的年份。

表9-5 部分国家的基尼指数

国家	基尼指数（年份）	国家	基尼指数（年份）
南非	63.0（2014）	法国	32.7（2015）
巴西	51.3（2015）	德国	31.7（2015）
俄罗斯	37.7（2015）	丹麦	28.2（2015）
印度	35.1（2011）	日本	32.1（2008）
美国	41.5（2016）	中国	42.2（2012）
英国	33.2（2015）		

资料来源：https://www.worldbank.org。

本章小结

1. 本章介绍了生产要素理论的基本内容。核心是生产要素价格是由要素需求和要素供给来决定的，要素市场均衡后决定要素价格和要素数量。

2. 厂商对生产要素的需求是派生需求。

3. 厂商对生产要素的需求的理论基础是生产要素的边际生产力理论。厂商对生产要素的需求仍然受利润最大化原则支配。在这里，厂商的收益现在变成了每单位要素的边际生产力，即边际收益产品（MRP）或（VMP）。边际成本变成了厂商付给生产要素所有者的报酬。

4. 完全竞争和非完全竞争条件下的要素供给、要素需求以及决定的要素均衡价格各不相同。

5. 厂商对要素的需求基于 MRP（在完全竞争条件下，也变为 VMP）。

6. 关于生产要素的供给，单个要素供应者和要素市场中的要素供给并不相同。比如，对单个劳动供应者来说，由于受到替代效应和收入效应的共同作用，劳动的供给曲线呈弓形；但是对于整个市场来说，劳动的供给曲线则如普通商品那样曾向右上倾斜形状，土地从总体看是垂直状，资本的供给曲线是人们的储蓄线。

7. 工资差异（收入水平不平等）一方面的原因是人们所拥有的要素数量和要素边际生产率不同；另一方面职业差异造成的不同收入补偿、支持人力资本形成的财力差异、机会差异等都会造成收入差异。

8. 对资本和土地市场的分析可以采用对劳动分析的思路和方法来进行。

9. 土地市场的供给和需求实现均衡时，就决定了土地的供给数量与土地价格（地租）。与地租概念相关的还有几个重要的概念：租金、经济租金和准租金。

10. 资本是人们通过经济活动用初级要素（劳动和土地）创造出来的生产要素。资本品有买卖的价格，不过，资本品是被零星出卖，即出租。所以，这样形成了资本的使用价格——利率。

11. 表示一个经济社会收入分配平等与否的常用概念和指标是：洛伦兹曲线和基尼系数。

思考与练习

一、名词解释

派生需求　　要素需求
边际生产力　　边际实物产品
边际收益产品　　边际产品价值
边际要素成本　　平均要素成本
向后弯曲的劳动供给曲线
替代效应　　收入效应
洛伦兹曲线　　基尼系数

二、简述题

1. 为什么厂商利润最大化条件 $MC=MR$ 可表述为 $MFC=MRP$？完全竞争条件下厂商利润最大化条件 $MC=P$ 是否可表述为 $MFC=VMP$？为什么？

2. 导致生产要素需求曲线移动的因素有哪些？

3. 生产要素的行业需求曲线是如何由单个厂商的要素需求曲线加总出来的？

4. 生产要素市场怎样实现均衡？

5. 为什么个体劳动供给曲线会向后弯曲？

6. 劳动者的工资水平为什么会有差异？

7. 请说明地租水平是如何决定的？

8. 解释租金、经济租金、准租金的不同。

9. 解释利率水平是如何决定的。

10. 简述收入分配不平等程度的测算指标与方法。

第10章
CHAPTER10

一般均衡理论与福利经济学

城门失火，殃及池鱼。

——杜弼

一发不可牵，牵之动全身。

——龚自珍

§ 本章要点

本章我们将学习一般均衡理论和有关福利、效率的理论。一般均衡思维方法在考虑问题时，不仅仅只是考虑局部和个体，而且要考虑到经济活动中各个市场是相互联系和相互影响的。我们将学习一般均衡是否存在以及一般均衡实现的条件；对一般均衡结果从效率角度与公平角度进行评价。我们将学习经济有效（经济效率）实现的基本条件：交换有效、投入有效与产出有效。还将学习如何运用福利经济学相关的评价方法和福利经济学定理。

§ 学习目标

- 理解一般均衡实现的意义；
- 解释一般均衡如何实现的简单原理；
- 了解一般均衡是否存在的逻辑；
- 理解经济有效实现的基本条件（交换有效、投入有效与产出有效）；
- 了解福利经济学第一定理和第二定理。

§ 基本概念

一般均衡	局部均衡	埃奇沃思盒状图	社会福利函数
帕累托有效	帕累托改进	交换有效	投入有效
产出有效	契约曲线	消费契约曲线	生产契约曲线
生产可能性曲线	边际转换率	福利经济学第一定理	福利经济学第二定理

前面所谈的市场大多是单个市场，虽然也有部分产品市场间互动的内容，如要素市场和产品市场间的相互影响，但绝大部分内容都是以单个市场为主。我们知道，现实世界中，产品市场间、要素市场间以及产品市场与要素市场间是相互联系相互影响的。如何理解跨市场间的相互影响，考虑单个市场的调整怎样影响其他的市场，是理解现实世界市场运行的重要内容。例如，当石油价格上涨后，其他能源如煤炭、天然气的市场价格会受到影响；玉米价格变动后，其他粮食价格也会联动，甚至以此为饲料的动物养殖业也会受到影响。这就是**一般均衡的分析方法**（general equilibrium analysis）思考问题的逻辑，也就是考虑到跨市场影响后确立的一组价格同时使多个市场实现均衡！

当所有单个市场同时达到均衡时，就实现了**一般均衡**。单个市场均衡，我们称之为**局部均衡**（partial equilibrium），是在假定其他市场反馈效应不存在时某个单个市场的均衡。

那么，使得所有单个市场同时实现均衡可能吗？如果可能，在什么条件下可以实现？实现的结果在经济学上如何评价？效率如何？公平程度如何？本章将要对此做出回答。

10.1 一般均衡实现的简单解析

一般均衡分析涉及两部分内容，一是对单个市场互动机制的描述；二是对整个经济运行实现均衡后的结果如何评价。前者是对事实的描述，所以属于实证分析；后者涉及结果评价属于规范分析。

10.1.1 一般均衡实现略述：以两个独立市场为例

为了简单说明一般均衡如何实现，我们以两种茶叶为例来说明它们怎样相互影响，假设现实世界只有两种茶叶：绿茶与红茶，它们相互替代。这样一般均衡也就是同时使得这两种产品的市场实现均衡，对应形成一组相互影响的价格组合和产量组合。

1. 需求侧联系的相互影响

假设初始时，两个市场都处在各自的均衡状态。现在由于某种原因导致对绿茶的需求增加，假定绿茶供给不变。绿茶需求增加，对绿茶市场引起的反应如图 10-1a 所示。初始的需求曲线为 D_{t1}，供给曲线为 S_{t1}，初始的均衡数量为 Q_{t1}，均衡价格为 P_{t1}。对绿茶需求增加，

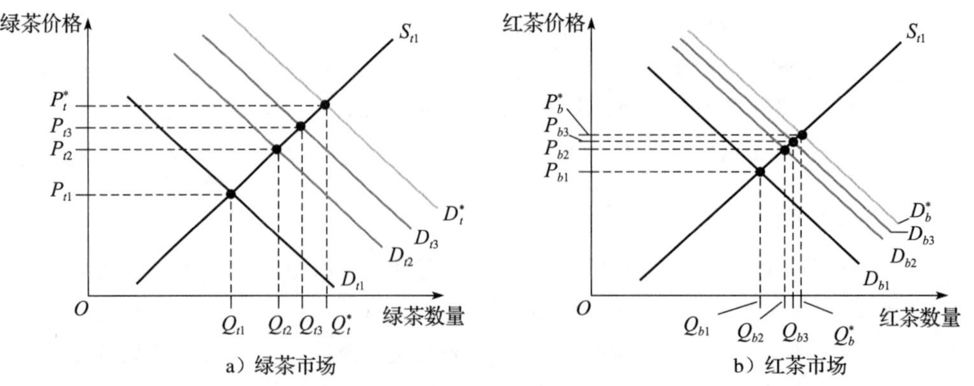

图 10-1 绿茶市场与红茶市场的一般均衡实现过程（需求侧相互影响）

导致需求曲线移动到D_{t2}，如果只是局部均衡分析，我们可以推测，绿茶的均衡数量与均衡价格将会变动到 Q_{t2}、P_{t2}，分析到此为止。

现在从一般均衡思维来思考绿茶市场对红茶市场的影响，以及后者对前者的反馈影响。由于绿茶与红茶相互替代，绿茶市场的价格波动一定会引起红茶市场的需求随之变化。绿茶市场出现调整前，红茶市场是均衡的，具体表现为红茶的需求 D_{b1} 与供给 S_{b1} 的交点处为均衡状态，红茶价格为 P_{b1}，红茶数量为 Q_{b1}。当绿茶因需求增加价格上涨后，市场需求转向替代品红茶，导致红茶市场的需求增加，具体表现为红茶需求曲线右移到 D_{b2}，在红茶供给曲线不变的情况下，红茶价格将上涨到 P_{b2}。

读者可能已经猜到，事情并未到此结束。红茶市场的变化，价格上涨也会反馈回绿茶市场，推动绿茶需求增加，表现为需求曲线右移至 D_{t3}，绿茶价格提高到 P_{t3}。以此类推，下一轮反馈会继续发生在两个市场之间。

经过多轮相互影响后，绿茶市场最终会稳定下来，最终均衡对应的需求曲线为 D_t^*，价格为 P_t^*；红茶市场最终均衡时对应的需求曲线为 D_b^*，价格为 P_b^*。

通过前述分析，我们可以看出，对供给或者需求形成冲击的事件发生后，一般均衡分析所得到的结果与局部均衡分析不一致。无论均衡价格还是均衡数量，一般均衡背景下相互作用导致的结果都大于局部均衡。对绿茶市场来说，局部均衡需求只是从 D_{t1} 到 D_{t2}，价格从 P_{t1} 到 P_{t2}，而一般均衡则变化至 D_t^* 与 P_t^*。而且，局部均衡一般不考虑对相关产品市场的影响，如绿茶市场变化后对红茶市场的影响不在局部均衡考虑之中，而一般均衡需要考虑相关产品的影响。

2. 供给侧联系的相互影响

前面我们从需求角度解释了绿茶与红茶相互替代如何相互影响。下面我从供给侧来看相互影响。

比如，种植绿茶和红茶的茶园耕地数量是一定的，如果因为某种原因，比如种植绿茶可以获得更高的收入，则更多的耕地将被用于种植绿茶，红茶因此种植面积萎缩，供给将减少。红茶供给减少，表现为红茶的供给曲线向左移动，在红茶需求不变的情况下，红茶市场的均衡数量下降，均衡价格上升，如图 10-2 所示。在图 10-2a 中，仍然从绿茶市场开始，需求增加，从 D_{t1} 到 $D_{t2,}$ 绿茶均衡数量从 Q_{t1} 到 Q_{t2}，价格从 P_{t1} 到 P_{t2}，茶农扩大绿茶种植面积，这就导致红茶种植面积缩减，红茶供给曲线从 S_{b1} 移动到 S_{b2}，对红茶的需求保持不变时，价格从 P_{b1} 上涨到 P_{b2}，红茶价格上涨。

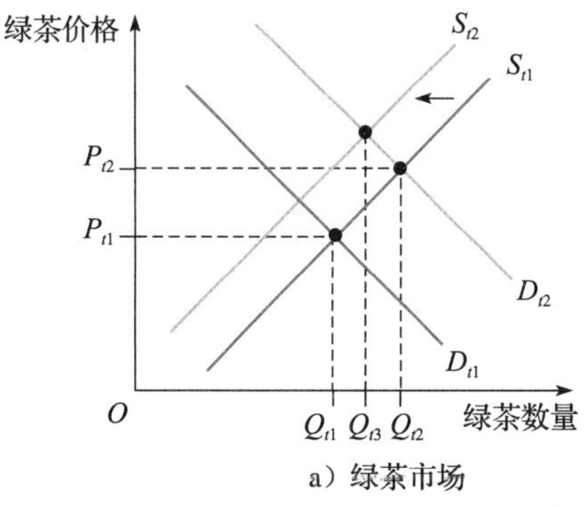

a）绿茶市场

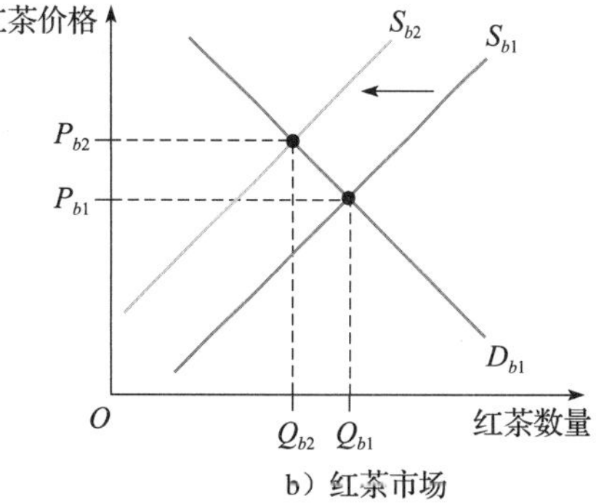

b）红茶市场

图 10-2　绿茶市场与红茶市场从供给侧的相互影响

红茶市场的这种调整将反馈到绿茶市场，因为红茶价格上涨，茶园土地开始多种植红茶，也导致种植茶叶的地价上涨，由此引致绿茶的供给曲线左移，表现为从S_{t1}移动到S_{t2}。以此类推，考虑到反馈效应后最终会达到均衡。

达到一般均衡的过程中，并非一个市场、一个市场先后达到均衡，而是所有市场因为相互影响同时达到均衡！

10.1.2 一般均衡的数字示例

为了更清楚了解一般均衡如何实现，下面我们用数字进行量化分析。

假设前提仍然如前面所说。绿茶的供给曲线就假设为最简单的形式$Q_t^s=P_t$，Q_t^s是绿茶的供给数量（单位：千克），P_t是绿茶的供给价格（单位：元/千克）；红茶的供给曲线$Q_b^s=P_b$，Q_b^s是红茶的供给数量（单位：千克），P_b是红茶的供给价格（单位：元/千克）。

绿茶的需求曲线为$Q_t^d=200-P_t+P_b$，这是有替代品价格影响的需求曲线，影响绿茶需求的因素中除了绿茶自身的价格P_t外，还有红茶的价格P_b，因为绿茶和红茶是替代品，如果红茶价格上升，会导致对绿茶的需求增加。红茶价格的影响将通过绿茶需求曲线的移动来表现。同理，我们也可以给出红茶的需求方程，为了简单起见，假设红茶的需求曲线与绿茶的需求曲线形式相同：$Q_b^d=200-P_b+P_t$，绿茶被看作红茶的一种替代品，绿茶价格上升，将导致红茶需求曲线向外移动。

一般均衡的初始实现。

因为基于一般均衡来思考问题，所以我们要得出使两个市场同时实现均衡的价格水平，求解过程如下：

先看绿茶市场的**均衡**为

$$Q_t^d = Q_t^s$$
$$200 - P_t + P_b = P_t$$

求解所得为

$$P_t = 100 + \frac{P_b}{2}$$

同理可得红茶的价格

$$P_b = 100 + \frac{P_t}{2}$$

绿茶市场与红茶市场相互影响，所以价格方程中你中有我，我中有你。将两个方程联立后可得出绿茶的价格为

$$P_t = 100 + \frac{P_b}{2} = 100 + \frac{100 + \frac{P_t}{2}}{2} = 200(\text{元} / \text{千克})$$

同理可以计算红茶的价格为

$$P_b = 100 + \frac{P_t}{2} = 200(\text{元} / \text{千克})$$

有了红茶与绿茶相互影响的价格组合，将它们代入需求方程，可以计算出两个市场影响下的各自的产量。绿茶市场为

$$供给函数:Q_t^s = P_t$$

$$需求函数:Q_t^d = 200 - P_t + P_b$$

$$Q_t^s = 200$$

$$Q_t^d = 200$$

$Q_t^d = Q_t^s$，所以绿茶市场是均衡的。

同理可以得出 $Q_b^s = 200$，$Q_b^d = 200$，$Q_b^d = Q_b^s$，红茶市场也是均衡的。

这是一般均衡得到的结果，这一结果是在考虑了两个市场间的相互影响后得出的。

一般均衡的变化。

为了看清楚市场间变化怎样相互影响，我们假定绿茶市场需求发生变化，某种因素导致对绿茶的需求增加 120 千克，供给没有变化。这样，绿茶的需求函数变为

$$Q_t^d = 320 - P_t + P_b$$

红茶市场的供给与需求曲线没有受到引起绿茶市场变化因素的影响，仍然保持前述形式，所以，$P_b = 100 + P_t/2$。

绿茶的需求遭受冲击后，市场均衡 $Q_t^d = Q_t^s$ 变为

$$P_t = 320 - P_t + P_b$$

$$P_t = 160 + \frac{P_b}{2}$$

我们把上式代入红茶价格方程后，可得

$$P_b = 100 + \frac{P_t}{2} = 100 + \frac{160 + \frac{P_b}{2}}{2} = 240(元/千克)$$

红茶价格是 240 元。将其代入绿茶价格方程，可得

$$P_t = 160 + \frac{P_b}{2} = 160 + \frac{240}{2} = 280(元/千克)$$

将绿茶、红茶价格代入各自的需求（供给）方程，可以得出一般均衡的数量

$$Q_t^d = 320 - P_t + P_b = 320 - 280 + 240 = 280(千克)$$

$$Q_b^d = 200 - 240 + 280 = 240(千克)$$

我们可以看出，源于绿茶的需求增加带来的扰动，不仅影响了绿茶市场，导致局部市场均衡价格和均衡数量发生变化，而且也引起了红茶市场发生变化。绿茶价格和数量变化的幅度要大于红茶市场。红茶市场是在绿茶市场发生变化后"被动"跟随变化，由人们对产品的替代行为而引起。

以上是两种替代品通过需求联系相互影响的例子，其实也可以从通过供给侧联系而相互影响的角度来分析。主要通过改变需求方程和供给方程来完成，如将绿茶与红茶的需求方程改写为

$$绿茶:Q_t^d = 200 - P_t$$

$$红茶:Q_b^d = 200 - P_b$$

两种产品的供给方程变为

$$绿茶:Q_t^s = 2P_t - P_b$$

$$红茶:Q_b^s - 2P_b - P_t$$

这样改变后，红茶与绿茶在各自供给函数中除了自身价格外，还有另外一种相关产品的价格，表明两者通过供给侧建立联系，相互影响。

求解上述均衡价格和数量分别为

$$绿茶:P_t = 100(元/千克),\quad Q_t = 100(千克)$$

$$红茶:P_b = 100(元/千克),\quad Q_b = 100(千克)$$

这是初始均衡的结果。

如果仍是对绿茶需求增加了120千克，即 $Q_t^d = 320 - P_t$。首先是绿茶市场发生变化，然后会引起红茶市场随之变化。最终相互作用的结果为

$$P_b = 115(元),\quad P_t = 145(元)$$

$$Q_b = 85(千克)\quad Q_t = 175(千克)$$

可以看出是，供给侧相互联系也引起了相互影响的结果。因为，绿茶价格上涨，使得资源投入增加，引起红茶资源投入减少。这种相互影响机制仍然存在。但请注意，需求侧联系与供给侧联系所导致的具体结果并不相同。需求侧联系的角度，绿茶数量增加，导致红茶数量也增加。但供给侧联系的角度，绿茶数量增加，导致红茶数量减少。

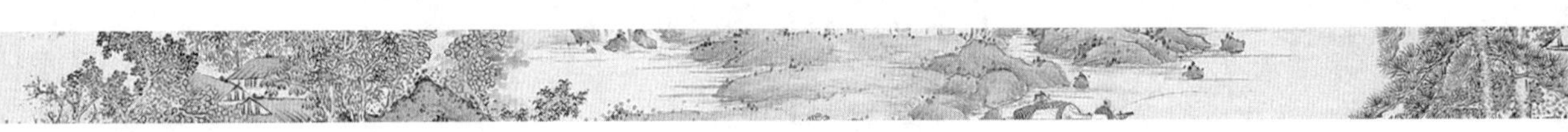

专栏10-1

增加城市道路为什么难以缓解交通拥堵

现代城市特别是大城市都面临一个头疼问题：交通堵塞。对此，一般的办法是从两个方面入手。一是修桥铺路，增加道路供给；二是限制上路车辆数量。但是，这些措施效果如何呢？

经济学家吉勒斯·杜兰顿（Gilles Duranton）和马修·特纳（Matthew Turner）最近的一篇论文研究表明，就美国的情况而言，由于一般均衡效应的存在，道路建设项目对通勤者的交通改善效果并不明显！

在过去的20年里，随着美国公路系统的不断扩张，大城市市区道路上的车辆平均数量几乎翻了一番。杜兰顿和特纳依据这一事实作为起点，深入研究了增加高速公路和城市主干道路数量对城市交通状况的影响。他们特别构建车道公里数、车辆公里数指标，专门研究了一个地区前者对后者影响的情况。车道公里数是道路长度和车道数量的乘积，表现的是道路对车辆总的承载能力。车辆公里数是道路上车辆数量和车辆行驶平均距离的乘积。他们发现：车辆行驶里程和车道公里数之间的弹性约等于1.03。也就是说，随着道路交通承载能力的每次增加，人们开汽车的使用数量都在大约一比一地增加！例如，如果某一公路扩建，增加了10%的高速公路处理交通的能力，那么我们可以预期，该高速公路上的汽车数量也将增长10%。因此，即使政府采取措施改善拥堵，交通通勤者面临的情况几乎没什么改变！

为什么道路上的汽车密度不会随着道路数量的增加而降低呢？每个城市修建高速公路以改善交通时，都依赖于局部均衡分析。其实这个问题须进行一般均衡分析——一个地区道路的增加，局部均衡分析预测无法囊括全部。杜兰顿和特纳的研究表明，一个地区扩大公路供应后将鼓励更多企业和个人迁移到该地区，并逐渐远离市中心。这将导致开车人持续增加对道路的需求，直到该区域的交通状况收敛到其“自然”稳定水平。

这些研究表明，高速公路扩建对改善大城市的交通状况的效果并不明显。

资料来源：Gilles Duranton，Matthew A. Turner，"The Fundamental Law of Road Congestion：Evidence from US Cities，" *American Economic Review*，101，no. 6（October 2011）：2616-2652。

10.2　一般均衡的实现及其存在

前面我们从两种产品相互影响进行了分析，我们看到了相互影响作用下的市场结果与局部均衡的不同。如果我们将前述两种产品的市场扩大到 n 种，包括产品和生产要素，每种产品和要素的供给与需求除了本身的价格外，也受到其他产品和要素价格的影响。所以每种产品和要素的供给与需求可以看成是所有价格共同决定的。这就提出了如下问题：是否存在这样的一组价格使得所有市场供给与需求相等呢？这就是所谓的**一般均衡的存在性问题**。

法国 19 世纪经济学家里昂·瓦尔拉斯（Léon Walras）最早认识到一般均衡思想的重要性，并提出通过数学模型来解决一般均衡的存在性问题。瓦尔拉斯认为，所有市场供给与需求相等时，独立方程的数目与变量的数目是相等的，所以一般均衡是存在的，即存在一组价格使得每一个市场供求相等。

当供给需求不相等时，通过"试探"过程来调高或者调低价格，通过不断反复调整最后实现所有市场都均衡的状态。

瓦尔拉斯从方程数目与变量数目得出一般均衡存在的结论的观点相当粗糙。后来的经济学家通过运用集合论、拓扑学等数学方法，证明了满足一定条件时，一般均衡是存在的，而且是稳定的，也能满足经济效率的要求。这些内容难度超出本书范围，在此不做具体介绍。

10.3　一般均衡结果的衡量：效率与公平

一般均衡存在情况下，一般均衡结果又该如何评价呢？一般来讲，经济行为的结果可从两个方面去考虑：效率与公平。其实一般均衡的结果也就是市场机制作用下的结果，所以我们对市场机制作用的结果进行评价也就是对一般均衡结果进行评价。

10.3.1　衡量市场绩效的标准一：社会福利函数

经济学家们评估市场运行结果总体是否令人满意采用的方法之一是试图找到社会福利函数（social welfare function），也就是将一个社会中所有个体的效用水平整合在一起从而能对经济绩效进行整体度量的数学函数。采用社会福利函数可以对不同的市场结果进行比较，值越大，结果越可取。

根据不同函数值来评判市场结果要依赖于社会函数的具体构成。函数中对具体市场结果的排列首先要依赖人们如何评判这些结果，而这显然是"仁者见仁，智者见智"的事情。所以，社会福利函数是规范经济分析的内容，这就难免在评判一些结果时，存在争论。

那么如何选择社会福利函数呢？经济学并没有对如何选取具体的社会函数形式给出一些简便的规则，但某些函数版本因为表达简洁可能运用更普遍一些，如下所示。

1. 功利主义的社会福利函数

这种函数的思想是把经济中每个个体的效用水平加总就得出社会福利的总水平，如下式所示。

$$W = \sum U_i = U_1 + U_2 + \cdots + U_N$$

式中，W 为社会总的福利水平；U_i为每个个体的效用水平。

该函数非常简单明了，每个个体权重相同，社会应该注重每个个体的福利；如果其中一个个体的效用增加数量与另一个个体效用减损数量相同，社会总的效用水平不会受影响。也就是说，功利主义并不关心分配是不是公平的问题。

2. 平等主义与罗尔斯主义的社会福利函数

平等主义的效用函数则更看重平等对人们效用水平的影响。其中的一个极端情形是所谓的罗尔斯主义的社会福利函数。这是以美国著名政治哲学家约翰·罗尔斯（John Rawls）来命名的。他认为一个社会的正义应该注重状况最差成员的福利，所以一个社会应该去努力使得最差成员的效用最大化，表示成方程形式为

$$W = \min[U_1 + U_2 + \cdots + U_N]$$

也就是说，社会福利应该是社会中效用最小值。也就是说，社会中最差群体的效用才是最重要的。

社会福利函数解释理论是有用的，但作为解释市场结果的实用标准就不合适了，因为不同的函数对市场结果是否满意的回答难以相同，因为这种评价受到每个人主观认识的影响。即使大家使用的函数相同，想要加总也实难完成。

10.3.2 衡量市场绩效的标准二：帕累托有效

1. 帕累托有效

帕累托有效（Pareto efficiency）是指在一个经济体中，如果不减损他人利益，就无人能变得更好的状态。简单地说，在这种状态下重新配置资源（无论通过什么方式），如果有社会成员变好，一定有其他成员状况变差。所以，如果实现了帕累托有效，甚至互惠贸易也不会发生。如果通过重新配置，改善了至少一名社会成员的福利，但没有减损他人的福利，那就不是帕累托有效状态；如果发生了这样的配置改变，这种改变被称为**帕累托改进**。

对一般均衡实现的市场结果而言，帕累托有效作为一种评判标准有其优点。它避免了定义公平或平等以及最大化社会效用函数中所涉及的不同个体的主观差异造成的问题。举个极端例子，完全不公平的资源拥有结果也可能是帕累托有效。如果边际效用大于零，在极端不公平情况下，即 1 人拥有全部资源（财富），如果从其所有中转移 1 单位给他人，也是违背帕累托有效的。也正因为如此，有人认为帕累托有效作为标准也是一种弱标准。

2. 市场机制与帕累托有效

既然帕累托有效是一种度量标准，所以就要用这个标准来评判市场结果。市场是无数人群的世界中分配数以亿计产品最常用的方法，那么市场能现实帕累托有效吗？

我们知道，如果满足一些前提条件，市场可以实现帕累托有效。亚当·斯密（Adam Smith）“看不见的手”的思想已经包含可以实现的意思。但直到 20 世纪中期，经济学家才给出了严格的数学证明。

现实世界其实难以满足这些条件，所以现实中是难以实现帕累托有效的，但对经济学家来说，他们知道了影响市场有效运行的因素有哪些，据此可以提出政策建议来消除或减少之。

10.4 交换有效、投入有效与产出有效

10.4.1 实现市场有效的三个条件

要实现市场有效须满足三个条件：

交换有效。一组产品在人们之间分配时实现了帕累托有效时就达到了交换有效，即无人可以在不减损他人的情况下通过交换变得更好。

投入有效。经济中的投入要素被配置用于生产产品时，提高一种产品的产量必须减少至少一种其他产品时就达到了投入有效。

产出有效。交换有效与投入有效以经济中已经预先决定生产一组产品（或已经产出）为前提，然后分析如何分配或如何配置生产要素。而**产出有效**与生产什么产品以及产出多少有关。如果经济中得到的产出组合，不减损一些消费者或生产者的福利就无法提高产出时，就达到了产出有效。

10.4.2 埃奇沃思盒状图

为了分析市场有效实现的三个条件，我们引入一种新的分析工具：**埃奇沃思盒状图**（Edgeworth box）。

埃奇沃思盒状图是以爱尔兰经济学家弗朗西斯·埃奇沃思（Francis Edgeworth）来命名的，用来表现两名经济行为人（消费者、生产者等）、两种产品（或投入要素）配置资源的过程。

我们假设有两名消费者，甲与乙；两种产品，衣物与食物（食物总数量 10 单位，衣物总数量 8 单位）。怎样分配可使得双方最满意或者说实现帕累托有效呢？

埃奇沃思盒状图将两种产品与两名参与人（这里是消费者）用图 10-3 呈现出来。10 单位食物用横轴来表示，8 单位衣物用纵轴来表示。甲以左下方 0 点为原点，乙以右上方 0 点为原点。因为盒状图长度与宽度一定，所以从甲的原点向右移和向上移都表示甲获得的产品增加，相应地乙得到的就减少；同理，从乙的原点向左移和向下移都表示获得的产品增加，相应地甲的所得就减少。

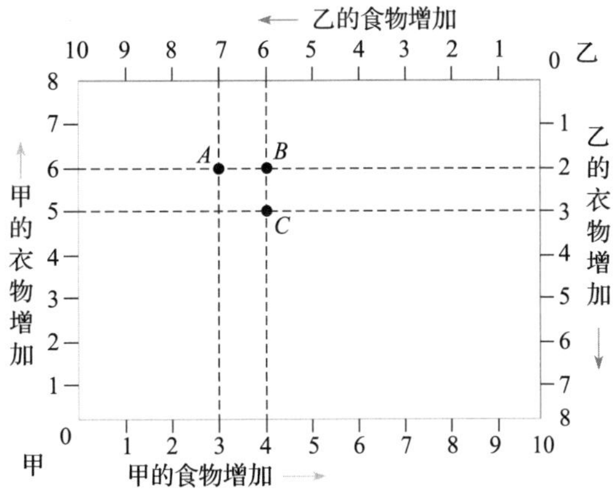

图 10-3　一个消费配置的埃奇沃思盒状图

为了看清楚产品分配在甲、乙之间此消彼长的变化，我们假设最初分配位于图 10-3 中的 A 点，甲获得 3 单位食物和 6 单位衣物，乙则获得剩余的食物与衣物。现在我们从 A 点移动到 B 点，表示甲增加了 1 单位食物，而乙减少了 1 单位食物，再从 B 点移到 C 点，表示甲减少 1 单位衣物，乙增加 1 单位衣物。从上述变化中，我们可以体会盒状图在表现此消彼长时的作用。

10.4.3 交换有效

1. 添加无差异曲线的埃奇沃思盒状图

经济行为人的自愿交换基于行为人的利益考量。我们假设甲、乙是消费者，所以他们的选择是基于各自偏好做出的。为了表现甲、乙的偏好选择，我们在图 10-3 的基础上，引入甲、乙各自表示偏好的无差异曲线（见图 10-4）。在图 10-4 中，$U_{甲}$表示甲的无差异曲线，$U_{乙}$表示乙的无差异曲线。甲乙的无差异曲线具有我们在第 5 章中学习过的无差异曲线的特性。

我们假设初始点在图 10-4 中的 A 点，也就是 $U_{甲3}$与 $U_{乙3}$的交点处。根据无差异曲线的特性，我们知道，对甲而言，任何在 $U_{甲3}$右上的区域代表的都是状况更好的选择区域；对乙而言，任何在 $U_{乙3}$左下的区域都是状况更好的选择区域。图 10-4 的阴影区域，对双方来说都是更好的区域。如移动到 C 点后，两者状况都会得到改善。

我们假设甲乙可以进行自由交易，所以图 10-4 中的阴影区域其实就是双方可进行交易的区域。但区域内哪一点是双方交易的停止点呢？也就是交换的帕累托有效点呢？

我们可以想象，如果甲乙之间存在着如图 10-4 中的阴影区域，交易就存在机会。因为按照帕累托有效的定义，如果至少有一方状况获得改善而无人变差时，就没有达至帕累托有效。这样双方只有在图 10-5 中 D、E 这样的点上，才没有交易的空间。我们看 E 点，$U_{甲}$与 $U_{乙}$相切，无论从 E 点向左移动，还是向右移动，改善一方的同时，一定减损了另一方的福利。同样，D 点也是如此。这就是帕累托有效组合点。

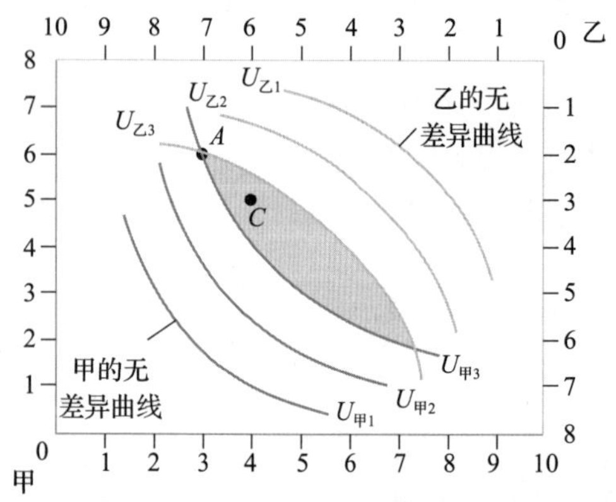

图 10-4 包含无差异曲线的埃奇沃思盒状图

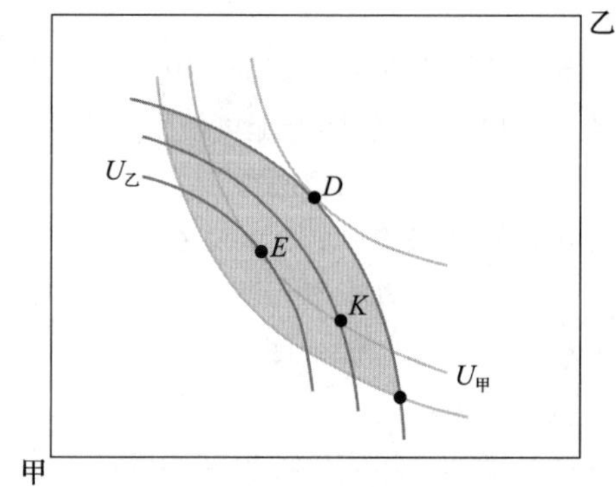

图 10-5 交换的帕累托有效

2. 契约曲线

在这个平面上，甲乙双方有多条无差异曲线，也就有了多个与 E 点类似的所谓帕累托有效点。我们把这些帕累托有效点连接起来，得到另一个概念，称之为**消费契约曲线**（consumption contract curve）。如图 10-6 所示，E、F、G 点都是满足帕累托有效的产品分配点，所有的帕累托有效点连起来的曲线就是消费契约曲线。

3. 为什么契约曲线上的点实现了交换的帕累托有效

为什么契约曲线上的点实现了**帕累托有效**？除了上面基于帕累托有效定义给出的解释外，我们还可以对这些切点给出另一种解释。在第 5 章我们学习过边际替代率的概念，无差

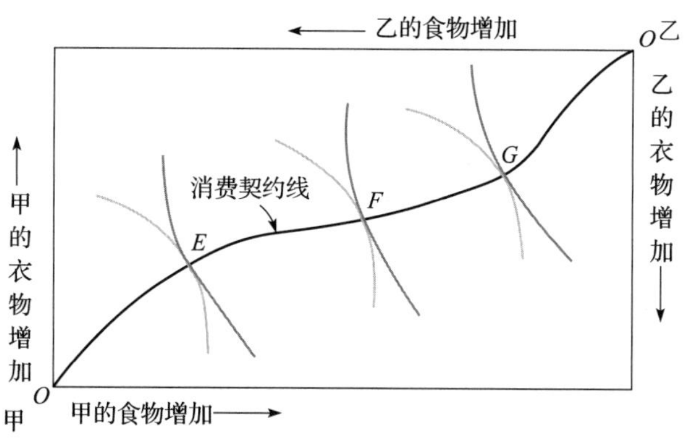

图 10-6　消费契约曲线

异曲线任意一点的斜率反映的是两种产品之间的边际替代率。契约曲线上的点同时是两名消费者无差异曲线的切点。所以，过该切点（如 E 点）的斜率是相同的，或者可以说甲乙两人对食物与衣物的边际替代率（MRS）是相同的。可以推知，如果不在这样的点上，则边际替代率是相异的。

我们可以进一步追问，如果不在契约曲线上，不在像图 10-6 中的 E、F、G 这样的点上，即在边际替代率不相等的点上，为何就不是帕累托有效？

我们以图 10-4 中的 A 点为例，假设甲在该点的边际替代率等于 3，$MRS_{FC}=3$（F 为食物；C 为衣物），即甲愿意用 3 单位衣物来换取 1 单位食物；而乙则正好相反，愿意用 3 单位食物来换取 1 单位衣物，或者说愿意用 1/3 衣物来换取 1 单位食物，乙的边际替代率为 1/3，$MRS_{FC}=1/3$。如果**1 单位食物可以换取 1 单位衣物**，则双方都会从交易中获益，交易后移动到 C 点，双方状况都获得改善。

事实上，如果乙愿意用 1 单位食物换取的衣物数量在 1/3 至 3 单位之间，双方都可以获益。这样的交易，对甲乙两人都更好。这种互惠交易会一直进行到图 10-5 中的 E、D 点以及图 10-6 中契约曲线上的点。此时，交易双方的边际替代率相等！双方交易实现最优，如果继续交易，一定有一方状况变差。交易双方的边际替代率相等时，我们称之为实现了**交换有效**（exchange efficiency）。

4. 市场机制与交换有效

交换引出了产品如何在消费者之间分配的问题。怎样保证产品正好分配到契约曲线点上呢？我们在第 5 章消费者理论中学习过，以效用最大为目标的消费者选择的最优消费产品组合是无差异曲线与预算线相切之处，也即边际替代率（MRS）等于两种产品价格比率之处。所以，消费契约曲线上的点表示的产品组合一定有 $MRS_{FC}=P_F/P_C$，而且对甲、乙都是同样的，即

$$\text{甲的 } MRS_{FC} = \text{乙的 } MRS_{FC} = \frac{P_F}{P_C}$$

式中，P_F为食物价格；P_C为衣物价格。

也就是说，有效市场中，产品价格比率等于所有消费者对两种产品的边际替代率！这就是交换的帕累托最优条件（或交换有效条件）。

如果初始时，产品分配状况并非有效组合，人们就会进行调整，卖出低效用产品，买入高效用产品，直到所有人的 $MRS_{FC}=P_F/P_C$。这一过程是由市场机制自发作用来实现的。

10.4.4　投入有效

交换有效是从需求方来看的。从供给方面来看，实现生产有效同样重要。

生产有效首先涉及的是生产要素如何在不同产品之间进行配置。既定数量的资源有多少用于生产食物？有多少用于生产衣物？这就涉及**投入有效**（input efficiency）问题。

前面分析交换有效的方法可以用于分析投入有效。交换有效与消费者有关，而投入有效与生产者有关，前者分配产品，后者分配生产要素。不过，原理相同，只是这里有效条件转化成为等产量曲线相切的点上。这时，生产要素分配也实现了帕累托有效，不损害他人福利将无法改进一个人/厂商的福利水平。其中的原理与交换有效分析相同。

如果用埃奇沃思盒状图我们也可以将食物生产公司与衣物生产公司的如何分配生产要素的过程描述如下。食物生产公司与衣物生产公司可供使用的劳动为 20 单位，资本为 12 单位。两个公司面临的选择如图 10-7 所示，图中给出两家公司的等产量线和劳动、资本分配数量。

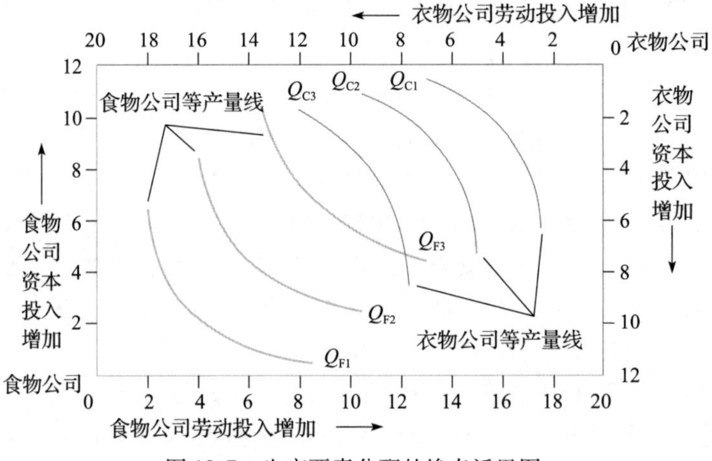

图 10-7　生产要素分配的埃奇沃思图

如果劳动与资本的分配为非有效，如处在图 10-8 中的 F 点，食物公司使用了 14 单位劳动和 4 单位资本，相应地衣物公司使用了 6 单位劳动和 8 单位资本。显然，如果从 F 点向图中的阴影区域移动，两家公司状况都将得到改善，F 点是非有效组合点。直至到了 G 点，两家公司的等产量线相切，实现生产要素有效配置！

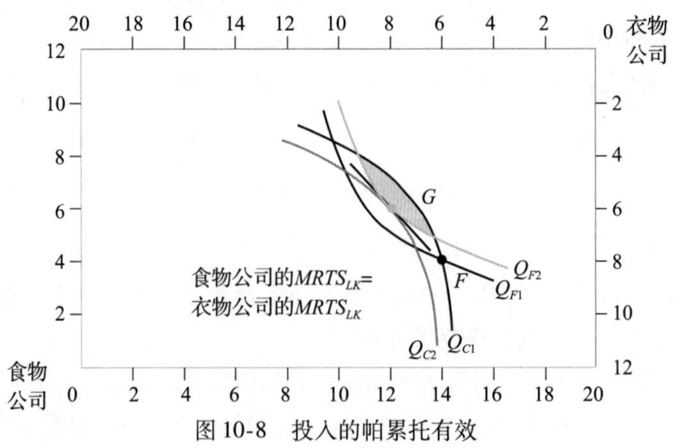

图 10-8　投入的帕累托有效

在 G 点，食物的边际技术替代率（即过 G 点的切线斜率）是相同的，所以我们有

$$食物的\ MRTS_{LK} = 衣物的\ MRTS_{LK}$$

即，$MRTS_{LK}$对食物生产与衣物生产都是一样的。

由于 G 点对食物、衣物都是最优要素投入组合点，所以，得到

$$MRTS_{LK} = \frac{w}{r}$$

式中，w 为劳动价格；r 为资本价格。

所以，生产要素投入有效的条件可以写成

$$食物的\ MRTS_{LK} = 衣物的\ MRTS_{LK} = \frac{MP_L}{MP_K} = \frac{w}{r}$$

类似 G 点连接在一起我们也得出一条线，被称为**生产契约曲线**，如图 10-9 所示。生产契约线上的不同点表示投入到食物与衣物上的劳动与资本的规模不同，越靠近食物公司一侧，表明食物生产使用的生产要素越少，自然食物产量也越低；相应地，这表明生产衣物的要素投入越多，衣物产出越多。如果是越靠近衣物一侧，结果与上正好相反。

生产契约曲线表示的是对两种产品（这里是食物、衣物）最优要素投入组合点的集合。既然生产要素组合是最优的，契约线上每个点对应的两种产品数量也应是**最优产出**组合。

在食物公司的端点 H，这是极端情形，因为投入为零，所以食物产出也为零，相应地衣物产出最大。沿着生产契约曲线向右上移动，如到了 I 点，食物产出逐渐增加，而衣物生产则逐渐减少；如果继续向右上方移动，这一过程还将继续，直到另一极端点 J，食物产出最大，衣物产出为零。

上述过程中，两种产品产量的转换是沿着生产契约曲线进行的，所以在保持投入有效情况下，我们增加食物产出是以减少衣物产出为代价的，而且这种产品产出组合一直保持在有效状态！这就与我们在第 1 章学过的生产可能性曲线的概念一致了。也可以说，基于生产契约曲线，我们可以推导出生产可能性曲线。生产契约曲线上的点是有效组合点，与此对应的产出水平组合表示出来就是一条生产可能性曲线，如图 10-10 所示。沿着生产可能性曲线的点表示的是与生产要素投入有效相对应的最优产出组合，无论是 I 点，还是 G 点都是如此。如果是生产契约曲线外的点，对应的产出数量组合可能就是图 10-10 中的 F 点这样的点，产量并非最优，也并非在有效状态。

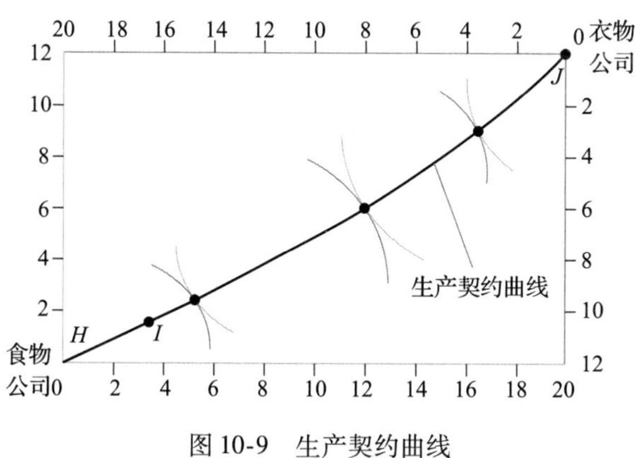

图 10-9　生产契约曲线

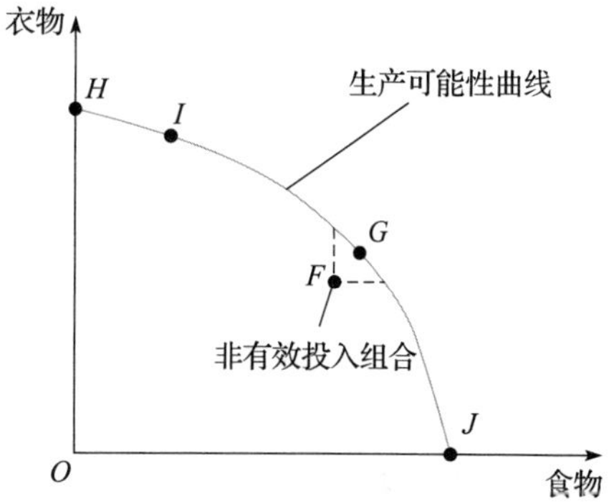

图 10-10　生产可能性曲线

10.4.5 产出有效

前面从消费者与生产要素投入角度分析了交换有效、投入有效。那么，要素有效投入哪一种产出组合符合消费者需要？或者说，生产者应该将生产要素组合确定在哪一个产量组合点，使得该产量组合正好符合消费者需要？连接消费有效配置与要素投入有效配置的就是产出有效要讨论的问题。

1. 生产可能性曲线与边际转换率

沿着生产可能性曲线移动时，增加一种产品的产出必然会减少另一种产品的产出，为增加1单位一种产品而必须放弃的另一种产品的产出数量就是**边际转换率**（marginal rate of transformation，MRT）。就图10-10而言，增加横轴1单位食物须放弃的纵轴的衣物的数量就是食物对衣物的边际转换率，从数学上也可以定义为：某一点的MRT等于过该点所做切线的斜率。

观察图10-10，我们可以发现，从H到I、G点移动时，随着食物数量增加，MRT逐渐递增。这种转换伴随着生产要素投入数量的调整。所以，边际转换率可以通过投入要素的边际产出来表示。

假设初始点为I，我们想增加食物产量。为此，我们须增加食物的生产要素投入，比如说增加了1单位劳动投入，带来的食物边际产量为MP_L^F，这一意味着减少了对衣物的1单位劳动投入，造成的边际产量减少为MP_L^C。依据边际转换率的定义，可以得出

$$MRT_{FC} = \frac{MP_L^C}{MP_L^F}$$

同样，如果我们对食物生产增加1单位资本投入，相应就减少了1单位资本对衣物的投入。资本的增减引起的两种产品的边际产量变化分别为：食物MP_K^F、衣物MP_K^C。所以，边际转换率也可以写成

$$MRT_{FC} = \frac{MP_K^C}{MP_K^F}$$

为增加食物产量，我们该转移劳动还是转移资本呢？其实在生产可能性曲线上任一点，两个比率是相等的！因为生产契约曲线是边际技术替代率相等点的连线，生产契约曲线上的每一点又对应生产可能性曲线上的相应点。所以，生产可能性曲线上的每一点有

$$食物\ MRTS_{LK} = 衣物\ MRTS_{LK}$$

$$\frac{MP_K^F}{MP_L^F} = \frac{MP_K^C}{MP_L^C}$$

故，可得

$$MRT_{FC} = \frac{MP_L^C}{MP_L^F} = \frac{MP_K^C}{MP_K^F}$$

综上，边际转换率与生产要素投入边际产出的这些关系，为分析交换有效与投入有效奠定了逻辑基础。

2. 产出有效

如果实现了交换有效和投入有效，是否能保证整个经济实现资源配置有效呢？答案是否定的。因为，还缺乏一环，投入有效时的产出组合正好等于消费者偏好所需要的产品组合！

满足什么条件时才能做到这一点，这就是**产出有效**实现的时候。

我们假设，消费部门和生产部门都独立实现了有效配置。食物与衣物生产已经实现了生产契约曲线上的有效投入组合，以及对应的生产可能性曲线上的产出组合，边际转换率 $MRT_{FC}=1$，即多生产 1 单位食物须放弃 1 单位衣物。

甲、乙两人对食物与衣物交易处在契约曲线上，实现了交换有效，两人的边际替代率都等于 1.5，即甲、乙两人为得到 1 单位食物，愿意放弃 1.5 单位衣物。

消费者对两种产品替代意愿与生产者将一种产品转换为另外一种的能力出现不一致，这使得改进一些社会成员的福利状况有了可能。既然甲或者乙为多消费 1 单位食物愿意放弃 1.5 单位衣物，而社会为多得到 1 单位食物只需放弃 1 单位衣物即可，也就是如果我们减少衣物生产 1 单位，就可增加食物生产 1 单位。甲愿意放弃 1.5 单位的衣物来得到 1 单位食物，现在减少 1 单位衣物就可以增加 1 单位食物，这样在其他人福利状况不变的情况下，甲的状况就改善了。

如果消费者对食物与衣物的边际替代率等于生产方面的边际转换率，则在保持其他人福利不变的情况下是无法改进某一成员的福利状况的，这时也就实现了**产出有效**（output efficiency）。为什么？下面我们通过图 10-11 来做理论解释。

如图 10-11 所示，我们在生产可能性曲线图中加入了消费者的无差异曲线（甲或者乙）。在 M 点，情形如前所述，消费者甲乙实现交换有效时，两者的边际替代率相等，$MRS=1.5$。同时该点也在生产可能性曲线上，边际转换率 $MRT=1$。消费和生产都实现了有效，但是我们前面的分析表明，整个经济并非实现产出有效。从图 10-11 中可以看出，过 M 点的无差异曲线，U_M，并非与生产可能性曲线相切，而是相交。这样，在 U_M 与生产可能性曲线围成的区域中，产出组合优于 U_M，且可以生产出来，所以并非实现最优产出。

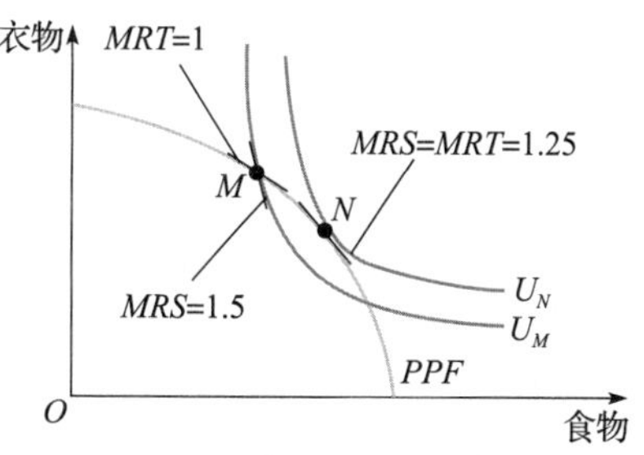

图 10-11　产出有效的实现

如果是在 N 点，则上述改进的机会就不存在了，实现了产出有效。这时，有

$$MRS = MRT$$

所以，产出有效实现的条件就是上述等式。

$MRS=MRT$，还可以从传统的描述经济实现有效状态条件，即边际成本等于边际收益的条件得出。

边际替代率 MRS 可以表示成产品价格之比。在完全竞争条件下，厂商实现最优产出时，产品价格等于生产产品的边际成本，即

$$P_F = MC_F \qquad P_C = MC_C$$

所以，如果以食物与衣物为例来说明，两种产品的边际替代率可以写成

$$MRS_{FC} = \frac{P_F}{P_C} = \frac{MC_F}{MC_C}$$

根据第 7 章所学内容，我们知道，边际成本与边际产量互为倒数，即 $MC_F = w/MP_F$，$MC_C = w/MP_C$，因此，可能

$$\frac{MC_F}{MC_C} = \frac{MP_C}{MP_F}$$

故有

$$MRS = MRT$$

至此，我们解释了实现帕累托有效或市场有效须满足的三个条件：

交换有效 当一组产品在人们之间分配，无人能通过交换在不减损他人的情况下会变得更好时，就达到了交换有效，具体表现为任意两种产品的边际替代率相等。

投入有效 当生产要素被配置于生产产品，想提高一种产品的产量必须减少至少一种其他产品时，就达到了投入有效，具体表现为任意两种产品的边际转换率相等。

产出有效 当经济中得到的产出组合，不减损一些消费者或生产者的福利就无法增进一些人的福利时，就达到了产出有效，具体表现为任意两种产品的边际替代率等于边际转换率。

10.5 福利经济学定理

前面我们学习了一般均衡与经济有效实现需具备条件的基本知识。满足这些条件也意味着经济资源实现了有效配置，实现了一般均衡。但是，什么能保证这些条件满足呢？

10.5.1 福利经济学第一定理

从前面的学习中，我们知道，假设产品价格已知，如果任意两种产品的边际替代率对所有人相同（边际替代率也等于价格比率），就满足了交换有效条件，消费者也都实现了最大效用。对生产而言，假设投入要素的价格已知，如果生产者对任意两种投入要素实现了要素边际替代率相同（边际技术替代率也等于要素价格比率），生产也就现实了投入有效。将上述两个条件联系在一起，如果边际替代率等于边际转化率，就实现了**产出有效**。这一条件其实也是我们前面一直使用的最优条件：**边际得益（边际收益）等于边际成本**的另一种表述。边际替代率是边际效用之比，效用可作为产品能带给社会好处（边际得益）的代表。边际转化率是边际产量之比，也可以表示成为边际成本之比。边际替代率等于边际转化率，也就是边际效用之比等于边际成本之比。但上述条件实现要依赖于完全竞争市场的背景条件，这样才能保证产品价格之比等于边际替代率，投入价格之比等于边际技术替代率；产品价格等于边际成本，才使得边际转化率等于边际替代率！

因此，在完全竞争条件下，一般均衡实现时，资源配置实现了帕累托最优。这就是**福利经济学的第一定理**（first welfare theorem）。

请注意，上述定理成立的条件是一定要在完全竞争市场中，唯有如此，市场机制（价格机制）才能充分发挥作用，实现资源最优配置。在这样的背景条件下，尽管每个行为个体都在追求自己的利益，但最终结果是社会资源实现了最优配置。如果存在一些干扰因素，如市场势力、信息不完全、外部性等，这一结果将无法实现。

10.5.2 福利经济学第二定理

第一定理说明市场机制可以实现经济效率最优。但请牢记，效率最优并非意味着公平也实现了！改进公平一定会损害效率吗？虽然从理论上说，不一定如此；但在实践中，却常常如此。所以人们常说效率与公平之间存在权衡取舍。

那么，能否在保证配置结果仍然有效的同时，来改变市场结果的公平程度呢？这就是**福利经济学第二定理**（second welfare theorem）的内容。第二定理从与第一定理相反的方向提出问题：在相同的前提条件下，给定某个帕累托最优配置结果，能否通过对初始配置的改变借助市场机制来实现呢？回答是肯定的。我们以讨论背离交换有效的情形为例来说明（见图 10-12）。

在图 10-12 中，仍然假定是甲、乙两人进行交换。如果在契约曲线上，所有交换组合的点（如*E* 点）都代表交换有效。如果初始产品分配就在 *E* 点，这已经实现了有效结果。如果认为这一结果不公平，可以通过一定的制度设计沿着契约曲线来重新配置产品。

图 10-12 中，如果初始点不在 *E* 点，而是在 *A* 点（或者如图 10-4 中的 *A* 点、图 11-5 中的 *K* 点），显然没有实现交换有效。通过前面的分析，我们知道，通过市场交换，从 *A* 点开始最终是可以走到契约曲线上去的。

然而，如果初始的产品配置组合是在 *S* 点，想通过交易移动到 *E* 点，是不可能的。如果 *E* 点是我们认可的较为公平的结果（当然也是交换有效的结果），从 *A* 点到 *E* 点可以借助市场机制通过交换来实现。所以，想实现 *E* 点有效组合的结果，需要对初始配置的 *S* 点进行某种改变，使组合从 *S* 点移动到 *A* 点，然后再依靠市场机制从 *A* 点移动到 *E* 点。这样就兼顾了效率与公平，既获得了交换有效的结果，也实现了我们认可的公平。

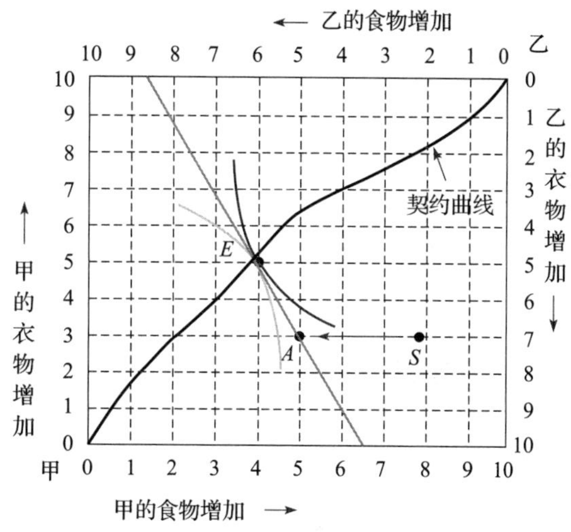

图 10-12　福利经济学第二定理

要实现从 *S* 点到 *A* 点移动，可以通过多种手段，如：转移支付、税收等。

本章小结

1. 一般均衡分析认为各个个体市场是相互联系、相互影响的，在完全竞争市场条件下，一般均衡是可以实现的。

2. 一般均衡的结果是实现经济有效或帕累托有效，也就是不损害他人福利是无法改进经济中某一个人或某一部分人的福利水平的状态。

3. 一般均衡的结果，可以通过公平与效率衡量。衡量手段有：①福利函数，即将一个社会中所有个体的效用水平整合在一起从而对经济绩效进行整体度量的数学函数；②通过帕累托有效等市场绩效标准。

4. 一般均衡可以通过交换有效、投入有效和产出有效来实现。

5. 一组产品在人们之间分配时实现了帕累托有效时就达到了交换有效，即无人可以在不减损他人的情况下通过交换变得更好。

6. 经济中的投入要素被配置用于生产产品时，提高一种产品的产量必须减少至少一种其他产品时就达到了投入有效。

7. 如果经济中得到的产出组合，不减损一些消费者或生产者的福利就无法提高产出时，就达到了产出有效。

8. 埃奇沃思盒状图是分析经济效率实现的重要工具。

9. 对完全竞争市场中的结果，福利经济学第一定理和第二定理肯定了经济效率可以实现的基本原理。

10. 在完全竞争条件下，一般均衡实现时，资源配置实现了帕累托最优。这就是福利经济学第一定理。

11. 福利经济学第二定理，在相同的前提条件下，给定某个帕累托最优配置结果，通过对初始配置的改变，借助市场机制来实现最优结果。

思考与练习

一、名词解释

一般均衡	局部均衡
埃奇沃思盒状图	社会福利函数
帕累托有效	帕累托改进
交换有效	投入有效
产出有效	契约曲线
消费契约曲线	生产契约曲线
生产可能性曲线	边际转换率
福利经济学第一定理	
福利经济学第二定理	

二、简答题

1. 简述一般均衡与局部均衡的区别。

2. 简述帕累托有效的意义？满足哪些条件才能实现经济有效？

3. 埃奇沃思盒状图能用来解释什么？

4. 实现交换有效时，边际替代率与产品价格有什么关系？如何将这种关系在埃奇沃思盒状图中表现出来？

5. 实现投入有效时，边际技术替代率与产品价格有什么关系？如何将这种关系在埃奇沃思盒状图中表现出来？

6. 消费契约曲线与帕累托有效有什么关系？

7. 生产可能性曲线与边际转换率有什么关系？

8. 福利经济学第一、第二定理成立的条件是什么？

第11章
CHAPTER11

市场边界与政府微观政策

§ 本章要点

前面我们学习了市场机制在配置资源方面的作用,本章将学习市场机制的另一面:在某些背景下出现失灵的情形。当存在垄断、外部性、不完全信息以及提供公共产品时,市场机制将无法实现资源最优配置。这一章,我们将学习市场机制失灵的基本原理,并提出相应的解决办法。学习本章可以完善我们对市场机制的认识,同时使我们对政府在微观领域的作用有所认识。

§ 学习目标

- 理解市场机制无法使资源达到有效配置的原因(即当存在垄断、外部性、不完全信息),以及提供公共产品时市场机制为什么会失灵;
- 掌握市场失灵时政府应采取的干预措施,包括税收、补贴、明确产权、反垄断、价格管制、提供公共物品、提供信息、制定激励机制等。

§ 基本概念

市场失灵	外部性	私人得益	社会得益
污染的有效水平	科斯定理	庇古税	庇古补贴
公共产品	公共资源	公地的悲剧	寻租损失
信息不对称	免费搭车者		

通过前面的学习,我们知道,在完全竞争市场中,由于不存在干扰市场机制的因素,可以实现资源最优配置。但在现实中,总是存在着一些干扰市场机制正常发挥作用的因素。本章我们分析四种因素:外部性、公共产品、信息不完全、垄断等。由于受到外部性、公共产品、信息不完全、垄断等因素影响导致资源配置无法实现有效产出的现象,称为**市场失灵**。

11.1 外部性

市场机制可以让追求个体利益者达到社会资源配置最佳的结果是有前提的,我们假设每个消费者的福利只取决于自身的消费，每个生产者也只取决于自身的决策。在现实世界中，个体选择常常会影响到他人，自己也常常受到他人的影响，如空气污染等。这种影响在经济学中被称为外部性。

所谓**外部性**（externality）是指对非直接消费和生产某种产品或服务的行为人产生的有利或者不利影响。外部性依据产生的是有利影响还是不利影响，分别被称为**正外部性**和**负外部性**。例如，即使是那些没有消费过会产生污染的产品的人，污染也会影响到他们，所以污染将造成负外部性；而如种植树木，能净化空气、改善环境，带来的就是正外部性。

11.1.1　外部性的影响

外部性的存在，使得市场机制无法达到有效结果，因为外部性改变了成本与收益的水平。具体说来，外部性存在要么使得生产的私人成本与社会成本不一致，要么使得私人得益与社会得益出现差异。私人成本是产品或服务生产者承担的成本，社会成本是社会得到产品或劳务所支付的总成本。私人得益（private benefit）是生产者或消费者从产品或服务中得到的利益。社会得益（social benefit）是社会从产品或服务中获得的总的利益。

外部性是怎样造成市场机制失灵或者说造成对**经济有效**（经济效率）状态偏离的呢？

1. 生产的负外部性造成经济效率减损

如果不考虑外部性，产品或服务的生产成本将由生产者全部承担。但是，如果考虑到外部性，情形就不同了。比如，电力公司发电时，发电成本由电力公司承担，但是发电造成的污染则是由整个社会承担的。所以社会得到1单位电力的成本除了电力公司支付的成本外，还包括社会为污染支付的成本。

私人成本与社会成本不同会怎样影响资源配置效率呢？我们仍然以电力公司为例。如图11-1所示，电力公司的电力供给曲线用图中的 S_1 表示，该线上每一点到横轴的距离代表电力公司提供1单位电力的边际成本 MC_1。在需求曲线给定的情况下，电力公司将能确定最优发电数量 $Q_{市场}$，这样的数量因为是按边际成本等于边际收益（价格）确定的，所以是按私人成本得出的有效产出数量。

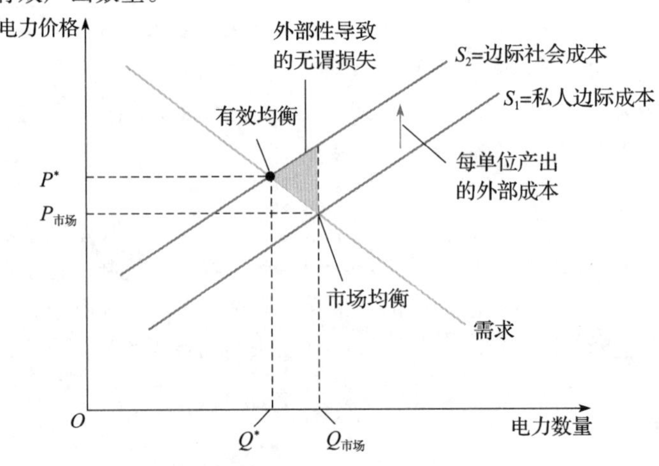

图11-1　生产负外部性的影响

如果从社会成本来考虑，上述结果将会发生变化。因为社会成本是厂商成本之外再加上治理污染的支出。所以以社会成本为基础的供给曲线 S_2 如图 11-1 所示，是在 S_1 基础上向上移动一段距离，这段距离表示社会对每单位产品付出的治污成本或者污染造成的成本，简称外部边际成本 EMC，即 $S_2 = S_1 + EMC$。依据社会成本形成的供给曲线和需求曲线，得出的产出数量要小于前面的私人产出数量！或者说，如果由厂商按私人成本来确定产出 $Q_{市场}$，产量过“多”了，因为从社会来看的有效产出水平仅为 Q^*。

按私人成本与按社会成本确定出了不同的产出水平，效率损失也就由此而生。对于 Q^* 与 $Q_{市场}$ 之间的产量，社会付出大于消费者愿意对此支付的价格水平，所以造成了无谓损失，如图中阴影所示。

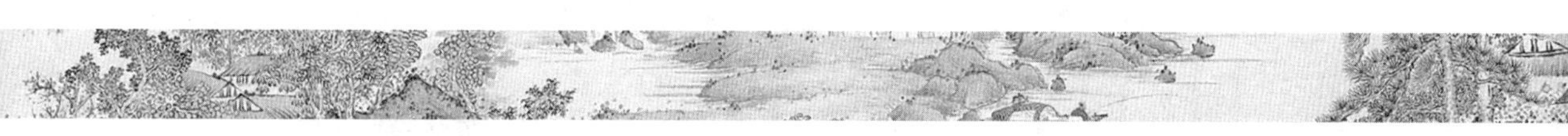

专栏 11-1

二手烟的外部性

当吸烟者在非吸烟者附近点燃一支香烟时，非吸烟者就面临负外部性影响。这些外部因素可能会导致吸烟者和不吸烟者之间关系紧张。许多不吸烟者认为，他们应该有权呼吸清新的空气。他们通常通过皱眉、躲开、抱怨或礼貌地要求吸烟者熄灭香烟来表达他们的不满。吸烟者的反应可能会是抱歉地熄灭香烟，也可能会是坚持其享有吸烟的权利等。

经济分析无法揭示双方权利谁更具道德上的优先性。然而，它确实告诉我们，吸烟者未能向不吸烟者支付费用将导致资源非有效配置。市场失灵的严重程度取决于外部性的程度。因此，经济学家们认为，确定“二手烟对他人只是一种轻微的烦恼，还是一个严重问题”非常重要。

大量科学研究得出的结论是，经常接触二手烟会产生严重的健康问题。例如，一项研究表明，二手烟将导致患肺癌的风险增加 22%，患宫颈癌的风险增加 41%，患哮喘的风险增加 44%，患慢性肺病的风险增加 83%。在美国，二手烟造成的死亡人数，每年约有 5 万人。该项研究指出，二手烟对美国造成的年度直接费用为 49. 8 亿美元（包括治疗二手烟造成的疾病和残疾的费用）；此外，它还涉及年度间接费用 46. 8 亿美元（包括工资、附加福利和因过早死亡或残疾失去劳动能力）。考虑到该项研究未能量化的各种成本（如亲人护理的机会成本），二手烟造成的年度总费用可能超过 100 亿美元。

资料来源：Donald F. Behan，Michael P. Eriksen，Yijia Lin. *Economic Effects of Environmental Tobacco Smoke*，Society of Actuaries，March 2005；Douglas Bernheim，Michael Whinston. Microeconomics [M]. 2nd ed. New York：The McGraw-Hill，2014：709。

2. 消费的正外部性造成经济效率减损

外部性不仅影响生产，也影响消费。下面我们以“受到大学教育具有消费正外部性”为例来说明。我们可以看到，即使是正外部性也会造成效率损失。

正如负外部性会造成私人成本与社会成本不一致，正外部性也会造成私人得益与社会得益不一致。我们知道，需求曲线代表的是消费者从产品中所得到的好处（效用），所以他们愿意的付出等于效用的价格。正如受教育的学生并未获得大学教育的全部好处，社会也会因受大学教育人数增加而获益，所以，代表私人得益的需求曲线不同于社会得益的曲线。

代表私人得益的需求曲线不同于社会得益的曲线会怎样影响社会资源配置效率呢？我们以图 11-2 来说明。在图中，D_1代表对大学教育的需求曲线，仅仅表示私人得益。如果包括了社会因为大学教育的获益情况，我们用 D_2代表，这是在 D_1基础上，再加上每单位大学教育带给社会的好处 EMB，即 $D_1 + EMB$。

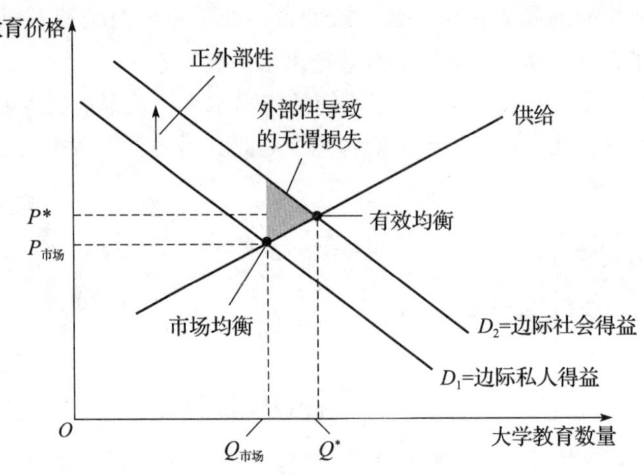

图 11-2　消费正外部性的影响

在面对同样大学教育供给曲线的情况下，D_1与供给曲线相交决定的大学教育数量为 $Q_{市场}$。从社会来看，这样的数量并非有效产出数量！因为考虑到正外部性后，对社会来说最佳的数量是需求曲线 D_2与供给曲线交点的 Q^* 处。显然，考虑社会得益情况下的最佳数量大于仅仅考虑私人得益时的水平。

比较 D_1、D_2不同的产出水平，我们可以发现，如果完全由消费者（受教育者）自主决定，数量仅仅为 $Q_{市场}$，因为低于社会最佳产出的产出水平 Q^*，所以造成产出不足，对社会也就是无谓损失，如图 11-2 阴影区域所示。

总之，如果存在外部性，无关正负，都会造成无谓损失，偏离有效状态。所以外部性造成市场失灵。

11.1.2　外部性的治理

对于外部性造成的效率损失，人们不会坐视不理。所以，也就有了针对外部性的治理政策。外部性引起问题的原因是市场参与人在决策过程中不考虑外部性造成的得益和成本变化。所以，解决问题的思路是将外部性“内部化”。

这包括两种基本思路：一种是尽可能利用市场机制，通过参与交易的个体自身的行为来解决；另一种则是借助政府力量来强制解决。具体治理方法也主要从两个方面考虑：影响价格和影响数量。

1. 外部性的市场解决方案

现代社会中，污染随处可见，如何治理是社会一大难题。污染是典型的负外部性现象，接下来，我们以污染治理为例来分析如何治理外部性。

（1）污染的有效水平。

不论是通过市场方法还是政府力量治理污染，一般总有一个参考的标准或目标。我们先考虑治理污染的目标是什么。将污染治理到零水平显然是过于理想的想法，有产出就会有污染，所以不可能全面禁污。但具体应该治理到什么水平呢？一般应该以某一设定的有效产出水平可容忍的污染水平作为目标。所以，**污染的有效水平**是指与有效产出水平相适应的可接受的排放水平。按照经济学原理，这一水平可通过成本 - 收益原理得出。

对污染有效水平的分析，我们以污染物减排数量来表示。从减排的成本来看，一般具有如下特点：污染程度高时，减少 1 单位污染物排放所需成本相对较低（因为相对容易治理），随着污染物减排总数量的增加（污染变轻），减少 1 单位污染物排放的成本开始提高。所以，污染减排的边际成本曲线如图 11-3 所示是向上倾斜的。

从减排的收益来看，一般具有的特征是：污染程度严重时，减少 1 单位污染物排放带来的收益非常显著，但随着污染程度变轻，每减少 1 单位污染排放带来的收益将逐渐下降，所以减排带来的边际收益曲线如图 11-3 所示是向下倾斜的。

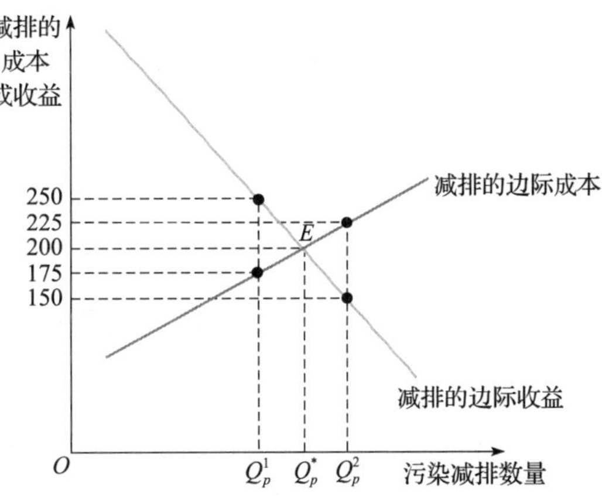

图 11-3　最佳污染减排水平

显然，最佳的污染减排水平是减排带来的边际收益与付出的边际成本相等之时，也就是两条曲线相交的 E 点，此时最佳的污染减排数量为 Q_P^*，这也是有效减排数量。减排数量低于该水平时，如 Q_P^1，我们看到减排的边际收益大于边际成本，所以应该继续增加减排数量；但当减排数量高于该水平时，如在 Q_P^2点，减排的边际收益小于边际成本，减排造成了社会利益损失，应降低减排数量。

（2）**基于科斯定理的解决方案**。

所谓市场化解决手段，简言之就是通过市场行为主体自己而非政府来解决外部性问题，解决方案的原理就是科斯定理所描述的情形。这是以诺贝尔经济学奖获得者罗纳德・科斯（Ronald Coase）命名的一个经济学定理。所谓**科斯定理**是指，不论产权如何界定，只要交易成本为零，市场行为人就能消除外部性问题，达到市场有效水平。所谓**产权**是指，个人或厂商拥有的排他性使用权，包括买卖商品的权利。科斯定理适用的情况要求产权界定清晰，但权利究竟归谁对结果的有效性没有影响，只是影响收益归属。

对污染治理而言，科斯定理的解决思路是在满足定理的情况下，通过协商谈判可解决污染带来的外部性问题，或者说，可以将外部性内部化。只要界定清楚污染权归属，通过私人谈判就可以治理好污染问题，我们看如下例子。

一家工厂向一条河中排放污水，造成污染，假设在这种情况下，工厂获利 60 万元，工厂可以花费 R 万元的费用治理污染。简单起见，假设工厂污染河水造成下游一个村子的粮食减产。无污染时，该村子粮食获利为 37 万元，遭遇污染后的利润变为 25 万元。在工厂不治理污染的情况下，工厂利润 + 粮食利润 = 60 + 25 = 85 万元。在治理污染的情况下，工厂利润 + 粮食利润 = (60 - R) + 37 = 97 - R 万元。两者相比，如果 $R > 12$，则工厂不宜治理污染，因为治污成本大于收益；如果 $R < 12$，则治污就是有效的。

下面我们看交易成本对协商过程的影响。

假定工厂有权排污，工厂治理污染的支出为 7 万元，因为村子粮食受影响，造成的损失为12万元。该村种植户希望工厂能治理污染，那么工厂治理污染的成本支出7万元就需要村子方面来支付。如果没有其他成本支出，村子应该会愿意支付这笔治污费用。但是，如果该村的种植户人数众多，他们之间对是否出钱来支付治污费用要花费时间精力进行协调，同时还要与工厂进行沟通商讨如何进行治理，这一过程所耗费的成本即是简单的**交易成本**，如果该成本超过5万元，那么工厂治污的情形可能并不会出现。也就是说，交易成本与治污费用的和超过了工厂污染造成的损失，自然不会进行下去。所以，要使得市场参与者进行协商解决，交易成本不能过高，这时无论财产权如何分配，私人当事方之间的自愿协议将弥补与外部性相关的市场失灵并恢复经济效率。

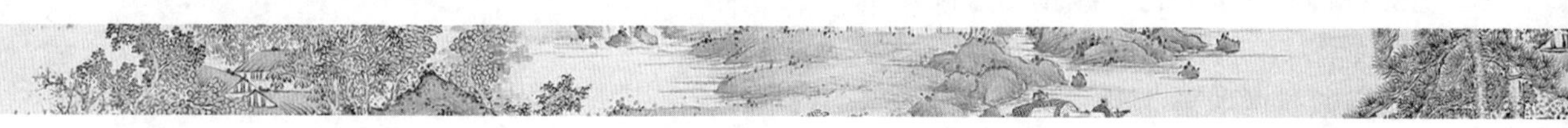

专栏 11-2

真正的用电成本为多少

2011年，三位著名经济学家尼古拉斯·穆勒（Nicholas Z. Muller）、罗伯特·门德尔松（Robert Mendelsohn）和威廉·诺德豪斯（William Nordhaus）通过分解行业，发表了一篇雄心勃勃的研究论文，估算了美国1万个污染源造成污染的外部成本。在研究中，他们对六种主要污染物排放量造成的社会成本进行了模型化估计：二氧化硫、氮氧化物、挥发性有机化合物、氨、细颗粒物质和粗大颗粒物质。所估算成本有多种形式，从对健康的损害到导致农业产量减少。对于发电部门，三位作者也分析了包括二氧化碳（许多温室气体中的一种）排放引起的气候变化所导致的社会成本，对每个行业污染的外部总成本（TEC）进行计算，然后比较由该行业给社会创造的总价值（TVC）。

一个行业的TEC/TVC比率大于1，表明这个行业污染的外部总成本超过创造的总价值。换言之，比率大于1，从边际角度看，行业产量的减少与随之而来的污染的减少会增加社会总福利。但这些研究者强调，这并不意味着该行业应该关闭。相反，它只是意味着当前的污染排放水平过高。任何估算温室气体外部成本的模型都有一种有争议的话题：碳社会成本（SCC）到底应该定一个什么价格。因为气候变化带来的负面影响主要落在后代人身上。

今天我们应该如何估算强加给那些尚未出生的人的成本？这肯定是一个棘手的问题。经济学家为解决这个难题，用多种方法估计SCC。例如，在2013年11月，美国承担保护环境任务的联邦机构环境保护署（EPA），公布的SCC估计值范围为12~116美元，确定每吨二氧化碳的成本为37美元。

对SCC比较保守的估计为27美元。穆勒、门德尔松和诺德豪斯比较了两类发电（燃煤电厂和天然气电厂）的TEC/TVC比率和每发1千瓦时电的TEC。

	TEC/TVC	TEC/千瓦时
燃煤电厂	2.83	0.039（美元）
天然气电厂	1.30	0.005（美元）

我们看到，发电的两种模式都应该受到规制：TEC/TVC比率都大于1，社会可以从排放量减少中获益。并且，虽然两种方式都排放温室气体，但用天然气发1千瓦时电的TEC是用煤发电的近1/8。这是因为天然气燃烧比煤炭更清洁，产生的有毒污染也更少。2013年，美国平均每千瓦时电量成本略高于0.11美元，保守估计以燃煤发1千瓦时电的外部成本为

零售价的 1/3，而天然气发电仅为 1/20。

作为对碳排放越来越关注的回应，2014 年年初，美国环保署发布了规定，限制新建燃煤火力发电厂和天然气火力发电厂以减少碳排放量。该规定应该不会阻碍建设新的天然气发电厂，因为其最新的技术符合标准。但是，根据新的规定，新建燃煤发电厂不可行，除非它们使用碳捕获和存储技术，可以捕获碳排放量的 20% ~40%，并存储到地下。而使用煤炭的倡导者认为，新规定将有效阻止新燃煤电厂的建设，市场力量也会越来越弃煤而转向天然气，因为水力压裂法已经使天然气成本大幅下降。

资料来源：保罗·克鲁格曼，罗宾·韦尔斯. 克鲁格曼经济学原理（第 4 版）[M]. 赵英军，译. 北京：中国人民大学出版社，2018：267。

2. 解决外部性的政府政策

关于外部性的解决办法，在影响价格方面政府是通过征税（负外部性）或补贴（正外部性）、数量控制来进行的。这一思路是英国剑桥大学经济学家庇古（A. C. Pigou）提出的，所以也称为庇古税与庇古补贴。向制造外部性的人针对造成的外部成本征税或者针对带来的外部收益提供补贴，这样外部性将纳入决策过程。

（1）**庇古税**。

我们仍然以发电厂为例来说明什么是**庇古税**。因为电力公司发电排污会造成负外部性，所以政府对此征税，针对每单位发电量的税收额相当于每单位发电量所造成的负外部性。这样造成的结果是电力供给曲线向上移动正好相当于税收额（外部成本）的距离，税后形成的新市场均衡就是有效均衡，对应有效产量（发电量）和有效价格（见图 11-4）。从图中可以看出，征税后，S_1（私人边际成本）移动到 S_2（征税后的私人边际成本等于边际社会成本），形成新的均衡，正好“将负外部性带来的损失内化为企业成本”。

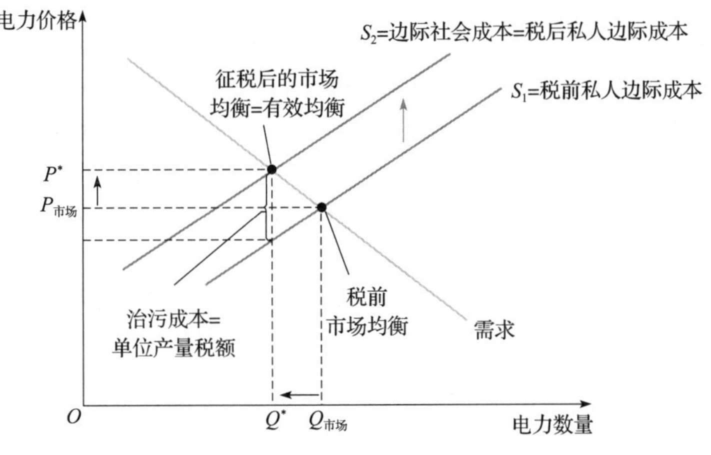

图 11-4 运用庇古税来修正负外部性

（2）**庇古补贴**。

与负外部性通过征税来修正类似，对正外部性则宜通过补贴来鼓励。

我们以大学教育为例来说明。受过大学教育者有正外部性，但外部性的得益并非为受过教育者所获得，为了鼓励，政府可以对受过大学教育者提供相当于正外部性的补贴，使得这种外部得益“内化”为受过教育者的私人得益（见图 11-5）。从图中可以看出，补贴后，需

求曲线从 D_1（补贴前边际私人得益），移动到 D_2（边际社会得益 = 补贴后的边际私人得益），新的均衡正好就是有效均衡，对应于有效均衡数量和价格。

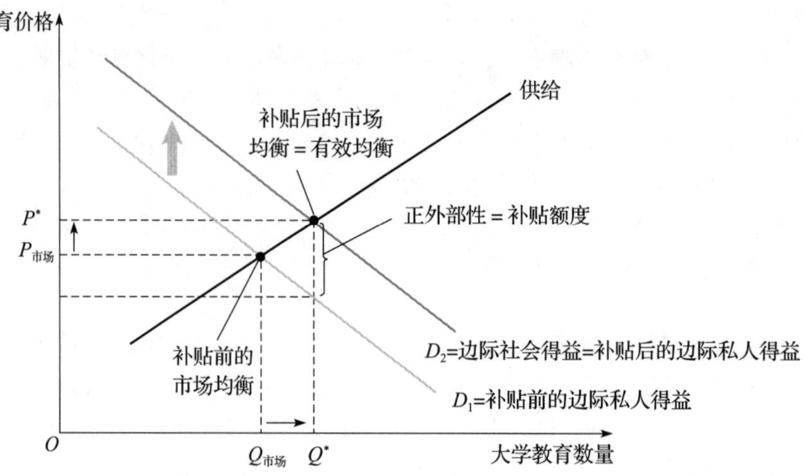

图 11-5　运用庇古补贴来修正正外部性

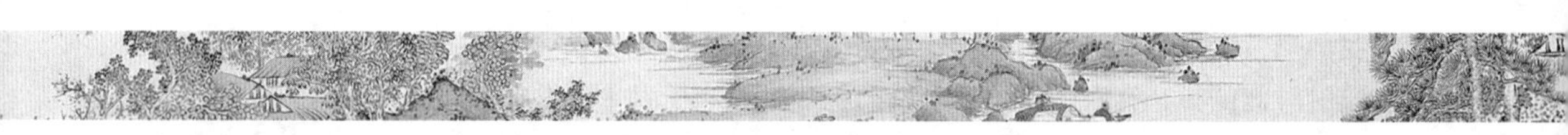

专栏 11-3

提高开车成本能改善市场交通吗

想象一下，路上只有你一人驾车独行，你可以快速前进，不用理会红绿灯和交通标志，或者左转弯时不用事先检视是否对面有车开过来——你不用担心会与另一辆车相撞。但是，如果路上还有其他车辆，开车就会产生巨大的负外部性。得克萨斯州 A&M 运输研究所最近估计的结果表明，美国人为道路拥堵每年付出的燃油成本和生产力损失超过 1 600 亿美元。这还不包括与路上其他车辆发生的追尾或剐蹭事故。开车人犯的大多数错误，就是违规越线或闯红灯，若当时正好有另一辆车，就会相撞酿成车祸。

2003 年，时任伦敦市长的肯·利文斯通（Ken Livingstone）研究了伦敦市因开车造成的外部性，他认为这些外部性非常严重。仅在早高峰时段，就有超过 100 万人涌向市中心。虽然伦敦市提供公共交通服务，但使用这些服务的人只是很小一部分。因此，在伦敦公路上通勤的人员（开车人、乘公交者、骑自行车者）不仅行程缓慢，而且有安全风险。

利文斯通市长试图利用经济学原理通过对开车人征收庇古税来解决这一问题。从 2003 年开始，所有进入伦敦中心区的司机都要缴纳 5 英镑费用（驾驶税）。在这笔费用征收之前，有人估计，伦敦人将为此支付的费用大约为 2.86 亿英镑，但是，从节省时间和车辆运营成本方面，能得到大约 3.31 亿英镑的回报。在征税的第一年，拥堵减少了大约 30%。开车的行驶速度达到了 20 世纪 60 年代以来从没有过的速度——每小时近 11 英里，高于征税前的每小时 8 英里。伦敦居民希望随着时间的推移，收费也会减少空气污染。

令人惊讶的是，路上车辆减少的最大好处并非拥堵与污染缓解。事实上，经济学家亚伦·埃德林（Aaron Edlin）和皮纳尔·卡拉卡-曼迪克（Pinar Karaca-Mandic）测算，到目前为止，驾驶税带来的最大好处是道路上汽车减少后交通事故减少。据这两位学者估计，道路上每多增加 1 名开车人会导致其他司机的保险费用提高总计约 2 000 美元；换言之，1 名开车人给其他司机带来 2 000 美元的外部性。收费之后，伦敦市的车祸发生数量减少了约 25%。

收取通行费是处理汽车外部性的一种方式，征收汽油税是另一种方式。征收燃油税后，汽油价格上涨，人们出行将减少开车次数。埃德林和曼迪克发现，想抵消车祸外部性，合适的燃油税至少为每加仑[⊖]汽油 1 美元。征收这种规模的税收，除了道路更安全之外，每年还将为政府带来约 2 200 亿美元的收入。

资料来源：Austan Goolsbee，Steven Levitt，Chad Syverson. Microeconomics [M]. 2nd ed. New York：Worth Publishers，2016：665-666。

（3）**数量控制**。

数量控制也是政府控制外部性的手段。对具有外部性的产品进行数量控制包括：控制产品数量，或者对生产者或消费者能够购买的产品的外部性进行限制（负外部性情形）；要求生产者或者消费者必须购买一定数量具有外部性的产品（正外部性情形）。控制产品数量就限制了外部性。

数量控制的原理与政府数量管制类似，都是要求一个低于市场水平的数量。我们仍然以电力公司的例子来说明，如图 11-6 所示。如果有效发电数量为 Q^*，政府就可以将发电数量直接限定在 Q^*，这样产量正好就是有效数量。

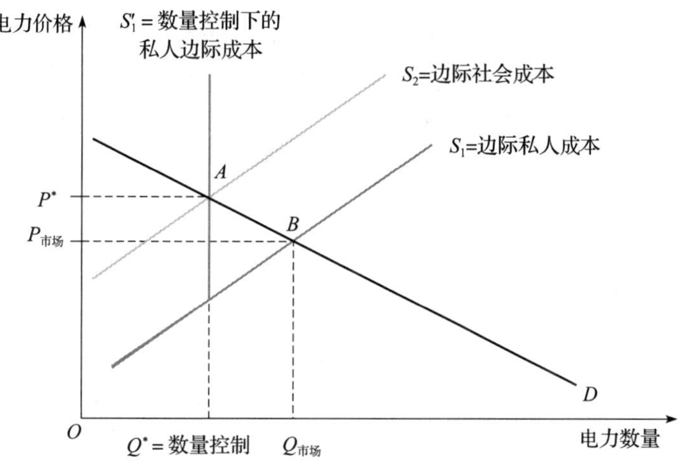

图 11-6　数量控制下治理负外部性

现实生活中，对污染企业的排污数量进行限制就是数量控制，对噪音、公共水域的捕捞等也可采取这种做法。

在现实中对于正外部性产品的数量控制很少见，因为这种情况下要求人们购买或供给比市场数量更多的数量。但也有少数例子，如大部分现代国家都要求一定年龄以下的未成年人必须上学读书，要求人们接种疫苗、购买汽车保险，等等，这些都是建立在数量控制手段之上的做法。

3. 混合的市场化手段

数量控制也许是控制污染等典型负外部性的好方法。但是，在控制总量的情况下，将这

⊖ 1 英制加仑约为 4.5 升。

些控制指标合理分配给各个企业显然不易操作。因为每家企业的成本水平、技术水平并不相同，由政府或其他代表公众利益的机构来分配都有难处。如何解决这一难题呢？可交易许可证（tradable permit）可以解决这一难题。下面我们以排污许可证为例来对此加以说明。

政府确定最佳排污目标后将排污许可证发给企业（或者通过企业竞价购买许可证），企业按照许可证要求的数量来排污。这从总量上控制了污染物的排放量，而且允许企业之间交易许可证，这样就可以满足不同排污企业的需要了。有些企业排污量少，可以将剩余指标卖给其他企业，这大大简化了管理者分配排污指标所面临的难题。许可证交易可以有效地以最低成本来实现减排的总目标，大大降低监管成本。这一体系也被称为**总量管制与交易制度**（cap-and-trade）。

可交易许可证市场也可以理解为一种排污权交易市场。外部性本来难以量化，但许可证交易等于为污染设立了一个市场，为污染等外部性确定了价格，也就让制造外部性的人面临一个具体的成本压力，增强对外部性的认识。

11.2 公共产品

前面的外部性讨论给我们提出了一个有意思的问题，不同产品具有不同的特性直接影响其产出是否有效。对物品的区分可以有不同的标准，如必需品与奢侈品，正常物品和低档物品，等等。但是，以一种产品是否能够被有效提供来区分，具有更特殊的意义。与前面讨论的外部性相类似，有一类物品也可能导致市场失灵，无法实现有效产出，如国防、公共道路等，这类物品就是公共产品（public goods），或称公共品。那么，公共产品具有什么特性呢？怎样提供公共产品？由谁来提供呢？

11.2.1 物品的属性

观察现实环境可以发现，市场有效率地生产出来的产品，具有如下特性：①排他性，物品的供应商可以阻止其他人不付费消费；②竞争性，同一单位物品（如1杯咖啡）供1人消费时，该单位物品（该杯咖啡）就不能同时由他人消费。然而，现实中还有许多产品，或者是非排他性的，或者是非竞争性的，或者既是非排他性的，也是非竞争性的。

情形一，私人物品，既具有排他性，又具有竞争性。例如，1部手机具有竞争性，你购买后，其他人就无法再购买这部手机；如果你不支付购买手机的钱，手机销售商将阻止你消费，这就是排他性。

情形二，俱乐部物品，具有排他性，但却是非竞争性的。例如，付费的网络电视服务，当转播一场体育比赛时，该服务具有非竞争性，一个人观看比赛转播实况并不会阻止其他人接收同样的转播信号。但这种服务具有排他性，不支付费用订购者接收不到比赛的信号。

情形三，公共资源，具有非排他性，但具有竞争性。例如，海洋中的鱼类是非排他性的，有能力捕捞的人或机构都可以捕捞；但这种资源又具有竞争性，一条渔船捕到的鱼，不可能再被其他船捕捞到。

情形四，公共产品，正好与私人物品相反，既具有非排他性，又具有非竞争性。例如，公共排水系统，你可以使用该系统，其他人也同样可以使用；无论该系统是私人建造的，还是公共机构建造的，不付费的人都可以使用。

上述四种情形比较参见表11-1。

表 11-1　物品的四种类型

	排他性	非排他性
竞争性	私人物品：汽油、米饭等	公共资源：公海的鱼、收费高速公路等
非竞争性	俱乐部物品：网络电视服务、付费使用的计算机软件等	公共产品：国防、公共排水系统等

11.2.2　公共产品的供给

1. 只有私人物品，市场才能有效提供

如果利用市场机制来提供一种物品，前述四种类型的物品中，只有私人物品，也就是同时具有竞争性和排他性的物品，才能被有效提供。

如果不具有排他性，比如一家厂商，不论人们付费与否，都会免费提供汽油，那我们相信，这个厂商一定无法长期生存下去。从消费者方面来看，如果无须付费就可消费，人们往往不会付费，他人付费提供产品后，他们可以搭便车，这就形成有名的**“搭便车”问题**（free-rider problem），也就是不付费而享受产品的行为。生活中这种事例，较为普遍地存在，如群体完成工作中，总有部分人员偷懒。尽管非排他性对消费者有利，但生产者并不愿意提供，更不用说有效产出水平了。

如果是有排他性，但无竞争性的情形，如在线点播电视节目等，供应者可以通过排他性获得回报，但是，因为非竞争性，客户点播一档节目带给供应者的边际成本几乎为零。按照有效定价原则，最优的提供数量应该到点播者边际收益为零时。但现实中不可能如此，所以就算消费者付出的价格高于生产者提供产品的边际成本，也并未实现有效产出水平。

因此，只有同时具备竞争性和排他性的私人物品，才能保证生产者获得应有的回报，消费者也愿意支付低至边际成本的价格水平，这样才能实现经济有效（其实不存在限制竞争的其他因素）。

2. 公共产品的供给

公共产品的特性决定了其必然面临供给难题：由谁来提供公共产品？

公共产品可以通过多种方法来提供，大体上可以分为两类：①非政府机构提供；②政府提供。具体可分为以下几种。

第一，自愿捐赠。即由私人捐赠来提供一些公共产品，如铺桥修路、资助教育、科学研究等。但对一些耗资巨大、影响范围广的研究项目，是无法靠私人捐赠来承担全部费用的。

第二，由个人、厂商提供。自利的个体之所以这样做，是因为他们可以通过间接方式来获利。如网络公司、电视台等向公众提供免费观看的网页和电视节目，但他们能通过销售广告来获利。

第三，由政府来提供。最重要的公共产品，如国防、司法体系、国家交通网、疾病预防等都是由政府提供的。当然，政府也可以强制人们支付一定的费用（税收）来支持公共产品的提供，尤其是对那些投入大、正外部性非常显著的产品（如国防、司法体系）。

3. 公共产品的最优产出

在前面章节谈到有效产出时，条件是边际收益等于边际产品。当存在外部性时，须将外部成本与外部得益考虑在内，并依据边际社会成本与边际社会得益（MSB）来确定最优产出。

对公共产品而言，因为可供多人消费，带来的边际得益也是多人获得，所以公共产品带来的得益是多人得益相加之后的和。具体说来，公共产品的总边际得益应该是所有消费者边际得益的加总。

公共产品的边际成本与其他产品生产的边际成本一样，按最后提供的1单位公共产品的成本来计算。注意，与公共产品的边际得益不一样，它并非单个产品边际成本之和！

公共产品的最优产出，是产品的边际成本等于总边际得益时的产出水平。我们用图11-7来表现公共产品最优产出水平的决定。假设某种公共产品共有三名消费者 B、N、M，那么该种产品带来的边际社会得益就是三名消费者边际得益相加的和。在图11-7中，如我们在前面所做的那样，将收益、成本表示在纵轴上，边际社会得益曲线就是 B、N、M 三名消费者个人边际得益的纵向加总，即 $MB_B + MB_N + MB_M = MSB$。简单起见，我们假定，提供1单位公共产品的边际成本为常数；公共产品也服从边际收益递减规律，由边际成本与边际社会得益的交点处来决定的最优公共产品数量为 Q^*。

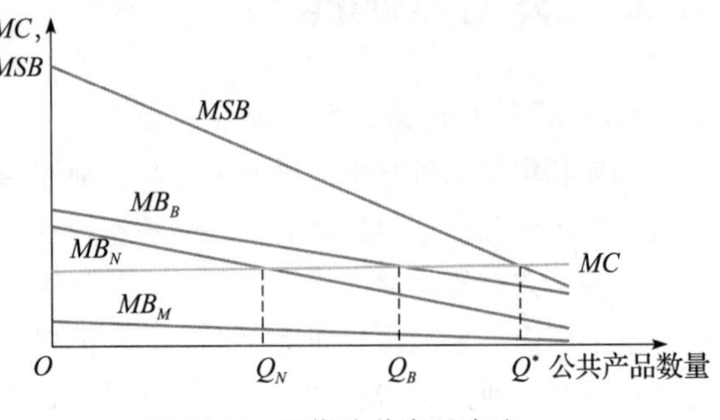

图11-7　最优公共产品产出

但是，如果公共产品完全由各个个体独立做出决策，情况又会怎样呢？对于单个消费者而言，各自需求的最优公共产品并不一致。消费者 B 的最优数量为 Q_B，消费者 N 的最优数量为 Q_N，而消费者 M，根据现有的产品边际成本水平与边际收益比，最优数量为0。其实，如果考虑到公共产品的特性，消费者 B 根据收益进行支付后得到 Q_B 的产量后，N 和 M 都不会对该公共产品进行支付，他们可以搭便车！这样，公共产品将无法实现最优产出 Q^*。

理论模型虽然可以这样通过逻辑推理得出最优产量，但实际上存在的问题是：计算公共产品提供的边际成本容易，但计算边际社会得益几乎不可能。要估计出每位社会成员的边际得益并非易事，一方面个人可能并不一定对自己的得益给出诚实准确的回答，另一方面人们还有着撒谎的动机，因为人们对公共产品的需要是宁多勿少。因此，加总的边际社会得益也就失真了。

11.2.3　公共资源

与公共产品有共同之处，但有所区别的是公共资源。公共资源与公共产品的消费都是非排他的，但因为存在着竞争性，所以公共资源又具有了不同于公共产品的特征。公共资源是具有消费非排他性但又有竞争性的产品，比如公共渔场、洁净的空气和水源。

公共资源的特性造成的主要后果之一是公共资源的过度使用，因为非排他性，人们无须付费，所以人们对该产品的消费会持续到边际收益为零。这也被称为**公地悲剧**（tragedy of commons），因为任何人都可以毫无约束地使用公共资源。比如公共渔场的鱼会被过度捕捞、森林会被过度砍伐，地下水会被过度抽取等，通常公共资源会被过度使用。

公共资源的过度利用问题其实也是一种外部性问题，其根源在于所有个体都不会考虑自己的使用对其他人所带来的负外部性，每个个体都只是根据自己的使用成本来决定对公共资源的使用数量，其结果一定是造成对公共资源的过度使用。

对公地悲剧的修正，可以采用我们前面学习过的对外部性修正的方法和措施。

11.3　垄断

11.3.1　垄断造成效率减损

无谓损失　相对于完全竞争而言，垄断将会阻碍有效产出的实现，造成市场失灵。我们在第 6 章就垄断造成效率减损已经进行过分析，如图 11-8 所示，该图是图 6-18 的变形版。竞争价格为 P_C，竞争数量为 Q_C，垄断价格为 P_M，垄断数量为 Q_M。垄断造成的价升量减所致的无谓损失为 $B+C$。

寻租损失　垄断造成的效率减损，除了前面所说的无谓损失之外，还包括寻租行为（rent-seeking activity）。由于垄断可以带来经济利润，如图 11-8 中的区域 A 就是从消费者剩余转化为厂商经济利润的部分，为了获得和维持垄断地位，厂商往往会想尽办法来影响政府的决策，如游说官员、制造舆论压力，甚至向官员行贿等。这些行为（寻租行为）目的是获得垄断地位，并不能创造任何有益的产出，所以这是一种非生产性的逐利行为，即为了获得和维持垄断地位从而获得经济利润的行为，这样的资源投入同样造成浪费。

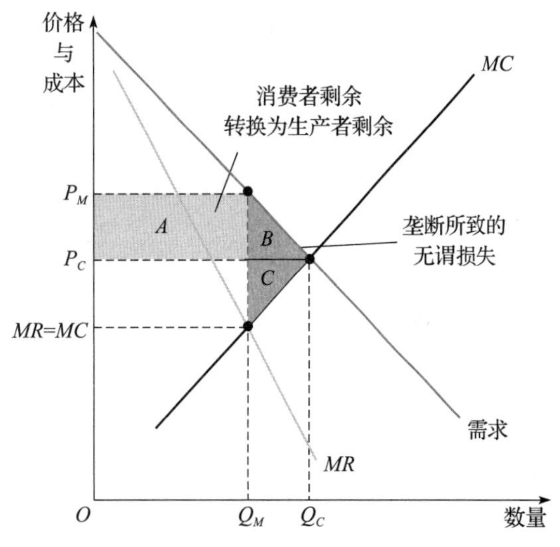

图 11-8　垄断造成的效率损失

11.3.2　垄断治理

垄断治理关键看是否是自然垄断行业。自然垄断行业存在着显著的规模报酬递增现象，产量越大，平均成本越低。其他垄断为非自然垄断。对于自然垄断行业与非自然垄断行业，可以采取不同的治理政策。

1. 对于非自然垄断行业

对于非自然垄断行业，相应的政策是实施反垄断法阻止垄断或者击破已形成的垄断，以促进竞争。

通过法律对垄断行为进行限制是大多数国家常用的做法。反垄断法通过限制厂商的垄断行为来促进竞争。反垄断法不仅对已经取得行业控制地位的厂商进行限制，而且阻止厂商之间通过联合阻碍其他厂商进入行业来减少竞争、垄断市场的行为。

反垄断法作为限制市场势力的强制措施，其影响力较为强大，但是也存在着会涉及大量潜在成本与面临不确定性的缺点。

2. 对于自然垄断行业

对于自然垄断行业而言，因为其特有的规模经济性质，如果采取强制措施来阻止自然垄断厂商，会导致平均成本水平上升，损害消费者的利益。

然而，即使在自然垄断情况下，垄断者追求利润最大化的行为也会造成某种程度上的效率减损。垄断企业也会利用垄断地位损害消费者利益，获取更大利润所以必须进行一定的管理。

（1）**直接价格管制**。

如果由于行业成本结构的原因，导致一个行业只允许一个厂商存在，超过一个厂商，将导致产品成本上涨，这样自然垄断的存在就不可避免。在一个行业中只允许存在一家企业时，政府要对厂商的行为进行管制。管制价格是常用的做法。我们用图 11-9 来看政府管制价格是如何决定的。

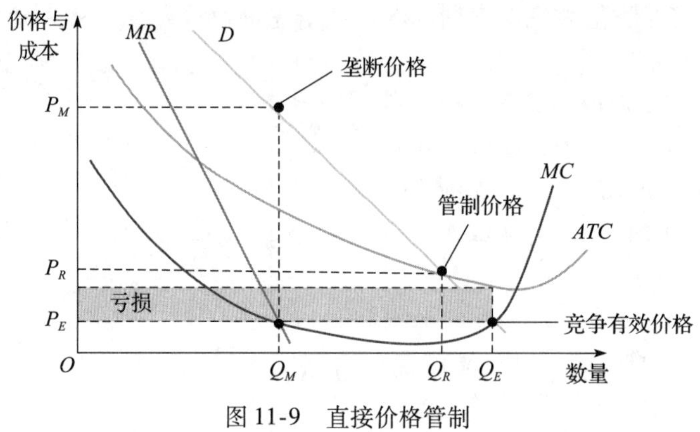

图 11-9　直接价格管制

如果没有政府管制，自然垄断条件下的厂商，将根据边际收益等于边际成本来决定产出和价格，也就是图中的 Q_M 和 P_M，这样的垄断价格显然过高了，厂商也会获得经济利润。如果政府将价格限制在 $P=MC$，这样完全竞争条件下的价格水平 P_E 上，这时也有问题，因为价格低于厂商的平均成本，企业会出现亏损，这并不利于企业的长期经营。一个合理的价格水平应该位于 $P=ATC$，也就是厂商可以实现盈亏相抵的状况，即价格为 P_R，这时的产量为 Q_R。

（2）**实行公有制**。

对于自然垄断行业，不允许私人垄断厂商控制，而是由政府建立公共机构进行经营。这样可以避免私人厂商仅仅为追求利润最大化的经营行为。许多国家的公用事业类行业中的厂商都是由政府建立的机构来经营的。通过这种方式来解决自然垄断企业存在的问题在实践中往往难如人意，一方面，公有制企业会受到政治利益的主导，另一方面，企业经营者在降低产品成本、提高产品质量方面，激励往往不足。

无论是管制价格，还是由政府经营的公有制，从历史上来看，具有周期性变化的特征。每当经济出现低潮，公众对于市场力量信心不足时，政府会进行更多的管制。但当经济平稳运行之后，公众又希望这些企业经营得更有效率。最近 40 年，政府对于自然垄断类行业的管制有所放松，垄断的存在造成了无谓损失，造成了产品价格和边际成本之间存在差额，垄断造成了整个社会的福利减损。

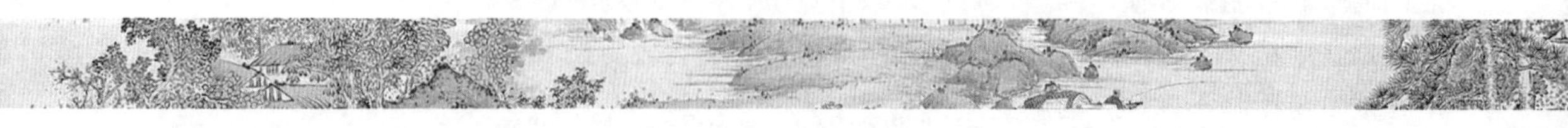

专栏 11-4

苹果公司在电子阅读器上的定价是否违法

2010 年，苹果公司开发出 iPad 时，这对购买电子书籍的读者并非什么好事。新书和畅销书的价格从9.99美元涨到12.99美元或者14.99美元。图书价格的上涨不仅仅出现在苹果公司iBook Store书店中，而且也出现在亚马逊公司Kindle书店等各种书店中。价格大幅上升的原因是什么呢？美国司法部给出了最直接的回答："苹果公司与最大的5家出版商达成协议，提高了电子书籍的价格。"正如一位司法部律师直言的那样，苹果公司直接组织达成了"一份老式的、直接的固定价格协议"。司法部据此起诉苹果公司违反了反托拉斯法。该起诉讼属民事诉讼，这意味着，美国司法部并没有对苹果公司高层管理者提起犯罪诉讼。

当亚马逊公司在2007年开发出Kindle电子书阅读器后，其出售的大部分新书和畅销书都定价为9.99美元，甚至低于出版商给亚马逊公司书籍的价格。亚马逊公司认为，亏损出售电子书籍将会增加Kindle的销售数量。然而，大部分出版商对亚马逊公司低价出售电子书并不高兴，因为这样的价格将会减少纸质版畅销书的销售数量，而后者是出版商很大的利润来源。根据美国司法部的说法，苹果公司利用出版商的不满提出了一个"代理定价模型"（agency pricing model）。根据这一模型，出版商确定电子书籍的零售价格，苹果公司获得每本电子书价格30%的收入。

此外，苹果公司与各出版商达成的协议中有一个条款，允许苹果公司跟随其他电子书零售商的价格来定价。根据这一条款，如果亚马逊公司继续按照9.99美元销售电子图书，苹果公司也可以这么做。随后，出版商坚持亚马逊公司也必须按照代理定价模型定价。如果亚马逊公司不做调整，各出版商在纸质版图书第1版出版几个月后才允许亚马逊公司销售电子版图书，这无疑给了苹果公司在电子图书市场中巨大的机会。在这种情势下，亚马逊公司也采用了代理定价模型，出版公司能够将大部分新书的价格提高到12.99美元或14.99美元。

在审讯中，苹果公司认为，自己并没有试图与出版商达成固定价格协议。苹果公司只是建议了一个与其在iTunes中已经使用的下载歌曲类似的定价模型。正如苹果公司负责与出版商谈判的高管所说的那样："我并没有抬高价格，是出版商自己定价。"在审讯中，出版商的代表也作证，他们并没有与苹果公司或其他公司串谋来确定电子书价格。

不过最后，主审法官还是裁定苹果公司与出版商串谋提高了电子书价格。依据这一裁定，法官建议司法部禁止5年内苹果公司与出版商执行代理定价合约。苹果公司对法官的判决提出上诉。

2015年，上诉法院维持原判。然而，其中一位法官有不同的看法："苹果采取措施与垄断者竞争，并向更多的参与者开放了市场，在此过程中只形成了微小的竞争限制。"司法部不同意这名法官的这一分析，并对上述法院的判决表示欢迎，并断言："由于苹果和出版商被告试图消除电子书销售中的价格竞争，消费者被迫为许多电子书产品支付更高的价格。"苹果公司为此向美国最高法院提起上诉，2016年3月上诉被驳回，苹果公司还需要支付4.5亿美元的赔偿金。

司法部对苹果公司的诉讼是政府试图防止企业"人为限制竞争，提高价格"的一个典型案例。正如我们已经知道的那样，价格提高将导致消费者剩余经济效率的减损。

资料来源：Glenn Hubbard，Anthony O'Brien. Economics［M］. 6th ed. London：Prentice Education Limited，2017：516。

11.4　信息不完全

在前面有关市场（特别是完全竞争市场）的分析中，我们暗含了一个分析前提：市场参与者对市场交易拥有完全信息，消费者了解所购买商品的属性，厂商了解产品市场中的市场需求，也了解生产要素市场中要素的品质、生产过程中劳动者的努力程度，等等。

但现实生活中，与商品相关的信息并非被参与人完全掌握，或者说，要掌握这些信息，需付出高昂代价。所以大多情况下，**信息是不完全的**，或者说**信息是不对称的**，交易中一方掌握的信息会多于另一方。不完全或者不对称信息对市场运行会产生很大的影响，有时候会造成整个市场交易崩溃，市场参与者也会因此遭受损失。

11.4.1 信息不对称导致市场崩溃的原理

信息不对称导致市场交易崩溃的经典事例是二手车交易中的**次品车问题**，也被称为柠檬车问题（因为质量不好的车在美国也被称为“柠檬”）。诺贝尔经济学奖获得者乔治·阿克洛夫（George Akerlof）在1970年首次提出了这一问题。下面我们通过一个简单的例子来说明信息不对称是如何造成市场失灵的。站在买方立场对二手车估值：好车，价值为5万元；次品车，一文不值。站在卖方立场进行估值：好车，价值为4万元；次品车，一文不值。

情形一：二手车的质量可以被双方观测。因为对二手车的质量双方都可以观测，所以市场中质量好的二手车将在4万~5万元的价位成交。买卖双方交易后，福利状况都得到了改善。但是，对于次品车，不会有市场交易，因为双方对次品车的评价为零，而且双方都知道这是次品车。

情形二：二手车的质量不可观测。按照常规，卖方对要出让的二手车了解得要比买方多，知道是质量好的车还是次品车，这就是信息不对称。而买方知道，市场上出售的二手车中，好车和次品车各占一半，也就意味着，买到好车的概率为50%。

在这样的背景情况下，二手车的购买者因为无法辨别好车与次品车，所购车辆只有50%的概率是好车，所以他对所购买车辆的期望值估值为：$5\times0.5+0\times0.5=2.5$ 万元。也就是说，他对二手车愿意出的最高价格为2.5万元。

对二手车的出让者来说，他们对好车的估值为4万元。他们知道，购车人并不能区分好车与次品车，所以也知道，买方对每辆车愿意出的最高价格为2.5万元。因此，好车的所有者并不愿意卖出，而次品车的所有者则乐于进行交易。

当二手车的买方意识到，好车所有者不会出现在市场中时，那市场中销售的车就都是次品车（放宽泛一些，即使不为0，也都是2.5万元以下的车）。

在这种情形下，双方信息不对称，导致市场交易不会进行，市场崩溃。

上述分析说明，第一，是信息不对称问题而非产品的质量差异导致市场交易失灵。如果产品的质量可以明确分辨，那么优品优价，劣品低价，市场交易仍然可以进行。第二，信息不对称问题，对掌握信息占优势一方与不占优势一方都会造成损害，因为它使得本来可以改善双方福利的交易无法进行了。

当然，现实中的情况还要复杂得多，不会像前面分析的那样仅是两种分布的情形，卖方与买方的估价也不会这么简单，而是存在多种情形，所以二手车市场并不会就这样完全崩溃掉。

以上只是举了卖方有消息优势的例子，当然也有买方占有信息优势的情形。

对信息不对称问题可进一步参看第12章“微观经济学理论的新发展”。

11.4.2　解决信息不对称问题的方法

1. 强制披露信息，降低信息不对称程度

信息不对称由信息披露不彻底造成，最直接的解决办法就是强制披露。政府为此可以制定相应的政策法规要求厂商在能公开的交易中披露相关信息，如前面所说的二手车交易中，卖家应该提供相关车辆的资料，如二手车的质量证明书、大修次数等。对于信息不对称问题较为突出的行业或市场，政府还可以介入以缓解信息不对称问题，比如在劳动市场中，通过设立就业服务中心能够沟通劳动供求双方的信息；在保险市场中，要求投保人必须进行健康体检等。对于故意向另一方隐藏信息的行为，还可以根据政府政策法规进行处罚，以促进沟通信息。

2. 通过制度设计，激励披露真实信息

在信息不对称情况下，还可以通过制度设计，降低信息不对称的程度，让信息掌握优势方多披露信息，让信息掌握劣势方获取信息，有三种基本方法。

（1）信息掌握劣势方可以通过**甄别筛选机制**（screening）来收集信息掌握优势方已有的信息。比如，保险公司通过体检来获得投保人的信息；消费者只购买符合一定标准的产品，如购买品牌产品。

（2）信息掌握优势方可以通过**筛选显示机制**（signaling）把信息传达给信息掌握劣势方。比如，产品质量好的企业推出的三包规定等，其实就是对买家表明态度，我不担心产品会出问题。因为，如果产品质量有问题，出售方将会付出高昂的代价。在劳动市场中，通过设计不同的薪酬制度可以激励隐藏劳动能力者多付出，如租金制度、计件工资制度、收益分成制度等就是根据不同的努力程度调动劳动者的积极性。

（3）由第三方（政府或者企业）收集信息发送或者出售给需要的参与人。比如，消费者协会发布消费报告，行业协会颁发质量证书，职业中介机构为劳动供求双方提供信息，等等。

3. 提高市场中优质物品的数量

如果市场中的产品绝大部分是高品质的，那么购买者的购买意愿将增加，即使质量不可测时也能产生这样的效果。需求增加，也能激励更多的好产品拥有者向市场提供产品。

本章小结

1. 由于受到外部性、公共产品、信息不完全、垄断等因素影响导致资源配置无法实现有效产出的现象，称为市场失灵。

2. 外部性是指对非直接消费和生产某种产品或服务的行为人产生的有利或者不利影响。外部性依据产生的是有利影响还是不利影响，分为正外部性和负外部性。

3. 外部性存在要么使得生产的私人成本与社会成本不一致，要么使得私人得益与社会得益出现差异。

4. 污染的有效水平是指与有效产出水平相适应的可接受的排放水平，这一水平可通过成本 - 收益原理得出。

5. 科斯定理是指，不论产权如何界定，只要交易成本为零，市场行为人就能消除外部性问题，达到市场有效水平。

6. 政府解决外部性的方法有：征收庇古税、发放庇古补贴、数量控制。

7. 政府解决外部性也可以采用混合的市场化手段，如总量管制与交易制度。

8. 可根据是否具有排他性与竞争性，将物品分为四类：私人物品、俱乐部物品、公共资源、公共产品。

9. 只有私人物品，市场才能有效提供。如果不具有排他性，就形成“搭便车”问题。

10. 公共产品可以通过多种方法来提供，大体上可以分为两类：①非政府提供；②政府提供。

11. 公共产品的最优产出是边际社会得益与边际社会成本相等时的水平。

12. 边际社会得益就是所有享受到公共产品的消费者的边际得益相加的和。

13. 公共资源与公共产品的消费都是非排他的，但因为存在着竞争性，造成的后果之一是公共资源的过度使用。

14. 垄断造成效率减损，所以垄断也是市场失灵的重要原因之一。垄断还会造成寻租行为，造成寻租损失。寻租是为了获得和维持垄断地位，厂商想尽办法来影响政府决策的行为。

15. 垄断治理政策：对于非自然垄断行业，实施反垄断法；对于自然垄断行业，可以实行直接价格管制、公有制等。

16. 信息不对称是指交易中一方掌握的信息要多于另一方。不完全或者不对称信息，导致市场崩溃。

17. 解决信息不对称问题的方法：强制披露信息，降低信息不对称程度；通过制度设计，激励披露真实信息；由第三方收集信息，发送或卖出信息。

思考与练习

一、简述题

1. 引起市场失灵的原因有哪些？为什么会引起失灵？

2. 什么是外部性？请举出两个正外部性和负外部性的事例。

3. 私人成本什么时候与社会成本不一致？请举出一个事例。私人得益什么时候与社会得益不一致？请举出一个事例。

4. 什么是经济有效（经济效率）状态？外部性怎么样影响市场均衡时的经济有效状态？

5. 邻居家喜欢叫的狗，具有正外部性还是负外部性？什么情况下，喜欢叫的狗带来的是负外部性？什么情况下带来的是正外部性？

6. 经济学家们所说的“污染的有效水平”是什么意思？

7. 什么是科斯定理？为什么涉及外部性的各方有动力达成有效解决方案？

8. 根据科斯定理，如果钢铁厂对由它引起的污染所带来的损害不负有法律责任，为什么钢铁厂也会同意缩减产量（当然也减少了污染）？清洁空气的权利只有被赋予钢铁厂污染的受害人时，钢铁厂才同意减少污染吗？

9. 什么是庇古税？什么是庇古补贴？分析庇古税与庇古补贴怎样有助于达到有效水平。

10. 混合的市场化手段、总量管制与交易制度怎样改进资源配置效率？

11. 应用竞争性和排他性与非竞争性和非排他性对四种产品分类进行讨论。

12. 什么是搭便车现象？为什么搭便车与公共物品过度使用会导致市场失灵？

13. 什么是公地悲剧？如何避免？

14. 信息不对称如何造成市场崩溃？

15. 怎样解决信息不对称问题？试举出现实生活中的三个事例。

*第 12 章
CHAPTER12

微观经济学理论的新发展

§ **本章要点**

本章将主要对微观经济学在传统理论之后的新发展做介绍。集中在几个领域：不确定性和风险环境中，以消费者为代表的行为人的最优决策问题，介绍期望效用理论；行为经济学理论；信息不对称条件下的逆向选择、道德风险问题以及拍卖理论；信息不完全情况下的企业委托代理理论。

§ **学习目标**

- 理解期望效用理论；
- 理解不确定性条件下消费者以及生产者的最优决策问题；
- 了解信息不对称条件下的逆向选择问题和道德风险问题以及拍卖理论；
- 了解行为经济学的相关理论。

§ **基本概念**

风险	不确定性	期望效用	风险厌恶	风险偏好
风险中性	逆向选择	道德风险	不对称信息	拍卖

在前面章节的论述中，我们一直假定价格、收入以及其他许多变量都是可以确切知道的，经济行为人的决策都是在确定情况下做出的。但是现实生活中，人们的许多选择往往面临诸多的不确定性。那么，在不确定情况下，经济行为人又如何作为呢？

12.1 不确定性情况下的消费决策

消费者在不确定条件下进行选择，首先需要量化不确定性或风险，然后才能比较和计算。我们通过对不确定性和风险进行量化，并且考虑消费者对风险的不同态度，可以回答这一问题。

12.1.1 不确定性与风险

1. 不确定性与风险

1921 年，弗兰克 · 奈特（Frank Knight）以其博士论文为基础发表的《风险、不确定性和利润》正式将不确定性概念引入经济学的理论殿堂，并在其著作中勾画出风险与不确定性之间明显的区别：**风险**是指那些属于已知或可知其概率分布的事情，**不确定性**则是指那些不可能确切知道概率数值的事件。或者说不确定性是指可能出现一种以上的情况，但我们并不知道会是哪一种状态。不确定会引起风险。如果一个事件未来的可能结果无法用概率表示，就是不确定性。如果一件事件未来的可能结果可以用概率表示就是风险。这就是不确定性和风险的区别。

2. 期望值

在存在不确定性与风险的情况下，如何度量这些因素对选择结果的影响非常重要。利用概率统计原理中求期望值的方法，就成了计算风险条件下，将不确定选择转化为确定选择的一种方法。我们以未来可能获得的不同收入水平为例来说明。

当未来获得不同收入的概率已知时，我们就可以计算收入的期望值了。假设一家工厂为了业务需要，计划扩大生产规模，但对建设什么规模的工厂无法确定，企业做了这样的规划，建一座大型大厂或一座小型工厂，两种规模工厂未来的利润如表 12-1 所示。

表 12-1 两种规模工厂的获利与概率

大型工厂	小型工厂
20% 概率，获得 85 万元利润	20% 概率，获得 45 万元利润
80% 概率，获得 -15 万元利润	80% 概率，获得 -5 万元利润

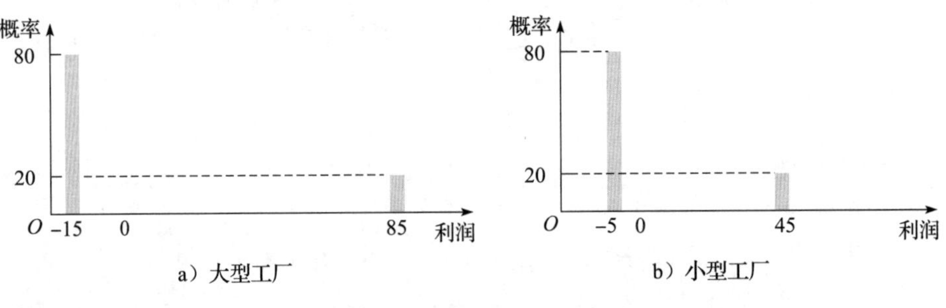

图 12-1 不同的获利水平与概率

如何对这些方案做出评估呢？一般考虑两个方面：①期望的平均利润（均值）为多少？②预期的实际值与均值的距离为多少？

期望的平均利润如下。

大型工厂：利润的期望值 $=0.2\times85+0.8\times(-15)=17+(-12)=5$（万元）

小型工厂：利润的期望值 $=0.2\times45+0.8\times(-5)=9+(-4)=5$（万元）

在这个例子中，大厂与小厂的收入期望值相同。

接下来计算实际值与期望值之间的背离情况。一般用波动性来表现风险的大小。波动性低，意味着实际值对平均值偏离小；而波动性大，意味着实际值对平均值偏离大。经济学为了表现这种偏差，要借助**方差**（或**标准差**）来表示偏差程度的大小，或者风险的大小。

根据上面的数据，大型工厂 80% 的概率偏离均值（期望利润）为 -15-5=-20 万元，20% 的可能偏离均值 85-5=80 万元。小型工厂 80% 的概率偏离均值（期望利润）为 -5-5=-10 万元，20% 的可能偏离均值为 45-5=40 万元，如图 12-2 所示。

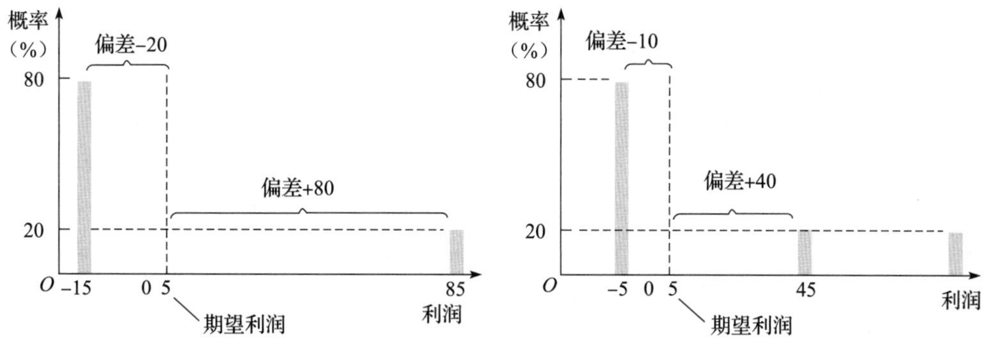

图 12-2　期望利润的偏差

根据前述信息，我们对大型工厂与小型工厂的方差与标准差（方差开平方的值）的计算结果如表 12-2 所示。

表 12-2　大型工厂与小型工厂的方差与标准差

大厂	概率	偏差	偏差平方	偏差平方 × 概率
	20%	80	6 400	1 280
	80%	-20	400	320
方差				1 600
标准差				40
小厂	**概率**	**偏差**	**偏差平方**	**偏差平方 × 概率**
	20%	40	1 600	320
	80%	-10	100	80
方差				400
标准差				20

12.1.2　期望效用

在不确定的环境里，如何预测消费者的行为呢？1944 年，冯·诺依曼和奥斯卡·摩根斯坦的专著《博弈论和经济行为》对此给出了答案。我们以不确定引起的为背景进行分析。

期望效用函数　为了确定风险条件下期望收入所提供的效用，我们引入一个新的概念，即期望收入所提供的效用——**期望效用**（expected utility）。期望效用的计算原理就是前面介绍的期望值计算，是将某一消费选择行为的各种可能结果所提供的效用进行加权平均，其权数为各种可能结果出现的概率。期望效用函数的表达式为

$$E(U)=\sum P_iU(X_i)=P_1U(X_1)+P_2U(X_2)+\cdots+P_nU(X_n)$$

式中，$U(X_i)$ 为对应于第 i 种收入所提供的效用；P_i 为获得第 i 种收入的概率。

这一函数形式的效用函数被称为**期望效用函数**，也被称为冯·诺依曼-摩根斯坦效用函数，简记为 VNM 效用函数，这主要是为了纪念冯·诺依曼和奥·摩根斯坦在这方面所做出

的重大理论贡献。期望效用函数的意义在于，当消费者面临不确定性时，我们能够依靠期望效用的极大化来分析消费者的选择。

12.1.3 风险偏好

我们虽然可以通过计算期望值的办法来获得一个确定的数值，并通过第 4 章介绍的方法进行决策。但这样做并没有考虑消费者对待风险的态度。例如，有 1% 的机会获得 1 000 万元与拥有 10 万元现金是否是相同的呢？事实是，人们的风险态度对决策有很大的影响。

当人们面临不确定选择时，每个人对待风险的态度和偏好并不相同。这将导致他们做出不同的选择。人们对待风险的偏好是指人们承担风险的意愿。一般而言，根据风险偏好可以将行为人分为以下三类：风险规避者（risk-adverse individual）、风险中性者（risk-neutral individual）和风险偏好者（risk-loving individual）。

（1）**风险规避者**。

所谓**风险规避者，**又称风险厌恶者，是指假定无风险条件下所能获得的确定性收入与有风险条件下可能获得的期望收入相等时，对于确定性收入的偏好强于对风险条件下期望收入偏好的消费者。

假如张三是风险规避者，现有 40 元财产，他有两种选择，一种是保有 40 元的财富，该笔财富的效用为 $U(40)=120$。假设张三面临一种投资选择，有 50% 的概率成功，财务将变为 70 元；如果不成功，将变为 10 元。张三如果投资，财产的期望值等于 $40=1/2\times(70)+1/2\times(10)$。

如果张三仅仅关心期望值，不理会风险，他保有财富与进行投资没有区别。但是如果他在乎风险，那么不进行投资则会好一些，因为在财产额相同的情况下，投资将要承担风险，不如不进行投资。

其实可以用期望效用来理解。如果张三选择投资，成功后变为 70 元，相应的效用水平为 $U(70)=140$，即图 12-3 中的 c 点；如果投资不成功，财产将为 10 元，效用水平为 $U(10)=70$。张三的期望效用为：$1/2\times U(70)+1/2\times U(10)=1/2\times140+1/2\times70=105$，即图 12-3 中的 b 点（位于 a 点与 c 点中间的点）。

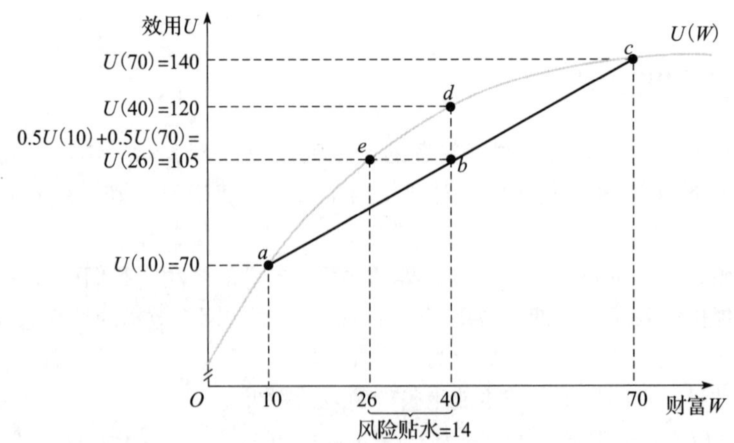

图 12-3 风险厌恶者的效用曲线

显然，该点的效用低于 d 点，也就是保有 40 元财富的效用水平 120 单位。进行投资反而降低了效用水平，原因就是张三承担了风险。

从图 12-3 中可以看出，其实张三选择投资的财富的期望效用相当于确定性的 26 元带来的效用，$U(26)=105$。其中 40 与 26 的差，也被称为**风险贴水**（risk premium）。也是张三为规避风险愿意付出的代价，即如果张三不得不面对上述风险时，他愿意最高支付 14 元来规避风险，因为 $40-14=26$ 元的确定性财富与进行有风险投资后的结果是相同的，从这层意义上说，这也是张三愿意支付的保险费。

（2）**风险偏好者**。

风险偏好者，则正好相反，面对相等的无风险条件下所能获得的确定性收入和有风险条件下所能获得的期望收入，该类人群对有风险条件下期望收入的偏好强于对确定性收入的偏好，如图 12-4 所示。

假设李四是风险偏好者，从图 12-4 可以看出，他从确定的 40 元财产中得到的效用为：$U(40)=82$；为简单起见，假设李四从 70 元与 10 元得到的效用与张三相同，即

$$1/2 \times U(70) + 1/2 \times U(10)$$
$$= 1/2 \times 140 + 1/2 \times 70 = 105$$

我们可以看出，李四的期望效用是高于确定财产带来的效用水平。如果想阻止他参与不确定的投资，须支付给他 18 元！低于这一水平，他仍然会参加风险投资。

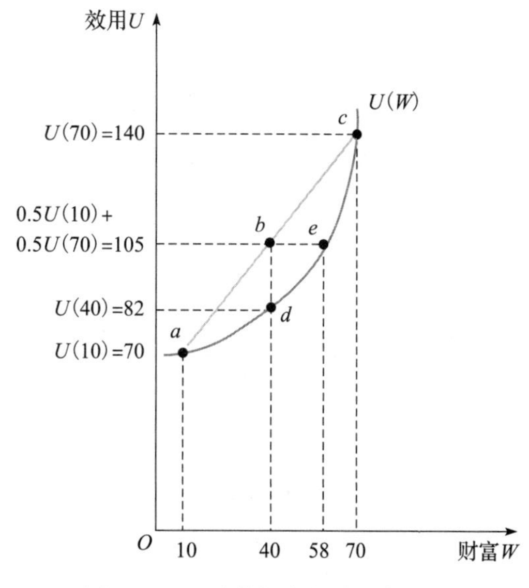

图 12-4　风险偏好者的效用曲线

（3）**风险中性者**。

如果前述相同情况下，人们对于风险条件下期望收入的偏好与等值的确定收入的偏好无差别，则此类人群属于**风险中性者**。风险中性者对每一单位收入的评价不会发生变化，他们只是关注收入数额的变化，而不关心风险，如图 12-5 所示。

当确定性收入与期望收入相等时，无风险条件下的确定性收入与风险条件的期望收入给风险中性者带来的效用水平相等。按照前面的例子，他从 70 元与 10 元得到的效用仍然为

$$1/2 \times U(70) + 1/2 \times U(10)$$
$$= 1/2 \times 140 + 1/2 \times 70 = 105$$

他从 40 元确定性收入上的效用也为 $U(40)=105$。风险中性者的效用曲线如图 12-5 所示。即 $U(X)=E(U)$，因此风险中性者的效用曲线是一条从起点出发的射线。

在现实生活中，大多数人在大多数时间是风险厌恶者，他们会以各种方式来规避风险。但是，某些人在某种情况下却喜欢冒风险，如参加赌博、购买彩票便是其表现；而一直都是风险中性者却并不多见。

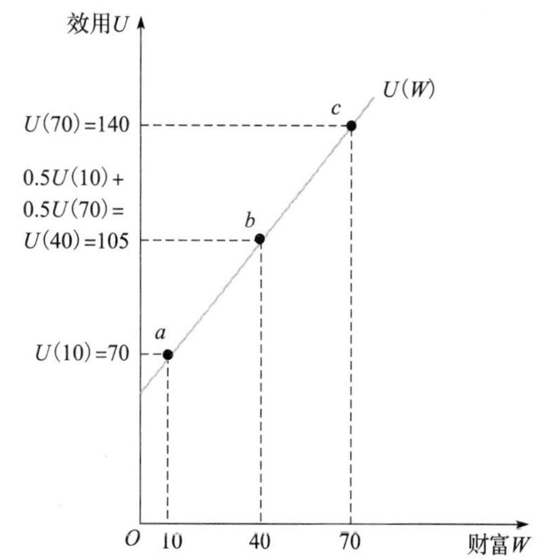

图 12-5　风险中性者的效用曲线

12.1.4 如何应对风险

风险对大部分人并非好事，所以要采取措施应对风险。常用的措施如下所示。

1. 尽力避免参与风险活动

对于赌博、风险投资等风险活动，要尽力避免参与。即使对于一些无法避免的风险，也要尽力采取措施降低风险程度。

2. 尽力搜集信息

对于一些重大的决策活动，在事前要尽可能获得相关的信息。获取的信息越多，对事情的了解越充分，就越能对某项活动全面评估。

3. 通过多样化分散风险

人们常说，不要把鸡蛋放在一个篮子里，其实就是指通过多样化来分散风险。通过多样化来分散风险已经获得理论证明。

4. 购买保险

通过购买保险，其他社会行为人将风险转嫁给保险公司，但随着购买保险的人数增多，风险其实也由大家来承担了。

*12.1.5 风险与保险

购买保险目前已成为人们最常采用的规避风险行为之一。在保险市场中，保险公司为消费者提供保险服务，消费者可以通过购买保险的方式应付可能发生的风险。那么，保险的价格是如何确定的，被保险人又是如何决定其保险金额的呢？下面以家庭财产保险为例来分析保险问题。

假定某消费者拥有的家庭财产为 W，一旦发生风险，例如失窃、火灾等风险，该消费者将会损失 L 的财产，而发生风险的概率为 ρ。所以该消费者的财产是一个不确定变量，以概率 ρ 取值 $W-L$，即发生失窃或火灾；以概率 $1-\rho$ 取值 W，即平安无事。那么，在没有保险时，他的期望效用为

$$E(u) = (1-\rho)U(W) + \rho U(W-L)$$

现在假设该消费者为了规避风险向保险公司以每元 π 的价格购买 X 元保额的保险。因此，他向保险公司付保险费 πX 元，当风险事件发生时保险公司将赔偿他 X 元。消费者将购买适当的数额以最大化其期望效用，他面临如下约束条件下的优化问题。

$$\text{目标函数}:(1-\rho)U(W-\pi X) + \rho U(W-\pi X-L+X)$$

$$\text{一阶优化条件为}: -\pi(1-\rho)U(W-\pi X) + (1-\pi)\rho U(W-\pi X-L+X) = 0$$

如果保险公司提供的是公平保险，即保险费的收入恰好等于赔偿的期望值，即 $\pi X=\rho X$，或 $\pi=\rho$。那么，将这一关系式代入上式，可以得到

$$W-\pi X = W-\pi X-L+X, \quad \text{即 } X = L$$

这说明，如果保险市场提供公平保险，消费者购买保险的数额应和他全部财产中可能会遭受损失的那部分财产的价值一样，即为可能受损的财产购买全额保险。需要说明的是，公

平保险的假设隐藏着两个假定条件：一是保险公司是风险中性的，因此期望利润即是其目标函数。这基于保险公司有大量业务，公司的风险是充分分散的。二是保险市场是完全竞争的，因此期望利润为零。显然，这是对现实问题的简化处理，事实上保险公司收取的保险费要比“公平保险”稍高一些，以便能获得经济利润。

在上述例子中，通过购买公平保险，消费者在损失发生时可以向保险公司领取全额赔偿金，从而将自己的不确定性财产转化成一个无风险的确定性财产 $W-\pi X$。事实上，该消费者已经把风险转嫁给了保险公司。保险公司能够承担这种风险是出于以下两个原因：第一，它把相互独立的风险分摊到许多人身上，从而形成一种风险分担的机制。第二，保险公司可以比较准确地预测风险。因为它给大量面临同样风险的人提供保险，大数定律使其在大规模经营的基础上有可能准确预测损失发生概率和确定保险价格，从而维持其收支平衡。

12.2　行为经济学

行为经济学（behavioral economics）就是在心理学的基础上研究经济行为和经济现象的经济学分支学科，是心理学与经济学结合的产物。早在 20 世纪 50 年代就有学者开始研究行为经济学，但早期的研究比较零散。直到 20 世纪 70 年代，才由丹尼尔·卡尼曼（Daniel Kahneman）与阿莫斯·特沃斯基（Amos Tversky）对这一领域进行了广泛而系统的研究，卡尼曼因为这一领域的贡献获得诺贝尔经济学奖。之后，因为将心理学应用于金融领域的研究，罗伯特·希勒（Robert Shiller）、理查德·塞勒（Richard H. Thaler）也分别于 2013 年和 2017 年获得诺贝尔经济学奖。

传统经济学认为，经济行为人总是要去争取最优结果：消费者争取最大效用，生产者争取最大利润。他们的行为也总是理性的。但是，行为经济学强调，人们的行为并非总是理性，还受到多种心理因素的影响。心理学的研究结果发现，在一些情况下，人的决策与经济学的理性假定有系统性偏差。

行为经济学，吸收了现代心理学中的经验证据，修改了经济学中有关人的理性的某些基本假定，由此得出很多与已有的理论不同的结论，并能够解释一些经济异象。行为经济学之所以正在逐渐被主流经济学接受，是因为它运用现代经济学的基本分析方法，并且将通常理性假设的情况包含在其中。通常的理性假设，在某些情况下是合适的，而在另一些情况下，非理性假设下的理论更能解释现实。行为经济学的兴起与蓬勃发展标志着经济学家对经济生活中的心理效应的认识取得了深化和发展。

12.2.1　系统偏误的表现

现实生活中，人们的行为并非总是理性，会出现一些系统偏误，其表现如下所述。

1. 依据经验法则行事

传统经济学模型认为，决策时人们会做出最优选择。但在现实中，大多数人不会这么做。人们通常依赖自己过去或者他人的经验做出决策，这种选择通常并非最优。例如，一名消费者在超市购物时，超市方面说自己的产品价格最低，对此消费者无法确定。消费者依赖超市的说法去决策的话，结果并非最优。

2. 过度自信

在做出风险选择时，人们往往会过高估计自己的技能水平和决断能力，或者预期对自己更有利结果时往往会高估事情发生的概率。用理性模型来解释时就出现系统性偏误。

比如，在一项有关驾驶技术的调查中，大部分成年人认为自己的驾驶技术高于平均水平，在美国一项对平均年龄为22岁学生的调查中，82%的人认为自己的驾驶能力排在同龄组群的前30%。在一个网络社交媒体上，77%的用户认为自己外表的吸引力极高或高于平均水平。在金融市场中，过度自信扮演着重要的角色，所以才有人愿意去买卖各类证券。在企业经营中，企业家的过度自信为企业的成功经营发挥了很重要的作用。

过度自信的心理偏差，在经济活动中常常见到，人们的这种心理往往会被利用。如在办理健身俱乐部会员卡时，人们就相信自己能够坚持锻炼，起码在开始时立下了志愿，但实际上往往做不到。健身俱乐部，常常不倾向于让消费者为每次健身付费（比如每次50元），而是建议健身人员购买年卡或者月卡，持卡人可以在一定时间内无限次数到健身房健身。但最后结果往往是，持卡人去不了几次。即使健身俱乐部也提供按次收费的服务，持卡用户因为去的次数不足，平均到每次的支出也往往会高于俱乐部的单价50元。

专栏12-1

创建企业与过度自信

新创企业成功者并不多。在制造业中，超过60%的新创企业五年内会退出，近80%在10年内会退出。大多数情况下，企业退出系由于经营失败造成。

经营失败率高企的原因有很多。在某些情况下，企业家可能会为了短暂的盈利而伺机创建新企业，并在机会消失后将其关闭。在其他情况下，初创公司成功后获利很大，尽管失败率很高，但预期回报仍然为正。但过度自信也可能导致新企业主高估他们成功的机会。

对企业家的调查表明，过度自信可能确实发挥了作用。在一项对近3 000名新企业主的调查中，81%的人认为他们的成功概率超过70%甚至更高，认为其他类似的企业可能只有39%会成功。1/3的人认为他们肯定会成功。从实际经验来看，这些期望远远超出实际情况。此外，企业家自我评估的成功机会在很大程度上与可能预测企业生存的客观因素（例如他们的教育背景、此前的经验积累和初始资本等）无关。

经济学家科林·卡默勒（Colin Camerer）与丹·洛瓦洛（Dan Lovallo）使用一项简单的创业游戏实验调查了这些问题。在游戏开始时，每个企业家都要决定是否进入一个虚构的行业。被试被告知，他们的利润将取决于他们在某些排名中相对于其他参赛者的名次；排名越高，意味着利润越高。在游戏的一个试验项目中，进入者随机排名。在另一个试验项目中，排名取决于企业家解决脑筋急转弯难题或回答琐事问题的技巧。在随机排名的试验中，每轮的回报平均为16.87美元。但在基于技能排名的试验中，因为进入市场的人次大量增加，导致被试平均为亏损（为 -1.56 美元）。因为当技能成为一种因素时，过度自信才会发挥作用，它为这种模式提供了一种自然的解释。当在招募实验人员时就告知被试，他们的回报部分是基于技能（这可能会刷掉不那么自信的学生），结果更加令人吃惊。随机排名试验中，每轮回报平均为13.96美元，基于技能排名的为－13.13美元。显然，人们对技能的过度自信导致过度乐观，因此进入者太多，导致进入者平均出现亏损。

3. 自我控制难，行为不一致

人们往往会出现行为前后反复，难以保持自制力。节食的决心刚下，面对喜欢的食物，难以把持。戒烟、戒酒……反反复复，莫不如此。

理性人的特征之一是行为前后保持一致，不会前后矛盾。但真实的人，动态不一致则是常态。也就是说，消费者当前对明年、后年的看法有一种明确的偏好；到了明年，他们的实际行为可能就会发生变化，对未来的看法也与去年并不相同，即使事情的进展与他们原来的预期相吻合，但行为上也会进行调整。

动态不一致的原因可能来自于人们对立即得到满足的偏爱，被称为“当下偏见”（present bias）。具有当下偏见的行为人常常缺乏自制力，比如说，在某一天，具有当下偏见的节食者可能会想着下一顿只吃小份的食物，但真的进餐时，他们还是会选择大份的食物。

4. 框架效应

人们的偏误之一还表现在决策受到问题表现形式的影响，也就是框架效应。有一个著名的实验：让一组随机选择的被试回答以下问题。

想象一下，美国正准备应对一种不寻常的传染病的爆发，该传染病预计会致600人死亡。提出的疾病预防方案有两种：方案A和方案B。

假设确切的科学估计结果如下：

如果采用方案A，200人得以生存。

如果采用方案B，则有1/3概率600可以全部存活；2/3概率无人幸免。

你赞成哪个方案？

第二组随机选择的被试回答相同的问题，只是方案名改为方案C和方案D，两种选择表述如下：

如果采用方案C，将有400人死亡。

如果采用方案D，无人会遭遇不幸的概率是1/3，而2/3概率是600人都将遭遇不幸。

客观地说，方案A与方案C相同，方案B与方案D相同。然而，第一组中72%被试表示，相对于B，他们更偏好A。第二组的78%被试表示，相对于C，他们更偏好D。

两组信息强调的重点不同，前面一组强调生存，而后面一组强调的是死亡。所以，受试者的回答也就不同了。A方案听起来有吸引力，是因为它可以拯救生命；方案C听起来缺乏吸引力，是因为它确定的是死亡。不同的表现形式造成了不同的结果。

该效应还有其他的表现形式。

禀赋效应：人们对于放弃已经拥有的东西带来的痛苦要大于为得到该物品时所获得的喜悦，这是因为禀赋效应在发挥作用。有一项实验可以用来说明这种效应。

美国国家橄榄球联盟（NFL）发行彩票，中奖者可以按面值购买超级碗比赛（美国职业橄榄球决赛）门票，票价为325～400美元（根据在体育场地中的位置来定）。经济学家艾伦·克鲁格（Alan Krueger）对彩票购买者进行了调查，询问了两个问题：

问题一：如果你没有中奖，你是否愿意支付3 000美元（门票门市价）购买门票？

问题二：如果你中奖（在抵达佛罗里达观看超级碗比赛之前），有人愿意出3 000美元购买你的门票，你愿意卖吗？

对第一个问题，94%的人回答，他们不愿意支付3 000美元来购买门票。对第二个问题，92%的人回答，他们不愿意为3 000美元卖掉门票。

我们可以看出，这是相互矛盾的事情。人们不愿意卖出他们已经拥有的东西，即使卖出价格要大于他们没有拥有该物时愿意支出的价格。

锚定效应：购物者怎样确定一种产品的价格是高还是低呢？行为经济学家们使用“锚定”（anchoring）来描述消费者如何来评估价格。

如果人们对一个数值不确定，比如说价格，人们经常会与其他一些已经知道的数值建立联系——即进行锚定，甚至有时可能这个锚定值与价格并不相关。卡尼曼和特沃斯基进行了一项实验来说明**锚定效应**（effects of anchoring）。

他们设计了一个转轮，指针只可以停在10或者65两个数值上。在实验中，他们着不同的参与者转动转轮，然后，向他们提出问题：“你能估计出非洲国家在联合国国家或地区总数中所占的百分比吗？”当转轮停在10时，参与者回答的平均值为25%。当转轮停在65，回答的平均值为45%。被试回答问题明显受到了转轮数字的影响。

心理账户：人们把当前和未来的收入、财产分为不同的心理账户存放，各账户之间一般不挪用，如用于吃饭、旅游、还房贷、买烟酒等。有一项实验是回答如下问题：

> 假设你已经决定去看一场演出，每张门票10美元，演出前到剧院购好票。当到了剧院时，你发现丢了10美元钞票。你还会花10美元买一张票吗？
>
> 假设你经决定去看一场演出，每张门票10美元，已经购好票。当到了剧院时，你发现票丢了，也记不起座位号。你会另购一张10美元的门票吗？

只要还能买到票，购票之前损失10美元和购票之后丢失10美元票之间没有任何实质性差别。两种情况，你都要支出10美元。然而，被试在第一种情形下回答肯定的比例远高于第二个问题（具体为：88%比56%）。

5. 关注沉没成本

最优决策中，要点之一是沉没成本不影响决策。然而，在现实中，行为经济学家发现，人们常常关注沉没成本。心理学家哈尔·阿克斯（Hal Arkes）和凯瑟琳·布鲁姆（Catherine Blumer）在1982～1983年进行了一项60人的实验[㊀]。在俄亥俄大学剧院，人们买季票时，随机给出价格：1/3的人全价15美元购买；1/3的人以13美元购买；1/3的人以8美元购买。购票后，付出的票款成了沉没成本。标准模型认为，沉没成本不影响人们是否会事后观看演出。但结果是，该季前半段演出中，花钱越多的人观看演出的次数也越多。但演出的后半段，差异基本消失（见表12-3）。这说明，沉没成本效应会随时间推移出现递减。

㊀ Hal R. Arkes, Catherine Blumer, “The Psychology of Sunk Cost,” *Organizational Behavior and Human Decision Processes*, 1985（2）：124-140.

表 12-3　沉没成本的影响

票价	前 5 场到场次数	后 5 场到场次数
15 美元	4. 11	2. 28
13 美元	3. 32	1. 84
8 美元	3. 29	2. 18
差异是否具有统计意义	是	否

12. 2. 2　行为经济学对传统经济学的改正：以预期理论为例

行为经济学的研究对传统经济学模型进行了修正，下面我们以消费者效用函数为例来说明。卡尼曼和特沃斯基在 1979 年的论文中提出了“预期理论”（prospect theory，也有译为“前景理论”）。在这篇经典论文中，他们全面反驳了新古典期望效用理论的构造基础。

按照预期理论，由于受到前述框架效应等心理因素的影响，行为人的偏好既不满足完备性假定，也不满足传递性假定。大量的实验发现，决策者的效用并非财产存量的函数，而是财产变化量的函数。而且，个人往往在获得增益时表现出风险规避，遭受损失时呈现出风险偏好，这样的效用函数呈现出 S 形，如图 12-6 所示，这样的效用函数形式也被称为**价值函数**。

价值函数的特点如下：

第一，存在行为变化的参照点。如图 12-6 中原点所示，获得增益与遭受损失，人们表现出不同的行为特征。参照点可以是当事人当前的财富水平，也可以是决策人期望的财富水平，参照点取决于行为人的主观感觉或心理价位，并因人而异。

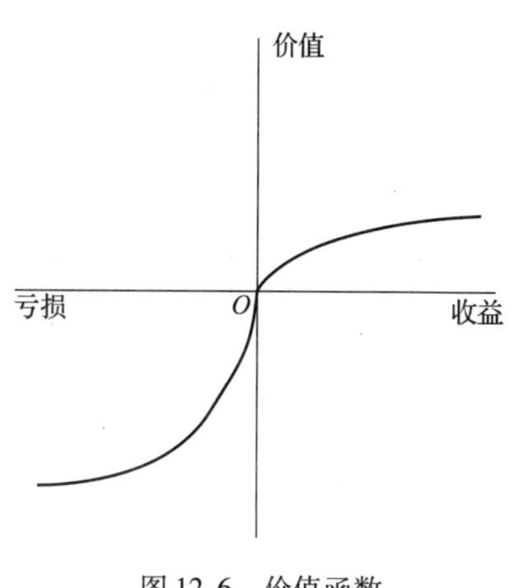

图 12-6　价值函数

第二，价值函数是一条有拐点的 S 形曲线。当相对参照点的财产增加时，价值函数曲线为凹函数；当相对参照点的财产减少时，价值函数曲线为凸函数。这意味着，行为人的风险偏好前后不一致性，即盈利状态时，行为是风险规避者；亏损状态时，行为人是风险偏好者。

第三，价值函数呈不对称性。亏损导致的痛苦感觉在程度上大于相同数量的收益所带来的快乐，人们对损失更为敏感。

12. 2. 3　行为经济学颠覆传统经济学了吗

行为经济学家是否证明传统经济学完全错了呢？并非如此！行为经济学是对传统经济学的扩展，弥补了其不足，既解释了所谓的“异象”，也丰富了经济学研究的方法。

1. 行为经济学与传统经济学的共同点

分析思路相同：两者通常都假设每一个行为主体都有明确的行为目标，有实现目标的行动，选择的行动对福利水平造成影响；都借助于数学模型来分析问题；都利用客观的数据、可重复的方法和标准的统计工具对理论进行严格而全面的实证检验。

2. 行为经济学与传统经济学的不同点

行为经济学相比于传统经济学，是以人为实验对象进行研究的。检验理论时，它主要依赖于实验数据和实验方法。

与真实世界的数据相比，利用实验数据的实验方法具有如下优势：首先，通过实验，经济学家能够更为简便地确定人们的选择是否符合标准经济学理论。其次，在实验室中，经济学家们通常能够更为方便地建立起变量之间的因果关系。再次，在实验中，研究人员可以通过测试和询问被试，对角色和结论进行双重检验。最后，在实验中，研究人员通常可以获得无法从真实世界获得的信息和数据。

当然，实验方法也存在着如下不足：首先，在实验室中做决策，不同于在真实世界中做出同样的决策。因为实验室的任务和背景是人为设计的，真实世界的背景并非如此，所以实验结论是否能够完全适用于真实世界令人怀疑。其次，实验室实验是在可控环境下进行的。被试也知道是在进行实验，这样的实验结论不一定可靠。再次，被试群体的对象选择，对实验结果影响很大。尤其是针对大学生进行的实验，是否能够适用于其他社会群体，是否具有代表性都值得怀疑。最后，实验规模受到资源的限制，少数群体得到的结论是否能扩大到大型群体也是问题。

12.3 逆向选择与道德风险

第 10 章已经介绍了信息不完全、信息不对称导致市场失灵，具体的表现主要是逆向选择和道德风险两个问题。

信息不对称引起的问题，根据信息不对称发生的时间来分，当事人签约之前被称为事前不对称，签约之后被称为事后不对称。研究事前不对称的模型被称为**逆向选择**（adverse selection）模型；研究事后不对称的模型称为**道德风险**（moral hazard）模型。

12.3.1 逆向选择

第 11 章介绍的二手车市场，因为质量不可观察，导致购买者只能按平均价付费，造成市场中只有价格低于平均价之下的低质量车辆充斥的现象，这就是**逆向选择**。逆向选择理论给人们提供了理解市场不同的路径和方法，由此改变了许多之前被认为是“常识”的结论。我们看到信息不对称会形成“劣币驱逐良币”的效应，甚至导致市场瘫痪。

在保险市场上，也存在这种现象。一般的规律是：购买保险者常常是遭受损失可能性比较大的人群。当保险公司无法区分劣等客户与优等客户时，只能按平均水平收取保险费用，这将导致一些优等客户退出交易，保险公司整体风险提高，必然被迫提高保费，这样次优客户也退出……如此循环的结果是，劣等客户将会成为市场主体，保险市场规模将会随之萎缩。

信号显示和**信息甄别**是解决逆向选择问题的方法。教育投资的程度就是一种传递信息工具。具有较强能力的个人能以较低的成本获得学历证书，而能力低的人要以较高的成本获得同样的证书，所以学历就是较高能力的劳动者显示自身能力的信号。信号传递模型具有普遍的经济学意义，涵盖了诸多的经济行为和现象，如作为产品质量信号的广告和质量担保；作为讨价还价能力信号的工资拖延支付策略；作为赢利能力信号的以债务而不是增发新股作为融资手段；以及作为降低高通货膨胀的强硬许诺信号的紧缩性货币政策等。

对于隐藏的信息，信息掌握劣势方还可以通过信息甄别，设计激励机制来让客户（信息优势方）显示他们风险类型的信息。还以购买保险为例，投保人知道自己的风险状况，而保险公司并不清楚。不具有信息优势的保险公司可以针对不同类型的潜在投保人，设计不同种类的保险合约（对较高的免赔额实行较低的保险费率），把客户按风险大小分成不同的类别，这样投保人可以根据自己的风险特征选择一个合适的保险合约，而保险公司凭此获得隐藏信息。

12.3.2　道德风险

道德风险是指，信息掌握优势方的行动无法直接被观察到而造成对方的利益受损的现象。道德风险常常出现在某种交易关系达成后（如保险合同签署后、交易契约达成后等）。

典型的例子如修理工为你维修汽车、电器之后，你不知道他修理了多少；保险合约签订后，购保人防火防盗的警惕性比之前要降低许多；借款方得到贷款后可能会将资金投向一些风险项目。类似的例子在企业中也存在，如股东并不完全清楚企业管理人员是否努力工作，投资项目是否对企业所有者有利等。因为信息不对称造成的道德风险的例子还有许多，在此不一一列举。

如果信息掌握劣势方没有充分考虑这种道德风险因素，就可能蒙受损失。例如：某年，国内某大学自行车被盗率为 10%，一个保险公司经过精算之后，推出了 15 元保费的自行车保险计划，并卖出 100 张保单，保险收入为 1 500 元。按照 10% 的赔率和 100 元的赔偿额计算，利润为 500 元。但结果是：年底前来领取赔款的人数达到 20 人，保险公司共亏损 500 元。造成该情况的关键在于保险公司事先没有认识到自行车保险会引发“隐藏行为”，即学生投保后，不再像过去那样精心看管自己的自行车了，这种“隐藏行为”使得车子的被盗率由 10% 增加到 20%。

解决道德风险的方法在于设计一些合理的机制，激励信息掌握优势方不做或者少做有损对方的行为。例如在证券市场上，一家企业 IPO 后，由于管理层行动结果还有不可控因素的影响，而投资人只能观测到结果，无法知道这个结果是管理层本身的作为使然，还是运气使然。这种情况下，投资者就可以设计一个激励机制，以诱使管理层从自己的利益出发，选择对投资者有利的行动。也就是说，必须抑制管理层为了维持其对公司的控制权、利用内幕交易获利而披露虚假信息和隐瞒重大信息的冲动。

12.4　企业相关理论与委托代理理论

为什么会存在企业这样的组织？为什么公司成为现代企业最典型的代表？现代公司内部治理结构的股东—董事会—管理者模式是基于什么基本经济关系建立起来的？将此类问题放在信息不对称背景下去理解可能会获得更深刻的认识。

12.4.1 企业形成理论

1. 解释一：企业是替代市场交易的一种协调方式

企业是指能独立做出决策的经营单位，它可以独立地决定生产什么、如何生产以及为谁生产等事情，其决策主要以市场情况作为依据和基础。

市场交易或价格调节只是人类经济活动的一种组织形式。交易还可以通过其他的组织形式来完成，企业就是这样一种组织形式。同一笔交易，可以通过市场完成，也可以通过在企业内部完成，例如，有些企业的产品制造所需的零配件可以通过向其他企业购买零配件，也可以通过在本企业内部自主生产完成。在市场上，交换双方是平等的，决策是分散的，信息由价格来传递；在企业内部，交换双方是上下级关系，决策是集中的，信息通过指令和汇报传递。

同样的市场结果，为什么会存在通过市场交易和内部指令两种方式来完成？或者说，每个企业或每个人都进入市场讨价还价、反复地进行交易谈判应该更符合经济人的自由意志，那为什么一定要组建企业，并且把本来可以自由进行的市场交易行为转化为企业内部的非交易行为呢？企业的本质究竟是什么呢？

美国经济学家科斯在《企业的本质》（“The Nature of the Firm”）一文中提出：**市场与企业是两种不同的资源配置和协调机制，两种协调机制在一定程度上可以相互替代**，替代的原因在于企业可以节省市场机制下的交易成本，所谓**交易成本**是指与交易关系达成与实现相关的所有成本。

市场与企业这两种协调机制之间的不同表现在：在市场上，资源的配置是由非人格化的价格来调节的，在企业内部，相同的工作则通过权威关系来完成。两种资源配置方式都要支付交易成本，如果不是通过市场机制，而是通过一个组织加上该组织的权威来配置资源，且这种配置方式比市场机制配置资源更能节约交易成本时，就将会产生企业。

然而，企业对市场机制的替代是有成本的，例如管理企业需要支付管理成本，管理人员决策失误可能带来决策成本。另外，由于信息不完备和经济主体具有机会主义倾向，企业内部需要计量、监督和激励，也都会发生相应成本。随着企业扩大，等级组织复杂，企业在信息处理、监督和激励方面困难越来越大，组织监督成本也就越来越高。企业规模扩大会节省市场交易成本，但是它本身又会带来企业组织成本增加。从理论上看，当最后一笔交易在企业内完成的组织成本增加量与在市场上完成的交易成本增加量相等时，企业达到了最优规模。

市场机制和企业机制两种机制各有其优势。

市场的优势在于：在市场上购买中间产品，由于大量的企业从一个供应商那里买货，这就有利于该供应商实现生产上的规模经济和成本降低。而且，中间产品供应商之间的市场竞争压力也迫使供应商们努力降低生产成本。另外，当单个供应商面对众多的中间产品的需求时，单个供应商可以避免由于单个企业的需求不稳定可能带来的损失，这有利于在总体上保持稳定的销售量。

企业的优势在于：第一，企业可以减少交易成本。在市场购买中间产品是需要花费交易成本的，如果企业能够在自己内部生产一部分中间产品，就可以消除或降低一部分交易成本，并且产品质量可以得到相应的保证。第二，是专门化设备投资和生产的需要。如果单个企业所需要的是某种特殊类型的专门化设备，而供应商不太愿意为仅有一个买主的专门化设备进行投资和生产，这就需要企业内部解决专门化设备的生产问题。第三，企业雇用一些具有专项技能的人，并建立长期的契约关系，这比从其他企业那里购买相应的服务更有利，因为这可减少相应的交易成本。

2. 解释二：企业与市场是两种不同的契约关系

市场是人们在经济活动中形成的一种竞争与合作关系，即互相独立的利益主体之间自愿交换的关系，价格机制通过交换系统来实现对社会经济活动的调节和对资源的配置功能。独立主体在交换过程中实现各自的利益，必然需要通过各种合约来界定，因而市场经济是一种合约经济，或者说市场是有关产品和劳务交换的契约。

现代企业理论认为，企业也是一种契约组合，它代表个人之间交易产权的一种形式。依据前面讨论，企业能够节约交易成本，是因为在企业内部不需要每天发生市场主体之间交易，组合在企业内的各个生产要素，不必每天签订一系列买卖合约，因而原来由于签订执行和这些市场合约的费用被节约了。

然而，企业并不是以一个非市场合约代替市场价格机制，而是以另一类契约取代市场契约的结果，企业契约的特点在于，生产要素为获得一定报酬同意在一定限度内服从企业家指挥，它限定了企业家的权利范围。在通过契约实现交换关系的意义上，企业与市场有共同属性；然而，企业所代表的契约有两方面相互联系的重要特点。

第一，企业和市场契约的对象内容不同。市场是涉及产品交易的契约，而企业则是涉及要素交易的契约，因而企业代替市场实际是用要素市场合约代替产品市场合约。要素交易契约必然涉及人力资本的交易，因而企业是财务资本和人力资本结合的产物。

第二，企业和市场契约的完备程度不同。一个具有完备性的契约，指契约准确描述了与交易有关的所有未来可能出现的状态，以及每种状态下契约各方的权利和责任。如果一个契约不能准确地描述与交易有关所有未来可能出现的状态以及每种状态下的权利和责任，这个契约就是不完备契约。

相对而言，市场契约比较完备，有关企业的合约则通常是不完备的契约。企业契约的不完备性意味着，当不同类资源所有者组建企业时，每个参与人在什么情况下干什么、得到什么，并没有完全明确的说明。比如说，劳动合同规定了工人岗位、上下班时间和每月工资水平，但是一般没有说明工人每天在什么地方做什么具体工作。

12.4.2　企业制度

企业制度有三种基本类型和形态：**业主制、合伙制和公司制**。

业主制建立在一家一户私有财产基础上，特点是企业家才能、人力资本合而为一，业主直接经营，享有全部经营所得，并对企业一切债务负有无限责任。业主制一般结构简单，决策简便，经营灵活，权责明确；缺点是财力有限，规模较小，企业的生命基本上取决于业主的个体能力水平。

合伙制是以两个或两个以上业主的个体财产为基础建立起来的企业，是若干业主的简单相加。每个人都同意提供一部分人力和资本，分得一定比例的利润，分摊一定的亏损和债务。合伙制有三个重要特点：第一，每个业主对企业的债务负无限责任。第二，业主之间拥有互为代理权，即每个人都能签署对所有其他合伙人具有法律约束力的合约。第三，有限期的合伙关系，即出现某位合伙人死亡、破产、被驱逐或退出情况时，合伙关系自动解除。

公司制指的是合法拥有一个企业的契约性机构，它的资本来自投资者，并由若干董事和管理层经营。现代公司制有三个基本特点：第一，法人地位。它意味着一个公司可以用它自己的名义起诉和应诉，而不必以个人名义起诉和应诉。第二，无限期。不同于合伙制企业有限期性质，公司创立人可以在公司建立条款中规定无限期，即无论公司的投资者如何变化，公司将继续存在。当然，无限期规定并不能保证实际生活中这个公司将永远存在。第三，有限责任。公司仅仅以它注资建立的资本财产为基础并对它运营过程可能带来的损失承担责任，不必以投资人所有财产负无限责任。因而，公司是一个和股东截然不同的实体，即它以公司名义承担合同债务，而不是由股东个人承担债务。

12.4.3 企业内部关系分析：委托代理关系

1. 委托代理问题的产生

企业由企业所有者、经理、工人等组成，各经济行为主体之间的目标存在差异。这种差异可以用委托代理关系所产生的问题来解释。

企业内部存在委托代理关系，企业所有者是委托人，企业的雇员包括经理与工人都是代理人，委托人利润最大目标需要通过代理人的行为体现。但是委托人的目标并非就是代理人的目标，委托人想实现利润最大，但代理人有代理人的目标，比如，经理可能追求企业规模的扩张以扩大自己对企业的控制力。由于企业所有者与经理、工人所追求的目标不同，并且他们所掌握的信息不对称，因而产生了委托代理问题。

2. 委托代理问题产生的原因

（1）委托人与代理人目标不一致。对所有者而言，追求利润最大化是目标。而对代理人来说，其行为动机是多元的，除了获取个人经济收入动机外，还包括提高自己的社会地位的动机、扩大调动资源权力的动机以及实现自我价值的动机。代理人行为动机的多元化，决定了其行为目标多元化，他不仅有经济收入目标，还有名誉、地位及权势等目标，因此代理人完全可能用其个人目标代替股东利润最大化目标，损害所有者利益。

（2）信息存在非对称性。股东所掌握的经营信息远少于经营者，因而委托人想完全监督代理人是不可能的，委托人难以准确判断代理人是否尽最大努力增加股东利益。代理人就存在可能性利用这种信息非对称采取机会主义行为，损害所有者利益。

（3）存在委托人和代理人责任不对称的问题。代理人掌握着企业的生产经营管理权，却对企业的盈亏不负最终责任（虽然盈亏可能会有奖罚），而委托人失去了对企业的生产经营管理权，却最终要对企业的盈亏负责任。这种责任上的不对称，极大地弱化了对代理人的制约，使代理人存在不认真决策和努力工作的可能性，由此产生委托代理问题。

3. 委托代理关系的特征

（1）委托代理关系首先是一种经济利益关系。

委托人先确定一种报酬机制，激励代理人尽心尽责、努力实现委托人利润最大化目标；代理人据此选择自己的努力行为，以求自身效用最大化。尽管委托人与代理人目标函数是不一致的，但是他们都是利益最大化的追求者。按照亚当·斯密的解释，他们都是“经济人”，因此，他们之间的关系表现为利益关系。

（2）委托代理关系也是一种契约关系。

委托人与代理人之间绝不是一种普通的合作关系，而是一种经济契约关系。不管这种契约是显性契约还是隐性契约，它们都规定了委托人和代理人的权利和职责。显性契约是指有书面协议或法律协议的合约，它严格规定了委托人与代理人之间的协作关系和利益关系。隐性契约是约定俗成的一些规则，包括成文与不成文的各种惯例。隐性契约一般都具有长期性，但不一定具有严格的法律效力。

（3）委托代理关系契约是不完备的。

完备契约，是指合约面面俱到地规定当事人之间的权利义务以及未来可能出现的情况。从人们的良好愿望出发，当然是契约越完备越好。然而，由于对将来预期的不完备以及人们知识的有限性，契约不可能是完备的。

（4）委托代理关系契约的可操作性。

任何委托代理关系契约，都必须具有可操作性，这样代理人才可能依照委托人的意愿行事。要满足契约可操作性要求，一方面应在契约中尽量将内容规定得简单、明了、具体、现实，易于履约和监督。另一方面，委托人与代理人可以在讨价还价中达成契约，这便于代理契约的顺利执行。

4. 委托代理问题对策：建立有效的激励与约束机制

（1）签订最优合约。这是解决委托代理问题最有效的办法。最优合约是委托人花费最低限度的成本而使得代理人采取最有效率的行动实现委托人目标的合约。如果委托人能够无成本地监督代理人的行动，并且代理人不需要承担收入的风险，则最优合约可以实现。由于委托人与代理人所掌握的信息是不对称的，而且监督行为不可能是无成本的，因此最优合约很难实现。

（2）签订次优合约。这种次优合约是一种利益共享、风险共担的合约。这种合约是在一定的约束下寻求委托人期望利润最大的合约。这些约束主要有三条。

第一，该合约应该使代理人为委托人工作所得到的效用至少与他从其他最佳的工作所获得的效用一样。

第二，该合约应该使代理人的努力程度与委托人对其所希望的努力程度保持一致，因此需要委托人对代理人的努力给予补偿。

第三，在代理人执行这个契约之后，委托人所获得利润最大化，采用其他契约都不能使委托人的利润所得超过或等于执行该契约的所得。

对于委托人来说，只有使代理人自身效用最大化，才能最大限度地实现委托人自己的利益，但是要使代理人做出最大的努力，必须对其工作给予有效的激励和监督，这样委托人与代理人之间的利益协调问题就转化为激励约束机制的设计问题，也就是委托人设计一套信息激励机制，使代理人在决策时，不仅要参考已有、已获知的信息，而且需要参考由信息激励机制所发出的新信息，这些新信息能够使代理人隐瞒私人信息或显示虚假信息不会获利，甚至会招致更大的损失，从而保证代理人无心于进行欺骗委托人的行为（无论是隐瞒信息还是采用虚假信息）。

一个有效的激励机制应该能够使所有者与经营者利益共享，使代理人在谋求自身利益最大化的同时，保证委托人利益最大化。

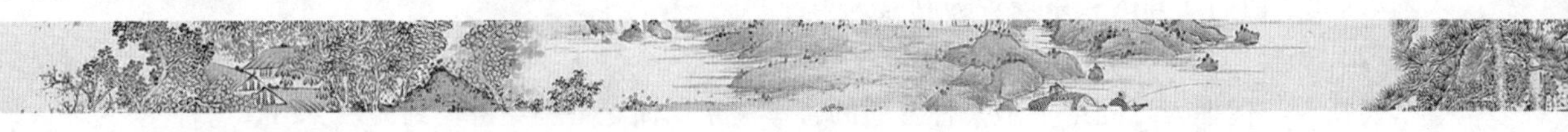

专栏 12-2

三福汽车玻璃公司的工资、生产率和利润齐升的秘密

总部位于俄亥俄州哥伦布市的三福集团（Safelite Group），是三福汽车玻璃公司的母公司。三福公司是全美最大的汽车玻璃安装公司，有600家门店。在20世纪90年代中期，三福公司改变了玻璃安装工的计酬方式，从原来的按小时付酬改变为按照安装的玻璃数量付酬。三福公司已经投入使用的计算机系统很方便追踪每名工人每天安装多少玻璃。为了确保质量，三福公司规定，如果安装的挡风玻璃出现工人安装问题导致的瑕疵，工人必须重新安装，由此付出的工作不计酬。

爱德华·拉齐尔（Edward Lazear）分析了企业提供的数据，他发现在新的计酬方式下，每名工人的安装数量提高了44%。拉齐尔估计，其中半数的增加是由于那些继续留在公司工作的工人的生产率提升带来的，另一半是由新雇员比他们所替代的那些原有工人生产率更高带来的。工人的薪水平均增加了大约9.9%。92%的人收入水平提高了，1/4的人收入提高了至少28%。在按时计酬时，安装一块玻璃的成本为44.43美元，在按件计酬时，成本下降到了35.24美元，公司的利润水平也提高了。

社会学家们有时会怀疑工人的劳动生产率是否会因为货币激励而提升。三福汽车玻璃公司的经验为我们提供了一个明确的事例，工人对通过增加产量来提升工资的机会给出了积极的回应。

资料来源：Edward P. Lazear, "Performance Pay and Productivity," *American Economic Review*, Vol. 90, No. 5, 2000 (12): 1346-1361。

12.5 拍卖理论

12.5.1 拍卖的含义及历史

拍卖（auction），从狭义来说，是针对一定适用范围及特定规则的市场交易类型；从广义来理解，它反映的是市场拒绝价格均衡机制及资源配置的内在过程和本质机制。拍卖是一种投票机制，它由一组确定谁是赢者及其支付价格的拍卖规则组成。

拍卖作为一种交易方式具有悠久历史。有关拍卖的最早记录应该是古希腊历史学家希罗多德（Herodotus）对公元前500年左右发生在巴比伦的对丈夫和妻子的拍卖所做的记载。早期出现的拍卖，一般用于“特殊商品”的交易，如奴隶、古董、艺术品乃至“赃物”等，通常这类“商品”的供给是缺乏弹性的，并且对于供给者来说估价较为困难，此外拍卖方式的运用也有助于克服买方的串谋。在古罗马，拍卖还被用于商业交易、清算资产和出售战利品等。最著名的拍卖是公元193年古罗马警卫军对帝位的拍卖。在杀了前任皇帝后，这些警卫军宣布在拍卖中最高的投标者将成为下一任皇帝。尤利安努斯（Didius Julianus）压倒所有的竞争对手而成为赢者，两个月后塞维鲁（Septimius Severus）又将他杀害并取得了帝位——这是“赢者的诅咒”的极端例子（参见专栏12-3）。而随后，拍卖也被沿用到其他商品如烟草、皮革、鱼类等乃至农产品、金锭及政府债权等标准化产品的交易中。从目前来看，拍卖的适应范围很广，并且在制度规则上具有多样性。

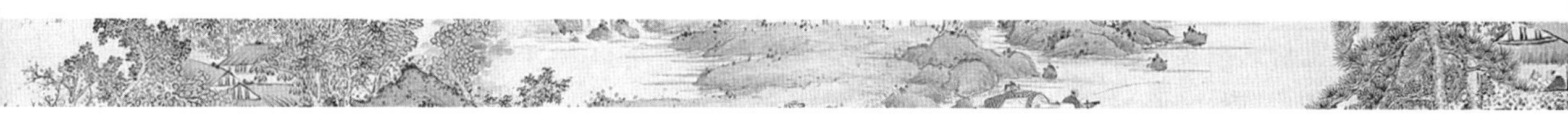

专栏 12-3

赢者的诅咒

当美国西北大学心理学家马克斯·贝泽曼（Max Bazeman）几年前在波士顿大学教书的时候，他与同事威廉·萨缪尔森（William Samuelson）在微观经济学课堂上进行了以下实验。首先，他们在一个透明的玻璃坛子中放入一堆价值8美元的硬币。让学生认真观察瓶子后，他们开始拍卖硬币和所有的一切，给出价最高的人。他们还请每个学生上交一张写有瓶中硬币估价的小纸片。

平均而言，不论是他们的出价还是交上去的估价，学生们的行为都很保守。事实上，平均估计只是5.13美元，大概比硬币的实际价值少了1/3。类似的，许多学生在拍卖价格没有达到8美元之前就已经放弃继续下去了。

在任何拍卖中赢家的出价不仅取决于一般出价者的行为，而且更取决于最高出价者。在48次重复实验中，最高的出价是10.01美元，大概比真实价值高出20%。贝泽曼和萨缪尔森因此从赢者的总花费中赚了将近100美元的利润。

赢家为一件物品出价常常超过它的真实价值，这个普遍原理被称为**赢者的诅咒**。关于赢者的诅咒最令人惊讶的是，它并不需要有哪个人采用偏误估计来衡量价格。问题在于，所有的估计都包含着某些随意的成分。如果一个估价平均来说等于真实价值，由这个估价就被称为无偏误。举个例子，气温预报是无偏误的：在有些日子里预报过高，另一些时候又预报过低，但是长期平均值是完美体现真实值的。同样，就算每个竞价人的估价都是无偏误的，有些时候仍会过高，而另一些时候又过低，并且拍卖的赢家当然是估价最高的人。

资料来源：罗伯特·弗兰克. 微观经济学（原书第5版）[M]. 李绍荣，等译. 北京：中国财政经济出版社，2005：198。

12.5.2　拍卖的方式

拍卖的对象可以是一个单一的项目或商品，也可以是多单位的某种同质物品，但理论性的文献一般假设所拍卖的是单件物品。拍卖的形式可以分为开放式拍卖和封闭式拍卖。

开放式拍卖包括英国式（价格上行式）拍卖（English auction）与荷兰式（价格下行式）拍卖（Dutch auction）。

英国式或价格上行式拍卖，是一种广为人知的、开放式的拍卖形式，它以第一次喊价或某一特定的保留价格为起点，低于起点价该项目将不予出售，然后拍卖者开始寻求越来越高的竞价。世界上最古老也是最大的两家专业拍卖行，索士比（Sotheby）和克里斯蒂（Christie）都起源于英国伦敦，因此这种增价拍卖方式被称为英国式拍卖。

荷兰式或价格下行式拍卖，是另一种开放式拍卖形式，主要来源于荷兰人拍卖水果蔬菜和鲜花时所使用的方法。喊价从某一高价开始，然后逐次下降，直到某个买主大喊一声

“归我了!”或者按照现行做法，按一下键钮，于是一台计价钟就停止在所接受的价格上。荷兰式拍卖曾在罗马尼亚应用于再融资贷款的分配，在玻利维亚、加纳、牙买加等国被应用于外汇的拍卖。

密封式拍卖包括第一价格（差别价格）拍卖（first-price auction）与第二价格（统一价格）拍卖（second-price auction）。

第一价格或差别价格拍卖，这是一种密封式竞价拍卖形式，它与开放式拍卖不同。在拍卖单一项目的情况下，人们通常会使用“第一价格”的概念。在这种拍卖中，喊价最高者可以其喊出的价格获得该拍卖项目。当多单位项目同时拍卖时，这一过程被称为差别式拍卖。拍卖者将彼此封闭的竞价从高至低分列开来，这些拍卖物品将卖给那些出价最高的买主，直到供给全部出清。差别价格拍卖形式曾经用于再融资信贷和外汇分配。

第二价格或统一价格拍卖，这是另一种密封式拍卖形式。如果拍卖的是单一项目，出价最高的买主则以其之下的第二高出价获得该拍卖物，这便是第二价格名称的由来。第二价格拍卖虽然在伦敦的邮市中有过类似情形，但十分罕见，由维克里提出，故也称“维克里拍卖”（Vickrey auction）。在多单位拍卖的情况下，这种形式又称为统一价格或竞争性拍卖，因为所有成功的买主都以相同的价格获得被拍卖物。

本章小结

1. 风险是指那些属于已知或可知其概率分布的事情，不确定性则是指那些不可能确切知道概率数值的事件。

2. 期望效用是某一选择行为的各种可能结果所提供的效用的加权平均，其权数为各种可能结果发生的概率。

3. 每个行为人对待风险的态度和偏好并不相同。根据风险偏好可以将行为人分为以下三类：风险规避者、风险中性者和风险偏好者。

4. 对于风险，行为人可以通过多获取信息、多样化或者购买保险来应对。

5. 行为经济学是在心理学的基础上研究经济行为和经济现象的经济学分支学科。行为经济学解释了许多传统经济学无法解释的“异象”，丰富了经济学研究手段和内容。

6. 研究事前不对称的信息模型称为逆向选择模型；研究事后不对称的信息模型被称为道德风险模型。

7. 市场与企业是两种不同资源配置和协调机制，两种协调机制在一定程度上可以相互替代，替代的原因在于企业可以节省市场机制下的交易成本。

8. 企业与市场也可被看作两种并行的契约组合关系，各自所包含的内容和完备程度不同。

9. 企业制度存在三种基本类型和形态：业主制、合伙制和公司制。

10. 现代企业制度条件下，由于所有权与管理权的分离，以及存在信息不对称等问题，使得企业所有者与管理者的目标发生偏离，从而产生委托代理问题。

11. 委托代理关系也是一种不完备契约的表现形成，表明了不同经济主体的经济利益不一致时的行为变化。

12. 解决委托代理问题最有效的办法是实施一种最优合约。最优合约是委托人花费最低限度的成本而使得代理人采取最有效率的行动实现委托人目标的合约。

13. 拍卖是一种投票机制，它由一组确定谁是赢者及其支付价格的拍卖规则组成。

思考与练习

一、名词解释

风险	不确定性
期望效用	期望效用函数
风险规避者	风险中性者
风险偏好者	风险厌恶者的效用曲线
风险系统偏误	框架效应
过度自信	禀赋效应
逆向选择	道德风险
企业形成理论	委托代理关系
开放式拍卖	封闭式拍卖

二、分析与讨论

1. 为什么有些人规避风险，而有些人又爱好风险？

2. 为什么人们会通过保险来降低风险？

3. 保险市场的逆向选择描述的是何种情况？

4. 行为人决策时的系统偏误有哪些表现？

5. 行为经济学颠覆传统经济学理论了吗？为什么？

6. 画出一条以收入为变量的效用函数曲线，表现出在收入较低时投资者为风险偏好型特征，在收入较高时为风险厌恶型特征。这样的效用函数可能存在吗？为什么？

7. 简述企业形成理论以及企业的本质。

8. 企业与市场的关系如何？或者说，企业是对市场的替代吗？企业与市场机制有何不同之处？

9. 什么是委托代理关系？为什么会存在这种关系？

10. 委托代理关系具有哪些主要特征？怎样解决委托代理关系？

11. 请列举拍卖的几种主要形式。

三、计算题

1. 有一种可能出现三种结果的奖券：获得100元的概率为0.1，获得50元的概率为0.2，获得10元的概率为0.7。

求：

（1）该奖券的期望收益是多少？

（2）一个风险中性者愿花多少钱购买这种奖券？

2. 假设B先生的效用函数为 $U=y^5$，y 代表其年收入。

求解：

（1）B先生是风险中性的、风险厌恶的，还是风险偏好者？

（2）假设B先生现在的年收入为10万元，该工作稳定。但他可以获得另一份工作，收入为16万元的概率为0.5，收入为5万元的概率为0.5，B先生会做何选择？

（3）在第（2）问中，B先生为了防止新工作收入的波动，愿意购买保险吗？如果愿意，他愿意支付多少保险费？

参考文献

[1] Frank Robert, Ben Bernanke. Principles of Microeconomics [M]. 3th ed. New York: McGraw Hill, 2007.

[2] Frank Robert, Ben Bernanke. Principles of Microeconomics [M]. 4th ed. New York: McGraw Hill, 2008.

[3] Frank Robert, Ben Bernanke. Principles of Microeconomics [M]. 5th ed. New York: McGraw Hill, 2013.

[4] Frank Robert. The Economics Naturalist: in Search of Explanations for Everyday Enigmas[M]. New York: Basic Books, 2007.

[5] Glenn Hubbard, Anthony O'Brien. Economics[M]. 6th ed. London: Prentice Education Limited, 2017.

[6] Paul Krugman, Robin Wells. Economics[M]. 4th ed. New York: Worth Publishers, 2015.

[7] John Sloman, Dean Garratt, Alison Wride. Economics[M]. 9th ed. Upper Saddle River, New Jersey: Prentice Hall, 2006.

[8] Robert Pindyck, Daniel Rubinfeld. Microeconomics[M]. 9th ed. London: Pearson Education Limited, 2018.

[9] Austan Goolsbee, Steven Levitt, Chad Syverson. Microeconomics[M]. 2nd ed. New York: Worth Publishers, 2016.

[10] Douglas Bernheim, Michael Whinston. Microeconomics[M]. New York: McGraw-Hill/Irwin, 2014.

[11] David Besanko, Ronald Braeutigam. Microeconomics[M]. 5th ed. Hoboken, New Jersey: Wiley, 2010.